미국 공산주의라는 로맨스

미국
공산주의라는
로맨스

★

사 로 잡 힌
영 혼 들 의 이 야 기

비비언 고닉 지음
성원 옮김

오월의봄

이 책을 루이스 고닉의 영전에,
그리고 칼 마르자니의 정신에 바칩니다.

"진정으로 존재해보지 못하고
사멸하지 않도록 똑바로 처신하자.
......
우리에게 일어날 수 있는 최악의 일은
성공도 이해도 해보지 못하고 죽어가는 것일 테다."

―시몬 베유

서문

1960년대 초 어느 여름밤 뉴욕시에서 열린 한 집회에서 냉전시대 자유주의자 머레이 켐프턴*은 노쇠한 공산주의자들로 이루어진 청중들에게 미국이 이들에게 친절하지는 않았지만 이들이 있었던 건 행운이었다고 인정했다. 그날 밤 청중 속에 있었던 나의 어머니는 집에 와서 말했다. "공산당원들이 이 나라에 있었으니 미국이 행운이긴 했지. 이 나라가 항상 자랑하는 민주주의로 이 나라를 이끌고 간 게 바로 공산당원들이었잖니." 나는 어머니의 온화한 목소리에 깜짝 놀랐다. 어머니는 늘 분노에 찬 사회주의자였기 때문이다. 하지만 이젠 1960년대였고 그즈음 어머니는 진짜 지쳐 있었다.

---

* 1917~1997. 미국의 저널리스트이자 사회정치 평론가. 한때 공산주의에 우호적이었으나 1950년대에 결별했다.

미국공산당은 러시아혁명이 일어나고 2년 뒤인 1919년에 결성되어 이후 40년 동안 꾸준히 성장했다. 2~3천 명에서 출발한 당원 수는 영향력이 절정에 달한 1930년대와 1940년대에 7만 5천 명에 이르기도 했다. 한때나마 당적을 유지했던 미국인의 수를 모두 더해보면 약 100만 명에 달했다. 그 시절 공산당에 가입한 다수가 팍팍하게 살아가는 노동계급의 일원(의류 공장에서 일하는 유대인, 웨스트버지니아의 광부, 캘리포니아의 과일 수확 노동자)이었지만 교육받은 중간계급(교사, 과학자, 작가)도 그들 못지않게 많았다. 대공황과 제2차 세계대전을 거치며 사회의 불의에 막연한 반감을 품었던 이들은 공산당의 도덕적 권위를 통해 자신들이 무엇을 해야 할지 비로소 눈을 떴다.

대부분의 미국공산당원들은 당 본부에 발을 들여본 적도, 중앙위원의 얼굴을 본 적도, 당 내부의 정책 결정 모임에 은밀하게 관여해본 적도 없었다. 하지만 모든 평당원은 당 소속 노동조합원들이 이 나라에 산업노동자가 등장하는 데 결정적인 역할을 했다는 사실을 알았다. 인종주의가 극심한 미국의 최남단에서 흑인들을 변호했던 사람들이 주로 당 소속 변호사였다는 사실을 알았다. 당의 조직가들이 애팔래치아에서 광부들과, 캘리포니아에서 농장 노동자들과, 피츠버그에서 철강 노동자들과 함께 생활하고, 노동하고, 때로는 함께 죽어갔다는 사실을 알았다. 당은 매일매일, 조직을 향한 열정과 화려한 언변으로 당원들뿐만 아니라 당시에 존재하던 지지자와 동조자들로 이루어진 훨씬 더 큰 세상을 향해 존재감과 친밀감을 드러냈다. 또한 당은 광역 단위의 지국과 지역 단위의 지부로 이루어진 놀라운 네트워크를, 학교와 출판물을, 거대한 국내의 참상을 해결하는 조직들—국제노동자형제회International Workers Orders. IWO, 전미흑인회의National Negro Congress, 실업자협회Unemployment Councils—을, 급진주의자뿐만 아니라 자유주의자들까지 정기적으로 구독하는 대담한 일간지를 만들어냈다. 한 옛 공산당원의 표현을 빌리면, "공황과 제2차 세계대전 동안 뭔가 새로운 세계적인 참사가 터질 때면 늘 《데일리워커Daily Worker》*가 몇 분 만에 동이 났다".

아마 지금은 이해하기 힘들겠지만 그 시절 이곳에서 공산당을 통해 번역된 마르크스주의의 세계연대 비전은 평범하기 짝이 없는 장삼이사들에게 인류에 대한 감각을 심어주고 삶은 위대하고 명료하다는 기분을 안겼다. 그 많은 사람이 이 내면의 명료함에 애착을 느끼다 못해 중독되었다. 그것이 영향력을 발휘하는 한 삶에 대한 다른 어떤 보상도, 사랑도, 명예도, 부도 빛을 잃었다.

동시에 바로 이 세계와 자아가 꽉 찬 느낌all-in-allness은 열 살짜리의 눈에도 표리부동한 행태가 뻔히 보일 때마저, 신념의 중심에 있는 그 경찰국가 소련의 부패를 공산당원들이 직시하지 못하게 만들었다. 미국공산당은 코민테른(모스크바에 본부를 둔 국제 공산주의자 조직) 회원으로 끼워준 것만으로도 감지덕지했고, 이와 비슷하게 전 세계 공산당들은 각 회원국의 필요가 아니라 소련의 필요에 가장 부합하는 국내외 정책을 채택하도

★   1924년 시카고에서 공산주의자, 사회주의자, 노조 활동가 등이 만든 신문으로 보통 미국공산당의 견해가 반영되었다. 전성기에는 3만 5천여 부를 발행했다.

록 겁박하는 소련의 눈치를 보는 입장이었다. 그 결과 미국공산당은 어떤 희생을 치르더라도 이 세상에서 하나뿐인 사회주의 국가의 요구에 부응하느라 시시때때로 온갖 법석을 떨었다. 소비에트 러시아를 향한 이 굴하지 않는 헌신 덕에 미국 공산주의자들은 소련이 동유럽으로 탱크를 밀고 들어가고 전체주의적인 성향이 점점 강해져서 그 실상이 감춰지고 요구사항이 갈수록 뻔뻔해지던 1930년대와 1940년대에도 스스로를 기만하고 또 기만할 수 있었다.

1950년대 초 미국공산당은 매카시즘이 미국 안보에 대한 맹렬한 공포심을 조장하면서 심각한 공격에 직면했지만—숱한 공산당원들이 투옥과 그보다 더 좋지 않은 상황을 피하기 위해 지하로 들어갔다—당을 사실상 거의 무너뜨린 것은 1956년 세계를 뒤흔들어놓은 내부 스캔들이었다. 그해 2월 니키타 흐루쇼프가 소련공산당 제20차 당대회 연설을 통해 온 세상에 스탈린 통치의 숱한 참상을 폭로했던 것이다. 이 연설은 전 세계 좌파 조직에 정치적으로 막대한 타격을 입혔다. 이 연설이 있은 지 몇 주 만에 3만 명이 미국공산당을 떠났고 그해가 다 가기 전에 당은 1919년 창립 당시의 상태로, 그러니까 미국 정치지도 안에서 더는 찾아볼 수 없는 일개 분파로 돌아갔다.

나는 《데일리워커》를 읽고 저녁 식탁에서 (세계와 지역의) 노동자 정치를 논하고 모든 유형의 진보주의자들이 밥 먹듯이 드나드는 좌익 집안에서 자랐다. 우리 집을 자기 집처럼 드나들던 그 사람들이 혁명가라는 생각은 한 번도 해본 적이 없다.

내 주위 누군가가 정부를 폭력으로 전복하고 싶어 한다는 인상을 받은 적도 없었다. 외려 나는 이들이 합법적인 변화를 통해 사회주의를 규범으로 만들려고 애쓴다고 생각했다. 자본주의를 무너뜨리고 미국 민주주의가 만인의 평등이라는 그 깨진 약속을 지키게 해줄 그런 변화를 통해. 요컨대 나는 진보주의자들을 늘 정직한 반대자들이라고 생각했다. 그게 순진한 생각이었을지도 모르지만.

1950년대에 시티칼리지를 졸업하고 영문학 대학원 학위를 따려고 서부에 있는 UC버클리에 가서 처음으로 '미국인들'을 우르르 만났다. 그때까지만 해도 내가 알던 사람들은 대부분 이민자인 도시 유대인과 아일랜드계 또는 이탈리아계 천주교인 일색이었다. 그제야 나는 미국이 원래 개신교 나라라는 걸 알게 되었다. 다시 말해 나는 이곳 버클리에 와서야 버몬트와 네브래스카와 아이다호 출신들을 만났다. 다들 하나같이 상당히 매너가 좋았고 공산당원들을 바다 건너에서 온 이름도 얼굴도 없는 악마라고 생각했다. "너희 부모님이 공산주의자라고?" 사람들은 묻고 또 물었다. 공산주의자를 만나본 사람이 전혀 없는 듯했다.

내 신경계는 깊은 충격을 받았다. 이로 인해 나는 방어적이면서 동시에 공격적이 되었고, 시간이 지나자 할 수만 있으면 언제 어디서든 모태빨갱이Red Diaper Baby라고 선언할 구실을 찾기 시작했다. 노골적인 반유대주의가 느껴지는 곳에서 내가 유대인임을 대놓고 드러내곤 했던 것처럼. 대부분의 경우 모태빨갱이 선언을 하면 사람들은 나를 무슨 동물원 원숭이 보듯 빤히 쳐다봤지만 상대가 본능적으로 움츠러드는 경우도 있었다. 수십 년이 지난 뒤에도, 어린 시절 내 주변 어른들을 어째서인지 이방인 취급하던 그 모든 식자층들의 경험이 아직도 내 속에 얹혀 있는 듯했다. 이따금 책을 써야겠다는 생각이 번개 치듯 마음속에서 번쩍였다.

이즈음—1970년대 중반을 말한다—나는 수년째 《빌리지 보이스Village Voice》에서 일하면서 급진 페미니즘을 위한 투쟁 현장에서 여성해방을 주로 다루는 글쟁이가 되어 있었다. 그 시절에는 시선을 어디에 두든 여성차별이 눈에 들어왔고 내가 쓴 모든 글은 내가 목격한 것의 영향을 받았다. 식은 죽 먹기였다. 하지만 얼마 안 가—여기부터는 힘든 부분이었다—여성운동 자체에서 진정한 페미니스트라면 무엇이 적절한 말 또는 행동이고 무엇이 그렇지 않은지를 강하게 암시하는 편 가르기식 잣대가 활개치기 시작했다. 그리고 그런 암시는 삽시간에 철칙이 되고 말았다. 어느 날 오후 보스턴의 한 회의에서 나는 청중석에서 일어나 나의 자매들에게 남성혐오를 중단하자고 촉구했다. 우리가 비난해야 하는 것은 남자가 아니라 문화 일반이라고 나는 말했다. 단상에 있던 한 여자가 나를 손가락질하며 날카롭게 외쳤다. "당신은 먹물 수정주의자로군요!" 당신은 먹물 수정주의자라, 유년기 이후로 처음 들어보는 표현이었다. 하룻밤 새 우리는 정치적 올바름과 정치적 그릇됨의 갈림길에 놓인 듯했고, 이데올로기가 도그마를 향해 돌진하는 속도에 나는 몸이 휘청거릴 지경이었다. 그 순간 공산주의자들을 향한 연민이 다시 깨어났고, 나는 매일같이 도그마에 짓눌리고 압도당했을 평범하고 일상적인 공산주의자에게 새삼 존경심을 느꼈다. 이렇게 생각했던 걸로 기억한다. '맙소사, 공산주의자들이 겪었던 걸 지금 내가 겪고 있구나!' 그다음에 든 생각은 책을 써야겠다는 것이었다. 이데올로기와 개인 간의 관계에 관한 영감에 착안한 사회학적인 글을, 위대한 삶을 갈구하는 보편적인 허기가 그 관계 속에 어떻게 각인되어 있는지, 그리고 이데올로기가 도그마에 잡아먹혔을 때 그 허기가 얼마나 파괴적인지를 분명하게 보여주는 평범한 미국 공산주의자들의 구술사를.

나는 그 책을 썼다. 별로 잘 쓰지는 못했다. 문제는 내가 이 책을 집필할 무렵 정말로 낭만적으로—다시 말해 방어적으로—내 유년 시절 진보주의자들에 대한 강한 기억에 매여 있었다는 점이었다. 공산주의자로 존재하던 경험을 로맨스로 그린 것이 적절했다는 생각에는 지금도 변함이 없다. 하지만 그것을 로맨틱하게 서술한 것은 적절하지 못했다. 로맨틱한 태도는 인터뷰에 응해준 공산주의자들의 복잡한 삶을 다층적으로 살피지 못하게 훼방을 놓았다. 인류를 사랑하지만 경직된 당을 위해 동지를 한 명 한 명 가차 없이 희생시켰던 지부 대표자나, 마르크스의 말을 숭배하듯 시시각각 인용하다가 당에서 표리부동한 수박처럼 행동한 당원의 축출을 요구하던 지국 대표자, 아니면 그보다 훨씬 악질적이게도, 분명 그것이 당원을 배신한다는 의미라는 걸 알면서도 소련에서 보낸 어떤 지령을 지역 노동조합에 강요하던 당의 조직책을 입체적으로 그려내기에는 부족한 어조였다는 것이다. 작가로서 나는 캐릭터나 행동의 모든 모순이 최대한 정직하게 펼쳐져서 상황을 통해 드러날 때만 독자의 공감을 얻을 수 있다는 걸 너무나도 잘 알았지만 아는 것을 곧잘 망각해버리곤 했다.

오늘 이 책을 읽다가 많은 부분에서 낭패감이 들었다. 감정이 어찌나 질척대는지 온몸이 끈적대는 것 같다. 거기서 거기인 과장된 강조 표현—"강력하게" "심오하게" "깊이" "존재의 바로 그 핵심에"—때문에 숱한 문장들이 흉측하다. 게다가 이 책은 길지 않은데도 묘하게 장황하다. 한 단어면 족할 곳에 세 단어가 등장하고, 두 문장으로 전달할 수 있는 이야기가 넷, 다섯, 여섯 문장으로 뒤범벅되어서다. 그리고 인터뷰에 응해준 모든 사람이 아름답거나 잘생겼고, 모두가 달변이며 상당수가 영웅처럼 말한다.

이 책은 좌우의 유력 지식인들에게서 공격을 받았다. 어빙 하우*는 독설이 가득한 논평을 써서 내가 일주일 동안 침대에서 몸을 일으키지 못하게 만들었다. 그는 이 책을 증오하고 증오하고 증오했다. 시어도어 드레이퍼**도—그는 이 책에 독설을 두 번이나 퍼부었다!—힐턴 크레이머***도, 로널드 래도시****도 그랬다. 이 사람들이 그런 사나운 공격을 마음껏 퍼부

---

* 1920~1993. 미국의 문학·사회비평가. 사회주의자로 유명하다. 20세기 중반 미국의 좌파운동과 문학비평에서 중요한 역할을 했다. 대표작으로 《우리 아버지들의 세계World of Our Fathers》가 있다.

** 1912~2006. 미국의 역사학자, 정치 저술가. 대학 시절 공산당에 가입해 활동했고, 미국공산당의 역사가 담긴 《미국 공산주의의 뿌리The Roots of American Communism》를 저술했다.

*** 1928~2012. 미국의 예술비평가, 에세이스트. 좌파 성향의 작품들을 비판하는 비평을 다수 발표했다.

었기에 나는 이 책의 약점들은 다 내가 자초한 거라는 설득에 넘어갔다. 물론 이들은 모두 난폭한 반공주의자들이었고 이 이야기를 셰익스피어가 썼더라도 증오했을 사람들이었지만 냉전의 적개심이 1938년만큼이나 1978년에도 생생하다는 걸 깨닫지 못했다니 내가 말도 안 되게 순진했던 것도 사실이다. 하지만 미국 공산주의자들의 삶이 기록할 가치가 있다고 생각했던 것만은 순진한 생각이 아니었다. 그리고 실제로 그 공산주의자들이 여기서 들려주는 이야기들은 아직도 생생하고, 이들의 경험은 아직도 감동적이며, 이들은 명백히 현존한다. 내가 이 책의 갈피갈피에서 어린 시절의 여성과 남성들을 다시 한번 만날 때 이들은, 그리고 이들의 순간은 생생하게 살아난다. 나는 내가 그때만 해도 알아채지 못했던 모든 것에 화들짝 놀라고, 내가 포착한 모든 것에 사로잡힌다. 하지만 놀라움을 느낄 때든 매혹을 느낄 때든 내가 공산주의자들에 대한 글을 쓰던 시점에도, 지금도 내가 보기에 그들은 중요한 존재들이다. 후회하지 않는 한 가지는 그들이 모두 잘생기거나 아름답다는 듯이, 모두 달변이고 많은 이가 영웅이라는 듯이 썼다는 점이다. 실제로 그랬으니까. 그 이유를 설명하자면 이렇다.

어떤 부류의 문화적 영웅들—예술가, 과학자, 사상가—은 '일'을 위해 산다는 게 종종 특징으로 꼽힌다. 가족, 친구, 도덕적 의무는 개나 주고 일이 항상 먼저다. 예술가, 과학자, 사상가의 경우 일이 먼저인 이유는 거기에 매진할 경우 비할 데 없는

**** 1937~ . 공산주의에서 신보수주의로 전향한 역사학자.

내면의 표현력이 활활 타오르기 때문이다. 그냥 살아 있다는 느낌이 아니라 표현할 힘이 있다는 기분은 마치 핵심에 다다른 기분이다. 핵심에 도달했다는 확신은 다른 무엇과도 견줄 수 없이 마음, 심장, 정신을 환하게 밝힌다. 일생 동안 심각한 급진주의에 투신하는 삶을 숙명이라고 느낀, 대부분은 아니더라도 많은 공산주의자들이 바로 이런 경험을 했다. 이들의 삶─사회정의라는 이상에 힘입어 열정이 꽃핀─역시 휘황찬란한 중심을 점했다는 느낌을 안겨준 그런 표현 능력에 의해 환해졌다. 이런 중심성은 어둠 속에서도 이글이글 타올랐다. 이들이 아름답고 유창하고 때로 영웅적일 수 있었던 것은 이 때문이었다.

구술사가로서 내 결함이 무엇이든─그런 결함은 아주 많다─이 책은 미국 정치사에서 묵직하게 연장된 한 시기, 공산당이 주력했던 문제들─인종적 불의, 경제적 불평등, 소수자의 권리─이 오늘날까지도 해결되지 않은 까닭에, 대단히 유감스럽게도 우리 시대에 아직도 큰 호소력을 갖는 바로 그 시기의 여전한 상징인 것 같다.

오늘날 사회주의 사상은, 특히 미국의 청년들 사이에서 지난 수십 년과는 비할 데 없는 생기를 뿜어내고 있다. 하지만 오늘날 실존하는 사회주의 가운데는 젊은 급진주의자가 선망할 만한 모델이나 충성을 맹세할 만한 제대로 된 국제조직 같은 것은 전무하다. 오늘날의 사회주의자는 더 정의로운 세상을 어떻게 아래로부터 만들어낼 수 있는지 자신만의 독립적인 청사진을 만들어야 한다. 60~70년 전의 이야기를 들려주는 이 책이 과거와 비슷한 흥분에 휩싸인 이들에게 길잡이가 될 수 있기를 바란다.

2019년 뉴욕시에서,

비비언 고닉

1장

들어가며

나는 내가 유대인이라거나 여자아이라는 것보다 노동계급의 일원이라는 사실을 먼저 자각했다. 우리 집에서는 영어가 제2언어라거나 오빠는 바지를 입는데 나는 원피스를 입는다는 사실이 어떤 의미인지 아직 알지 못하던 시절에 아빠가 온종일 열심히 일한다는 걸, 그리고 그걸 아는 게 중요하다는 걸 알았던 것이다. 유년 시절 가장 강렬한 기억 중 하나는 우리가, 그러니까 어머니와 내가 무슨 일을 하는 중이었건 오후 4시 반이면 우리 브롱크스 아파트의 모든 것이 우뚝 멈춰 서고 어머니가 저녁 식사를 만들기 시작했다는 것이다. 내가 대체 왜 그러는지 묻거나 칭얼대거나 하던 걸 계속하자고 조르기라도 하면―전반적으로 광적이고 통제 안 되는 스타일이었던―어머니는 나를 얼어붙게 만드는 난데없는 근엄함으로 이렇게 대답하곤 하셨다. "아빠는 온종일 열심히 일하셔. 아빠가 집에 오시면 저녁 식사가 차려져 있어야 한다구."

　아빠는 온종일 열심히 일하셔. 어머니의 입에서 나온 이 문장에는 많은 의미가 담겨 있었고, 나는 철든 뒤부터는 그 안에 담긴 복잡한 메시지를 온몸으로 흡수했다. 그 문장은 거의 내가 들은 바로 그 첫 순간부터 내 안에서 기이한 울림, 이후 내 삶에서 지속적으로 감정적인 흥미를 자아낼 정도로 충분히 광범위한 그런 울림을 만들어냈다. 일단 그 문장은 고통과 난처함을 전달했다. 어린 나는 다정한 아버지 때문에 심장이 아렸다. 그 고통은 두려움을 일으켰고, 그것이 내 내부로 흘러들어오기 시작할 때는 마치 액체가 고체로 바뀌듯 온몸이 마비되는 느낌이었다. 오싹했다. 그것은 내 안에서 우리 삶에는 어떤 불가사의한 힘이 작동한다는 느낌, 우리 모두가 어떤 힘에 사로잡혀 붕 뜬 채, 얼떨떨해하며, 앞이 보이지도 않는 상태로 헤매고 있다는 느낌을 자아냈다. 하지만 그와 동시에 어머니의 입에서 분명하게 발음된 그 문장은 그 불가사의한 힘의 혼탁함과는 정반대로 마음을 놓게 만드는 어떤 고유한 초점을, 내가 어디에 있고 누구인지를 알려주는 초점을 만들어냈다. 나는 온종일 열심히 일하는 아빠의 딸이었다. 마지막으로 그 문장은 이렇게 말했다. 우리는, 이 집에 사는 우리 모두는 아빠가 온종일 열심히 일한다는 사실과 아주 긴밀하게 연결되어 있다. 우리는 그 사실에 관심을 기울이고 존중한다. 우리는 그 사실을 전제로 협력한다. 이 마지막 의미, 이 하나됨, 이 연대감은 내 안에서 자부심과 흥분을 자아냈다. 그것은 마비되는 것 같은 느낌을 이완시켰고, 그 고통을 움직이고 뒤흔들고 휘젓는 요소로,

　미국 공산주의라는 로맨스

이해하고 반응해야 하는 무언가로, 대처하고 맞서 투쟁해야 하는 무언가로 다시 탈바꿈시켰다.

　나의 아버지는 30년간 손에 스팀다리미를 들고 뉴욕시 웨스트 35번길에 있는 의류 공장에서 선 채로 일했다. 공장주는 삼촌들이었다. 아빠는 노동이었고 삼촌들은 자본이었다. 아버지는 사회주의자였고 삼촌들은 시오니스트였다. 그러므로 노동은 사회주의였고 자본은 민족주의였다. 이 등식은 내게 의식 이전에 살과 뼈를 통해 흡수된 모유였다. 거기에 더해서 나는―이번에도 역시 서서히 살과 뼈를 통해서긴 했지만―이 세상에서 누가 친구이고 누가 적이며 누가 중립인지도 알았다. 친구는 우리처럼 생각하는 모든 사람이었다. 노동계급 사회주의자, 부모님이 "진보적"이라고 부르는 사람들. 다른 모두는 "그들"이었고, "그들"은 삼촌들처럼 교전 중인 적들 아니면 일부 이웃처럼 소극적인 중립들이었다. 수년 후 내 인생의 "우리"와 "그들"은 유대인과 비유대인이 되었다가, 훨씬 나중에는 여성과 남성이 되었지만, 유년기 내내 나에게 "우리"와 "그들"은 사회주의자와 비사회주의자, "정치적으로 깬 자"와 정치적으로 깨이지 않은 자, "더 나은 세상을 위해 투쟁하는" 자들과 도덕적 굼벵이들처럼 자본주의하에서 이런 막대한 불평등을 눈앞에 두고도 마치 앞이 보이지 않는다는 듯 아무 대응도 하지 않은 채 살아가는 자들이었다. 간단히 말해 계급의식이 있는 자들과 그렇지 않은 룸펜 또는 부르주아들.

　물론 "우리"로 이루어진 이 세상은 다층적이었다. 내가 열

서너 살 무렵이었을 때는 아직 이 진보 행성의 복잡한 사회학을 선명하게 이해하기 전이었다. 이 행성의 중심에는 공산당 전업 조직가들이 있고, 가장 바깥에는 "동조자"라고 불리는 사람들이 있으며 그 사이 다양한 지점에 당원 카드를 소지한 사람들과 "지지자"라고 불리는 사람들이 있다는 걸 아직 이해하지 못한 상태였다. 그 유년기의 내게는 이런 구분이 없었다. 이런 사회학 안에서 나의 부모님이 그저 "지지자"일 뿐이라는 건 더더군다나 파악할 길이 없었다. 《데일리워커》나 이디시어 신문《프라이하이트 Der Freiheit》를 끼고 우리 집에 찾아오는 사람들, (내가 다니던 공립학교의 정규 수업이 끝나면 가야 했던 이디시어 학교인) 슐레 shule 의 사람들, 우리가 참석한 집회들과 메이데이 행진 속 사람들, 여러 클럽에 속해 있던 사람들, 최신 사건 또는 변호 기금 때문에 늘 모금 활동을 하던 사람들, 이들 모두가 나에게는 한 덩어리였다. 다들 그저 "우리 사람들"이었던 것이다. 토요일 아침이면 브롱크스의 우리 아파트 초인종이 울리고, 아버지가 문을 열면 아버지의 일터에서 절단공으로 일하는 하이메씨가 서 있곤 했다. 옹이진 손에 불만 많은 불도그 같은 얼굴을 한 이 작고 마른 하이메 아저씨는 아버지에게 "저기, 루이? 오늘 아침 신문 봤어? 오늘 아침에 그들이―그들 전부에게는 암흑의 해지!―소련에 대해서 뭐라고 하는지 봤냐고?" "들어오게, 하이메, 들어와," 아버지는 이렇게 대응하곤 했다. "커피 한잔하면서 같이 이야기해보자고." 나는 역시나 그냥 "지지자"인 하이메씨와 청년공산주의자연맹 Young Communist League 소속인 나의 사촌 데이비드와 셀리나, 또는 "모임"에 늘 불참하는 샘 삼촌이나 동네에서 갑자기 종적을 감춘 길 건너편의 베니 그로스먼(베니의 상태를 일컬어 "행방불명"이라고들 했는데, 나는 20년이 지나서야 그 단어의 정확한 의미를 깨달았다) 사이에는 차이가 있다는 걸 알지 못했다. 처음에는 모두 하나의 나라, 하나의 세상이었고, 내가 파악한 그 나라의 큰 특징은 이런 식이었다.

우리 집 주방의 나무 식탁에는 항상 맥스와 하이메 같은 이름의 남자들과 마샤와 골디 같은 이름의 여자들이 모여 있었다. 이들의 손은 노동으로 거칠어져 있었고 눈에는 총기와 근심이 담겨 있었으며 목소리는 우렁차고 고집스러웠다. 이들은 차를 마시고, 흑빵과 청어를 먹고, "사안"을 이야기했다. 끝도 없이. 나는 주방 장의자에 아버지와 나란히 앉아 아버지의 팔꿈치를 꼭 끌어안고 눈을 크게 뜬 채 이야기에 귀를 기울였다. 아, 그 이야기들! 그 열정적이고 세상을 뒤집을 듯한 이야기들! 나는 사람들이 무슨 말을 하는지 전혀 이해하지 못했지만 언어를 넘어서 전달되는 미사여구의 풍성함과 주장의 강렬함과 그들 모두에게서 쉴 새 없이 쏟아져나오는 뜨거운 말들의 강 뒤에서 느껴지는 다급함과 갈망 때문에 가슴이 벅차올랐다. 나는 항상 여기서는 무언가 중요한 일, 상황을 이해하는 것과 관련 있는 무언가가 일어나고 있다고 느꼈다. 그리고 "상황을 이해하는 것"이 세상에서 제일 재미있고 제일 중요한 일이라는 걸 진작에 알았다.

아버지와 그 사회주의자 친구들과 함께 주방 식탁에서 보낸 그 시간만큼은 우리가 가난하다는 걸 알지 못했고, 그건 그 세계의 중요한 특징을 보여주었다. 나는 우리 동네의 경계를 벗어난 곳에서는 우리가 힘도, 지위도, 물질적이거나 사회적인 존재감도 없다는 걸 알지 못했다. 나는 차와 흑빵이 이 세상에서 가장 맛있는 음식이라는 것만, 정치 이야기가 그 방을 짜릿한 흥분과 진한 기대로 가득 채운다는 것만 알았다. 이 주방에서는 나의 이디시어 교사인 루벤 선생님이 가는 두 손가락으로 내 위쪽 팔을 잡고 두꺼운 안경 뒤에서 눈을 반짝이며 내게 "신념이야, 아가, 신념. 그게 없으면 삶은 아무것도 아니야. 그게 있을 때 삶은 모든 게 된단다"라고 말했을 때와 똑같이 전기에 감전된 듯한 전율을 느낀다는 것만 알았다.

때로 나는 그 장의자에서 미끄러져 나와 스토브와 식탁 사이 어딘가에서 어머니를 찾아내곤 했다(어머니는 식탁으로 끝도 없이 무언가를 갖다 나르고 있었다). 나는 식탁에 앉은 한 사람을 가리키며 어머니에게 속삭였다. "이 사람은 누구예요? 저 사람은 누구예요?" 어머니는 이디시어로 대답했다. "그 남자는 작가야. 그 여자는 시인이지. 저 남자는 사상가란다." 아, 나는 이런 대답에 완벽하게 흡족해서 고개를 끄덕이고는 장의자의 내 자리로 돌아가곤 했다. 물론 그 남자는 빵집 트럭을 몰았다. 그 여자는 재봉틀을 돌렸다. 저쪽에 있는 다른 사람은 배관공이었고 그 옆에 앉은 사람은 아버지 옆에서 온종일 옷을 다림질하며 서 있었다.

하지만 루벤 선생님이 옳았다. 신념이 전부였다. 그들 마음속 삶이 워낙 막강했던 탓에 거기 앉아서 차를 마시며 사안을 이야기하는 동안 이 사람들은 객관적인 자신의 존재 상태—유대 이민자, 권리를 박탈당한 노동자—에서 벗어나 진짜로 사상가가, 작가가, 시인이 되었다.

이들 모두가 매일 아침《데일리워커》와《프라이하이트》와《뉴욕타임스》를 경건한 자세로 읽었다. 이들 모두가 자신이 읽은 모든 사안에 의견이 있었다. 이들 모두가 끝도 없이 이런 의견들을 밀고 당기고 끌고 혹평하면서 단 하나의 질문에 맞는 모양으로 빚어냈다. 그 질문은 바로 '그것이 노동자에게 유익한가?'였다. 그 말들의 강은 쉬지 않고 이해farshtand라고 하는 큰 바다를 향해 흘러들어갔고, 그 가늠하기 힘든 깊은 바다 안에 이 질문에 대한 답이 있었다.

그들은, 배관공과 다림질공과 재봉틀공은 그 강 위의 여행자들이었다. 헤쳐가야 할 경로와 도착해야 할 목적지가 있는 노련한 여행자들. 이들 중 하나가 다른 누군가를 향해 "멍청이! 그게 대체 뭔 소리야? 머리를 써! 하나님이 당신한테 머리를 주셨잖아, 그래, 안 그래? 그럼 그걸 써야지!" 하고 소리치면(누군가는 꼭 한 번씩 그렇게 소리쳤다) 그건 사실 이런 의미였다. 그 질문이 우리를 어디로 데려다주겠어? 아무 데도 데려다주지 않아. 그러니 다시 왔던 길로 돌아가. 우린 어딘가로 가는 중이잖아, 그렇지 않아? 자, 그러니까 거기로 가자고.

그들은 이 여행길에 자신의 협소하고 빈궁한 경험뿐만 아니라 일단의 추상개념들, 변혁의 힘을 가진 그 추상개념도 같이 가져갔다. 이들이 이야기를 하려고 주방 식탁에 자리를 잡으면 정치가 이들과 함께 자리를 잡았고, 무엇보다 신념이 이들과 함께 자리를 잡았고, 역사가 이들과 함께 자리를 잡았다. 이들의 일상은 역사의 물줄기를 바꾸는 거시적인 맥락과 맞닿아 있었다. 이 맥락은 이름도, 얼굴도 없는 흐릿한 존재, 태어남과 동시에 내던져진 그 존재 상태에서 이들을 끄집어내서 이들에게 의무감뿐만 아니라 권리에 대한 감각을 인생 최초로 선사했다. 이들은 이제 자신이 누구이며 무엇인지를 알았기에 권리가 있었다. 이들은 그저 이 땅의 빼앗긴 자들이 아니라 프롤레타리아였다. 이들은 근본이 없지 않았다. 이들에게는 러시아혁명이 있었다. 이들은 정교한 세계관 같은 것도 없는 미개인이 아니었다. 이들에게는 마르크스주의가 있었다.

이런 맥락 안에 놓여 있었기에, 아버지의 주방 식탁에 둘러앉아 있던 사람들은 자신들의 역사적 위치를 파악할 수 있었다. 그리고 자신의 역사적 위치를 파악할 수 있으면—강렬한 통찰력!—이들은 자기 자신으로 생성될become 수 있었다. 생성이 일어나려면 먼저 어떤 개화된 준거, 어떤 사회적 경계, 어떤 민족 개념이 필요했기 때문이다. 이들에게는 외적인 민족성이 전혀 없었다. 떠나온 문화 속의 그 어떤 것도, 당도한 문화 안의 그 어떤 것도, 이들에게 굴욕적인 소외감만 안길 뿐이었다. 이들이 거머쥔 유일한 민족성은 자기들 마음 안에 있는 민족성, 국제 노동계급이라는 민족성뿐이었다. 그리고 그것은 실로 가족, 문화, 종교, 사회적 관습, 정치제도의 감각이 완비된 하나의 민족이었다. 그 주방에 있던 사람들은 전 세계 노동자의 이미지 안에서 가족을, 공산당의 이미지 안에서 정치제도를, 마르크스주의를 향한 충성의 이미지 안에서 사회적 관습을, 새롭게 사회화된 인간의 이미지 안에서 종교를, 소련의 이미지 안에서 유토피아를 다시 만들었다. 그들은 주방 식탁에 앉아 자신이 미국과, 러시아와, 유럽과, 세계와 연결되어 있다고 느꼈다. 자신의 민족은 어디에나 있었고, 이들의 힘은 목전에 와 있는 혁명이었고, 이들의 제국은 "더 나은 세상"이었다.

스스로를 세련된 삶의 체계 안에서 위치와 운명을 가진 인간으로 규정하는 순간—이날까지 이들은 힘없는 자들의 피할 수 없는 유산인 끔찍한 고립감만 느끼며 살아왔다—그 사람은 갑자기 자기 자신을 "보게" 되었다. 그러므로 역설적이게도 스스로를 노동계급 운동과 동일시하는 사람이 늘어날수록 개인으로서 활기를 띠는 사람들도 늘어났다. 결속력 있는 유대관계에 놓여 있음을 인정하는 개개인이 늘어날수록 어둠을 밀어내고 그 안에서 생명력을 경험하는 사람이 늘어났다. 이런 의미에서 그 주방은 브롱크스에 있는 누추한 세입자 아파트의 한 공간이기를 멈추고 사실상 이 세상의 중심, 고대 그리스 시대 이후로 묘사되어온 그 중심이 되었다. 여기, 이들의 다급한 이야기들이 만들어내는 소용돌이와 기대감 속에서 그 주방 식탁에 모여 있던 여자와 남자들은 다름 아닌 자기창조 행위에, 의식의 확장을 통한 자아의 창조에 발을 들이고 있었기 때문이다. 이들에게 의식의 수단은 마르크스였다. 마르크스와 공산당과 세계 사회주의. 마르크스는 이들의 소크라테스였고, 당은 이들의 플라톤이었으며, 세계 사회주의는 이들의 아테네였다.

인생에서 자기 자신을 경험하는 데서 비롯되는 힘과 즐거움에 견줄 만한 건 거의 없다. 루소는 자신을 경험하는 걸 빼면 인생에서 남는 게 없다고 말했다. 고리키는 친구들과 함께 있으면 자기 자신을 느낄 수 있어서 친구들을 사랑한다고 말했다. 그는 이렇게 적었다. "자기 자신을 느끼는 건 얼마나 중요하고 얼마나 아름다운가!" 사실 자신의 내면에서 생명력이 용솟음치게 만든다고 느껴지는 사람들, 분위기, 사건과 이념을 열렬히 사랑하지 않기란 불가능하다. 사실 그런 용솟음이 일어날 때 열정적인 감정을 느끼지 않기는 불가능하다. 어린 시절 내 주변인들에게 이 강렬한 감정은 공산당을 통해 해석된 마르크스주의를 거쳐 전달되었다.

이 진보 세상의 논쟁 불가능한 중심에 공산당이 있었다. 당의 기막힌 구조는 걷잡을 수 없는 힘으로 전 세계 수백만 명을 마르크스주의로 몰고 간 그 맹아적인 감정을 활용했다. 당의 도덕적 권위는 추상성에 형태와 물질성을 부여했고 그걸로 강력한 인간 경험을 만들어냈다. 당은 사람들의 고양감을 가장 깊이 있는 인간성의 감각으로 만들어주는 그런 동지애에 경이로운 활력을 부여했고, 이로써 이들이 서로를 사랑하는 행위를 통해 스스로를 사랑할 수 있게 만들었다. 리처드 라이트*가 가장 힘겨웠던 시기에 했던 말처럼 "인간으로 하여금 이 땅과 그 위에서 살아가는 사람들을 느끼게 만드는 능력에서 공산당에 견줄 만한 조직은 이 세상에 없었다".

그 세상 출신 중에서 그 경험이 그 과정을 몸소 겪은 모든 이들에게 내면에서 비범한 자질을 길어 올리는 촉매로 작용했

---

* 1908~1960. 미국의 작가. 미국 남부의 인종적 편견을 그린 단편집 《톰 아저씨의 아이들》(1938)로 유명해졌다. 한때 미국공산당과 관계를 맺었으나, 이후 관계를 끊고 비판적인 입장을 유지했다. 대표작으로 《미국의 아들》(1940), 《아웃사이더》(1953) 등이 있다.

다는 사실을 잊을 사람이 있을까? 거기에 있었다는 것은 곧 인간화의 가장 경이로운 과정, 한 인간이 어우러짐을 통해 발생하는 과정, 한 인간이 자아를 넘어선 자아 개념을 통해 자기 자신을 경험하고 기강 잡힌 맥락이라는 불가사의한 힘을 통해 자유롭고 전인적이며 독립성을 띠는 과정 중 하나에 참여했다는 뜻이었다. 요컨대 사회화의 감정, 사람들이 고유하고 개별화된 자아가 아니라 공통적이고 축소 불가능한 자아를 통해 스스로를 느끼게 하는 그런 작용력을 가진 감정을 겪었다는 것이다.

이 모든 것을 향해 공산당은 말을 걸었다. 이 모든 것으로부터 공산당은 가공할 힘을 끌어냈다.

흐루쇼프가 소련공산당 제20차 당대회 연설에서 전 세계에 스탈린 통치의 헤아릴 수 없는 악행을 '폭로'한 1956년 4월에 나는 스무 살이었다. 내가 '폭로'라고 이야기하는 이유는 흐루쇼프의 보고서가 이미 많은 이들이 아주 오랫동안 의식 저편에 밀어두고 있던 것을 수백만이 의식하지 않을 수 없게 만들었기 때문이었다. 제20차 당대회 보고서는 좌파 조직에 정치적인 파국을 몰고 왔다. 미국 역사상 탄압이 가장 극심했던 시기—공산당원들이 무슨 범죄자처럼 사냥을 당하고 재판과 투옥에 시달리고 사회적 고립과 실업을 감내하고 직업생활이 초토화되고, 로젠버그 부부**의 경우에는 목숨을 잃기도 했던 시기—한가운데서 터져나온 관계로 흐루쇼프 보고서는 미국 좌

***

** 1950년 미국의 원자폭탄 제조 비밀을 소련에 팔아넘겼다는 이유로 체포되었다. 이들 부부의 죄를 입증할 만한 명확한 증거가 없었으나, 두 사람은 1953년 사형당했다. 남편 줄리어스 로젠버그가 미국공산당 당원이었다.

파의 절멸을 재촉한 마지막 결정타가 되었다. 수천 명에 달하는 좌파들이 이냐치오 실로네*가 그들보다 25년 앞서 느낀 감정을 느끼며 방황했다. "머리를 무지막지하게 얻어맞고도 아직 쓰러지지 않은 채 걷고 말하고 손짓하면서도 무슨 일이 있었는지 제대로 깨닫지 못한 사람처럼." 그리고 실로네처럼 그들 역시 자신에게 말했다. "이걸 위해서? 우리가 이렇게까지 몰락한 거야? 세상을 떠난 사람들, 감옥에서 죽어가는 사람들이 이것 때문에 희생한 거라고? 우리가 살아온 외롭고 위험한 떠돌이 생활, 우리나라에서도 이방인으로 지냈던 삶이 다 이것 때문이라고?" 하룻밤 새 이 나라 공산당의 정동적 생명선이 뚝 끊겼다. 흐루쇼프 보고서가 공개되고 몇 주 만에 3만 명이 당을 떠났다. 1년이 지나지 않아 당은 1919년 시작 당시의 모습으로 돌아갔다. 미국 정치지도 안에서 더는 찾아볼 수 없는 일개 분파로 돌아간 것이다.

스무 살의 나에게 흐루쇼프 보고서는 이미 해체 직전이었던 믿음의 직물에서 마지막 한 가닥을 끊어놓았다. 이전 3~4년 동안 나는 너무나도 단순한 사회주의적 설명의 무게가 점점 성장하는 내면의 삶을 짓누르는 느낌 때문에 경악을 금치 못하는 상태에 놓이곤 했다. 나는 열다섯 살에는 노동청년연맹Labor Youth League(청년공산주의자연맹의 마지막 버전)에 가입해서 레닌, 스탈린, 그리고 (이제는 믿어줄 사람이 있을지 모르겠지만) 마오쩌둥 포스터

---

*   1900~1978. 이탈리아의 작가. 1921년 이탈리아공산당의 창립에 참가했고, 파시스트 정권하에서 지하운동을 했으며, 1930년 공산당을 탈당했다. 대표작으로 《폰타마라》(1930), 《빵과 포도주》(1937)가 있다.

가 대문짝만하게 벽을 덮고 있는 뉴욕 프린스길의 한 다락방 모임에 참석했다. 이 모임을 담당하던 당 조직책은 내게는 갈수록 생경하게만 들리는 언어로 매주 훈계와 과제를 전달하려고 찾아왔다. 아버지의 주방에 모인 사람들이 사용하던 언어, 그마저도 내 안에서 소용돌이치기 시작한 멜빌, 만, 울프, 도스토옙스키의 언어에 밀려나고 있던 그 언어와 너무 거리가 먼 언어로. 내 내면의 언어가 바뀌고, 새로운 사고가 한때는 의문의 여지가 없었으나 이제는 허술하기 짝이 없는 사회주의 이데올로기에 맞서기 시작하면서 그늘과 혼란이 내 마음을 가득 채웠다. 나는 '진보적인' 세계에 관한 사고의 끄트머리에서 지독하게 성가신 고통이 자라는 걸 느꼈다. 어떨 땐 치통 같고, 어떨 땐 공포라는 비수에 찔린 것 같고, 어떨 땐 왈칵 공황 상태가 밀려오는 것 같은 고통이. 그 세계의 논리가 허물어지기 시작했다. 불의가 그 형체를 드러냈고, 언행 불일치가 내 신경을 긁었으며, 이제 더는 준비된 대답을 찾을 수 없는 질문들이 떠올랐다. 어느 순간 나는 친척들과 아버지의 친구들과 언쟁을 벌이고 있었다. 그 언쟁은 설명과 단합 대신 분노와 분열을 낳았다. 이제는 "당은 자기가 뭘 하는지 다 알고 있어"라던지 "뭐가 노동자에게 좋은 건지 네가 소련보다 더 잘 안다고?" 또는 "그들은 뭐가 어떻게 돌아가는지 우리보다 더 잘 알아. 그들이 이렇게 저렇게 한다면 거기에는 그만한 이유가 있는 거야. 네가 뭐라고 그 사람들한테 따지는 거야?" 같은 말로는 충분하지 않았다.

그러던 1956년에 우리, 그러니까 어머니, 이모, 내가 주방에 앉아 있었다. 오빠는 결혼을 해서 진작에 (진보계는 말할 것

도 없고) 집을 나간 상태였다. 아버지는 세상을 떠났고 샘 삼촌
도 마찬가지였다. 우리만, 우리 세 여자만 남아서 주방 바깥에
서 허물어가는 세상을 멀거니 쳐다보며 이 허물어져가는 집에
남아 있었다. 우리 사람들, 우리 민족, 우리의 정치는 죽었거나
죽어가고 있었고, 사라지거나 떠나버렸고, 짓이겨지고 살해당
했다. 히틀러가 우리 세상의 절반을 파괴했고, 이제는 스탈린
이 나머지 절반을 파괴했다. 나는 청년 특유의 피 끓는 분노로
거의 미칠 지경이었다. 어머니는 혼란에 빠져 자포자기 상태였
다. 이모는 여전히 열혈 스탈린주의자였다. 매일 밤 우리는 사
납게 으르렁댔다.

"거짓말!" 나는 이모에게 새된 비명을 질렀다. "거짓말에
반역에 살인에. 모스크바에는 미친놈이 앉아 있었던 거라구요!
사회주의라는 이름으로 거기 미친놈이 앉아 있었다구요. 사회
주의라는 이름으로! 그리고 이모 같은 사람들이 그 세월 동안
이 미친놈을 위해서 자기 자신을 망쳐놓고 또 망쳐놓은 거구
요. 러시아 사람들 수백만 명이 나락으로 떨어졌어요! 공산주
의자 수백만 명이 자기 자신과 서로를 배신했다구요!"

"빨갱이 사냥꾼 같으니라구!" 이모가 맞받아쳤다. "넌 아
주 고약하고 같잖은 빨갱이 사냥꾼이 됐구나! 루이 고닉은 자
기 딸이 빨갱이 사냥꾼이 됐다는 걸 알면 무덤에서 벌떡 일어
날 거다!"

그리고 우리는 각자의 비통함 속에 갇힌 채 서로를 노려봤
다. 나는 나대로 지금까지도 생생하게 느낄 수 있는 고통과 분
노에 사로잡혀 있었고(20년이 지난 지금도 늦은 밤 소련의 만행에 관

미국 공산주의라는 로맨스

한 새로운 보고서를 읽거나 듣고 나서 문득 과거의 감정이 떠올라 "이 모든 걸 사회주의라는 이름으로 저지르다니. 사회주의라는 이름으로!"라고 소리치고 싶은 걸 겨우 억누르는 나 자신을 발견하곤 한다), 비탄과 생계 때문에 잿빛이 되어버린 강인한 소작농의 얼굴을 하고 있는 이모는 이모대로 자기 내면의 세계와 주위 모든 것이 감내하기에는 너무 크고 꿀꺽 삼키기에는 너무 파괴적인 혼란에 휘말려 겁에 질린 상태였다.

그리고 그동안 내 머리 한편에서는 늘―심지어 이모와 내가 동시에 인간의 붕괴라는 이 현실의 악몽에 함께 갇혀서 엎치락뒤치락하고 있을 때마저―이냐치오 실로네의 목소리가 울려 퍼지고 있었다. "진실은 이렇다. 내가 공산당을 떠난 그날은 나에게 아주 슬픈 날이었다. 깊은 애도일, 내 잃어버린 청춘을 향한 애도의 날인 것만 같았다. 그리고 나는 다른 어디보다도 상복을 오래 입는 지역 출신이다."

이 모든 일이 하나의 작은 세계에서 한 세대 전에 일어났다. 별난 세계라고, 많은 이들이 말한다. 뉴욕 노동계급 좌파들의 내향적인 세계. 이 세계가 미국 좌파들이 사는 다른 어디에서도 정확하게 복제되지 못했던 건 분명 사실이다. 하지만 그건 별나기는커녕 사실 전형적이었다. 1940년대와 1950년대 브롱크스의 그 주방에서―그렇게 제한적인 곳에서 그렇게 강렬하게―일어났던 일은 이 나라에서만이 아니라 서구 세계의 곳곳에서 이런저런 형태로 동시다발적으로 펼쳐지고 있었다. 이모와 내가 공유했던 비통함과 분노에는 상징적인 무게가 가득

실려 있었다. 금세기에는 수백 명도 아니고 수천 명도 아니고 수백만 명이 이 이데올로기에, 이 당에 투신해서 생명을 얻었다는 느낌과 죽은 것이나 다를 바 없다는 느낌을 동시에 얻었다.

내 삶만이 아니라 이 나라의 삶을 지배했던 것으로 기억하고 있는 시간과 분위기는 20년 전 일이 되었다. 그 시간 동안 셀 수 없이 많은 사람이 공산당원으로서의 경험에 대한 글을 끝없이 발표했다. 보수주의자, 급진주의자, 한철의 급진주의자, 자유주의자, 지식인, 철학자, 역사학자, 정신분석가, 모두가 공산당원으로서의 경험을 묘사했고, 설명했고, 방어했고, 공격했고, 확장시켰고, 깎아내렸고, 평가했고, 흔들어놓았다. 하지만 내가 어린 시절 속했던 그 세계가 정확히 어떤 성분으로 이루어져 있었든, 그 가장 깊은 밑바닥의 저류가 무엇이었든, 그 경험을 설명하겠다고 큰소리치는 그 많은 책들에서 내가 알았고 느꼈던 것들을 스치듯이라도 접하기란 힘들었다. 그리고 내 눈앞에 피와 살을 가진 살아 있는 사람들이 선하게 떠오르는 일도, 그 책장에서 그들 모두가 영위했던 그 삶이 얼마나 강렬한 감정적 끌림—경외심, 허기, 깊은 감동—을 자아냈던가 느끼는 일도 없다. 이 모든 책이 구구절절 늘어놓는 거대 사건—전쟁, 혁명, 국민성, 외교정책, 현실정치—속에 켜켜이 누적되는 그 삶이, 은유적 의미와 함께 반향을 일으키는 것만 같은 그 삶이.

내 부모가 사회주의에 몰두한 현상적인 이유 너머에는 마르크스주의의 호소력이 가닿은, 그리고 공산당이 비로소 길어올린 더 큰 욕구가 있었다. 인간이 인간을 심판해서는 안 된다고 말하는 우리 내면의 욕구, 삶의 정치성이라고 하는 그 욕구가 말이다. 20세기의 그 어떤 것도 공산주의만큼 이 욕구에 강렬하게—그렇게 큰 힘과 도덕적 상상력을 가지고—호소하지 못했다. 근대사회의 그 어떤 것도 공산주의처럼 그 욕구를 현실과 이상에 접목시켜 내면의 경험들로 이루어진 우주를 만들어내지 못했다. 그 무엇도 공산주의처럼 전 세계인들 안에서—절대 배신을 용납할 수 없고 절대 그 약속을 포기할 수 없는—열정 가득한 공통의 꿈을 이끌어내지 못했다.

공산주의를 그런 은유적 경험으로 만든 것은, 그래서 이모 같은 사람들을 비전에서 도그마로, 황홀함에서 비참함으로 빠져들게 만든 것은 이 꿈—이 열정, 영혼의 사로잡힘—이었다. 그러면서도 그들은 참으로 끔찍하고 참으로 경이롭게도 열정적인 꿈이라는 대상에 꾸준히 집착했다.

내 기억에 가장 깊이 각인된 공산당원들의 모습은 그들의 열정이다. 열정이 그들을 공산주의자로 만들었고, 그들을 붙들었고, 그들을 고양시켰고, 그들을 일그러뜨렸다. 그들 한 명 한 명은 내면의 발광을 경험했다. 영혼을 찢어버릴 정도로 강렬한 빛을. 그 발광을 알아차리는 것, 내면에서 불이 켜지는 것, 그러다가 그 빛을 잃어버리는 것, 그 빛과 열기를 잃고 내동댕이쳐지는 것, 그 뒤 빛 없이 캄캄한 일상의 평범한 회색을 맛보는 것, 그것은 어쩌면 깊은 사랑에 빠졌다가 그 사랑을 잃고 어딘가가 부서져본 사람만이 이해할 수 있는 황홀함과 공포를 알아차리는 것이다.

고대 그리스인들은 성적인 열정을 질병으로 규정했다. 외부에서 쳐들어와 너무나도 깊고 너무나도 허기진 인간 욕망의 근원을 건드림으로써, 인간의 품격을 지키는 합리적인 능력을 그 공격과 함께 찾아온 비틀리고 미친 행동 앞에 속수무책으로 만들고, 그 열정이 펼쳐지는 동안은 말 그대로 중단시키는 어떤 것으로. 그리하여 그 피해자는 헤어나기 위해 최선을 다할 수밖에 없는 그런 것으로. 호머는 이런 관점에서 헬레네를 향한 파리스의 사랑을 묘사한다. 헬레네는 파리스의 내면에서 성적인 사랑의 **역량**을 건드린다. 한번 건드려진 이 역량은 돌연 영혼의 허기로 스스로를 실현한다. 이제 영원히 완성되지 못할 자기현시가 생명을 얻는다. 그 허기는 파리스 안에서 활활 타오르고 그의 내면을 꾸준히 불태운다. 그것은 너무나도 고차원적인 빛과 열기여서 이제까지 파리스가 알았던 다른 모든 형태의 사랑은 기억 속에서 희미하고 차가워진다. 그리고 이 빛과 열기는 모든 것을 집어삼킨다. 파리스는 곧 중독 상태가 되어 굶주린 욕구에 자신을 송두리째 내어준다. 시간이 지나면서 헬레네—그 굶주린, 불타오르는 욕구의 대상, 원인, 근원—보다 그 욕구의 실재성이 더 커진다. 이제 그 허기는 자체적인 생명을, 완고한 힘으로 채워진 생명을 가지게 된다. 이쯤에서 그 힘의 본성이 분명해진다. 그 힘은 반사회적이고, 그 자체에 골몰하고, 어울림의 법칙들과 상충하는 내적인 법칙을 따른다.

이런 압력, 이렇게 강력한 인간의 욕구 앞에서는 파리스의 지성, 인격, 도덕적 또는 심리적 발전에 대해 이야기하는 것이 거의 무의미해진다. 그 압력은 그저 거기에 존재한다. 힘세고, 역사에 선행하고, 태곳적 영혼의 애통함과 갈망이 넘실대는 상태로. 사회적 시대를 넘어, 문명 시대를 넘어, 부족적 충성심과 이성의 온정적인 제약을 넘어.

　내가 보기에 인간의 정신에는 시공을 초월한 허기가 숱하게 존재하고, 그 각각의 허기는 자기현시적인 생명을 얻는 순간 열정으로 타오를 역량을 품고 있다. 이런 허기 중 하나는 의문의 여지 없이 의미 있는 삶을 살고 싶다는 욕구다. 거기서 동기로 작용하는 힘은 무의미한 삶에 대한 끔찍한 두려움이다. 이 두려움-허기는 육신이 아닌 정신의 욕구에, 인간에 대한 가장 심오한 정의와 관련된 욕구에 말을 건다. 그리고 인간의 다른 욕구가 그렇듯 이런 태곳적 허기를 의식의 수면 위로 끌어올리는 사람, 이념, 사건과 조우하지 못한 채 일생을 사는 것도 가능하다. 하지만 한번 마주치고 나면······

　공산당원이 된 사람들에게 마르크스주의는 파리스에게 헬레네와 같았다. 일단 조우하고 나자 마르크스주의 이념은 공산당이라는 강렬한 페르소나를 뒤집어쓰고서 가장 극심한 갈망, 무명의 자아에 파묻혀 있던 갈망, 우리 내면의 그 지리멸렬한 삶의 중심에 있는 불가사의하고 나약한 심장을 직격한 갈망, 의미 있는 삶을 살고자 하는 욕망과 관계된 갈망에 불을 지폈다. 이 갈망은 인간의 커다란 허기 중 하나, 마침내 자체적인 생명을 얻게 된 허기에서 비롯되어 공산당원들을 물귀신처럼 따라다녔다. 그리하여 처음에는 공산당원들이 그 허기를 살게 했지만, 종국에는 그 허기가 그들을 살게 했다. 그 허기는 요컨대 열정이었다. 열정이 성립되려면 그것이 전부여야 하는 까닭에, 그리고 무언가가 전부가 될 때 사람들은 자기 자신에게, 서로에게 끔찍한 짓을 저지르는 까닭에, 본질적으로 인간다움을 강제하지만 동시에 인간다움의 말살을 강제하는 열정.

그러므로 공산당원들 사이에서 자유를 좇아 몸을 던질 용기가 있었던 자들은 종국에는 자유롭지 못했다. 대단한 지성의 소유자들은 종국에는 그 지성을 사용하지 못하는 상황에 놓였다. 남다르게 합리적이고 이성의 아름다움과 품위를 놓지 않았던 사람들은 종국에는 어설프게 이성적인 시늉만 냈다. 공정한 과학적 분석을 통해 사회관계의 야만성을 통제하고자 했던 사람들은 종국에는 과학적 분석을 이용해서 새로운 야만을 자행했다.

그리고 이 모든 과정의 중심에는 갈망이 있었다. 이 모든 과정에 대한 책임은 갈망에 있었다. 마르크스주의라고 하는 흠모의 비전이 고무한 그 갈망은 그 비전이 처음에 그랬듯 영혼을 확장시키는 환희의 경험을 안기기보다는 영혼을 위축시키는 감옥과 족쇄가 되었을 때마저도 놓을 수가 없었다.

리처드 라이트는—자신의 자전적 소설 《아메리칸 헝거 American Hunger》의 일부가 발췌된 《실패한 신The God That Failed》*에서— 1940년대 시카고에서 공산당에 기소된 흑인 동지 로스의 재판을 묘사하면서 공산당 경험의 아름다움과 고통과 아이러니를 완벽하게 포착한다.

---

*   한때 공산주의자였으나 전향한 작가들인 루이스 피셔, 앙드레 지드, 아서 쾨슬러, 이냐치오 실로네, 스티븐 스펜더, 리처드 라이트 등 6명이 쓴 에세이 모음집. 책은 공산주의를 왜 포기했고, 공산주의에 왜 환멸을 느꼈는가에 대한 글들로 이루어져 있다. 공산주의에서 전향한 영국의 정치인 리처드 크로스먼이 기획했다.

미국 공산주의라는 로맨스

재판은 격식을 차리지 않고 차분하게 시작되었다. 동지들은 닭 한 마리를 훔친 이웃의 재판을 참관하러 온 동네 사람들처럼 행동했다. 누구든 요청을 하면 발언권을 얻을 수 있었다. 완전한 발언의 자유가 주어졌다. 하지만 그 모임은 놀라울 정도로 공식적인 나름의 구조를, 함께 살아가고자 하는 인간들의 욕구만큼이나 깊은 구조를 갖추고 있었다.

공산당 중앙위원회 소속인 어떤 이가 일어나 세계 정세를 설명했다. 그는 감정을 싣지 않고 엄연한 사실을 쌓아 올렸다. 독일, 이탈리아, 일본에서 벌어지고 있는 파시즘의 공격을 끔찍하지만 장엄하게 그려 보였다.

나는 어째서 재판이 이런 식으로 시작되는지 그 이유를 납득했다. 로스가 범죄를 저지른 배경에는 이런 상황 또는 사람들이 있다고 상정해야 했다. 그렇게 해서 참관하는 모든 사람의 마음속에 억눌린 인류의 생생한 모습이 떠올라야 했다. 그리고 그것이 참된 모습이었다. 어쩌면 지구상에서 노동자들이 어떻게 살아가는지 이렇게까지 상세하게 아는 조직은 공산당뿐인지 몰랐다. 이 정보의 출처가 바로 노동자들 자신이었으므로.

다음 연사는 세계 유일의 노동자 국가로서 소련의 역할을 논했다. 소련이 어떻게 적들에게 에워싸여 있는지, 소련이 어떻게 스스로 산업화를 이루려고 애쓰고 있는지, 세계 노동자들이 집단적인 안정이라는 이념을 거쳐 평화의 길로 접어들 수 있게 하려고 어떤 희생을 감수하고 있는지를.

그때까지 제시된 사실들은 이 불확실한 세상에서 그 어떤 사실만큼이나 명명백백했다. 하지만 다른 여느 당원들처럼 귀기울이며 앉아 있는 피고인에 대해서는 한마디도 없었다. 이전 지구적인 투쟁이라는 그림에 로스와 그의 범죄를 포함시킬 때가 아직 오지 않은 것이다. 일단 동지들의 마음속에 절대적인 사실이 확립되어야 했다. 그래야 그걸 가지고 자기 행동의 성패를 가늠할 수가 있었다.

마침내 한 연사가 앞으로 나와서 시카고의 사우스사이드에 대해, 그곳의 흑인 인구에 대해, 그들의 고난과 장애물에 대해 이야기하며 그 모든 것을 역시 세계 투쟁에 연결시켰다. 그러더니 그다음 연사가 이어서 사우스사이드에서 공산당이 맡아야 하는 임무를 설명했다. 결국 세계, 국가, 지역의 그림이 이 회의장에 모인 모두가 참여 중인 도덕적 투쟁이라는 하나의 압도적인 드라마로 녹아들어갔다. 이 발표는 장장 세 시간 넘게 이어졌지만 그 자리에 모인 사람들의 가슴에 새로운 현실 감각을, 지구상의 인간에 대한 감각을 하사했다. 교회, 그리고 그 신화와 전설을 제외하면 인간으로 하여금 이 땅과 그 위에서 살아가는 사람들을 느끼게 만드는 능력에서 공산당에 견줄 만한 조직은 이 세상에 없었다.

저녁이 되어갈 즈음에서야 로스에 대한 직접적인 비난이 시작되었다. 당 지도부에 의해서가 아니라 그를 가장 잘 아는 친구들에 의해서. 무참했다. 로스는 풀이 죽었다. 그의 감정은 도덕적 압박의 무게를 감당하지 못했다. 두려움에 떠밀려 로스에게 불리한 정보를 내놓는 사람은 없었다. 그들은 날짜와 대화와 장면을 언급하며 기꺼이 내놓았다. 로스가 저지른 악행의 검은 실체가 반론의 여지 없이 서서히 드러났다.

로스에게 자기변호의 시간이 왔다. 나는 그가 자신을 위해 증언해줄 친구들을 대기시켜놓았다고 들었지만 그는 아무도 부르지 않았다. 로스는 몸을 떨며 일어섰다. 말을 하려 했지만 아무 말도 하지 못했다. 회의장은 쥐 죽은 듯 조용했다. 그의 얼굴 가득 죄지은 사람의 표정이 떠올랐다. 그는 손을 떨고 있었다. 쓰러지지 않기 위해 테이블 끄트머리를 꼭 쥐고 있었다. 그의 인성, 자아감각은 흔적도 없이 지워진 상태였다. 하지만 그가 자신을 짓이긴 그 비전을, 우리 모두를 묶어놓은 공통의 비전을 공유하고 받아들이지 않았더라면 그렇게까지 굴욕을 당하진 않았으리라.

"동지들," 그가 낮고 격앙된 목소리로 말했다. "저는 이 모든 고발에서 유죄입니다. 전부 다 제 잘못이에요."

로스의 목소리가 흐느낌으로 뭉개졌다. 누구도 그를 몰아세우지 않았다. 누구도 그를 고문하지 않았다. 누구도 그를 위협하지 않았다. 그는 자유롭게 그 회의장을 나갔고 다시는 공산당원과 만나지 않았다. 하지만 그가 원한 것은 아니었다. 그에게는 선택지가 없었다. 공동체 세상이라는 비전이 그의 영혼에 뿌리를 내렸고 삶이 다하는 그 순간까지 절대 그를 놓아주지 않을 것이었다.

라이트의 묘사에는 섬뜩한 데가 있다. 하지만 동시에 찬란함도 있다. 여기에는 냉혹한 권위주의의 노예가 되어 기계장치로 전락한 이질적인 존재의 이야기도, 타국을 위한 배신과 비

인간적인 '세뇌'의 이미지도 없다. 반면 여기에는 정치적 비전과 접촉함으로써 스스로의 상상을 뛰어넘는 수준으로 인간에 더 가까워진 한 사람의 초상이 있다. 그리고 처음에 경험한 인간다워짐의 기억은 그 사람을 붙들고 놓아주지 않는다. 로스가 포기할 수 없는 것은 마르크스주의와 당을 통해 전달된 공동체 세상의 비전이 자신의 삶에 도덕적 의미를 선사한 그 순간이다. 그 순간 그의 내면에서 자신의 고립과 멀어지고픈, 함께 존재하기라는 둘도 없는 위험을 감수하고픈 갈망이 의식의 수면 위로 빠르게 올라왔기 때문이다. 그 순간 벌거벗은 욕망이 건드려졌다. 의식에서 감지하지 못했던 상처가 갑자기 감지되었다. 이런 순간에는 예지적인 속성이 있다. 그것은 심오한 자기인식의 하나이며, 로스의 열정이 발원한 곳, 그의 황홀과 두려움이 자리한 곳은 바로 그 자기인식이었다.

로스에게 자기인식의 순간은 마르크스주의 그리고 공산당과 불가분하게 연결되어 있다. 이 둘은 로스의 감정 안에서 한 몸이 되어버린 나머지 하나를 잃는 순간 다른 하나도 잃을 수밖에 없다. 물론 이 경험의 아이러니는 마르크스주의의 계시를 통한 자아의 예지적 발견이 당의 권위주의를 통한 자아의 도그마적 숙청으로 막을 내렸다는 데 있다. 그 안에 공산당 경험의 영화榮華와 비극 모두가 들어 있다. 비전을 향한 여정은 인간다움의 황홀경을 알게 해주고, 그 길의 끝에 있는 도그마는 영혼을 파멸로 몰고 간다.

지난 30년간 세상에 나온 공산주의자들에 대한 글들은 자신과 (공산주의자라는) 대상 사이에서 억압적인 거리감을 유지해 왔다. 이 거리감은 종종 객관성으로 위장되지만 실은 감정적으로, 그리고 지적으로 '타자성otherness'—무언가 식별하기 힘든 것, 무언가 묘하게 비인간적인 것을 묘사하고 있는 듯한—의 분위기를 자아낼 뿐이다. 이 거리감은 관찰 대상은 유죄이지만 관찰자는 전혀 그렇지 않다는 듯이 묘사 행위자를 묘사 대상(즉 공산당원들)으로부터 떨어뜨려놓는다. 마치 그들은 유아적이지만 우리는 성숙하다는 듯이. 마치 우리라면 더 잘 알았을 텐데 그들은 더 잘 알 역량이 부족했다는 듯이. 마치 우리라면 재앙의 조짐을 알아차렸을 텐데 그들은 워낙 자기 코가 석 자라서 기질적으로 재앙의 조짐을 알아차릴 수가 없었다는 듯이. 요컨대 공산당원들은 더 약하고 열등한 타자들로 이루어져 있었고 그들이 겪었던 것을 우리는 겪을 리 없다는 듯이.

아이러니하게도 이런 감정적 거리감의 최악의 사례 중 일부는 옛 공산당원들이 쓴 책에서 발견된다. 이런 고백조의 문학 가운데 일부는 강력하고 입체적이지만—《실패한 신》에 실린 실로네와 라이트의 글처럼—대부분은 변명조나 자아비판조이다. 그리고 어느 쪽이든 이런 어조는 그 경험과 독자 사이에 연막을 드리운다.

공산당원 출신 반공주의자의 자기고발은 특히 당황스럽다. 이런 고해성의 글들은 비아냥과 방어적인 태도로 일관하며 기억을 무력하게 만든 채 행간에서 이런 식의 말만 되풀이한다. '놀라워라! 오늘날까지도 난 대체 내가 무엇에 사로잡혀 있었는지를 몰랐다! 이 경험은 당연히 당신들에게도 그렇겠지만

지금 내게도 기이하고 낯설다. 내가 어떤 사람이었는지를 보라. 당신은 믿어지는가? 나는 믿을 수가 없다.'

어쩌면 이런 종류의 글 중에서 가장 난해한 사례는 아서 쾨슬러*의 자서전 《창공의 화살Arrow in the Blue》에 등장하는지도 모르겠다. 이 책에서 쾨슬러는 공산당에서 보낸 9년을 세세하게 풀어낸다. 자아 발견에서 입당, 그리고 환멸에 이르기까지. 그는 사실상 모든 걸—좋은 감정, 나쁜 감정—말하고 있고 그 경험을 객관적으로 전달하려고 하고 있는데도 그 언어와 어조는 마치 쾨슬러가 맥베스 부인처럼 할 수만 있다면 자신의 살덩어리에서, 자신의 기억에서 그 경험 전체를 도려내고 싶어 한다는, 공산당원 시절을 떠올리기만 해도 몸에 소름이 돋는다는 식이다. 그의 표현은 무례하고 빈정대고 자기비하적이고, 자기검열에 집착하는 현재의 언어로 흘러간 과거에 대해 글을 쓰는 듯하다. 그 언어는 독자에게 사실상 이렇게 말한다. "나는 지금도 그 재의 맛을 느낄 수 있지만 연기는 떠올릴 수가 없다." 이런 유의 책 수백 권이 이 나라에서, 그리고 유럽에서 저술되었다.

하지만 30년 세월에 대한 이런 '무심한' 지적 논평에서야말로 공산당원들과의 추상적이고 소원한 거리감이 가장 강하게 느껴진다. 라이오넬 트릴링** 같은 사람들이 공산당원에 대한 글을 쓸 때 사용하는 바로 그 얼어붙은 언어에서 사람들은

---

* 1905~1983. 1930년대에 독일공산당에 가담해 활발한 활동을 하다가 스탈린주의를 비판하는 입장으로 돌아선 헝가리 부다페스트 태생의 작가. 소설 《한낮의 어둠》으로 유명하다.

** 1905~1975. 미국의 영문학자이자 소설가. 정치적으로 반스탈린주의 좌파 입장이었다.

맥동하는 현실과 오싹하게 단절되었음을 가장 많이 느낀다. 혹은 공산당에 입당한 사람들을 마치 한쪽 문으로 들어갈 때는 따뜻한 피를 가진 인간이지만 다른 쪽 문으로 나올 때는 고무 도장이 찍힌 로봇이 된 어떤 생명체처럼 묘사하는 리처드 크로스먼*** 같은 사람의 글에서도 마찬가지다. (이런 문장은 대체 어떻게 쓸 수 있는 걸까? "마음은 한번 틀어지고 나면 자유롭게 노니는 게 아니라 의문의 여지가 없는 더 높은 목적의 하수인이 된다. 진실을 부정하는 것도 그 일환이다. 물론 공산당원과 정치의 특정 측면을 논하는 게 쓸모없는 이유는 바로 이 때문이다.")

나는 이런 언어를 접하면 온몸에서 거부반응이 일어난다. 이것은 인간으로서 가서는 안 되는 길에 들어선 공산당원의 열정에 지적으로 반대한다는 듯한 인상을 풍기는 사람들의 언어이다. 이들은 정치적 현실을 무소불위의 한 단어로 싸잡아(물론 그 단어는 '스탈린주의'이다) 맹렬하게 몰아세우며 그 단어 이면에서 와글대는 모순적인 삶을 모른 척한다. 그리고 그런 모르쇠 속에서 그 경험이 복잡한 인간의 근원임이 부정된다. 아니야, 나는 그런 글을 읽을 때면 늘 인상이 구겨지는 걸 느낀다. 저런 게 아니었어, 저런 게 전혀 아니었다고. 그건 당신이 여기서 묘사하는 그런 납작한 경험이 아니었단 말이야. 그건 광대하고, 두서없이 뻗어나가고, 분절되고, 엄청나게 다채로운 경험이었어. 부분들의 합이 아니라 세부 사항의 복잡함이 진실을 이루

*** 1907~1974. 공산당원 전력이 있는 인물들의 글을 모은 《실패한 신》의 편집자이자 반공주의 선동의 기수로 평가받는 영국 정치인.

는 경험이라고. 그래, 당신이 하는 말은 맞아, 하지만 그게 진실은 아니야. 그래, 열정은 무서울 정도로 모두를 평준화했지, 하지만 그 애증이 뒤엉킨 열정의 힘에 대한 반응이 얼마나 다양한 조합으로 나타났다고. 맞아, 자아를 잃어버리는 건 공산주의에서 너무 끔찍한 일이었어, 하지만 아, 셀 수 없이 많은 사람들이 자기 자신을 잃지 않으면서도 여전히 공산주의자로 살아가려고 매일, 시시각각 투쟁했다고, 그리고 그 투쟁 안에는 풍요로운 인간의 경험이 들어 있다고.

"당은 프로이트에 반대했어요, 하지만 브롱크스에서 우린 그랬지, '그래, 그래, 하지만 어쨌든 어머니는 중요해'"라고 말하며 웃던 교사가 내 앞에 선하게 떠오른다. 노조원을 배신하지 않으면서도 당원으로 남아 있으려고 근 20년 동안—일상적인 결정과 일상적인 중재들로 이루어진 그 세월 동안—줄타기를 했던 한 노동자 조직가가 선하게 떠오른다. 역시 대공황의 무게에 짓눌린 이웃들을 위하느라 일상적으로 당을 배신했던 한 지국 조직책이 선하게 떠오른다. 이상을 꺾지 않고 공산주의자로 살아가는 것과 조직의 안위를 나 몰라라 할 수 없는 공산당원으로 살아가는 것 사이에서 일평생 고강도 줄타기를 했던 숱한 사람들의 웃음소리와 기개와 자조적인 목소리가 내 귓가를 맴돈다. 이 중 어떤 사람은 넘어져서 끔찍한 부상을 당했고, 어떤 사람은 넘어졌다가 다시 일어나 더 멀리 나아갔고, 어떤 사람은 그 줄을 성공적으로 건너가 튼튼하고 멀쩡하게 지냈다.

공산당에 발을 들인 사람들에 대한 글 안에는 이 모든 것, 이런 세세하고 풍성한 인간사가 지워져 있다. 그런 글들은 바닥부터 천장까지 매끈하게 서 있는 벽의 이미지를 만들어낸다. 이쪽 편에는 '우리'가, 저쪽 편에는 '그들'이 서 있는 그런 벽. 우리와 그들 사이에는 이렇다 할 만한 관계가 전혀 없다. 우리에게 있는 것이 절대 그들에게 있을 수 없다. 그들에게 있는 것은 우리에게 있는 것과 눈곱만큼도 닮지 않았다. 우리는 개인의 삶을 귀히 여기고, 그들은 개인의 삶을 하찮게 여긴다. 우리는 아기를 키우고, 그들은 아기를 먹는다. 우리는 정신적인 삶을 예찬하고, 그들은 정신적인 삶에 이데올로기를 주입해서 오염시킨다. 우리는 반듯하고 자유롭고 경쾌하게 걷고, 그들은 잘 보이지 않는 복도 끝에 웅크린 채 숨어 있다. 우리는 배우고, 그들은 세뇌한다. 그들은 모두 항상 그들이고, 우리는 모두 항상 우리다.

아이러니하게도 반공주의 지식인들이 조장하는 이런 담쌓기는 공산당 스스로가 증오와 멸시를 자초한 그 범죄와 다르지 않다. 공산당원의 형성 과정에 관한 시어도어 드레이퍼의 묘사는 궁극적으로 인간 부정에 뿌리를 두고 있다. 드레이퍼가 공산당원들에 관해 멋들어지게 쌓아 올리는 주장은 한 사람을 공산주의자a communist로 만들었던 노동계급과의 감정적 동일시가 서서히 당과의 강박적인 동일시로 변질되었고, 이것이 그 사람을 공산당원a Communist으로 만들었다는 것이다. 당과의 이 같은 동일시는 자기 주변의 맥락 속에서 자신을 바라보는 능력을 약화하고 오직 '당 안에서'의 자신만을 바라보게 만들었다. 그러므로 친구가, 심지어는 혈육이 당과 마찰을 빚었을 때 공산당원이 그 친구나 혈육과 완전히 연을 끊는 일이 비일비재했다.

그 공산당원에게 고발당하거나 피소되거나 추방당한 그 사람은 하루아침에 이상하리만큼 실재성을 잃었다. 그 사람은 어제의 그 동지가 아니었다. 알아볼 수 없는 사람, 원래의 그 사람과 완전히 다른 존재였다.

그리고 그건 사실이었다. 그게 절망적일 정도로 참인 경우는 너무나도 흔했다. 내가 공산당원에게 당에서 쫓겨난 반평생의 지인에 대해 질문을 하면 이런 대답이 숱하게 돌아왔다. "그 사람하고는 벽이 느껴졌어. 난 내가 훌륭한 동지였고 계속 그럴 거라고 생각했는데 그 사람은 어쩐지 그렇지가 않았어. 그래, 그 세월 동안 그 사람도 좋은 동지 같기는 했지. 그런데 그 사람한테 일어난 일이 나한테는 절대 일어날 수 없을 것 같은 기분이 남모르게 들더라고." 셀 수 없이 많은 공산당원을 와해시키고 불신의 세계에 고립시킨 것은 이 소름 끼치는 담쌓기였다. 이런 자발적인 맹목은 비전이 도그마로 변질된다는 병적인 징후이므로. 그것은 열정의 범죄적인 일부이므로.

그런데도 열정을 멸시하고 자신은 깨끗하다고, 인도적이라고 외치면서 다른 한편으로는 열정에 사로잡힌 사람들과 완전히 판박이로 분열의 담을 쌓아 올리는 사람들은 무슨 생각일까? 그들은 어떤 종류의 열정에 은밀히 기여하는 걸까? 그들 내면에서는 어떤 종류의 자기기만적인 담이 세워지고 있는 걸까? 인도적인 사고의 목적은 응당 경험을 갈라놓는 차이를 벌리는 것이 아니라 좁히는 것이어야 한다. 우리를 모든 경험에 연결시키는 인간적인 요소들을 발굴하고, 일어나는 모든 일을 인간적인 측면에서 이해할 만하게 만드는 것이어야 한다. 만일

미국 공산주의라는 로맨스

어떤 인본주의 지식인이 이 세상의 [FBI의 상징적인 인물인] 존 에드거 후버 같은 존재들이 흡족해할 만한 방식으로 공산당원들에 대한 글을 쓴다면 그 지식인은 우리에게서 이해의 가능성을 박탈하고, 금세기의 위대한 정치적 움직임에 담긴 인간적인 의미에 제대로 다가서지 못하게 만드는 것이다. 더 큰 이상—지적인 완결성이라고 하는—의 이름으로 이 작가는 개별 인간 경험에 담긴 고유한 주장들을 삭제해버리고, 이로써 마르크스주의 이념에 몸을 던진 개개인의 삶을 결정지은 충동, 욕구, 두려움, 의혹, 갈망이 전율하며 빚어낸 현실을 깡그리 희생시켜 추상적인 주장만 남겨놓는다. 요컨대 공산당원들이 저지른 가장 악랄한 짓을 똑같이 되풀이하는 것이다. 그런 작가는 선을 넘어버린 인간의 행동을 공산당원들보다 더 잘 다루지도 못한다. 그런 작가는 공산당원들이 빠진 두려움의 함정에 똑같이 빠진다. 그런 작가는 공산당원들이 갈망했던 논쟁을 통한 구원을 갈망하고, 모순적 감정이라는 늪에서 똑같이 허우적댄다. 그런 작가는 영혼의 골짜기 저편에 있는 공산당원들을 바라보면서 시끌벅적하게 선언한다. "난 당신네랑은 전혀 달라." 그리고 그런 행동에서 '그들'과 이보다 더 같을 수 없음을 보여준다.

나에게 공산당원들에 관한 현실적인 주장은 그들이 다른 모든 사람과 다를 바 없었다는 것이다. 그들 안에 있었던 것은 우리 모두의 안에도 있다. 그들은 예술가가 그렇듯 감응력이 대단했다. 그들 시대의 거대한 영적, 지적 조류가 그들 내면에 강하게 영향을 미쳤다. 그들 내면에서는 진지한 삶을 향한 산발적인 욕구가 한 덩어리가 되었다. 공산주의자도, 공산당원도 모두 각양각색이었지만—이들은 오직 어둠 속에서만 똑같아 보인다—내 생각에 이들 대부분에 대해 안전하게 할 수 있는 말은 이들이 누구보다 두려워했고, 누구보다 굶주려 있었고, 누구보다 살뜰했다는 것이다. 이들은 그 무엇에도 무심하지 않았고, 만사에 의견이 있었고, 강렬하게 감응했다. 이들은 그 무엇보다 인간적이고 기본적인 삶을 완성하는 데 강한 충동을 느꼈다. 이 충동은 거대한 감정에너지—이 막강한 삶의 에너지는 살아남아서 이야기를 전해준 그들 대부분의 여전한 특징이다—와 짝을 이루었다. 이 에너지의 저돌적인 힘은 슬프게도 분별력이 부족하긴 했지만.

이성이—궁극적으로는—감정을 지배하지 못하는 현상은 분명 공산당원들의 경험에서 자주 확인된다. 그리고 열정이 억압된 욕구와 동일한 특징을 갖는다는 것도 사실이다. 하지만 우리 **모두**의 삶에는 이 사실 하나밖에 없는 것일까? 우리는 대부분 자신의 행동을 지배하는 감정에 사로잡혀, 감정을 중심으로 이성을 배치하며 살아가지 않는가? 모든 구성체—종교적, 철학적, 정치적—가 무의식적인 두려움과 대책 없는 갈망과의 불공평한 전투에 갇혀 발버둥 치는 지성이라는 이 뭉클한 스펙터클과의 관계 속에서 만들어지지 않는가? 이 스펙터클은 경멸하고 따돌리며 분노할 게 아니라 공감하며 인정해줘야 마땅하지 않은가?

공산당원들의 경험은 찬란했을 때도 타락했을 때도 모두 인간다움을 향한 경이로운 몸부림이었다. "정의가 아니면 죽음을"이라고 부르짖는 심장과 의지와 두뇌의 고통스럽고 비범한 노력이었다. 이런 의미에서 공산당원들의 경험은 연민과 공포를 한없이 자아낸다. 그것은 인간이란 무엇인지 늘 더 많은 고민거리를 던지는, 세계사적 규모의 두려움과 욕망에 대한 은유이다.

감정을 고양시키는 미국공산당의 힘은 수명이 얼추 40년이었다. 삶의 한 시점에 공산당원이었던 미국인이 이 40년 동안 100만 명이 넘었다. 이 100만 명 중에서 수천 명이 일생 동안 그 열정적인 이상에 사로잡혀 지냈다. 이 중 많은 이들이 이중생활을 했고, 사회적 고립과 경제적, 직업적 궁핍과 종내는 투옥을 견뎠다. 이들의 독보적 경험은 그 어떤 미국인들의 경험과 달리 정서적 욕구와 역사적 맥락의 관계를 온몸으로 보여준다. 역사가 그들 안에 있고, 그들이 역사 안에 있다.

이 미국 공산주의자들은 정확히 누구인가? 미국공산당을 통해 마르크스주의 이상에 복무하는 데 인생의 대부분을 바친 이들은 어떤 미국에 뿌리를 두고 있나? 이들은 정확히 어디서 왔나? 만일 실제로 그러하다면 이들은 미국 대륙에서 어떤 삶의 귀퉁이를 대변하는가? 시간, 장소, 사상과 조우하는 불꽃놀이 같은 순간에 감응하고 공산주의에 발을 담금으로써 열정을 품은 존재로 변신할 채비가 된 모든 인간 내부에 살아 있는 그 잠든 허기에 말을 건 것은 미국의 삶 중에서도 어떤 구체적인 조건들이었나?

정확히 말해 이들은 어째서 공산당에 가입했을까? 어째서 남아 있었을까? 어째서 떠나지 않았을까? 공산당원이던 시절 그들의 삶은 어땠을까? 그 이후에는 어땠을까? 그 경험은 이들에게 어떤 유익을 주었고 어떤 상처를 남겼을까? 간단히 말해 숱한 미국인의 삶에 결정적인 영향을 미친 정치적 비전의 감정적, 정신적 내용은 무엇이었을까?

나에게는 이 질문들이 정확히 설명된 적 없는 미국의 한 경험을 건드리는 것 같았다. 그리고 이 공백 때문에 미국 공산주의자들이 여전히 피와 살 없이 추상적인 존재로 남아 있고, 이 때문에 최소한 한 세대의 미국인들이 이들을 유달리 극악무도한 집단으로, '바다 건너에서 온' 악마들로 생각하며 나이를 먹게 된 것 같았다.

나아가 이런 이미지를 미국인들의 머릿속에서 몰아내고, 개별 공산주의자들의 피와 살이 있는 구체적인 실체를 미지의 존재에 대한 무지한 상상의 그늘에서 끄집어내는 것이 유익할 것만 같았다.

나는 최근 1년 내내 미국 곳곳을—뉴욕에서 일리노이로, 캘리포니아로, 위로는 캐나다로, 아래로는 멕시코로, 밖으로는 푸에르토리코로—돌아다니며 옛 공산주의자들과 그들의 삶에 대해, 정치적 애착의 근원에 대해, 공산당에서 보낸 세월에 대해 이야기를 나눴다. 이들에 대한 얄팍한 묘사에서 추상성을 덜어내기 위해. 인터뷰 대상을 선정하는 기준은 오직 하나, 공산당에서 보낸 시절이 자신의 삶에 결정적인 역할을 했다고 생각하는 사람이라는 것뿐이었고, 나의 질문은 그 정치적 경험의 감정적 의미에 집중했다. (그때 어떤 기분이었나요? 지금은 어떤 기분인가요? 당을 떠나지 않은 건 어떤 의미였죠? 당을 떠난 건 어떤 의미였나요?) 내가 인터뷰한 사람들은 나이가 48세에서 75세 사이였고, 각양각색의 삶을 살았다. 그들은 의사, 변호사, 학자였고, 교사, 주부, 건설업자였고, 노조 간부, 배우, 바지 다림질공이었고, 작가, 심리학자, 사업가였다. 이제 그들은 정치적 스펙트럼에서 생각할 수 있는 모든 위치에 포진해 있었고, 그들이 들려주는 이야기는 사회적 배경과 심리적 동기, 그리고 그들이 밝힌 직접적 경험에 대한 대응이라는 면에서 놀라울 정도로 다양했다.

나에게는 개인적으로 격동의 한 해였다. 익숙하다고 생각했던 것의 심장을 향해 다가갈수록 불가사의함에 휩싸이는 느낌이었다. 물론 예상했던 많은 것을 확인했지만 그보다 많은 것들이 놀라움과 함께 오랜 여운을 남겼다. 한편으로 나는—예상대로—옛 공산당원들 가운데 지금도 어떤 식으로든 정치 활동을 하는 사람은 거의 찾지 못했고, 자신들이 살아가는 현재의 미국을 깊이 이해하는 사람은 한 명도 찾지 못했다. 다른 한편으로 나는 공산당원들에 대한 나의 감각기억을 따라 많은 소진된 영혼들을, 지난 20년 동안 열정 이후의 연옥에서 방황하는 사람들을 발견하게 되리라고 기대했다. 하지만 그런 건 전혀 건지지 못했다. 내가 발견한 사람들은 대부분 자신의 삶을 훌륭하게 다시 빚어냈다. 그 사람들은 더는 혁명을 조직할 수 없을 때 자기 자신을 조직했다. 그 사람들은 나로 하여금 열정의 전과 후에 대해 오래 그리고 골똘히 생각하게 만들었다.

그런 뒤 나는 내가 어린 시절 내내 배웠지만 실제로는 한 번도 믿지 않았던 그것이 참이라는 걸 깨달았다. 공산당원들이 사방에서 왔다는 그 사실이. 나는 늘 존 에드거 후버처럼 공산당원들은 모두 동유럽 출신의 뉴욕 유대인들이라는 믿음을 남몰래 간직했던 것 같다. 1년의 여정에서 실은 나는—지리적으로, 사회적으로, 심리적으로—이들은 정말로 온갖 종류의 미국인들이라는 사실을 발견했다. 백인, 흑인, 부자, 가난한 사람, 유대인, 비유대인, 미국 태생, 외국 태생, 버려진 경험이 있는 사람, 사랑받으며 자란 사람, 인고의 세월을 지나온 사람, 남부 시골 집안, 중서부 상인 집안, 대공황기의 황량한 더스트볼 지역 출신, 1920년대에 일확천금을 갈망하던 캘리포니아 출신, 유럽적 사고와 경험에 근거한 마르크스주의 출신, 토착 미국 포퓰리즘과 직결된 마르크스주의 출신, 중간계급 출신, 노동계급 출신, 떠돌이 계급 출신, 메이플라워호를 타고 미국에 온 선조를 둔 사람들, 조부모 이상의 선조를 알지 못하는 사람들, 이 놀랍도록 풍부한 배경을 지닌 미국인들이 공산당원이 되었다.

그리고 그들은 사방에서 흘러들어왔듯—그리고 이 역시 충격이었는데—사방으로 돌아갔다. 공산당원 시절의 경험을 하나로 뭉뚱그릴 수 없었듯, 공산당원 이후의 경험 역시 결코 하나로 모아지지 않는다. 이들은 다시 온갖 종류의 미국 사람이 되었다. 정치적으로는 급진적이고, 자유주의적이고, 보수적이고, 무관심하다. 배려심 있는 자본가가 된 사람도 있고, 의도적으로 프롤레타리아트로 남아 있는 사람도 있다. 어떤 사람은 공부를 시작했고, 어떤 사람은 공부를 포기했다. 누구는 정신분석에 몸담고 있고 누구는 시골에서 지낸다. 거의 모두가 자기 생각과 감정이 분명하고, 거의 모두가 자신의 사적인 관계에 상당한 관심을 쏟는다. (이들 모두가 "이제는"이라고 의미심장하게 덧붙인다.)

이야기가 몇 시간 동안 쉬지 않고 이어지는 때도 있었고, 울며 겨자 먹기 식일 때도 있었다. 때로는 내가 질문을 시작하면 마치 상상력이 뿜어져나오는 보물창고를 건드리기라도 한 것처럼 상대방이 자신의 지난 삶 속으로 빠져들었다. 그러면 황금이, 금빛 찬란한 순수한 감정들이 쏟아져나왔다. 때로는 인터뷰 중에 나의 "경박하고 반동적인 관점"을 향한 날 선 비판이 이어지기도 했다(이 한 해 동안 오래된 마르크스주의자들에게서 들은 악담만으로도 나는 천국 입장권을 받아 마땅하다). 때로 이들은 "모든 걸 고백"하면서 자기 가슴을 요란하게 두드리는 독창적인 방법을 통해 거짓말을 했고, 때로는 과거를 날조하고 이상화함으로써 투명하게 거짓말을 했다. 누군가(특히 유명 공산주의자들)는 후손을 위해 이야기했고, 나는 머리끝까지 화가 난 채 생각하곤 했다. 이건 쓸모없어. 쓰레기야, 쓰레기야, 쓰레기라고.

하지만 내가 틀렸다. 그 어떤 것도 버려지지 않았고, 모든 것이, 그러니까 '진실을 말하지 않기'도, '진실을 말하기'도 자기 몫의 목적을 달성했다. 그 모든 게 이야기의 일부였다. 그 모든 게 전체 경험이 얼마나 깊은 감정으로 이어졌는지, 모든 사람이 이 특수한 역사의 한 장에서 얼마나 많은 사활을 걸었는지, 이 모든 세월이 지나고 난 뒤 과거와 타협하기가 얼마나 고통스럽고 대체로 불가능했는지, 그리고 자신의 경험을 뛰어넘기란, 그 경험에서 배우고 성장하기란 얼마나 비상한 감정적 노력이 필요한 일인지를 보여주는 척도였다.

이 모든 과정에서 두 가지가 강한 인상을 남겼다. 하나는

20년이 지나면 지금의 살아 있는 역사가 풍문이 되리라는 것이다(그리고 실제로 그 이후로 상대적으로 짧은 시간 만에 내가 인터뷰했던 많은 사람이 유명을 달리했다). 두 번째는 대부분의 공산당원들이 이야기하려는 준비를 단단히 하고 있었던 것만 같았다는 지점이다. 자신의 복잡다단한 삶의 무게를 내려놓을 준비가 되어 있었을 뿐만 아니라, 자신의 삶이 끌어안고 동시에 조명하는 비범한 정치적 경험을 개인적으로 기록해놓고자 하는 열망이 가득했다는 것이다. 대부분의 경우 공산당원들이 털어놓은 이야기들은 놀라울 정도로 세밀하면서도 의미심장했다. 대부분의 사람들은 내 질문에 즉각 생기를 띠었고 마치 내가 그들 내부에서 추방당한 존재를 부활시키기라도 한 듯 반응하면서 자기 삶을 '상상하기', 가공의 연결고리를 찾기, 자기 삶을 새롭게 이해하기가 선사하는 비할 데 없는 매력에 빠져들었다.

당장 내가 집중하는 경험은 복잡하고 다양했지만, 그럼에도 나에게 쏟아져 들어오던 세부 사항들의 덩어리에서 어떤 구조가 떠오르는 것 같았다. 공산주의자들 개개인의 삶은 그 사람이 공산주의에 발을 들이게 된 경로, 또는 당에서의 세월을 살아낸 과정, 또는 당을 나온 뒤 과거와 어떤 관계 속에서 살아가게 되었는가라는 부분에서 가장 매혹적이거나 가장 시사하는 바가 많았다. 그러므로 그 삶들의 이야기에 순서를 매길 때가 되었을 때, 시작, 중간, 끝으로 묶는 게 가장 자연스러워 보였다. 그리고 그건 지금도 그런 것 같다. 전체적으로 볼 때 공산당원 시절의 경험에 관한 이야기는 만남, 수행, 결과라는 고전극과 닮았으므로.

그러므로 이 책은 일부 미국 공산주의자들의 삶에 관한 것이다. 그 사람들이 내게 들려준, 그리고 내가 파악한 그 삶의 모습들이다. 이 책은 뼈대에 살을 입히는 시도이자, 추상에 구체를 부여하는 시도이며, 대부분의 미국인들은 알지 못하는 것, 그래서 현실이 아닌 것을 현실로, 인식 가능한 것으로 만드는 시도이다. 내 입장에서는 과거를, 나 자신의 과거를 정리하고, 내 부모의 세계를 파악하고, 내가 마음으로 이해하기 훨씬 전에 신경 말단으로 이해했던 것에 형체와 성격과 해석을 부여하는 시도이자, 20세기에 인간이 무엇을 어떻게 기대할지를 쥐락펴락했던 정치적 감정을 명확히 드러내려는 시도이다.

2장

그들은 사방에서 왔다

모든 종류의 시작

일단, 당연히 뉴욕 유대인들이 **있었다.**

　당을 창건한 사람들 안에는 사실 유대인과 비유대인, 이민자와 본토 출신이 뒤섞여 있었지만 미국공산당의 시원은 두말할 나위 없이 유럽의 마르크스주의 혁명 경험 그리고 그 혁명이 수백만 동유럽 유대인들에게 미친 영향과 결부되어 있었다. 유대인들은 세기의 전환기에 경직된 계급 질서와 명이 다해가는 군주제에서 비롯된 소외의 고난이 두텁게 누적된 각지의 나라에서 전형적인 이방인이었다. 러시아, 폴란드, 또는 헝가리에서 유대인이라는 것은 그 나라의 사회적 절망을 가장 억압적인 형태로 경험한다는 뜻이었다. 러시아혁명은 그 절망을 압력밥솥 같은 힘으로 폭발시켰고, 수천의 유대인들은 사회주의의 비전이 자신들의 출구 없는 삶에 몰고 온 흥분과 가능성에 반응했다. 러시아혁명이 발발했을 때 열다섯 살이었던 러시아 유대인 출신의 한 미국 공산당원—이제 70대가 된 이 남자는 캘리포니아 남부의 작고 예쁜 집에 살고 있다—은 1974년 내게 이렇게 말했다. "적군赤軍이 우리 마을에 진군해 들어왔을 때 난 난생처음으로 그 나라에서 환대받는 기분이었지. 그들이 처음으로 한 일이 마을에 도서관을 여는 일이었던 걸로 기억하오. 내가 도서관 입구에 서 있는데 적군 군복을 입은 두 어린 군인들이 미소를 지으면서 나더러 들어오라고 손짓을 하더군. 도서관 문턱을 넘는데 신세계에 발을 들이는 기분이었어."

이 깊은 배제의 감각과 짝을 이루는 것은 똑같이 깊은 또 다른 상황감각이었고, 그 많은 유대인들이 마르크스주의에 반응한 것은 많은 부분 그 감각에서 기인한 것이었다. 유대인의 삶에서 가장 뿌리 깊은 기질 중 하나는 "생성되라to become"는 도덕적 명령이다. 서로 다른 경험과 개성이 유대인을 갈라놓는다 해도, 이 기질은 유대인 대부분의 삶에서 지하수맥을 따라 면면히 흐른다. 그래서 유대인들은 강렬한 종교적, 지적, 또는 정치적 삶을 통해 "생성을 경험했다became". 대단히 정치적인 20세기에는 압도적으로 많은 유대인들이 사회주의자로, 아나키스트로, 시오니스트로, 그리고 공산주의자로 생성을 경험했다.

사회주의 혁명 개념은 다채로운 태피스트리 같은, 민족 정체성을 고수하며 살아가는 유대인의 삶을 직조하는 지배적인 씨실이었다. 20세기 첫 몇 년 동안 수백만의 유대인들이 대서양을 건널 때 냄비와 팬과 해진 옷가지 사이에는 《탈무드》와 스피노자, [테오도르] 헤르츨,* 마르크스의 저서가 끼어 있었다. 종국에는 유대인 200만 명이 뉴욕시에 정착했다. 이 200만 가운데 상당수가 유럽 사회주의자였다. 이들의 생각, 이들의 태도, 이들의 상황감각은 뉴욕 유대인의 삶 곳곳에 강렬하게 뒤섞였다. 정통 유대인, 시오니스트, 지식인, 그리고 그저 미국에서 벼락부자가 되고자 하는 이들이 그렇듯, 유럽 사회주의자 출신 유대인들 역시 로어이스트사이드로, 나중에는 브루클린과 브롱크스로 흘러들어온 자연스러운 일원이었다. 이 세계에서 자란 유대인 중 마르크스주의자가 아닌 사람은 사회주의자들을 깔보거나, 그들을 향해 어깨를 으쓱하고 말거나, 이들과 격하게 언쟁을 벌일 수는 있을지언정 마음속 깊이 사회주의자들과 철벽을 치거나, 이들을 이물스러운 외계 생명체로 치부하지는 않았다. 그들은 거기에 있었고, 그들은 인지 가능한 대상이었고, 그들은 **우리**였다. 한 사회 내부의 이 작은 사회 안에서 이뤄진 이런 현실주의적인, 혹은 간단한 수용은 그 경계 안에서 성장한 모두에게 지대한 영향을 미쳤다. 어느 방향으로든 수렴될 가능성에 풍성하게 열린 사람들을 만들어낸 것이다.

이 유대 이민자들 안에서 작동하는 배제된 이방인이라는 촉매적 감각 그리고 "생성"에 대한 굶주림은 요동치는 미국의 상황과 기묘하게 결합되었다. 미국의 길거리에 금가루가 뿌려진 것도 **아니었다**. 대부분의 경우 유럽의 게토가 뉴욕의 게토로 바뀐 것뿐이었다. 오물과 추위와 가난과 때 이른 죽음은 오데사와 바르샤바에도 있었고 뉴욕에도 있었다. 아니 그보다 더

---

*   1860~1904. 유대인 국가 건설을 주장한 헝가리 출신의 작가. 시오니즘을 구체적인 정치운동으로 발전시켰다.

나빴다. 러시아와 폴란드에서는 말이 통했지만 미국에서는 한 마디도 하지 못했다. 이들은 구세계에서 그랬던 것처럼 신세계에서도 똑같이 어둡고 불안하고 총기가 번뜩이는 무리를 이루어 함께 옹송그리고 있었다. 하지만 한 가지 중요한 차이가 있었으니, 그것은 바로 법이 이들의 종속적인 지위를 드러내놓고 공언하지 않았다는 점이다. 사실 미국의 법은 한계를 명시하기는커녕 이들에게 권리를 보장했다. 이 차이가 온 세상이었다. 이 차이가 "미국"이었다. 그것은 희망을, 개방을, 가능성을 의미했고, 아이러니하게도 유럽이 많은 이들의 내면에서 억눌렀던 마르크스주의를 향한 용기를 해방시켰다. 이 현상이 어떻게 작동하는지를 보여주는 완벽한 사례가 나의 외조부모였다. 러시아에서 할아버지는 종교적인 사람이었고 할머니는 말수가 적었다. 두 분이 엘리스섬에 도착하던 날부터 할아버지는 장소 상실의 불안을, 러시아에 대한 향수를 느꼈고, 거기에 영영 사로잡혔다. 할아버지는 《탈무드》 속으로 굴을 파고 들어갔고, 수염을 배까지 길렀고, 남은 생애 동안 이 세상에는 관심이 없다는 듯 종교에 매달렸다. 반면 할머니는 뉴욕 14번길 위의 세계가 자신에게 30년 동안이나 낯선 외계 영토였음에도 미국을 숭배했다. "자유야Frei!" 할머니는 외치곤 했다. "우린 여기서 자유라고Wir sind hier frei!" 그리고 할머니는 미국에서 사회주의자가 되었다.

유대인 마르크스주의자

1919년 미국공산당이 숱한 밀도 높은 사회주의 투쟁을 통해 출현했을 때, 그 창건 멤버 중에는 그 일부 또는 전부의 경험을 통해 정치적으로 단련된 사람이 많았다. 그중 두 명이 세라 고든의 부모였다. 아모스 고든과 제니 고든은 1905년 러시아혁명에 직접 몸담았고 그 유산된 혁명의 끔찍한 여파 속에서 고국을 탈출했다. 평생 러시아혁명의 열렬한 지지자였던 세라 고든의 부모는 이곳 미국에 와서 금세 사회주의자가 되었고, 그다음에는 공산주의자가 되었다. 아모스는 어둡고 성마르고 사람을 좋아했다. 제니는 파란 눈에 아주 지적이었고, 상처받고 성난 자부심을 칭칭 동여매고 있었다. 이들은 브롱크스에 자리를 잡았다. 아모스는 단추 제작공으로 근근이 생계를 책임졌고, 모임에 나갔다. 제니는 깨어 있는 시간의 대부분을 세 자식에게 콩 대신 닭을 먹일 궁리를 하는 데, 그리고 레닌과 마르크스의 저작을 읽는 데 보냈다. 1922년에서 1926년 사이에 브롱크스에서 태어난 세라와 두 남동생에게 가난과 공산당은 공기 같은 것이었다. 아이들은 어머니를 존경했고 아버지를 흠모했다. 이들에게 부모는 "운동"의 자애로운 온기였고 준엄한 도덕성의 현신이었다.

세라 고든은 열네 살에 청년공산주의자연맹에 가입했고 서른네 살이던 1956년에 당을 떠났다. 1974년인 지금 세라는 52세이다. 미드타운 맨해튼에 있는 한 공공보건협회에서 대단히 유능한 행정직원으로 일하고 있는 세라는 풍성한 은발에 밝은 파란색 눈을 가진 호리호리한 여성이다. 그의 고요하고 편안한 우아함은 아직도 그의 사고와 화법에서 도드라지는 따스하면서도 현실주의적인 브롱크스 유대인식의 유머와 매력적으로 어우러진다. "직장에서 그거 하난 확실하게 알았던 거 같아요," 세라가 많은 의미를 담아 어깨를 으쓱하며 말한다. "내가 공산당원이었던 덕분에 지금 이렇게 유능하다는 걸 말이에요." (세라를 시작으로 숱한 사람들이 나와의 인터뷰에서 자신들이 지금 하는 일을 유능하게 해내는 것은 당에서 익힌 조직 능력과 분석 기술 덕분이라며 유머와 아이러니를 담아 너스레를 떨었다.)

"있잖아요," 세라는 맨해튼에 있는 자기 집 거실 소파에서 몸을 웅크리고 말한다. "내가 어렸을 때, 그러니까 20대 때 말이에요, 그땐 성인이 돼서 운동에 입문한 사람들을 부러워했어요. 그땐 사람들이 마르크스주의를 **발견**하면, 당을 발견하면 엄청나게 짜릿할 거야, 싶었죠. 내 경우는 내가 기억할 수 있는 내 인생에서 당이 없었던 순간이 한 번도 없었거든요. 엄마가 있었고, 아빠가 있었고, 당이 있었죠. 난 어디서 하나가 끝나고 다른 하나가 시작하는지 분간할 수도 없었어요. 특히 아버지는 당과 떼어놓을 수가 없었어요…… 어머니가 이혼소송을 하고 싶었다면 공동피고 칸에 공산당이라고 적어야 했을 거야."

"우린 찢어지게 가난했고, 어머니는 생계에 별로 신경 쓰지 않는다며 아버지를 증오했어요. 한 번씩 무력해질 때면 당을 탓하기도 하셨고…… 그리고 나조차도 감히 당을 증오했다고 말할 수 있다면 그 유일한 순간은 아버지가 당에 2달러를 냈을 때였죠. 그건 우리에게 콩이냐 닭이냐를 가르는 차이를 의

미국 공산주의라는 로맨스

미했거든요."

"하지만 그게 다였어요. 당이 먼저였죠, 항상. 그리고 당이 먼저다 보니까 우린 우리가 얼마나 가난한지 잊어버릴 때가 많았어. 그땐 이런 생각도 많이 했어요. 우리만큼 가난한데 당이 **없다**고 상상하는 거지. 자기 가난을 설명해줄 그 무엇도 없이, 가난에 어떤 의미를 부여해줄 그 무엇도 없이, 마냥 이 모양이 아닐 수 있다는 믿음으로 하루하루를, 한 해 한 해를 헤쳐나갈 수 있게 해주는 그 무엇도 없이, 그냥 가난하기만 하다는 상상을."

"우리한테 정치는 그런 거였어요. 우리의 궁핍이 말 그대로 아무런 힘을 쓰지 못하게 만들었지. 정치는 풍성하고, 따뜻하고 에너지가 넘쳤고, 흥미진진한 두께로 우리 삶을 칭칭 감고 있었어요. 다른 무엇도 우리에게 영양을 공급해주지 않을 때 정치는 우리에게 영양을 공급해줬어요. 우리를 살아 있게 할 뿐 아니라 우리가 자기 내부에서 힘을 기르게 해줬지. 공황기에 아버지는 단추 제작공 일마저도 없었어요. 아버지는 주방 스토브에서 시럽을 만들었어요, 바닐라와 초콜릿 시럽이요, 절대 못 잊을 거야. 그렇게 만든 시럽을 커다란 우유 캔에 따라서 동네를 돌아다니면서 가가호호 방문판매를 하셨죠. 난 우유 캔을 나를 수 있을 때부터 아버지를 따라다녔어요."

"하지만 30년간 일요일이면 비가 오건 해가 나건, 눈보라가 치건 폭염이건, 아프건 굶주리건 어떤 경우건 아버지는 철길 공터에서 《데일리워커》를 파셨어요. 그리고 아버지가 《데일리워커》를 팔 때면 갑자기 강하고 흠잡을 데 없는 사람처럼 보였죠. 그럴 때면 난 아버지를 처절하게 사랑했어요."

"나는 그렇게 자랐답니다. 그 엄격한 작은 세상에서 내가 아주 잘 짜인 소공동체에 사는 사람이자 범지구적인 무언가의 일원이라는 기분을 매일매일 느꼈죠. 당장은 브롱크스에 살지만 내가 이 세상 어딜 가든 '내' 사람들을 찾아낼 수 있다는 걸, 내 언어를 쓰고 '이해'하는 사람들을 만날 수 있다는 걸 알았어요. 한마디로 내 동지들을 말이에요. 역사적인 무언가에 매일 동참하고 있다는 생각에 늘 흥분해 있었죠. 기억해야 해요, 그땐 1930년대였다구요. 나와 사랑하는 아버지, 모든 친구와 이웃은, 우리는 세상의 변화에 발을 맞추고 있었고, 우리는 미래의 물결이었고, 우리 안에, 그리고 우리 같은 모든 이의 안에는 흥미진진한, 변화 중인 세상이 있었죠…… 이 정치가 어떤 힘을 행사했는지 생각해봐요! 우리가 누구였죠? 우린 하잘것없는 존재들이었다구요! 그런데 우리가 자신에 대해 어떻게 느꼈는지 보라구요." 세라의 고개가 위로 살짝 기울어진다. "우린 공산주의자였으니까요," 세라가 말한다. "우리가 우리 자신에 대해 그렇게 느꼈던 건 우리가 공산주의자였기 때문이에요."

벤 살츠먼은 세라가 바라마지 않던, 성인이 되어 마르크스주의와 당을 발견하는 기쁨을 누렸지만, 그럼에도 존재와 하잘것없음과 공산주의에 대한 세라의 마지막 말에 격하게 고개를 끄덕일 것이다. 벤은 세라가 무슨 말을 하는지 **정확히** 알고 있다.

60세인 살츠먼은 뉴욕 의류지구에서 남성복 재단사로 일한다. 브루클린에 거주하면서, 일하는 날이면 매일 하루 두 번 지하철로 로어맨해튼을 오갔다. 지금, 이 봄, 피복노동자연합 Amalgamated Clothing Workers of America이 파업 중인데, 그런데도 살츠먼은 매일 도심에 나간다. 이번에는 시위에 합류해 행진을 하기 위해서다.

"옛 시절 얘기를 하고 싶다고?" 살츠먼이 전화선 너머에서 내게 말한다. "어디다 써먹겠다고 옛 시절 얘기를 하고 싶은 거요? 그 시절에 누가 더 **관심**이나 있다고? 말해보쇼, 그 시절에 관심 있는 사람이 미국에 한 명이라도 있소?"

나는 그에게 그 시절에 관심 있는 미국인이 한 명은 있다고 장담한다.

"솔직히 말이지, 아내는 내가 당신을 만나는걸 탐탁지 않아 해요. 아니, 아니야, 아내가 겁이 많아서가 아니야. 내 건강이 이제 썩 좋지 않아서, 내가 과민한 사람이라, 아내는 내가 다시 아플까봐 걱정하는 거요. 그리고 그게 맞는 말이긴 해. 난 그 시절 얘길 하면 과민해지거든, 울기도 하고. 나 같은 늙은 남자가 운다니 믿어지쇼? 아, 꼴사나워, 꼴사납고말고."

나는 계속 침묵한다. 나의 침묵이 그의 죄책감을 유도해내길 기다리면서.

"알았어, 알았다구." 그가 말한다. "선생을 만나겠소. 그런데 선생은 진실을 말할 거요? 내가 선생한테 말한 대로 진실을 적겠다고 약속하겠냐구."

우리는 그리니치빌리지에 있는 한 그리스 식당에서 정오에 만난다. 식당은 허세로 가득하고 가격을 부풀려놓았다. 웨이터들은 건성인 데다 속물스럽다. 벤 살츠먼은 반쯤 빈 방의 맨 구석 테이블에 앉아 있다. 내가 자신을 향해 걸어오는 모습을 알아본 그가 갑자기 벌떡 일어나는 바람에 의자가 뒤로 넘어질 뻔한다. 물기 어린 눈과 검버섯이 핀 피부, 벗어진 머리에 떨림 증상이 있는 왜소한 이 남성은 "좋은" 파란 재킷에 구김 하나 없이 다림질한 회색 바지를 세심하게 차려입고 있다. 실제 나이보다 몇 살 더 들어 보인다. 그는 맥없이 허둥지둥 내 손을 쥐더니 나를 위해 의자를 끌어준다. 내가 자리에 앉자 웨이터가 우리를 향해 슬렁슬렁 다가온다. 살츠먼은 즉시 메뉴를 낚아채며 내게 말한다. "웨이터가 와요! 서둘러. 뭘 먹겠소?"

웨이터를 겁내는 그의 모습에 마음이 아파온다. 나는 손을 그의 팔에 올려놓으며 말한다. "있잖아요, 이 값이면 **우리**가 원할 때 주문을 하는 거예요, 웨이터가 원할 때가 아니라요."

살츠먼이 나를 빤히 바라본다. 순간 그의 불안이 흩어진다. "그 말이 맞네," 그가 한숨을 쉰다. "선생 말이 맞아요. 말했 잖소, 내가 과민한 사람이라고."

살츠먼은 내게 자신이 1909년 뉴욕 로어이스트사이드에 있는 몹시 가난하고 아주 정통적인 유대 가정에서 태어났다고 말한다. 아버지의 강요에 따라 종교는 어린 시절 그의 삶을 지배했다. "아버지가 랍비였어요. 우린 아무것도 없었소. 흙을 파 먹었지. 하지만 아버지에게는 하나님이 있었고, 그 하나님은 아버지를 호랑이로 만들었다오. 있잖소, 난 하나님을 증오했어. 내가 아는 건 하나님이 내가 야구를 못하게 할 거라는 거, 하나님이 내가 여자애들하고 어울리지 못하게 할 거라는 거,

미국 공산주의라는 로맨스

하나님이 내가 **진짜 삶을** 살지 못하게 할 거라는 게 다였지. 하지만 아버지하고 가족이 무서웠어, 알잖소, 유대인들에겐 가족이 전부였다는걸. 감히 아버지한테 싫다는 소리 한 번 못해봤어. 우린 그렇게 살았다오. 가혹한 삶이었어. 난 가족 안에서 내가 외톨이 같다고 느꼈지만 아버지에게 복종했고, 유대교회당에 다녔지. 속으로는 그걸 증오하면서 언젠가 어떻게든 탈출할 수 있기를 빌었다오."

살츠먼은 야간학교를 다녔고, 대학 과정까지 밟기 시작했다. 그러다가 대공황이 찾아왔다. 그의 가족은 말 그대로 굶주렸다. 어린 벤은 일하러 가야 했다. 그때까지도 가족의 영향력이 그에게 워낙 막강했기에 그는 토요일에는 일을 하지 않아도 되는 곳에 취직해야 했다.* 결국 그는 남성복 공장에 취업했다. 뉴욕의 의류산업은 유대인이 장악하고 있었고 그래서 토요일에는 아무도 일하지 않았기 때문이다.

벤은 재단 테이블에 배정되었다. 어리고 빠르고 똑똑했던 그는 삽시간에 뛰어난 재단사가 되었다. 그리고 그 후 삽시간에 자신이 착취당하고 있다는 사실을 깨달았다. 당시 재단사노조는 부자승계형father-son 노조여서 그는 들어갈 수 없었다. 그래서 [노조 소속] 재단사들은 대공황 기간에도 주당 30달러를 벌었지만 벤은 14달러를 벌었다.

살츠먼이 잠시 이야기를 멈춘다. 물기로 축축한 눈이 돌연 단단하고 아름다운 파란 결정체처럼 또렷해진다. 그가 의자

★   유대교에서는 일요일이 아니라 토요일이 안식일이다.

에 등을 기댄다. "12년 동안 그 공장에서 일했소," 그가 말한다. "거기 있는 매 순간 증오했어. 거기 사장을 열정적으로 증오했지. 그 사장 놈." 그가 우리 사이의 허공으로 손가락을 치켜세운다. "그 사장 놈. 그 인간이 나를 공산주의자로 만들었어."

랍비였던 살츠먼에게는 노조 간부인 신도가 있었다. 어느 날 살츠먼의 아버지와 삼촌이 그를 데리고 그 간부를 만나러 갔다. 긴 수염을 늘어뜨린 검은 옷의 나이 든 두 남자가 양쪽에서 벤의 팔을 한쪽씩 잡고 노조 간부의 사무실로 들어가 벤의 사례를 설명했다. 그들은 아이가 자기가 받아 마땅한 임금의 절반만 받으며 죽어라 일하고 있으니 이건 명백히 부당하다며 제발 뭔가 조치를 해달라고 그에게 간청했다.

간부는 고개를 주억거리며 말했다. "맞습니다, 맞는 말씀이에요. 하지만 지금 당장은 안 돼요. 시기가 마땅치 않아요. 하지만 곧 때가 옵니다, 제가 약속하죠, 아주 곧이요."

나이 든 두 남자와 벤은 이 노조 간부의 사무실을 여덟 번인가 열 번인가 다시 방문했다. 그때마다 간부는 말했다. "시기가 마땅치 않아요. 하지만 조금만 있어보세요, 아주 조금만요."

"그래서 노조도 증오하게 됐죠." 살츠먼이 말한다. "나는 그 인간들이 노동자를 위해 아무것도 안 할 거라는 걸 알았어. 그 인간들이 사장들하고 한패라는걸."

웨이터가 다시 우리 테이블로 온다. 살츠먼이 웃으며 말한다. "지금 주문해도 되겠소? 배가 고프군." 우리는 음식을 주문하고 그는 다시 자기 이야기로 돌아간다.

시간이 흐른 뒤 그는 선적사무원노조에 가입했다. 불신하긴 했어도 그는 내심 열렬한 노동조합원이었고(오늘날까지 그렇다), 노조는―어떤 노조든―무노조보다는 나았다. 선적사무원 노조 모임에서 그는 한마디도 하지 않았다. 숫기도 없고 그때까지도 겁먹은 상태였던 것이다. 하지만 한 번씩 어떤 노동자가 일어나서 뭔가 "바른" 소리, 지금의 살츠먼이라면 "진보적"이라고 표현할 소리를 하곤 했고, 그러면 나중에 모임이 파하고 모두가 떠났을 때 그 남자 곁에 어떻게든 다가가 이렇게 말했다. "저기, 얘기 한번 잘하셨소."

어느 날 밤―때는 1935년이었다―항상 "바른" 소리를 하던 이런 노동자 세 명이 모임이 끝난 뒤 그에게 다가와 말했다. "당신을 어떤 사람들에게 소개해주고 싶소. 우리 생각에 당신은 그들이 마음에 들 거요, 그들도 당신이 마음에 들 거고. 다음 주에 노조 모임이 끝나고 우리와 함께 우리 친구들한테 갑시다."

살츠먼은 어안이 벙벙했지만 동시에 자신이 우러러보는 용기를 가진 이 남자들이 자신에게 자기 친구들을 만나러 가자고 해서 뿌듯하기도 했다. 다음 주 노조 모임이 끝나고 난 뒤 살츠먼은 이들과 함께 모임 장소를 나왔다. 시간은 이미 자정이었다. 이들은 로어맨해튼의 황량한 어둠 속을 함께 걷다가 웨스트 20번길에 있는 한 공장 밀집 지역의 좁은 출입구에 이르렀다. 이들은 건물 철문을 밀고 들어가 철제 계단을 올라가기 시작했다.

살츠먼은 점점 겁이 났다. 대체 이 남자들은 누구람? 한낱 공장노동자였다. 내가 이들에 대해 뭘 알지? 전혀 아는 바가 없었다. 이들이 자신을 어디로 데려갈지, 그들이 자신과 무엇을 할지는 아무도 알 수 없었다. 하지만 그는 계속 계단을 올랐다. 마침내 이들이 멈춰 서서 문을 열었다. 가구 하나 없이 휑하고 조명이 형편없는 방 안에 한 무리의 남자들이 딱딱한 의자를 놓고 둘러앉아 있었다. 같은 공장 남자들이 살츠먼을 앞으로 밀었다. 둘러앉아 있던 남자 중 한 명이 일어나 손을 내밀며 다가왔다.

"우린 공산당원들이오," 그가 말했다. "우린 동지의 입당을 바라오."

살츠먼은 남자를 바라보았다. 그러고는 몸을 떨기 시작했다.

"무섭더라고!" 그가 말한다. "공산주의자가 되다니! 내가 이걸 누구한테 말할 수 있겠소? 아버지한테는 못하지! 아내한테도. 겁이 나더라고. 공산당에 가입하다니! 너무 거창한 일 같았어. 하지만 난 그 사람들이 바른말을 한다는 걸 알았지. 그 사람들이 얘기하는 건 정당하고 훌륭하다는 걸 알았어. 그리고 그 사람들처럼 말을 하는 이는 누구도 없었지."

"그래서 가입했다오." 살츠먼이 미소를 지으며 말한다. "두려움은 주머니 속에 넣어두고 가입했지. 그랬더니 무슨 일이 벌어졌는지 아시오? 얼마 뒤부터 더 이상 겁이 안 나더라고. 나한테는 당이 있었고 동지들이 있었어, 그들이 나를 강하게, 우뚝 설 수 있을 정도로 강하게 만들었던 거지. 아, 그 시절! 그 시절 나는 모든 문제에 답을 갖고 있었어. 모든 문제에! 거침없이 의견을 펼치게 됐고, 나조차도 내가 그런 말을 한다는 걸 믿을 수 없을 지경이었어. 가족 안에서, 공장에서, 동지들 사이에서,

내가 말을 했어! 내 의견이 있었다고. 그리고 맞아, **난 내가 무슨 소리를 하는지 알았어.** 당이 나를 학교에 보내줬고, 나는 배웠어. 당은 내게 시위하는 법을 가르쳤고, 군중 속에서 나는 정신줄을 놓지 않았지. 내 삶에서 모든 게 하나가 됐어. 나는 어디에서든 똑같은 사람이었소."

살츠먼이 이야기하는 동안 그의 얼굴이 눈에 띄게 바뀐다. 검버섯에 어려 있던 흔들리는 불확실성이 지워졌고, 더 또렷해진 눈은 표현이 풍부해졌고, 그 안에 묻혀 있던 청년기의 얼굴 형태가 떠오르기 시작했다. 이제, 돌연, 그는 말을 멈춘다. 그리고 갑자기 그의 얼굴이 다시 일그러지기 시작한다. 그의 입이 떨리고, 충격적인 한순간 그의 눈 안쪽 구석에 굵은 눈물 두 방울이 맺히며 재난을 예고한다. 눈물은 자기 무게를 이기지 못한 채 떨어지고 그의 코 양옆을 타고 흘러내린다. "이제 난 전과 같아졌소." 그가 부드럽게 말한다. "겁이 나. 다 겁이 나. 모든 게 항상 허물어질 것 같아. 더 이상 굳건해 보이는 게 아무것도 없다오…… 난 가족 안에서도 다시 외톨이요…… 그리고 공장에서도. 아, 더러운 공장."

그는 마른세수를 하고 숨을 깊이 들이마신 뒤 무거운 한숨을 내쉬며 미소를 짓는다. "그런데 믿어줄지는 모르겠소만 내가 공장에 가는 걸 사랑할 때가 있었지. 신바람이 났어. 당에서의 내 삶과 공장에서의 내 삶은 하나였소. 그 공장에서 우리 인원이 얼마나 됐을 거 같소? 예닐곱이었지. 우린 노조 모임에서 같이 몰려 앉았고 서로 발언을 하라고 등을 떠밀었어. '네가 일어나. **네가** 그 얘길 해.' 그러면 사람들이 고함을 쳤지 '앉아 있어, 이 망할 공산당 놈들아!' 그래서 그다음부터는 흩어지기 시작했어. 우린 여기저기 산개해서 자리를 잡았지. 그다음부터 모임이 끝나면 어떤 노동자가 우리 중 한 명에게 다가와서 '저기, 얘기 한번 잘하셨어요'라고 말하곤 했어." 살츠먼이 의기양양한 기쁨을 담아 웃는다.

"내 인생에 그런 시절이 있었지." 살츠먼이 다시 무게를 잡고 말을 시작한다. "당이 전부인 시절이 말이야. 그 시기에 죽었더라면 전 재산을 당에 넘기겠다는 유언을 했을 거요. 필요하면 아내와 헤어졌을 거요. 난 혼자 생각했어, 아내는 언제든 다른 남편을 얻을 수 있지만 당은 하나뿐이라고. 집회에 나가서 기마경찰한테 쫓길 때가 있었단 말이오, 나랑 같이 다니던 사람이 나랑 같은 재단사였는데 굉장한 달변이었거든, 그 사람은 자기 할머니도 조직할 사람이었어. 그래서 나는 생각했지. 내가 사는 것보다는 그 사람이 사는 게 더 낫다고, 당에는 나보다 그 사람이 더 필요하다고. 그래서 나는 **그 사람을** 벽 쪽으로 떠밀곤 했다오.

살츠먼은 다시 말을 멈춘다. 그리고 다시 침묵에 빠진다. 그는 자기 앞을 응시한다. 마치 가늠할 수 없는 거리를 응시하듯. 그러더니 불쑥 말문을 연다. "1946년에 우리가 얼마나 강했는지 아시오? 우리 손에 이 나라가 있었지! 우린 국가를 장악할 수도 있었어. 그렇지, 국가를 장악할 수도 있었을 거야. 우리가 그걸 몰랐다 뿐이지." 살츠먼의 눈이 무서울 정도로 번뜩인다. "그 메이데이 행진하며. 수천이 행진을 했지! 우린 수천 명이었

미국 공산주의라는 로맨스

다고! 우리가 이 나라를 거머쥘 수도 있었어."

나는 그의 얼굴을 똑바로 바라보며 말없이 앉아 있다. 살츠먼은 자신이 하는 말을 진짜로 믿는 걸까? 우리가 그 모든 일을 겪었는데도 그는 정말 이걸 믿는 걸까? 공산주의자가 이런 말을 하는 걸 듣고 이 사람이 진짜—아직도—이걸 믿는 걸까 하고 생각하는 건 이번이 처음이지만 이 뒤로 나는 같은 상황을 여러 번 만나게 된다.

살츠먼이 시계를 들여다본다. "가야겠소," 그가 말한다. "알겠지만 우리 노조가 파업 중이오. 파업 중인 사람들 짐을 조금이라도 덜어줘야지."

그는 믿을 수 없다는 듯 고개를 젓는다. "난 더 이상 날 위해 파업에 참여하는 게 아니오. 이제 난 돈을 넉넉히 번다오. 공장에서는 혜택받은 늙은이야. 그들을 위해서라오. 내 뒤에 들어온 까막눈들을 위해 파업에 참여한다오. 미국에 교육이 필요하다고 생각하시오? 아침 7시에 우리 공장 건물에 와보시오. 그 사람들이 아침에 일어나 공장에 와서 기계와 씨름하려고 짐승처럼 싸우는 모습을 보게 될 거요. 그리고 그다음에는 토요일에 은행에 가서 그 사람들 봉급 통장을 보시오. 가족이 딸린 남자가 집에 77달러를 가져간다오."

이제 살츠먼은 본격적으로 한탄한다. "뭘 위해서였냔 말이오." 그가 고급 식당과 속물적인 웨이터들을 모두 잊은 듯 외친다. "그 모든 세월이 다 뭘 위해서였냐고. 우리가 여기서 이룬 게 뭐란 말이오?"

다시 한번 그는 마른세수를 하고 자신을 추스른다. 우리는 일어나서 식당 밖으로 빠져나간다. 모퉁이에서 악수를 하고 나는 그가 도로를 따라 점점 멀어지는 모습을 지켜본다. 그의 뒷모습을 바라보며 나는 생각에 빠져든다. 그가 자신의 전성기에 소심한 노동자에서 자랑스러운 당원으로 한껏 날아올랐던 만큼, 이제는 자신을 든든하게 받쳐주던 것을 잃고 이런 모습으로 추락한 거라는 생각에.

하지만 그 모퉁이에 계속 서서 살츠먼의 뒷모습을 눈으로 좇던 나는 고개를 젓기 시작한다. 나는 생각한다, 아니야, 그건 완전한 사실이 아니야, 전혀 완전한 사실이 아니지. "좋은" 파란 재킷과 깔끔한 회색 바지를 입고 결의에 차 도로에서 행군하고 있는 살츠먼의 구부정한 뒷모습은 한 걸음 한 걸음 멀어질 때마다 내게 이렇게 말한다. '나는 지금 나 같은 사람들이 이 세상에서 굴욕을 당하는 일을 줄이는 전쟁에 내 자리를 채우러 가는 거라오. 50년 동안 싸워봐서 이제는 안다오, 이 전쟁은 절대 이기기 힘들다는 걸 말이오. 하지만 난 어쨌든 갑니다. 내 자리를 채우러. 대오를 유지하러. 내가 이렇게 하는 건 내가 공산주의자였기 때문이오.'

"그 메이데이 행진하며. 수천이 행진을 했지! 우린 수천 명이었다고!" 벤 살츠먼은 이렇게 외쳤다. 그리고 이제 한여름의 뜨거운 밤, 브롱크스의 음울한 서민 아파트에서 벤 살츠먼과는 영 딴판인 여성과 몇 시간 동안 이야기를 나누고 난 뒤 나는 이 외침이 내 머릿속에서 메아리치는 소리를 듣는다. 그 외침은 이 여성과 내가 주고받은 이야기의 정수를 마침표처럼 담고 있다.

셀마 가딘스키는 56세로 지금은 컬럼비아대학교 심리학과 대학원생이다. 매끄럽게 쭉 뻗은 몸에 슬픔에 젖은 유대인 특유의 아래로 굽은 코와 입을 지닌 이 흰칠하고 어두운 여성은 완전히 새겨진 심각한 이맛살로 자신의 진지함을 표출한다. 그의 목소리—부드럽고 우물대는, 전혀 호전적이지 못한—는 다소 사나운 인상과 불화한다. 그렇지만 얼굴과 몸, 목소리는 한데 어우러져 부드럽고 어두우며 묘한 수줍음이 감도는 강렬함을 지닌 하나의 완전체를 이룬다. 불행한 내부의 밀도가 뿜어내는 긴박함이 이 여성의 존재 곳곳에 스며 있는 것 같다.

셀마는 주위의 모든 생기를 자신의 흰칠한 몸과 찌푸린 얼굴에 몰아넣고 있다. 셀마 주변의 방에는 아무것도 없다. 우리가 앉아 있는 아파트는 하룻밤에 10달러짜리 모텔방처럼 황량하고 실용적이다. 일말의 장식적인 요소도, 차별화된 개인의 선택도 없이 깨끗하고 정갈하고 수수하다. 내가 그 집에 들어가서 이 여백 같은 배경에 둘러싸인 셀마 가딘스키 내부에서 뿜어져나오는 어두운 강렬함을 들여다본 순간부터 나는 존 더스패서스*의 멜랑콜리한 작품 속으로 걸어 들어간 것만 같은 기분에 휩싸인다. 발광하는 어둠을 액자 삼아, 자기 옷 안에, 책 안에, 지성 안에 외롭게 서 있는, 더스패서스의 작품에 등장하

---

* 1896~1970. 미국의 소설가이자 비평가, 저널리스트. 제1차 세계대전을 경험하고 사회주의와 평화주의에 관심을 두기 시작했다. 1928년에는 공산주의를 공부하기 위해 소련을 방문했고, 스페인내전이 한창일 때인 1937년에는 헤밍웨이와 함께 스페인에 가기도 했다. 그러나 그 후 공산주의에 비판적인 입장으로 바뀌었다. 대표작으로 《맨해튼 트랜스퍼》(1925), 《U.S.A. 삼부작》(1938) 등이 있다.

는 그 모든 급진주의자들. 붙박이 가구가 딸린 방들의 대륙을 쉼 없이 건너다니는 그 인물들은 자신이 결코 자리 잡지 못할 풍경의 끄트머리에 걸터앉아 있다. 그리고 더스패서스가 작품을 남긴 지 50년이 지난 어느 한여름 밤, 브롱크스의 이 서민 아파트에 그들 모두가 있다.

1918년생인 셀마 가딘스키에게 암울한 브롱크스의 가난은 요람이나 마찬가지였다. 형제 둘에 자매 둘이었고, 그 가운데 셀마가 가장 영특했다. 소심하고 배움이 짧고 신앙심이 깊은 어머니가 영리한 딸에게 유일하게 가르친 것은 결혼을 하라는 것이었다. 반면 하루 15시간씩 일하는 세탁부였던 아버지는 러시아혁명에 피가 끓는 사람이었고, 사랑하는 딸에게 삶의 조건을 더 큰 맥락에서 바라보는 감각을 전수하여 힘겨운 일상을 위대하고 두근대는 무언가로 탈바꿈시켰다.

어머니와 아버지는 딸의 영혼을 놓고 부부싸움을 했다. 어머니는 격하게 앙심을 품고 아버지가 비참한 생활에 책임이 있다며 증오했고, 아버지는 격하게 절망하며 어머니의 무지가 자신을 정신적인 외톨이로 만들었다며 증오했다. 그 와중에 이들은 셀마가 "탈출"하기 전까지 딸의 인생을 수천 번 설계하고 되돌렸다.

그 끔찍한 시기에 대해 셀마는 두 가지 분명한 기억이 있다. 하나는 열두 살 때 아버지와 함께 길을 걷던 일이다. 아버지는 셀마의 손을 꼭 잡고 이렇게 말한다. "그들이 너에게 접근할 틈을 줘선 안 돼. 그들이 하는 말은 아무것도 믿지 말거라. 아무것도." 셀마는 "그들"이란 자본주의 세상만이 아니라—자신의 어머니처럼—겁을 집어먹고 종교나 관습이나 돈 버는 삶 속으로 도피하는 모든 사람들이라는 걸 알고 있다. 두 번째 기억에서 어머니는 늦은 밤 열여섯 살인 셀마를 별로 영특하지 못한 남동생 곁에 앉혀놓고 **동생이** 대학에 들어갈 수 있도록 가르치라고 닦아세운다.

셀마는 브루클린의 이 모든 절망에서 도망치기 위해 열일곱 살에 결혼했다. 셀마는 남편을 사랑하지 않았다. 그를 잘 알지도 못했다. 그는 갑자기 나타났고, 셀마의 어둠과 비참함에 크게 사로잡혔다. 그가 청혼하자 셀마는 "좋아요!" 하고 다급하게 외쳤다.

남편은 셀마를 갈구했고, 이로써 셀마는 권력을 손에 쥔 기분을 누렸다. 그리고 그 권력은 자아 발견의 수단이 되었다. 셀마는 자신이—남편의 직장 때문에 살게 된 보스턴에서—갑자기 용기와 갈망을 품게 되었음을 알아차렸다. 그리고 셀마가 갈망한 것은 정치적 삶이었다. 아버지의 사랑이 셀마 안에 깊이 뿌리내리고 있었다. 그때 셀마는 자신이 기억할 수 있는 순간부터 정치가 없는 삶은 상상해본 적도 없었음을 깨달았다. 이 순간부터 비정치적인 삶은 말 그대로 생각할 수도 없었다. 그리고 정치가 의미하는 바는 분명하게 공산당이었다.

지금의 셀마가 미소를 지으며 말한다. "그래서 열여덟 살에 공산당에 연락해서 내가 입당할 준비가 되었다고 말했어요. 당이 살짝 경계심을 보이면서 말하더라구요. '우리한테 연락하지 마시오. 우리가 당신한테 연락할 테니.'"

"잠시 혼란스러웠어요. 내가 잠시라고 말하는 건 있잖아요, 그때부터 당에 들어가는 게 모든 걸 다 집어삼키는, 불타는 욕망이 되었기 때문이에요. 그리고 난 **그 무엇도**, 심지어는 당 그 자체마저도 날 막을 수 없다는 걸 알았죠. 난 생각했죠. 좋았어, 날 시험하고 싶은 거로군, 내가 진짜 진지하고 값어치 있는 동지인지 알아보고 싶은 거야…… 그때의 난 당이 모든 곳에 동시에 존재하면서 내가 무슨 일을 하고 있는지 관찰하고 파악하는, 일종의 불가사의하고, 모든 걸 다 꿰뚫어보는 존재라는 막연한 이미지를 갖고 있었던가봐요. 내가 제대로 하기만 하면, 그러면 나에게 연락이 올 거라고. 생각해보면 그게 1936년이었으니까 내가 완전 헛다리를 짚은 건 아니었죠." 셀마가 웃으며 말한다.

"노조가 있다고 알고 있는 일터로 일하러 갔어요. 내가 무슨 종류의 일을 하는지는 쥐뿔도 관심 없었죠. 그냥 당의 관심을 끌 만한 무언가에서 적극성을 보이기만 할 생각이었으니까. 당장 노조에 가입했고 거기서 열심히 활동했어요. 내가 타고난 재능이 있다는 걸 알게 됐어요. 사람들도 그걸 알아줬죠. 내가 사람을 조직하는 데 소질이 있더라구. 그 일터에서 2년 동안 일했어요. 1938년에 노조에서 뉴욕에 가서 일할 생각 없냐고 물어보더라구요. 그러겠다고 하고 뒤도 안 돌아보고 남편을 떠나 뉴욕으로 갔고 몇 달 만에 당원으로 선발됐어요. 그게 다예요. 10년 동안 당을 위해 노조 조직가로 일했어요. 내 인생 최고의 10년이었죠. 내게 다시는 그런 시절이 없을 거예요. 그건 확실해요."

"나는 내면 깊숙이 상처받은, 집 없는 사람이었어요. 당은 나를 치유했고, 내가 남편과 절대 만들지 못했을 집 같은 걸 내게 줬어요…… 아니지, 남편 다음에 있었던 사람도 그런 건 못 해줬어요. 당은 내 내면에 집을 만들어줬어요. **내면에요.** 무슨 말인지 알아요? 그래요, 아는군요, 당신이 안다는 걸 알겠어요. 아, 요즘 사람들은 다들 아주 똑똑해, 요즘 사람들은 우리보다 훨씬 많이 알거든. 난 그땐 이런 건 아무것도 몰랐어요, 내 내면에서 무슨 일이 일어나는지 아무것도 이해하지 못했죠."

"물론 이제 다시는 공산당 같은 그 무언가를 통해 '내 내면의 집'을 발견하지 못할 거예요, 그리고 분명 나는 지금의 내가 나에 대해 이해하는 게 더 진실하다고, 더 근거가 확실하다고 느껴요…… 그치만 지금의 이해에는 **외로움**이 딸려 있죠! 내가 공산주의자였을 동안에는 내 인생에 전혀 발붙이지 못했던 외로움이 말이에요. 상투적인 말이라는 건 알지만, 그게 진짜로 어떤 식이었는지 당신은 상상할 수 없을 거예요. 우리가 공산주의자로서 무엇이었든, 무엇이 아니었든, 외롭지는 않았어요. 요즘 모든 사람의 숨통을 서서히 조이고 있는, 내 숨통을 조이고 있는 이 질병, 공산주의자였던 우리는 그런 질병을 모르고 살았지."

"꽉 차는 10년 동안 공산당을 위해 한 주에 60시간씩 일했어요. 사람을 조직하고, 유인물을 만들고, 위원회 활동을 하고, 시위에 나가고, 회의에 참석했죠. 아, 그놈의 회의! 어째서 요즘에는 대부분의 공산주의자들이 정치적으로 활발하지 않은지 알아요? 또 회의에 가야 한다는 생각을 참을 수가 없어서예요."

"많은 활동이 토 나올 정도로 힘든 허드렛일이에요. 혁명을 일구는 게 온통 고통과 황홀로 가득한 줄 알죠? 천만에요, 대부분 단순 노동이에요. 힘겹고, 빡빡하고, 반복되는, 지겨운데 안 할 수 없는 그런 일이요. 그런데도 우리가 멈추지 못하는 건 매주 스무 번씩 뭔가 일이 벌어지고—저 바깥의 비열한 자본주의 세상에서 아니면 동지들 내부에서—그러면 **기억**하게 되기 때문이에요. 자신이 왜 이곳에 있는지, 무엇을 위해 이 모든 일을 하고 있는지 기억하는 거죠. 그건 마치 혈관을 타고 아드레날린이 막 돌아다니는 기분이었어. 세상이 **늘** 사방에 있었지. 그 시절이 굉장했던 부분은 그거였죠. 하루하루 역사와 함께 살아간다는 감각. 이 세상을 다시 빚어낸다는 감각. 내가 유인물을 작성하거나, 파업 행진을 벌이거나, 회의에 갈 때마다 이 세상을 다시 빚어내는 거였어…… 우리 아버지의 고통스럽고 잊혀진 인생을. 난 그 인생에는, 아버지 같은 다른 수백만의 인생에는 아무런 잘못이 없다는 걸 입증하고 있는 기분이었어요. 지도의 끄트머리에 있던 아버지를 다시 이 세상의 테두리 안으로 끌고 들어오는 기분. 내가 그런 일을 했으니까. 내가 공산당원이었으니까."

"아버지라는 존재는 내가 하루하루 함께 살아가는 어마어마한 현실이었어요. 그리고 우리 아버지 같은 그 모든 사람들도 그랬고. 내 마음의 눈은 항상 그 사람들을 보고 있었고, 공산주의의 깃발 아래 강해졌죠."

셀마는 1948년 당에서 축출되었다. 공산당이 헨리 월리스*의 대선 운동 뒤에서 전력으로 지원을 하고, 여기에 반대하는 많은 이들이 당을 떠나거나 축출될 때였다. 월리스를 지지

한다는 결정은—미국공산당 역사상의 다른 많은 결정들처럼—
큰 외상을 남겼다. 수천 명의 공산주의자들이 그것을 혁명에
대한 배신과 진배없는 미국 자본주의와의 타협 행위라고 느꼈
다. 당 내부에는 끔찍한 균열이 생겼다. 균열의 한쪽에 있던 사
람들—월리스 지지에 반대했던 사람들—은 "좌익 종파주의자"
라는 비난을 샀고, 다른 쪽에 있던 사람들은 "우익 기회주의자"
라고 규탄당했다. 셀마 가딘스키는 패배한 "좌익 종파주의자"
쪽이었다.

　이 오래된 정치투쟁에 대한 이야기를 시작하면서 셀마에
게 놀라운 변화가 일어난다. 지금까지 그의 말에 묻어나던 성
찰적이고 다소 철학적인 분위기가 일순 사라진 것이다. 그의
목소리에는 이제 강경파의 날이 서 있다. 확신이 담긴 문장들
이 열정적으로 쏟아져나와 대기 중인 어떤 중앙을 향해 분명하
게 나아간다. 여기서 무슨 일이 벌어질지가 분명해진다(아니, 이
런 주방 테이블에서!). 셀마는 반박도 수정도 불가능한 자기 입장
의 "정당함"을 아주 분명하게 각인시키기 충분한 딱 그만큼의
문장을 말하고—그리고 그 무엇도 셀마를 막지 못할 것이다—
말이 끝나고 나면 더는 할 말이 남지 않게 될 것이다. 이제까지
자기 이야기를 털어놓으며 유지하던 거리가 일순 공중분해된
다. 25년의 세월이 내 눈앞에서 사라진다. 이제 다시 1948년이

★　1888~1965. 1933~1940년 루스벨트 행정부의 농무부 장관으로 있으면서
　뉴딜 농업정책을 추진했다. 1948년 진보당을 창당하고 대통령 선거에 출마했
　다. 후보를 내지 못한 미국공산당은 헨리 월리스를 지지했지만, 이를 계기로 당
　은 극심한 분열 상태로 치달았다.

다. 붉으락푸르락한 상처가 생생하다. 그리고 근본주의 마르크스-레닌주의 용어로 월리스 지지를 반대하는 주장을 얼마나 잘 펼치는지에 셀마의 목숨이 달렸다. 셀마는 말을 쏟아내고 쏟아내다 마침내 이렇게 끝맺는다.

"그땐 믿었어요, 그리고 맞아요, 난 지금도 믿어요—그래요, 이런 말이 당신한테 어떻게 들릴지 알아요, 그렇지만 그게 사실이랍니다—당이 올바른 혁명노선을 고수했더라면, 그럼 무너지지 **않았을** 거라고 말이에요. 그럼 당신과 나는 지금 사뭇 다른 세상에서 여기 마주 앉게 되었을 거라구요."

나는 침묵한다. 무겁게 침묵한다…… "올바른 혁명노선"…… 마지막 문장을 뱉고 난 뒤 셀마 역시—지독한!—침묵에 빠진다. 우리는 아주 오랜 시간 입을 열지 않는다. 셀마가 자신이 앉아 있는 소파를 향해 매섭게 인상을 쓰더니 싸구려 트위드 커버를 무심하게 만지작댄다. 그러고는 힘 빠진 저음으로 이렇게 말한다. "아, 내가 너무 열을 내고 있네요. 다 고릿적 얘긴데."

셀마가 아주 느리게 고개를 든다. 그의 눈이 내 눈과 마주친다. 당혹감에 일그러진 셀마의 표정은 놀랍도록 많은 말을 담고 있다. 아주 차분하게 셀마가 읊조린다. "그런데 말이에요, 난 아직도 강인하고 일사불란한 수천의 사람들이 한 몸처럼 공산주의 깃발 아래 더 나은 세상을 향해, 더 나은 삶을 향해 행진하는 그런 환영이 어른거려요."

현실주의자인 조 프리센에게 셀마의 마지막 말은 감상적

인 헛소리에 불과하다. 당이 저지른 하고많은 죄를 감추는 진부하고 물러터진 말들……

검은 염소수염을 달고 있는 53세의 조 프리센은 키가 작고, 피부색이 어둡고, 머리가 벗어지고, 아주 뚱뚱하고, 검은 테 안경 뒤의 영리한 회색 눈에 냉소가 감도는 인물이다. 프리센은 말문을 연 지 5분도 되지 않아 자신이 세상 물정에 밝고, 약고, 몹시 정치적이고, 감각적인 속물임을 드러낸다. 표정이 풍부한 입에서 흘러나오는 똑 부러지는 말의 흐름은 날 것의 에너지와 지성의 결핍, 순전한 동물적 지능의 힘으로 생동한다.

프리센은 미국의 노동조합 가운데 가장 거대하고, 부패로 가장 악명 높은 한 곳에서 노조의 지역 관리자를 맡고 있다. 어느 화창한 봄날 아침, 내가 피츠버그에 있는 그의 사무실 책상에서 자신과 마주 보는 자리에 앉자 그는 고물 회전의자에 등을 기대더니 책상 위에 다리를 올리고 고급스러운 향이 나는 담배 파이프에 불을 붙이고, 어깨를 으쓱하며 내게 말한다. "내가 뭘 말할 수 있으려나? 내가 전에는 유대인 공산당이긴 했는데 지금은 유대인 깡패거든."

대놓고 방어적으로 나오는 프리센의 태도에 나는 순간 이 약속을 잡기가 얼마나 힘들었는지를 떠올린다. 쉴 새 없는 전화 통화, 무산된 약속, 퉁명한 태도, 그리고 또다시 반복. "아, 당신네들은 항상 공산당에 대해서 쓰고 싶어 하지만 한 놈도 그걸 있는 그대로 말하는 법이 없어. 그 잘나고 어여쁜 새대가리에 넣고 뭉갠 다음에 똥만 나오지, 근데 내가 어째서 얘길 해야 한다는 거요?" 이제 분명해졌다. "그걸 있는 그대로 말하는" 투쟁이 프리센 내부에 존재한다. 그게 똥처럼 나올 거라는 두려움은 자신이 그렇게 만들지 모른다는 두려움이었다. 하지만 맙소사, 지금 내가 이 사람 앞에 마주 앉아 있다는 사실은 그가 불안하지만 해치우겠다는 결정을 내렸다는 뜻이다. 그의 야단스러움은 이제는 그 책임이 자신이 아니라 내 몫이라고 말한다.

조 프리센은 태어나자마자 **돈 없는 유대인**의 삶에 곧장 내던져졌다. 조 프리센이 살던 브루클린에서 유대인은 깡패이거나 아니면 깡패와 싸웠고, 노조원이 아니면 파업 방해꾼이었으며, 점잖은 사람이 아니면 포주와 매춘부였다. 그것이 "길바닥"의 기정사실이었다. 어느 쪽에 속하는 사람이든 반대편을 상대하는 법을 알았다.

프리센은 할 말이 많음을 암시하듯 입술을 비죽대며 자신의 어머니는 "입만 살아 있는 사회주의자"였다고 말한다. 하지만 아버지에 대해서는 분명하고 즉각적인 존경을 담아, "이론"에 대해서는 잘 몰랐지만 자신이 기억할 수 있을 때부터 노조의 전투에 가담했던 말씨가 상냥하고 정력적인 주택 페인트공이었다고 말한다. 파업 방해꾼들과 싸우고, 조폭과 싸우는 **투지로 가득한** 아버지. 프리센이 여덟 살이었을 때 그 아버지가 그들이 살던 아파트 복도에서 총에 맞았다. 그날 이후로 어머니는 평생 병적으로 예민해졌지만 프리센과 다른 두 형제는 자랑스러워했고, 흥분했고, 평생 경외감을 느꼈다. 아버지가 **살아났기** 때문이다. 프리센은 살아났다는 말은 그 총격으로 아버지가 전혀 기죽지 않았다는 뜻이라고 빠르게 설명했다. 아버지는 온순해지거나 겁먹지 않았다. 외려 그 어느 때보다 더 격렬하게 투쟁했다.

　프리센이 그 시절에 대해 생생하게 기억하는 장면 중 하나는 파업 방해꾼 두 명이 동네에서 페인트공 일자리를 얻은 1930년대 초를 배경으로 한다. 아버지가 그 페인트공들이 작업 중이던 건물로 조와 형을 데려갔다. 페인트공들이 프리센의 아버지를 발견하자 그중 한 명이 그 즉시 계단을 향해 달리기 시작했다. 형이 다리를 뻗자 그 페인트공이 계단 아래로 거꾸로 떨어지는 바람에 찍소리도 못 내고 얼굴이 바닥에 짓이겨졌다. 다른 한 명은 사다리에 있었다. 아버지가 사다리를 잡아당기자 위에 있던 그 페인트공도 바닥에 떨어졌다. 아버지는 그 파업 방해꾼을 움켜쥐고 옷을 벗긴 뒤 그의 붓으로 머리부터 발끝까지 페인트칠을 하고 붓을 그의 엉덩이에 박아넣었다. 그런 다음 아버지는 두 아들을 붙잡고 길 건너편으로 달려가 경찰이 올 때까지 기다렸다가 경찰에게 다가가 어깨를 치며 천상 순해빠진 유대인처럼 몸을 움츠리며 이렇게 말했다. "경관님, 실례지만 여기서 무슨 일이 있었나요?"

　조가 열세 살 때 가족들은 브롱크스로 이사했다. "우리 어머니가 완전히 실성하지 않게 하려고 말이지, 어머니는 아버지가 동네에서 벌이는 짓 때문에 완전 만신창이였거든." 브롱크스는 달랐다. 모든 노조원들이 공산주의자이기도 했던 것이다. 그곳에서 조가 가담한 길바닥 생활은 역시 거칠고 유대인 주도적이었지만 브루클린에서보다 훨씬 정치적이었다. 열네 살에 조가 청년공산주의자연맹에 가입한 건 그곳이 그 동네에서 이뤄지는 온갖 사회생활의 중심인 게 분명했기 때문이다(이때는

1935년이다). 그에게 청년공산주의자연맹이란 마르크스-레닌주의 이론에, 야구와 깽판과 춤과 《데일리워커》 팔기와 실없는 헛소리와 유대계 미국인의 길바닥 생활이 모두 혼합된 무언가가 되었고, 이는 변치 않는 기억으로 영구히 각인되어 있다.

거친 아이였던 조는 활기와 길바닥의 흥분으로 달아올라 있었고, 아버지 같은 남자들의 용기와 투지 속에서 좌익 정치의 정서적 즐거움이 작동할 때는 재빨리 거기에 감응했지만 온갖 "망할 이론"에는 반항하여 분통을 터뜨렸다. 열일곱 살이던 1938년에 그는 스페인내전에 참전하기 위해 집에서 도망쳐 나왔다. 그는 에이브러햄 링컨 여단에 들어갔고, 일생의 경험을 했고, 열아홉 살에 "달라진 사람"으로 뉴욕으로 돌아왔다.

"스페인에 있을 때 뭔가가 내 안에서 분명해졌지. 내가 어째서 그 온갖 망할 이론을 증오했는지 알게 된 거야. 그 여단 남자들은 나랑은 완전히 다른 종자였소. 나한테 사회주의는 내가 나고 자란 길바닥의 잡탕 같은 거였어. 그런데 그 작자들한테 사회주의는 아주 뻑뻑하고 순결한 이론이더라니까. 문득 이 작자들이 미국 노동계급에 대해 쥐뿔도 모른다는 생각이 들더군. 난 말이야, 난 내가 안다는 걸 몰랐지만, 노동자로 산다는 게 어떤 건지는 이미 내 뼈에 새겨져 있었단 말씀이야. 그런데 거기서 그 작자들이 노동계급하고 부대껴본 적이 얼마나 없는지가 보이더라고. 그리고 난 한 가지는 알았지. 사회주의로 가는 유일한 길은 어떤 희생을 치르더라도, 어떤 시간과 변화를 거치든 노동계급과 계속 부대끼는 거라는 거. 그건 내가 어린애였을 때 아버지가 나를 무릎에 앉혀놓고 가르쳐준 거였지, 그 후로 많은 걸 배웠지만 그 교훈이 뒤집어지는 일은 없었소."

"그래서 내가 스페인에서 귀국했을 땐 화가 나고 복장이 터지고 혼란스러웠던 거요. 어느 방향으로 가야 할지, 대체 앞으로 뭘 해야 할지 모르겠더군. 그래, 난 생각했지, 얼어 죽을 당, 얼어 죽을 혁명, 난 단순 노동자나 되련다. 그건 아직 어떻게 되는지 알고 있으니까."

그는 제강소에 일자리를 얻었다. 그리고 물론 순식간에 그 제강소에서 노조 조직자가 되었다. 그리고 물론 다시 순식간에 공산당에 가입했다. "알잖소, 빠져나갈 구멍이 없었다는걸," 프리센이 웃으며 말한다. "그 시절엔 어느 방향으로 가든 노동운동에서 제일 끝내주고, 제일 재밌고, 제일 **진지한** 인간들은 당에 있었지. 뭐라도 하고 싶은 게 있으면 이 인간들하고 뭘 하지 않을 수가 없었어. 그리고 그 인간들은 아름다운 인간이었소. 그리고, 그 시절은 힘들지만 신바람 나는 때였지. 우리는 온통 역사에 둘러싸여 있었소. 손으로 만지고, 냄새를 맡고, 눈으로 볼 수 있었어. 공산당원이기도 한 노조 조직가가 다가와서 말을 걸면 내 입에서 그 맛을 느낄 수 있었어. 나 같은 인간이 어떻게 그걸 거부할 수 있겠나? 그땐 못했지…… 그리고 그 후로 한동안도 그랬고."

"하지만 난 초장부터 불만이 있었어. 난 항상—첫날부터—당과 불화했고, 항상 같이 어울리고 싶은 동시에 빠져나가고 싶어 했지. 그러니까 나한테 당은 혁명의 수단이었지, 예배드리러 가는 교회가 아니었단 말이오. 난 위계질서와 권위주의, 망할 지령, 상부의 잘난 척과 무시, 멈추지 않는 똥물처럼 쏟아져 나오는 그 좆같은 마르크스-레닌주의 용어를 견딜 수가 없었소. 난 한 번도 당에 있는 여자하고 놀아나본 적도 없고 당에서 진짜 친구를 둔 적도 없소. 그 모든 진짜 당성이 있는 부류들의 무언가가 날 얼음장처럼 냉소하게 만들었지. 난 늘 뭔가를 떠받드는 꼴을 보면 숨 막히고 메스꺼웠거든. 나한테 제일 중요한 정체성은 미국 노조 조직가라는 거였고, 당원은 그다음이었소. 그리고 난 당에 있는 모두가 다 그런 식이어야 한다고 생각했다고. 어쨌거나 우린 **미국**공산당이 아니오?"

"망할, 당이 이런 대학생 애들, 이런 지식인들, 이런 직업혁명가들에게 하는 짓 좀 보라지, 절대 조직가가 될 수 없는 종자들을 조직가로 만들려고 헛짓거리를 한다고. 노동자의 뼛속에 대해, 그 경험과 세월에 대해 아무런 감도 없는 인간들을 현장에 보내고 말이야. 그 인간들은 노동자 사이에서 생활하고 노동하고 결혼하고 볼링을 치러 다녀야 하는데…… 절대 그렇게는 못했지. 노동자들 속에서 15년, 20년을 보냈으면서도…… 항상 소외됐고, 항상 혼란스러워하고, 항상 겉돌기만 했다고. 시간이 변했고, 가치가 변했고, 역사가 변하니까, 그 인간들 삶도 박살이 났어. 당은 절대 뭐가 어떻게 돌아가는지 이해를 못했어요. 내가 (먹물 냄새 나고 이론으로 가득 차 있는) 작자들한테 말하는 게 있소. 이런 식이지. '이 동네는 조폭이 장악하고 있소. 알겠소?' 그러면 그 작자는 나를 빤히 봐요, 대체 내가 뭔 소리를 하는 건지 모르거든."

"난 당에서 두 번 쫓겨났소. 처음은 보통 말하는 공산당이 해산하고 공산당연합이 결성된 1946년이었어. 공산당에 있던

노조원들이 얼마나 웃겼는지 아쇼. 우리가 대부분 항상 당에서
는 좀 꼴통들이었던 거 같아. 처음으로 우리가 다 나왔던 건 당
이 미국하고 협상을 했던 것 때문이고, 두 번째로 나왔던 건 당
이 미국하고 협상을 **안 해서**였단 말이오. 그 처음에 말야, 난 평
생 못 잊을 거야, 그치들이 뉴욕 14번길에 있는 어떤 건물에 노
조원들 수백 명을 다 불러놓더니 어떤 당 간부가 일어나서 우
리한테 공산당연합 창설에 대해서 이야기하는 거요. 해서 우리
가 당장 나가라고 야유를 퍼부어서 쫓아냈단 말이오. 그랬더니
그다음에는 엘리자베스 걸리 플린*을 불러들이더라고. 그 여자
도 뭘 어떻게 못했어. 결국 윌리엄 Z**를 부르더라고. 그 사람은
최대한 부드럽게 말하더군, 우리가 경솔하게 행동하면 안 된다
고, 만약에 우리가 이걸 도저히 받아들이지 못하겠다면, 그래,
그러면, 그 사람이 그랬지, 세월은 변하고 그걸 잊으면 안 된다
고, 지금 할 수 있는 최선은 그거 같다고 그러더군."

　"난 '개소리'라고 그랬어, 계속하고 또 했지. 그랬더니 전국
위원회에 불려가서 쫓겨났어."

　"그러다가 당이 재구성되고 나서 다시 가입했고, 그리고
다시 쫓겨났어. 이번에는 나랑 다른 노조원들—퀼하고 브리지
같은—이 마셜플랜에 반대하는 당의 입장에 반대했을 때였지.

★　　1890~1964. 세계산업노동자연맹IWW에서 주도적인 역할을 한 미국의 노동
　　　운동가. 여성 참정권 등 여성 권리운동의 지지자이기도 했다. 1936년 미국공산
　　　당에 입당했고, 1961년에는 위원장으로 활동했다. 1964년 소련에서 사망했다.
★★　윌리엄 Z. 포스터(1881~1961). 1919년 철강 파업을 이끈 미국의 노동운동가
　　　이자 공산당 정치인. 1945에서 1957년까지 미국공산당 총서기를 역임했다.
　　　1961년 소련에서 사망했다.

알겠지만 우리가 이 문제에서 당을 지지했더라면 우린 싹 다 CIO(산업별조직회의Congress of Industrial Organization)*에서 쫓겨났을 거요. 그리고 이게, 우리가 그러면 좆되는 거라고. 그래서 난 다시 당에서 쫓겨났지."

생각에 깊이 빠져 파이프에 다시 불을 붙인 프리센은 바닥으로 늘어진 다리를 흔들며 지극한 비아냥을 담아 이렇게 말한다. "역시 알겠지만, 이미 입증된 대로, 우리가 무슨 짓을 하는지는 털끝만큼도 중요하지 않았지. 당이 우리를 늑대들한테 던졌고, [조지프] 매카시**가 우리를 늑대들한테 던졌고, 미국 노동판이 우리를 늑대들한테 던졌으니…… 그래서 우리가 이 꼴인 거요. 점심 먹으러 갑시다."

"피츠버그 최고의 로스트비프샌드위치"를 앞에 두고 나는 먹성 좋게 샌드위치를 탐닉하는 프리센을 바라보며 생각에 빠져든다. 아무리 생명력이 흘러넘쳐도 이 남자는 당에서 결단코 편할 날이 없었겠구나, 이 사람의 영혼은 당이 줄 수 있는 것과는 완전히 다른 식량을 요구하는구나…… 그렇다면 어째서?

"어째서 당에 두 번째로 가입하신 거예요?" 내가 묻는다.

프리센이 내 질문에 약간 놀라며 샌드위치에서 시선을 들어 올린다. 그러더니 눈으로 나를 향해 약은 미소를 지어 보이

---

* 1935년 미국노동총연맹American Federation of Labor. AFL의 내부 위원회로 출범했다가 1938년 독립하여 AFL이 등한시하던 미숙련 노동자를 조직하는 데 헌신했던 노동운동 조직. 전통적인 산업노동자의 중심성을 강조하면서 AFL과 경쟁 관계를 유지하다가 1955년 두 조직이 통합하면서 AFL-CIO가 만들어졌다.

** 1908~1957. 미국의 정치인. 미국을 공산주의로부터 지킨다는 명분 아래 수많은 사람을 공산주의자로 낙인찍은 매카시즘 광풍을 일으킨 장본인.

미국 공산주의라는 로맨스

며 자기 앞에 놓인 접시에 샌드위치를 조심스럽게 다시 올려놓고 (많은 뚱뚱한 사람들이 그렇듯 그의 동작은 놀라울 정도로 우아하다) 세심하게 입을 닦더니 앉아 있는 빨간 가죽 장의자에 등을 기댄다.

"그게," 프리센이 놀라울 정도로 부드러운 목소리로 말한다. "사회주의는 내가 포기할 수 없는 꿈이었소. 오랫동안 날 끌어당겼지. 그게 날 끌어당긴다는 걸 의식하지 못했을 때도 날 끌어당기고 있었소. 공산당? 음, 오만가지 문제가 있었지만 겁나게 짜릿했거든, 겁나게 오래 그랬지."

"보시오," 프리센이 손바닥을 테이블 위에 펼쳐놓으며 말한다. "인생은 똥이야. 사람들도 똥이고. 그치만," 프리센이 의도적으로 몸을 앞으로 기울인다. "가끔 인생은 위대해, 그리고 사람도 위대하지. 그리고 그런 상황이 벌어지면 거기서 뒷걸음질 쳐 나오기가 힘들어, 다른 무슨 일이 일어나도 말이야. 그러니까, 나한테 공산당이 그랬던 거지. 물론 공산당엔 똥이 많았지, 똥 같은 인간들도 많았고. 하지만 내가 인생이 위대하다고, 사람들이 위대하다고 느껴본 유일한 시절은 공산당 안에 있을 때였어. 오만가지 문제가 있었지만 그 삶에는 의미가 있었지. 그 삶은 자기 힘으로 만회했어. 만회하고 또 만회했지. 거기에는 진짜 의미가 있었거든. 그리고 내가 그 일원인 동안에는 나한테도 진짜 의미가 있었던 거요."

"이제 나한테 뭐가 남은 줄 아쇼?" 그가 건조하게 묻는다. "그냥 똥이야. 자체적으로 만회가 안 되는 똥. 옛날 동지가 내 사무실에 와서 '프리센, 이 동네는 조폭이 장악하고 있어. 무슨 말인지 알지?'라고 말한다면 난 그게 무슨 말인지 안다고."

프리센이 씩 웃으며 말한다. "무슨 말인지 알아먹겠소?" 하지만 그의 눈은 웃지 않고 있고, 그 농담은 수포로 돌아간다. 우리는 어색하게 각자의 샌드위치로 돌아가 침묵 속에 식사를 마친다. 잠시 나는 혼란에 빠진다. 이 남자가 **이걸** 내 책임으로 넘긴다고?

미국 다른 지역에서 역시 공산주의자인 또 다른 노조 간부가 주방 테이블을 주먹으로 세게 내리치며 분노가 섞인 금속성 목소리로 말한다. "개소리! 이런 작자들은 세상이 온통 자기만큼이나 썩었다고 생각하면서 맥주를 퍼마시며 질질 짜고 자기들이 한때 빨갱이였다는 데서 위안을 얻지. 그런 인간들을 보면 역겨워요! 바뀐 건 아무것도 없어. 아직도 노동운동 판에서 신나게 활동하는 훌륭한 사람들이 얼마나 많은데. 그리고 맞아요, 아직 빨갱이도 있지, 상황이 달라지면 그 사람들은 필요한 일을 할 준비를 해놓고 거기서 대기할 거요."

벨 로스먼은 58세다. 이마에서 풍성한 은발이 흘러내리고 이야기를 할 때면 눈에서 불꽃이 튀는 그는 하루에 담배를 네 갑씩 피우는 골초다. 우리는 클리블랜드 교외주택의 포마이카 주방에 앉아 있는데도 벨의 주변 공기에는 브롱크스 유대인 공산주의자의 기운이 어려 있다.

나는 일생 동안 벨과 같은 사람들을 알고 지냈다. 벨은 "명징한 경험"의 힘을 느끼게 해주는 부류에 속한다. 벨을 보면 급진주의자는 사실 예술가와 비슷한 경우가 많다는 게 분명해진다. 급진주의자 역시 다소 균형이 어그러진 부속들로, 남다르게 생겨먹었다는 점에서. 가령 딜런 토머스 같은 시인의 경우 청소년기의 아슬아슬한 기백이 격렬하게 불타올라 다른 어떤 종류의 성장도 허용하지 않았던 것처럼, 벨 로스먼에게는 그를 급진주의의 시인으로, 그리고 다른 모든 면에서는 원시인으로 만들어버리는 정치적 정서가 활활 타오른다. 벨에게 "다르게" 생각해보라고 주문하면 그의 얼굴은 눈에 띄게 일순 굳어지고, 사회 세력들 간의 경제적 관계 대신 인간 간의 감정적 관계를 생각해보라고 주문하면 그는 마치 포르노 영화를 처음 본 빅토리아시대 사람처럼 불편해한다. 하지만 40년 전 가난한 유대인 공산당원으로 지내는 게 어떤 것이었는지 이야기해보라고 하면 벨은 사랑과 웃음과 지혜를 가득 담아, 늘 내게 가슴 벅찬 감탄을 선사할 야성미를 뽐내며 풍성하고 속 시원하게 이야기한다. 조 프리센의 냉소는 벨에게는 상상도 할 수 없는 태도다. 벨은 마지막 담배가 꺼지는 순간까지 뜨겁고, 분노에 차 있고, 진지할 것이다.

벨은 맥스 로스먼의 딸이었다. 아버지 맥스는 담배 제조업자이자 공산주의자였다. (아, 이런 공산주의자 부녀라니!) 맥스는 트로츠키를 닮았는데 그보다 더 잘생긴 편이었다. 생각은 레닌하고 비슷했는데 썩 훌륭한 편은 아니었다. 맥스의 인생에서 열정의 대상은 공산주의였다. 벨의 인생에서 열정의 대상은 맥스였다. 맥스에게는 고분고분한 공산주의자 아내와 말 잘 듣는 공산주의자 자식 셋이 있었지만 불에는 불로 부응한 건 벨뿐이었다. 맥스와 벨 모두 처음부터 알았다. 맥스의 손에서 횃불이 떨어졌을 때 그걸 집어 들 사람은 벨이라는 것을. 벨이 다섯 살 때 맥스는 벨을 노조 모임에 데려갔고, 노조 내 우익이 파업에 반대하는 표를 던졌을 때 맥스는 딸의 손을 꼭 쥐고 말했다. "잘 들어. 잘 듣고 기억하거라. 파업에 반대하는 표를 던지는 인간 들은 다 네 적이다."

로스먼 집안 사람들은 주위의 모든 사람이 그렇듯 죽도록 가난했고 죽도록 정치적이었다. 그래서 벨은 모든 유대인이 가 난하고 모든 유대인이 사회주의자라고 생각했다. (사실 몇 년 동 안 벨은 소련에 있는 모든 사람이 유대인이라고 생각했다.) 그리고 자신 들이 미국적인 방식으로 자라고 있다고 생각하기도 했다.

"우리가 자랐던 방식을 생각해보면 말이에요," 벨이 신기 해하면서 말한다. "난 열세 살이 될 때까지 〈메리의 작은 양Mary Had a Little Lamb〉이나 〈아름다운 미국America the Beautiful〉 같은 노래도 몰 랐어요. 맥스가 우리를 재울 땐 자장가를 불러주었는데, 괜찮 았어요, 근데 그게 이디시어 자장가였는데 그게…… 그러니까, 이 노래가 전형적이겠네요." 벨이 고개를 젖히고 다듬어지지 않은 힘찬 목소리로 대충 이렇게 번역되는 노래를 부른다.

이리 오렴, 우리 아가
너에게 들려줄 얘기가 있단다
내가 이 세상을 떠나기 전에
유대인, 넌 유대인으로 태어났어
착하고 참된 유대인으로 살거라
그리고 아무리 가난한 집시라도

어려움이 있으면 도와야 해

그이 역시 너의 형제란다

그이에게 물을 주렴, 그이에게 빵을 주렴

"그리고 그땐 여름에…… 알잖아요, 바닷가에도 안 갔어
요. 차비나 있었게요? 대공황기 어린이들이 다들 그랬듯 우린
얼음물 한 통이랑 담요를 들고 지붕으로 올라갔죠. 거기서 맥
스가 책을 넘기면서 애들을 재있게 해줬어요. 그 책은 세계혁
명에 대한 책이었어요. 그 책에는 전 세계의 온갖 유명 혁명가
들 사진이 실려 있었죠."

열일곱 살이던 1933년, 벨은 데이비드 허브먼과 사랑에 빠
졌다. 데이비드는 벨이 속한 청년공산주의자연맹 지국에서 가
장 참혹했던 1930년대 노동조합 전투에 부분적으로 가담한 공
장노동자로 이미 유명세를 떨치고 있었다. 데이비드가 파업 투
쟁 중에 구타를 당하고 누군가가 그가 쓴 시를 클럽 게시판에
붙여놓은 지 얼마 안 됐을 때 벨은 데이비드를 만났다.

"상상해봐요!" 벨이 말한다. "회사 깡패들한테 구타를 당
했고 거기다가 벽에 시가 붙어 있다니. 내가 그 이상 뭘 더 바랄
까?" 벨이 주방 테이블 건너편에서 자신을 바라보는 데이비드
를 향해 흐뭇한 미소를 짓는다. 점잖지만 피곤한 기색이 느껴
지는 이 64세의 남성은 벨을 향해 씩씩하게 미소 짓지만 말은
별로 없다. 벨 옆에서 누가 감히 그럴 수 있을까?

벨이 설명하는 이들의 연애는 이런 식이다. "그게, 내가 얘
기하죠, 이런 식이었어요…… 화창한 일요일이 왔어요. 그리고

우린 젊고 사랑에 빠져 있죠. 우리가 뭘 했겠어요. 같이 파업 투쟁 하러 갔지!"

이들은 결혼한 뒤 맥스 로스먼의 남는 침실에서 신혼생활을 시작했다. 벨은 당에 가입했고, 공장에 출근했고, 아버지의 강인하고, 불같고, 꼬장꼬장한 딸로 남았다. 벨은 길모퉁이에서, 클럽에서, 직장에서, 거실에서, 침실에서 한 선동적인 대공황 연설로 브롱크스 전역에서 명성이 자자했다. "어쩜 저렇게 말을 잘할까," 그 동네 여자들은 벨을 동경하며 한숨을 쉬곤 했다. "벨의 연설을 듣고 공산주의자가 되지 않을 사람이 있을까?"

1939년 데이비드는 노조 정책과 스탈린 협정Stalin Pact*을 놓고 지국 조직자와 격렬하게 다퉜고, 당에서 축출당했다. 벨은 그를 집 밖으로 내쫓고 그 자리에서 바로 전국위원회로 달려갔다. "내가 남편을 버렸어요," 벨은 이렇게 선언했다. 당의 남자들은 부드럽게 고개를 저으며 그렇게 할 필요는 없다고 말했다.

벨은 이 이야기를 대단히 허세스럽게 전한다. 하지만 벨이 자기비하를 희미하게 담아 짐짓 의기양양한 목소리를 내려애쓰는데도 어째선지 결과는 신통찮다. 데이비드는 주방 테이블에 앉아 자기 손을 들여다보며 아무런 말이 없다. 나는 충격을 감추지 못한다. 벨이 불편한 듯 나와 데이비드를 번갈아 바라본다. 그러더니 나를 뚫어져라 바라보며 이렇게 말한다. "당

★　1939년 8월 모스크바에서 히틀러와 스탈린이 맺은 독소불가침조약. 폴란드를 분배하고 동유럽 전체를 독일과 소련의 세력권으로 분할하는 것을 내용으로 하는 비밀 의정서를 덧붙였으나 1941년 6월 독일군의 소련 침공으로 무효화되었다.

신은 이해 못해요. 우린 선택지가 없었다구요. 요즘 애들은 자기가 정치성을 띨지 말지, 아니면 다른 뭐든 되고 싶은 게 되겠다고 선택할 수 있다고 생각하지만 그땐 그럴 상황이 아니었어요. 우린 선택지가 없었단 말이에요. 우린 선택한 게 아니라 선택을 당한 거죠. 인생이 우리를 향해 돌진해와서는 머리통을 냅다 갈겼고, 우린 무릎을 꿇고 어떨 땐 두 발로 서서 투쟁했던 거예요. 그리고 그렇게 서 있는데 거기 공산당이 있었던 거구요. 그 시절이 그랬어요, 그리고 그게 우리였구요."

나는 벨을 바라보며 생각한다. 이이는 자기가 무슨 말을 하는지 모르고 있어. 자기가 말하는 "우리"는 자기 남편과 자신이 아니라 자기 아버지와 자신이라는 걸 몰라. 맥스와 공산당. 그 날카로운, 상기된 황홀감에서 이이는 절대 다시 회복하지 못할 거고, 그 근원을 절대 다시 찾아내지 못하겠지. 천사의 화살에 관통당한 아빌라의 성녀 테레사처럼 벨은 아빠의 혁명에 관통당한 거야.

물론 이날까지 벨이 전투적인 노조의 전사일 수 있게 하는 원동력은 벨 안에 살아 있는 아빠의 혁명—세월과 자기발견에 전혀 동요하지 않고, 흠결 없는—이다. 벨은 대공황 기간 동안 브롱크스에서 그랬듯 클리블랜드 노동자들 사이에서 유명하다. 계급전쟁에 대한 벨의 감각은 40년 동안 한 치도 변하지 않았다. 벨은 오늘날 여성, 흑인, 동성애자, 학생들이 벌이는 사회혁명을 지배계급이 음모를 품고 의도적으로 조장한 "주의 분산" 전략으로 바라본다. 이런 태도 때문에 벨은 경악스러우면서도 위력적이고, 무지하면서도 약다. 벨이 살아가는 세상에서는—벨의 노조는 반숙련 이주노동자가 주를 이룬다—노동자 착취가 여전히 핵심 요소이고, 이 변함없는 조건에 대해 맥스 로스먼의 딸이 느끼는 열렬한 분노는 그를 강인한 사람으로 만든다.

뉴욕행 비행기를 타러 가는 나를 배웅해주는 길에 벨은 마지막으로 아버지에 대한 이야기를 들려준다.

"아버지가 일흔이었던 어느 날 밤에 매디슨스퀘어가든에서 집회가 있었어요. 지독하게 추운 밤이었지, 끔찍한 눈 폭풍이 치는 밤이었어요. 아버지는 일흔이었다구요. 지칠 대로 지친 나이잖아요. 아빠가 문 앞에 서 있길래 내가 그랬어요. '가셔야 해요? 이렇게 끔찍한 밤인데, 아버진 너무 지치셨어. 진짜 그렇게 꼭 가셔야겠어요?' 아버지가 낡은 울코트를 입고 거기서서 날 보면서 그러셨죠. '내가 안 가면 거기 누가 있겠니?'"

그리고 벨은 다시 한동안 나를 뚫어져라 바라본다. 그러더니 어깨를 가볍게 으쓱하며 이렇게 말한다. "그 시절 우린 그런 식이었답니다."

그들은 문화였고, 이 뉴욕 유대계 공산당원들이었고, 국가 없는 민족이었지만 잠시 동안은 하나의 세대였다. 이들에게는 자기만의 땅이 있었다. 바로 브롱크스의 두 블록이다.

오늘날 미국에는 브롱크스 앨버튼 애비뉴의 협동조합주택에서 성장기를 보낸 까닭에 공산당원이 된 수천 명이 전국을 배회 중이다. 그 존재를 아는 모든 사람에게는 "쿱 The Coops"이라는 호칭이 더 익숙하다. 쿱은 협동조합운동이 미국 전역에서 만개했던 1923~1927년 사이에 노동자협동조합협회United Workers Co-Operative Association. UWCA라고 하는 조직이 지은(그리고 지금도 건재하고 있는) 일단의 주택을 말한다. UWCA에 속한 사람들은 주로 뉴욕 의류 노동자였고, 주로 유대인이었으며, 모두가 공산당원이었다.

쿱은 한 동이 한 블록을 차지하는 두 채의 5층짜리 건물로, 가운데에는 안마당과 개방형 정원이 있었다. 이 건물의 드넓은 지하 공간에는 클럽실, 회의실, 도서관, 어린이집, 커뮤니티센터, 강당이 있었고, 이런 공용 공간과 마당에서는 마르크스-레닌주의 토론과 공산당 모임과 목전의 혁명 같은 것들이 쉴 새 없이 뒤섞이는 가운데 독서, 토론, 회의, 공놀이, 춤, 시시덕거림, 성장 같은 일상이 밀도 높게 자기완결적으로 펼쳐졌다.

이 쿱 위쪽에는 1920년대에 또 다른 주택단지가 들어섰는데 이 주택─파밴드하우스The Farband Houses─을 지은 사람들은 좌익 시오니스트라는 점만 빼면 쿱과 비슷했다. 그리고 브롱크스 북쪽으로 더 올라가면 사회민주주의자인 노동계급 유대인들이 지은 아말가메이티드하우스The Amalgamated Houses라고 하는 주택단지도 있었다.

1920년대, 1930년대, 1940년대에 격하게 정치적인 이 세 무리 사이에서 빚어진 애증의 갈등은 이들에게는 더 넓은 세상에서 펼쳐지는 그 어떤 일보다 천배는 더 현실적이었다. 이들에게는 쿱과 아말가메이티드하우스와 파밴드하우스가 세상이었다. 실제 세상, 진짜 세상. 이 세상에서는 공산주의자가 좌파였고, 사회민주주의자가 우파였으며, 그 외 모든 것은 그 사이

어딘가였다. 그럼 민주당과 공화당은? 그놈들은 대체 뭘 하자는 걸까? 두 당이 혁명과 무슨 관계일까? 그들은 어느 판에서 기웃대야 하는지는 고사하고 지금 제일 중요한 투쟁이 뭔지도 몰랐다.

내 또래가 성장기였을 때 쿱은 이미 잘못된 명칭이었다. 정확하게 말해 그 집들은 더 이상 협동조합이 아니었는데, 1929년 주식시장이 붕괴하며 UWCA가 도산했고, 그해가 다 가기 전에 긴급구제를 받았지만 1930년대에 다시 한번 도산했기 때문이다. (지금은 많은 사람들이 웃으면서 경영진이 계속 돈을 당에 갖다 바치는 바람에 파산한 거라고 말한다. 어깨를 으쓱하면서 "그 사람들이 사업에 대해서 뭘 알았겠어? 그 사람들은 공산주의 이상주의자 Kommunistische Idealisten였다구. 그 사람들이 사업을 어떻게 하는지 알았겠어?" 라고 말하는 사람들도 있다.) 그래서 앨러튼애비뉴협동조합주택 Allerton Avenue Co-Operative Houses에 사는 3천 명은 더 이상 소유주가 아니라 세입자인데도 이들 주택의 동질적인 성격은 1950년대까지 쭉 흔들림 없이 유지되었고, 모든 실제적인 의미에서 이 주택들은 쿱이었으며, 이 집에서 성장한 모든 이들은 그 장소를 흠결 없는 가치와 활동들이 자신들의 존재감각을 지배한 활기 넘치는 세계로 경험했다.

폴 레빈슨은 쿱에서 자랐다. 풍성한 갈색 턱수염에 말쑥한 아이비리그풍의 보수적인 옷차림을 한 40대 후반의 광고 카피라이터인 레빈슨은 열다섯부터 서른 살까지 공산당원이었다. 지금은 정치에는 완전 무관심하다. 그는 책을 읽고, 글을 쓰고, 스키와 카누를 타고, 정원에서 일하고, 정신분석을 받는다. 하지만 옛적에는……

레빈슨의 부모는 적극적인 좌익은 아니었지만 "진보적인" 사람들이었다. 아버지는 불안을 진열장과 책장에 매일같이 새겨넣는 점잖은 목수였다. 어머니는 방 네 개짜리 아파트를 먼지 하나 없이 관리했고, 걱정이 많았다. 레빈슨 부부는 세상을 겁내는 편이었지만, 쿱에 사는 걸 겁내진 않았다. 그리고 이들이 쿱에 살았기 때문에 아들이 공산주의자가 되었다. 부부는 절대로 아들에게 강요하지 않았고, 아들의 길을 막지도 않았다. 이들은 그저 아들을 노출시켰고, 그 노출은 효과가 있었다.

쿱에서는 모든 사회 활동이 당으로 이어졌다. 폴은 열 살 때 영파이오니어Young Pioneers—공산당식의 보이스카우트—에 가입했다. 쿱에 사는 모든 아이가 거기 가입했기 때문이다. 학교 친구들이 다녔고, 그래서 그도 다녔다. 레빈슨은 지금도 그 청홍색 단복을, 특히 빨간 목수건을 생생하게 기억한다. 레빈슨은 그 빨간 목수건을 두르는 걸 아주 좋아했다. 그리고 지금도 그 파이오니어의 단장을 기억한다. "아주 멋진 사람이었어요. 아이들을 사랑했죠. 우리 말에 **귀 기울였어요.** 그리고 쿱에서 '행사'가 있어서 파이오니어가 그런 행사에 가면 우린 우리 단장이 어른들한테도 사랑받는 걸 볼 수 있었죠. 그러면 우린 그이를 더 많이 사랑하게 됐어요."

초등학교를 졸업하고 난 뒤 이 세상에서 가장 자연스러운 일은 주로 10대들이 시간을 보내는 쿱의 커뮤니티센터에 가입하는 것이었다. "기억하셔야 해요," 9월의 늦은 밤 우리가 앉아 있는 렉싱턴 애비뉴의 바에서 레빈슨이 자기 앞에 놓인 술을 들이켜기 위해 잠시 말을 멈췄다가 이렇게 이어간다. "쿱은 클럽실과 회의실, 강당으로 활기가 넘쳤어요, 그 모든 공간이 밤낮으로 활용됐죠. 제일 어린 꼬마부터 제일 나이가 많은 할아버지까지 모두가 **무언가**에 속해 있었어요. 쿱에서는 모종의 조직에서 활동하지 않는 사람이 말 그대로 한 명도 없었답니다. 그게 일상이었어요, 유일한 일상이요. 내가 기억할 수 있을 때부터 서른 살이 될 때까지 한 번도 정치적인, 조직적인 맥락 밖에서 나 자신을 진짜로 경험해보지 못했고 그건 내가 아는 다른 모든 사람들도 마찬가지였죠."

레빈슨이 쿱에서 가입한 커뮤니티센터의 리더는 당원인 사회복지사였는데, 레빈슨이 열다섯 살이었을 때 이 사회복지사가 그에게 입당을 권유했다. ("제가 지적인 면에서 조숙했거든요," 레빈슨이 씁쓸하게 말한다.) 그때부터 1956년 흐루쇼프 보고서 때까지 레빈슨은 헌신적인 공산주의자였다. 모임에 나갔고, 실천을 계획했고, 《데일리워커》를 판매했고, 쉬지 않고 마르크스와 레닌의 저작을 읽고 토론했고, 지역노조의 투쟁에 개입했고, 메이데이 행진에 참여했고, 그리고 혁명을 기다렸다.

"그 삶이 좋았냐구요? 나빴냐구요? 내가 그걸 어떻게 알겠어요. 그건 일상, 그러니까 내가 아는 유일한 일상이었고, 그리고 생기가 넘쳤죠. 강렬하고 흡인력 있고, 다시는 기대할 수 없는 그런 동지애가 가득했구요. 쿱의 그 지하 클럽실에서 수년간 매일 밤늦게까지 대화를 나누면서 우린 말 그대로 우리가 역사를 만들고 있다고 느꼈어요. 내가 무슨 의미로 그런 말을 하는지 알겠어요? 우린 우리가 브롱크스의 그 지하 방에서

미국 공산주의라는 로맨스

생각하고 말하고 결정하는 것들이 저 밖에 있는 온 세상에 중요한 영향을 미칠 거라고 느꼈다는 거예요. 그러니까 그런 느낌은 좋거나 나쁜 걸 뛰어넘어요. 다른 걸 다 휩쓸어버리는 힘이 있죠." 그는 냉소적인 미소를 지으며 말한다. "좋거나 나쁜 것보다 더 중요해요." 그리고 이제는 웃음기 없이. "그리고 다른 부르주아 세상의 그 어떤 것보다 한없이 강렬해요. 내가 스무 살 때 직업을 가질 생각을 했게요? 돈을 벌 생각? 중산층 미국인이 될 생각? 난 그렇게 될 바에야 말 그대로 차라리 죽었을 거예요. 시티칼리지에 좀비처럼 앉아 있던 기억이 나네요, 매일같이 우리 동네로, 모임으로, 중요하고 올바르고 의로운 **진짜** 세상으로 돌아가기만을 기다렸죠."

"내가 어떤 **부류**의 공산주의자였냐구요? 교조적이었죠," 그가 별 감정 없이 말한다. "아아아, 모르겠어요…… 난 항상 내가 다른 사람들보다 더 친절하고, 다정하고, 공감을 잘한다고 생각했지만, 당에서 완전 개자식이었으면서 자기가 그랬다는 걸 전혀 기억 못하는 사람들을 워낙 많이 알다 보니까, 내가 그 시절에 대체 **뭐**였을지 어떻게 알겠어요? 그래도 하나는 **확실하게** 알아요, 그건 분명해요. 성이라는 주제에 집착하는 놈이었죠. 알잖아요, 우리한테 남성 쇼비니즘은 큰 문제였어요. 우린 절대 여성을 이용하면 안 됐고, 여성과 잠자리를 갖는 건 당연히 그 여성을 이용하는 거였어요. 난 이 문제에 있어서는 끔찍하게 완고하고 청교도적이었죠. 남성 쇼비니즘 혐의가 있는 사람은 **누구든** 쫓아낼 준비가 되어 있었단 말이에요. 하지만 그 이면에서는," 그의 목소리가 점점 무거워진다. "그 이면에서는 그

원칙에 고마워했죠." 그는 우리 사이의 테이블에 손바닥을 펼쳐놓고 눈을 크게 뜨며 나를 올려다본다. "어쨌든 여자랑 잠자리를 갖는 법을 대체 누가 알았겠냐구요." 레빈슨의 얼굴이 갑자기 어두워지고, 그가 휘젓고 있던 플라스틱 막대가 그의 억세고 잘생긴 손에서 부러진다. "난 불쌍하고 억눌린 애였어요. 저기 누군가가 나한테 뭔 얘길 해줬어야 했다구요. **누군가가.**"

폴은 스무 살에 아내 로라를 만났다. 열아홉 살이었던 로라 역시 쿱에서 자랐다. 두 사람은 어째서인지는 몰라도 어릴 때는 만날 일이 없다가 그때부터 이런저런 시위를 함께 계획하면서 만나 "사랑에 빠졌다". 레빈슨은 "사랑에 빠졌다"고 말할 때 손가락으로 직접 따옴표를 만들더니 이렇게 설명하기 시작한다.

"공산당에서 사랑에 빠지는 게 어떤 거였는지 내가 어떻게 제대로 설명할 수 있을까요? 못해요. 그 정취를 온전하게 포착하는 건, 그 시절에 흘러 다니던, 너무 강렬해서 제대로 식별하기도 힘들던 그 감정들과 분위기를 우리가 했던 것처럼 경험하게 하는 건 불가능해요. 우리 연애는 당과 당의 업무와 당원으로서의 우리 정체성과 완전히 뒤얽혀서 꽃을 피웠어요. 우린 북받치는 동지애를, 정치적 흥분을, 가련하고 아름다운 인간의 고난을, 다가올 혁명을 기다리는 걷잡을 수 없는 광기 어린 즐거움을 느꼈죠. 이런 감정을 가지고 **매일**을 살았어요. 그걸 서로 공유했죠. 그게 우리를 친밀하게 엮어줬어요. 그리고 한 남자와 한 여자가 이런 감정을 공유했을 때 모든 게 뒤죽박죽이됐죠, 그래서 그들은 이런 감정을 로맨틱한 사랑이라고 생각했어요."

그가 자신의 잔을 바라보며 말한다. "대개 그건 사랑이 아니었어요. 대개 그건 본질적으로는 무차별적인 성적 충동과 뒤죽박죽된 플라토닉한 우정이었죠…… 맙소사! 20년, 25년 동안 서로를 사랑하지 않는다는 걸 알지도 못하고, 정치로 빼곡하게 채워진 일상 속에서 같이 살던 사람들이, 그러다가 갑자기 당이 무너지니까 서로 낯선 사람 보듯, 이제 더는 친구조차 아닌 서로를 멀뚱히 보며 앉아 있게 된 거죠." 자기 잔을 응시하던 레빈슨이 이제는 상념을 떨치려는 듯 몸을 부르르 떤다.

그는 희미하게 미소를 지으며 말한다. "그게, 나랑 로라도 어떤 면에선 그거랑 비슷했던 것 같아요. 우린 만났고, 서로 좋아했고, 같이 일했고, 밤낮으로 정치 활동에 참여하다가, 데이트를 시작했고, '사랑에' 빠졌어요. 그리고 모두가 사랑에 빠진 우리를 사랑했죠. 다들 혁명 활동이 나와 로라 같은 한없이 아름다운 혁명의 잉꼬 한 쌍을 탄생시켰는데 어떻게 혁명이 오지 않을 수 있겠냐고 입을 모았죠. 그래서 얼마 후에는 우리가 헤어지면 마치 혁명을 배신하는 꼴이 돼버린 거예요."

"우리가, 우리 두 사람 다요, 이 순탄한 표면 밑에서 우리가 혼란과 갈등으로, 그다음에는 현실적인 우려로 가득하다는 걸 깨닫기 시작했을 때 그걸 풀어놓을 데가 없었어요. 우린 자신에 대해서 아는 게 너무 없었고, 우리가 아는 건 우리가 품은 의심에 대해 너무 불안하고 끔찍하게 죄책감이 든다는 것뿐이었죠. 그리고 이 얘기는 누구한테도 할 수가 없었어요. 당연히 동지들한테도 못했죠. 우린 다 같이 친하게 지냈고, 수년 동안 같이 살았지만 감정적인 부분과 멀찍이 연결된 그 어떤 얘기도 절대 입에 담지 않았어요. 서로에게 성적이거나 감정적인 혼란을 드러냈더라면 우린 당황해서 어쩔 줄 몰랐을 거예요. 다들 그런 건 감쪽같이 없는 척했죠. 모든 개인적인 의심이나 고통은 당의 언어 아래 몸을 감췄어요. 그 언어로 말하는 걸 그만두면 찔리고 혼란스럽고 시시하다는 느낌이었답니다."

"그게, 로라와 나는 상황이 너무 안 좋아서 결혼 날짜를 잡으려고 할 때마다 이런저런 이유로 일주일 동안 쉬지 않고 싸우기도 하고, 내가 로라를 만지면 로라가 걷잡을 수 없이 눈물을 터뜨리기도 하고, 내가 불쑥 너무 우울해져서 자살 충동이 일기도 했어요. 우리는 헤어지는 대신 겁먹은 어린애들처럼 서로를 꼭 붙들었고, 누가 뭐라고 생각하든 우리에게는 도움이 필요하다는 결론에 도달한 거예요." 그가 눈에 부드러운 냉소를 담아 말한다. "그래서 당의 정신분석가를 찾아갔죠. 그 분석가가 우리한테 설명하길 우리가 이상적인 상태를 위해서 **일**만 하다 보니까 사회 내부의 모순이 이제 우리 내부에 자리를 잡은 거래요. 사회주의가 오면 지금 느끼는 그런 건 느끼지 않게 될 거라고. 그리고 사회주의는 이제 곧 도래한다고……"

"그러고 나서는 모든 게 명쾌한 것 같았어요. 그리고 몇 달 뒤에 로라와 결혼했죠."

나는 폴 레빈슨과 로라 레빈슨이 여전히 남편과 아내 사이라고 알고 있다. 내가 의아한 표정으로 레빈슨을 바라보자 그가 조금 공허하게 웃는다. 아주 잠시 고통과 혼란이 그의 얼굴을 가른다. 그러더니 다시 맑은 눈으로 그가 말한다. "지금은 다

괜찮아요. 우린 많은 일을 겪었어요, 그건 맞아요. 하지만 이제는 괜찮아요. 우린 여전히 친구예요."

폴 레빈슨은 당이 자기 인생을 빼앗아갔다고 내게 처음으로 말한 공산당원이다. 그리고 그렇게 말한 사람은 몇 되지 않았다. 레빈슨은 당이 청소년기 자신의 성적 두려움을 대놓고, 그리고 무제한적으로 이용해먹었다고 말한다. 밤이나 낮이나 밀도 높은 당의 동지애와 이론과 원칙의 언어 뒤에서, 폴의 길 잃은 성욕은 갈피를 못 잡고 헤매다 사그라들었다. 삶에 대한, 진실된 인간의 접촉에 대한 그의 성적, 감정적 두려움이 이용을 당하고, 그리하여 당에서 보낸 시간들이 그로 하여금 "현실 세상"을 일찍 발견하지 못하게 방해하는 상황이 벌어진 것이다. 이로써 그는 그 자신의 감정에 대해 그리고 바깥세상에서 그것이 어떻게 작동하는지 학습할 기회를 박탈당했다.

레빈슨은 담배에 불을 붙이더니 우리가 앉은 칸막이 좌석 안쪽 구석에 등을 기댄다. (나는 옛 공산당원들 가운데 아직도 골초인 이가 얼마나 많은지 다시 한번 떠올린다. 마치 '그 모든 일을 겪은 우리가 폐암이 겁날 거 같아?' 하듯이) 레빈슨은 생각에 잠긴 듯, 자신의 생각을 표현할 마땅한 방법을 떠올리려는 듯 말이 없다. 나는 그가 어떤 식으로든 자기표현을 찾을 수 있도록 침묵을 지킨다. 마침내 그가 입을 열고, 생각지도 못한 말이 튀어나온다. 이 세상에서 그가 가장 할 것 같지 않은 말이다. 레빈은 이렇게 말한다.

"알잖아요, 웃기다는 거. 그 옛날에 당에서는 한 번도 '사적인 관계'를 가져본 적이 없었어요. 지금은 사적인 관계를 맺죠. 다들 관계를 분석하고, 서로에게 밤낮으로 자기 삶을 고백

하죠. 그래서 나도 많은 사람들하고 개인적인 사정을 엄청 많이 **알고** 지내요. 그 사람들도 나에 대해 끔찍하게 많이 알고 있구요. 그런데 말이에요, 진짜 이상한 거 있죠. 이런 사람들하고는 친밀함이 전혀 느껴지지가 않아요. 그리고 앞으로도 그런 일은 없을 거예요. 당에 있던 사람들하고는 친밀감을 느꼈어요. 그 사람들한테 우리가 요즘 말하는 내 '사적인 삶'에 대해서는 아무 말도 할 수 없었지만, 다른 누구와도 다시는 절대 느끼지 못할 친밀함을 그 사람들하고는 느꼈었죠."

모든 사람을 사랑하게 된 사람

동유럽 출신의 비유대인 노동계급은 미국에서 공산주의자가 된 동유럽 출신의 유대인 노동계급과는 동떨어진―거주지가 서로 잇닿았을 때가 많긴 했어도―세계를 이뤘다. 이들 가운데 다수는 최소한 부분적으로는 이념에 대한 사고의 손길이 미치지 않은 소작농 문화에 그 뿌리를 두고 있는 상상 불가능한 수준의 고립에서 벗어나 공산당을 찾았다. 수천에 달하는 체코, 폴란드, 헝가리 출신 노동계급은 가장 무지한 유대인에게도 낯선 지적 암흑 속에서 비롯된 마르크스주의를 접했고, 제어 불가능한 그 욕구의 힘이 이들을 내리쳤다. 광막하던 내부의 고요―언어 없음의 유산―가 불현듯 해체되면서 생기 가득한 소리로 탈바꿈했다. 존재하는 줄도 몰랐던 자아가 발견되고, 처음으로 의식을 갖게 된 인간은 벅찬 심정으로 자기주장을 펼쳤다.

딕 니코프스키는 70세다. 일평생 공산당 간부였던 니코프스키─키가 크고 잘생긴 파란 눈의 남자─는 로맨틱한 미국 좌파의 전형 같은 사람이다. 그는 자동차 노동자, 목수, 전기 노동자, 광부 사이에서 수년을 보냈고, 전설적인 조직가로 이름을 날렸다. 1937년에는 미국공산당 정치위원 자격으로 스페인에 갔다. 국제여단* 장병들을 상대로 이 전쟁의 의미를 "설명"하기 위해서였다. 스페인에서 부상을 당한 그는 전쟁영웅이 되어 귀국한 뒤 다시 당을 위한 조직 활동을 맡았다. 1949년 스미스폭동선동금지법Smith Act Laws of Sedition** 위반으로 체포되어 25년 징역형을 선고받았고 처절한 싸움─실제로 정부는 이런 프레임으로 그를 묘사했다─을 통해 마침내 선고를 뒤집었다. 감옥에서 2년간 진짜 끔찍한 구류생활을 하고 꽉 채운 1년 동안 법정 싸움을 한 끝에. "맙소사!" 니코프스키가 손수건으로 자신의 넓고 아름다운 이마를 훔치며 말한다. "내가 이 모든 얘길 진짜 빨리 해치우는군, 근데 맙소사! 진짜 끔찍했거든. 1년 동안 매일 법정에 섰다오. 얼마나 진이 빠지던지 완전 땅을 기다시피 했지."

니코프스키와 나는 케이프코드의 한 마을에 자리 잡은 그

---

* 스페인내전 당시 히틀러와 무솔리니의 지원을 받은 프랑코 파시스트 정권에 대항하기 위해 전 세계에서 모인 의용군.

** 1940년 버지니아주 하원의원 하워드 스미스의 발의로 통과된 일종의 외국인 등록법으로, 미국 정부의 폭력적인 파멸을 선동하는 일체의 행위를 금지하는 동시에 모든 비시민 성인 거주자를 연방정부에 등록하도록 했다. 이 법안에 따라 공산주의자와 사회주의자로 추정되는 이들을 포함해 약 215명이 기소되었다.

의 견고해 보이는 작은 집 포치에서 이야기를 나눈다. 우리가 이 곳의 **빽빽한** 연갈색 나무에 둘러싸여 8월 오후의 환한 햇살을 받으며 앉아 있는데, 온갖 종류의 사람들이 집 옆으로 지나가면서 손을 흔들어 인사를 하거나 멈춰 서서 수다를 떤다. 나는 얼떨떨한 즐거움을 담아 '이 사람들은 당신이 누군지 알아요?' 하는 표정으로 딕을 바라본다. 그는 내 표정을 이해하고 고개를 끄덕인다. 나른하게, 재밌어하면서. 그럼, 알다마다요. 이런 아이러니가 다 있을까.

니코프스키는 이 집이 서 있는 땅을 20년 전 공산당을 떠날 때 구입했고 이후 몇 년간 아침부터 저녁까지 일하며 이 집을 지었다. 생각을 할 필요가 없도록, 생각을 **할 기력이** 없도록, 매일 밤 육체적으로 만신창이가 되어 침대에 반송장 상태로 쓰러졌다. 이런 외딴 마을의 이름 없는 목수 같은 것 외에는 미국에서 다시는 절대 일하지 못할 거라고 진심으로 믿기도 했지만, 어차피 가족들의 거처가 필요했으므로 집 짓는 노역을 자처했던 것이다.

20년의 시간이 흐르면서 이 마을은 뉴욕에서 온 "급진적인" 중간계급 학자들의 여름 피신처가 되었다. 그리고 니코프스키는 낭만적인 구좌파 주민이 되었다. 버뮤다 반바지에 챙모자를 쓴 한 남자가 지나가다가 손을 흔들며 딕에게 소리친다. "후세들을 위해서 다 내려놓으라고, 친구!" 또 다른 남자―더 젊고 예의 바른―가 포치 난간에 멈춰 서더니 딕에게 그가 다음 주에 스페인 참전용사들에 대한 연설을 하러 뉴욕에 간다고 알고 있다고, "아무 때나" 브루클린 하이츠에 있는 자신의 집을 사용해도 좋다고 말한다. 그 남자는 "아무 때나"라고 나지막이 한 번 더 강조하며 니코프스키의 선 굵은 얼굴을 빤히 바라본다. 마치 자신은 레지스탕스 노동자는 아닐지 몰라도 언제든 딕 니코프스키 같은 남자에게 도움과 지원의 손길을 내밀 준비가 되어 있다는 걸—그래, 그러다가 아무리 모종의 위험을 무릅쓰게 되고, 모종의 희생이 뒤따른다 해도—딕이 알아주기를 바라는 것처럼.

이 안에는 약간의 조롱기 같은 것이 있다. 지금은 무해한 민족영웅으로 치켜세워지는 이 노병을 향한 애정에는 약간의 경멸이 스며 있다. 이 경멸이 내 마음을 아프게 한다. 이 단순한 남자 안에는 미국공산당의 모든 역사가 생생하게 살아 있다. 불법과 합법의 경계에 걸쳐 있던 1920년대의 모호한 상태에서부터, 격동의 1930년대를 지나, 1940년대의 투옥의 날들을 지나, 공포와 환멸로 얼룩진 1950년대를 거쳐 1960년대의 어둠에 이르는 격류가 공산당의 생애를 지배하는 동안, 니코프스키는 가장 깊은 인식과 감정의 흐름을 반영했다. 니코프스키는 40년간 제어 불가능한 힘을 삼키고 완전히 소화된 지혜를 토해 내 역사의 수레바퀴를 움직이는 진정한 신봉자의 살아 있는 화신이었다. 여기에는 그 누구도 감히 잠깐의 선심을 핑계로 숟가락을 얹으려 해서는 안 되는 어떤 위엄이 있다.

딕 니코프스키는 바르샤바에서 160킬로미터 정도 떨어진 아주 작은 마을의 폴란드계 천주교 집안에 태어났다. 아버지는 구두공이자 술꾼이었다. 소작농이었던 어머니는 술에 취해 날뛰는 아버지를 겁내며 살았고, 태어날 때부터 내던져진 벗어나기 힘든 야만적인 삶에서 자신의 많은 자식들을 보호하기 위해 무지하지만 다정한 심성으로 애썼다. 마을의 삶에 대한, 그리고 자기 집안의 생활에 대한 니코프스키의 설명이 워낙 적나라해서 나는 "아버지가 선생님을 **조금이라도** 사랑하긴 하신 거예요?"라고 묻지 않을 수 없다. 그는 회상에 잠기는가 싶더니 이렇게 말한다. "사실 아버지가 나한테 불친절하진 않았소. 합리적인 사람이었지. 하지만 **술을 마셨어**, 알잖소."

"그럼 어머니는요?" 내가 묻는다. "어머니는 선생님을 사랑하셨나요?"

몹시 주저하며 니코프스키가 말한다. "어머니는 최선을 다하셨지." 그러더니 라탄 의자를 완전히 돌려 나를 향해 자리를 잡는다. "알잖소, 사는 게 워낙 **팍팍**했소. 그래서 그분들이 그렇게 망가졌어. 그분들은 말없이 짐승처럼 일만 했소. 온통 일, 일, 일뿐이었지. 겨우 입에 풀칠이나 하려고 말이오. 아침부터 밤까지 부모님은 허리를 펴지도 못했소. 그분들 삶에 안도감이나 기쁨을 주는 건, 그분들이 서로에게서 즐거움을 얻게 해줄 만한 건 아무것도 없었단 말이오. 알잖소, 그런 환경에서 사랑은 사치품이라는걸. 인간관계의 가치 같은 건 알 수도 없었지."

딕의 어머니에게는 미국으로 이민을 간 오빠가 있었다. 딕이 열다섯 살 때 마을을 다시 찾은 외삼촌은 여동생의 상황을 보고 가슴이 미어졌다. 외삼촌은 딕의 어머니에게 카라마조프가의 노인 같은 남편을 떠나 아이들을 데리고 미국으로 오라고 애원했다. 그들이 지금 견디고 있는 상황보다 더 나쁠 수는 없다면서. 니코프스키 부인이 남편과 마을을 떠나 대서양을 건널

미국 공산주의라는 로맨스

용기를 품기까지는 2년이 걸렸다. 그리고 마침내 용기를 냈을 때 같이 데려갈 수 있는 아이는 딕과 두 여동생밖에 남아 있지 않았다. 나머지 아이들은 안타깝게도 이미 자라서 부모 노릇을 하고 있었다. 니코프스키 부인은 원래 자신을 괴롭히던 것보다 훨씬 심각한 공포 상태로 필라델피아에 있는 오빠 집에 도착했다. 때는 1919년, 딕은 열일곱 살, 여동생은 [각기] 열다섯 살과 열네 살이 되던 해였다.

이들의 경험은 이민자 가운데서도 최악이었다. 광막한 미지의 땅에 고립된 채, 두려움과 침묵과 위축감으로 점철된 무지렁이 소작농-망명자 공동체 안에서 생활하는 니코프스키 가족들은 불안감을 안으로만 삭이며 점점 말을 잃고 각자의 내면으로 빠져들었다. 삶은 늘 이해할 수 없는 명령의 다발이었다. 너희는 마소처럼 일할지니라. 너희는 고통받을지니라. 왜냐고 묻지 말지니라. 이제 그 명령들이 그 어느 때보다 가혹해진 듯했고, 폴란드에서는 겪어보지 못한 모욕이 더해지며 더 심해졌다. 이들은 시골 마을의 공기와 햇빛과 공간을 박탈당한 채, 도시의 끝없는 먼지와 추위와 열기 속에서 살았다. 이들은 주변 사람들 대부분과 의사소통을 하지 못했을 뿐만 아니라 영어를 하지 못한다는 이유로 고함과 욕설에 시달렸다. 도시의 가난은 시골 마을의 가난보다 한없이 더 혹독했고, 무학의 고충은 폴란드에서보다 미국에서 한없이 더 모멸적이었다.

딕은 주 60시간을 일하고 8달러를 벌면서도 일자리가 주어졌다는데 감사했고, 그 8달러마저 잃을까 두려웠다. 그는 막막한 어둠과 끔찍한 침묵에 둘러싸여, 생각이나 희망 같은 건 엄두도 못 내고, 노역으로 점철된 길을 따라 매일 조금씩 앞으로 나갔다. 이 세상에서 권력이라는 게 뭔지 어렴풋한 개념마저 전혀 없었기 때문에 자신에게는 아무런 권력도 없다는 생각조차 하지 못했다. 그가 아는 건 이 생활이 자살 충동을 느끼게한다는 것, 그리고 그것이 변화의 가망도 없이 자신 앞에 끝없이 펼쳐져 있다는 것뿐이었다.

1922년 니코프스키 가족들은 시카고에 있는 폴란드인 구역으로 이사했고, 딕은 도축장에 일자리를 얻어 주 6일 동안 일했다. 겨울에는 살을 에는 추위 속에서, 여름에는 푹푹 찌는 더위에 시달리며 일해서 번 돈으로는 겨우 생계만 꾸릴 뿐 저축은 언감생심이었다. 1922년의 이 도축장에 대한 니코프스키의 묘사는 내게 지옥에서 자기 자신을 불태울 화염에 삽으로 석탄을 퍼넣는 형에 처해진 사람들의 이미지를 불러낸다.

도축장에서 일하던 남자 중 한 명이 사회주의자였다. 눈이 이글이글 불타는 30대의 마른 남자. 딕 니코프스키는 스무 살이었다. 이 사회주의자는 딕 옆에서 일했고, 곧 딕의 친구가 되었다. 그는 집요하게 "사장들"과 "노동자"에 관해 쉴 새 없이 떠들었다. 대개 딕은 그 사회주의자의 말을 따라가지 못했고, 대체 그가 무슨 소리를 하는지 몰랐고, 그저 그가 그들 모두를 곤란하게 한다고만 생각했다. 하지만 딕은 그 사회주의자의 분노 이면에서 야성적이고 상처 입은 무언가를 감지했고, 게다가 작업반장과 노동자 사이에 분란이 있을 때면 늘 노동자를 위해 위험을 무릅쓰는 이가 그 사회주의자뿐이었던 까닭에 그를 좋아했다.

미국 공산주의라는 로맨스

그러던 어느 여름날, 도축장이 너무 더운 나머지 땀이 일 꾼들의 눈으로 마구 쏟아지는 통에 눈을 뜰 수 없는 지경일 때 이 사회주의자가 문득 딕을 보며 말했다. "자네 지금 사장 놈 들이 어디 있는지 아는가? 자네와 내가 여기서 돼지처럼 땀을 흘리고 있는 지금 이 순간 말일세." "아뇨," 딕이 대답했다. "어 딘데요?" 사회주의자는 주머니에서 접힌 신문 한 장을 꺼냈 다. "저기!" 사회주의자 친구가 천둥 치듯 말했다. "해변에 있다 네!" 딕은 땀 때문에 앞이 잘 보이지 않는 눈으로 한 무리의 사 람들이 바닷가에 나른하게 누워 있는 사진을 응시했다. 이제는 일흔이 되어 나를 바라보는 니코프스키의 파란 눈이 커지며 50 년의 세월이 지워진다. "난 해변이라는 게 뭔지도 몰랐소." 그 의 말에는 아직 그 안에 생생히 살아 있는 20세 청년의 무구한 경이가 고스란히 담겨 있다.

"그 순간 내 안에서 뭔가 일이 벌어진 거요. 난 마냥 그 사 진을 보고 또 봤지. 문득 그 사회주의자가 몇 달 내내 말하던 모 든 게 내 머릿속 어딘가에서 이해된 것처럼 말이오. 난 그 사진 뒤에 있는 **나를** 봤다오, 난 그런 사진이 찍히는 걸 가능하게 하 려고 평생 피와 분뇨 속에 무릎까지 파묻혀 지낸 **나를** 봤소. 선 생에게 그걸 어떻게 설명해야 할지 모르겠구려. 나조차도 그때 무슨 일이 벌어지고 있는 건지 제대로 몰랐던 것 같아. 확실히 그걸 말로 표현하지 못했을 건데, 그래도 뭔가가 내 안에서 솟 구쳤지. 너무 재빠르고 너무 강렬해서 숨이 멎는 것 같았어. 지 금도 그 느낌이 생생해요, 내가 그때 어떤 느낌이었는지. 마치 그게 내 한복판에서 바로 쏟아져나오는 것 같았어, 거기서 내

내, 내 평생 기다리고 있다가—순식간에!—이제 시간이 다 됐다, 그런 느낌이었지."

"그땐 모든 게 다 그렇게 재빨리 벌어졌어. 난 그 사회주의자가 하던 말을 전부 **이해**하게 됐지. 모든 걸 말이오! 전부 한 번에 알게 됐다오. 다 한 번에 알게 됐는데, 이걸 믿을 수가 없더라고, **나한테 출구가 있었다**는걸. 이게 무슨 말인지를 이해해야 한다오. 난 내가 이런 삶에서 벗어날 길이 없다고 생각하고 있는지도 몰랐다오, 출구가 분명히 있다는 생각이 불쑥 떠오르기 전까진 말이오. 그게 복잡한데, 내가 무슨 말 하는지 알겠소? 난 노동자로 살아간다는 게 말 그대로 노예제라고 생각했지, 노예제는 기계에 영원히 얽매인 말 못하는 짐승 같은 상태에서 비롯되는 거라고, 우리를 하나의 계급으로 바라보는 이 **사고가** 노예제를 없앤다고, 싸울 방법을 알려주고, 인간이 되는 법을 가르쳐준다고 생각했소."

"재밌단 말이야," 딕 니코프스키는 말을 멈추고 포치 난간에 몸을 기댄다. "다른 것도 알게 됐어. 이날까지도 내가 이걸 알아냈다는 게 놀랍소. 선생은 내가 얼마나 무식했는지 상상도 못할 거요. 그래, 맞아, 상상도 못하지! 하지만 내가 더 똑똑했더라면, 아니면 어떤 특별한 재능이 있었더라면, 혹은 주변 상황에 민감한 사람이었더라면 내가 혼자서도 이 노동계급의 지옥에서 벗어날 출구를 어떻게든 만들어낼 수 있었으리라는 걸 알게 됐소. 하지만 머리가 나만큼**밖에** 안 되고, 나만큼이나 재능이 없고 둔감하면 그럼 그렇게 살 수밖에 없었지." 니코프스키의 얼굴에 묘한 표정이 떠오른다. 즐거움과 냉소와 삐딱함과 부드러움과 흥분이 뒤섞인. 그 모든 감정 아래에서 니코프스키는 처음으로 맛봤던 강렬한 통찰의 의미에 지금도 짜릿해한다.

"그래서," 니코프스키가 긴장을 풀며 말한다. "그렇게 사회주의자가 되었다오. 도축장에 있던 그 남자—그 사람 이름은 에디였소—와 나는 단짝이 됐지. 난 계속 어머니와 동생들을 부양했지만 살던 집을 나와서 에디가 사는 집으로 들어갔소. 그 사람은 역시 사회주의자인 다른 세 남자들하고 온수도 안 나오고 바퀴벌레가 득실대는 연립주택에서 같이 살았거든. 하지만—선생이 지금까지 이런 얘길 쉰 번쯤은 들었을 거 같은데—우린 진짜 그 집의 추위도, 더러움도, 궁핍도 전혀 못 느꼈소. 우리에게는 불덩이처럼 뜨거운 정치가 있었으니까. 우린 일하고 똥 싸고 밥 먹을 때만 빼고 밤이고 낮이고 마르크스주의 얘길 했지. 아니, 그게 아니지, 우린 밥 먹는 동안에도 마르크스주의 얘길 했다오. 그건 우리한테 공기이자 빵이자 햇빛이자 온기였소. 난 말야 그게 어찌나 짜릿하던지 거의 몸에 통증이 느껴질 정도였다니까. 항상 흥분 상태였어. 나한테 정신이 있다는 걸, 내가 사고할 수 있고 진짜 그걸 하고 있다는 걸 발견 중이었단 말이오! 거기다 마르크스를 읽는 순전한 지적 즐거움이라니…… 알잖소, 그건 거의 모든 공산주의자들의 공통점이지, 마르크스를 처음 읽었을 때, 머릿속에서 폭죽이 터지는 것 같은 그 기분, 인간의 지성을 향해 샘솟는 그 사랑 말이오…… 맙소사, 난 처음으로 마르크스를 발견하고 동시에 나한테 정신이라는 게 존재한다는 걸 알게 된 그 시절처럼 그렇게 자유로워본 적이 없었소. 시카고의 그 춥고 더러운 아파트에서 말이오."

"그리고 그때 난 처음으로 세상이라는 걸 발견하기도 했지. 마치 전에는 아무것도 보지 못하다가 이제야 갑자기 모든 게 보이기 시작한 것처럼 말이오. 건물의 형태, 비 온 뒤 거리의 모습, 사람들 얼굴 표정, 여자들의 원피스 길이, 아침 6시의 미시간호와, 정오의 미시간호, 그리고 저물녘의 미시간호가 어떻게 달라 보이는지…… 이 세상이 흐릿한 사진처럼 보이다가 이제야 갑자기 또렷한 사진을 보게 된 것처럼. 그리고 난 모든 사람을 사랑했소! 맙소사, 내가 같이 살던 그 인간들을 얼마나 사랑했는지 아시오. 다들 다음 날 아침 7시에 일어나 일하러 가야 하는데도 새벽 3시까지 한창 러시아혁명을 심도 깊게 분석하고 있을 때 난 그 방에 있는 그 사람들을 쳐다보곤 했다오, 그들은 내 동지들이었지, 내가 그 인간들을 얼마나 사랑했던지 가슴이 터질 것 같다고 생각할 정도였어."

"알잖소," 니코프스키가 웃으며 말한다. "사람들은 공산당원들이 인류는 사랑하면서 인간은 증오한다고 말하지, 하지만 난 이렇게 말하겠소, 여기 이 공산당원은 공산주의가 아니었으면 이 생에서 절대 누구도 사랑하지 않았을 거라고 말이오."

미국 포퓰리스트

딕 니코프스키의 마지막 말에 고개를 끄덕이며 동의할 사람이 있다. 샌프란시스코의 책이 즐비한 방에서 흔들의자에 기대앉아 있는 윌 반스는 가벼운 서부식 비음을 섞어 '무슨 말인지 안다오, 동지. 잘 알고말고'라고 말할 것이다.

월 반스는 20세기와 같이 나이를 먹어간다고 말하기를 좋아한다. 내가 그와 이야기를 나누던 1974년의 그달에 반스는 막 74번째 생일을 맞았다. 키가 크고 훤칠한 데다 근육질인 반스는 책을 읽을 때만 안경을 쓰는데 그러면 꼭 똑똑한 존 웨인처럼 보인다. 그는 샌프란시스코에 있는 방 네 개짜리의 정갈하고 예쁜 아파트에서 세 번째 아내와 같이 살고 있다. 독학을 하는 그에게는 다양한 장르를 망라하는 큰 서가가 있어서 매일 저녁 몇 시간씩 그곳에서 책을 읽는다. 그리고 매일 새벽에 일어나 태평양 해변에서 7~10킬로씩 달리기를 하고, 닷새 중 나흘씩 전일제로 일을 한다. 30년간 공산당원이었던 반스는 그 가운데 오랜 세월 동안 전미선원노조National Maritime Union의 조직가로 중책을 맡았다. 1950년대에 당과 노조가 그에게 큰 시련을 안기면서 영구적인 고난의 시기가 그를 덮쳤다. 이제 그는 일용직 노동자로 생계를 유지한다. 자신은 절대 일을 멈추지 않을 거라고 그는 말한다. 그러느니 그냥 쓰러져 죽는 게 낫다고.

"그러니까 내가 왔던 길로 가는 형국이지," 반스가 웃으며 말한다. "노동자로 말이오, 내가 아직 떠돌이 부랑자가 아니라면."

"선생님이 어떤 길로 오셨는지 얘기해주세요," 반스가 책을 읽으며 많은 시간을 보내는 작은 서재에서 그를 마주 보고 앉아 내가 이렇게 요청한다.

"흠," 반스가 흔들의자에 기대 긴 다리를 꼬며 말한다. "내가 어떤 출신인지 알고 싶다는 거요? 최근에 내가 어떤 책을 읽었는데 그 책에 내 인생이 전부 담겨 있더군. 아내가 그 책을 나한테 갖다줬는데, 그 사람이 요즘 진짜 열혈 페미니스트라오. 이 책을 페미니스트프레스라고 하는 작은 출판사에서 가져온 거야. 아그네스 스메들리*의 《대지의 딸》 재판이지. 재밌어, 그 책 말이오. 완전 내 인생이랑 판박이더라니까. 한 여자의 관점에서 얘기한다 뿐이지. 맙소사, 그 책은 나한테 내 삶에 대해 많은 걸 가르쳐줬어요. 난 한 번도 스메들리처럼 생각해보질 못했거든. 그 책이 내 눈을 뜨게 해줬지. 내 어머니를 완전 다른 시각으로 보게 해줬소."

아그네스 스메들리의 책은 미국 전기 가운데 고전이다. 스메들리는 태어남과 동시에 19세기 말 서부 개척자의 거친 원시적 삶 속에 내던져졌다. 일용직 노동자와 떠돌이 노동자, 채굴 야영지와 벌목 야영지와 제재소와 강변 부랑자의 삶, 날 것 그대로의 가난과 고립, 술과 폭력과 잔혹한 욕구의 삶에. 다시 말해서 땀에 전 노동으로 이 나라의 철도와 고속도로를 건설하고, 맨땅에 정주지를 만들고, 광물을 채굴하고, 나무를 목재로, 철을 강철로, 원료를 직물로 탈바꿈한 불안정하고 비천한 미국 개척민들의 삶에. 스메들리가 《대지의 딸》에서 들려주는 이야기는 태어나자마자 형용할 말이 없는 원시적 삶에 내던져진 사람이 놀라운 의지력과 두뇌와 갈망의 힘을 통해 스스로 인간으

★ 1892~1950. 미국의 저널리스트. 가난한 소작농 집안에서 태어나 어머니와 이모를 통해 여성에 대한 차별과 억압을 보고 자랐다. 저널리스트 활동을 거쳐 인도의 독립운동과 중국혁명에 가담하는 등 전 세계 곳곳에 흔적을 남겼다. 《대지의 딸》은 스메들리의 삶이 담긴 자전적 소설이다.

로 변신하는 이야기, 그리고 인간이란 무엇인가에 대한 이야기이기도 하다. 아그네스 스메들리는 살아생전에 독립적인 급진주의자로 세계적인 명성을 날리며 인도 독립운동과 중국공산당 혁명과도 연을 맺었다.

"나는 아이다호의 채굴 야영지에서 태어났소," 윌 반스가 말한다. "다섯 형제 중 둘째였는데, 우린 다 아버지가 달랐지. 어머니는 시가를 피웠고 남편이 다섯이었는데 그중에서 셋을 총으로 쐈어. 남편들은 모두 어머니를 두들겨 패고, 어머니 자식들을 때리고, 어머니 돈을 훔치고, 인사불성이 되도록 술을 마시다가 결국 어머니를 버리거나 문가에서 총을 쏘는 어머니를 피해 집 밖 도로로 냅다 줄행랑을 놨다오. 어머니 쪽 대가족 중에서 돈을 좀 만지는 분은 어머니 여동생인 애나벨 이모가 유일했거든. 이모는 시애틀에서 매춘업소를 운영했는데 어머니는 가장 최근 남편이랑 문제를 해결하는 동안 우리가 걸리적거리지 않게 애들을 거기다 맡기시곤 했소. 어머니는 드센 분이셨지. 채굴 야영지에서도 살고, 벌목 야영지에서도 살고, 공동주택에서도, 통나무집에서도 사셨소. 세탁일도 하시고, 웨이트리스도 하고, 도박장도 운영하고, 갱도에 들어가신 적도 있다오. 젊었을 땐 진짜 예뻤는데 마흔 살쯤 되셨을 땐 남은 치아가 하나도 없었어. 대여섯 세대에 걸쳐서 그 어떤 장소에도, 누구에게도 속하지 않고, 서부 전역을 떠돌아다닌 위대한 무리 중 한 분이셨소. 자식들을 아이다호로, 워싱턴으로, 와이오밍으로, 몬태나로 끌고 다니면서 늘 마침내 당신이 '정착'할 장소를 물색하셨지. 결국 못 찾긴 했지만 말이오. 웃기는 게, 난 어머니가 우릴 진짜로 사랑하진 않았다고 생각하거든, 하지만 우린 어머니 소유물이었지, 이 세상에서 어머니의 소유물은 우리밖에 없었소. 그래서 어머니가 우리를 패는 건 상관없었지만 다른 사람이 그러면 노발대발하셨어."

"나는 열네 살에 가출했소, 그리고 그게 끝이었지. 다시는 돌아가지 않았고 어머니 생전에 땡전 한 푼도 안 받았어. 물론 어머니를 다시는 안 봤다는 말은 아니야. 그런 건 아니지. 결국 어머니와 누이와 막내 남동생을 여기 캘리포니아로 데려왔거든. 여기서 마침내 어머니는 수도가 실내에 있고 식탁에 규칙적으로 먹을 게 차려지는 집에 '정착'을 하셨소. 물론 캘리포니아가 얼마나 맥 빠지고 어이없는지 구시렁대면서 욕을 하긴 하셨지만, 내가 보기에 어머니는 그걸 즐기셨던 거 같아. 20년 전에 돌아가셨는데, 내가 그때 한참 당 문제로 골머리가 아플 때였거든. 어머니는 내가 왜 공산주의자가 됐는지, 아니면 대체 공산주의가 뭔지 절대 이해하지 못하셨지만 그즈음엔 그게 중요하지 않았다오. 토요일 밤이면 내 머리를 헛간 문에 냅다 들이박기를 좋아하던 그 술주정뱅이 남편들한테 그랬던 것처럼 맹렬하게 내 편을 드셨지. 난 당신 소유였으니까. 간단했소. 그리고 내가 공산주의자라면 대체 그게 뭘 의미하든 간에 공산주의자라는 건 좋은 거였단 말씀이야."

"난 집을 나오고 난 뒤부터 떠돌기 시작했소. 당시 집이었던 워싱턴주의 벌목 야영장에서 차를 얻어 타고 나와서 기차역이 있는 첫 마을에서 화물열차에 기어올랐지. 거기서 내려온 다음에는 한 10킬로 정도 걷다가 설거지를 하고 한 끼를 얻어

미국 공산주의라는 로맨스

먹고 그날 밤에는 아이다호 한복판 어딘가에 있는 빈 헛간에서 잤다오. 그땐 잘 몰랐는데 그때 난 미국의 위대한 떠돌이 일꾼 세상에 들어선 거였소. 그러고서 14년 동안 그 세상을 들락대며 살다가 1928년에 공산당에 가입해서야 그 세상을 영영 떠났다오."

"1914년부터 1928년까지는 끔찍한 해였소. 나한테만이 아니라 미국인 전부한테 말이오. 그 유명하던 1920년대의 영화^{榮華}는 어째선지 우릴 그냥 지나쳐 갔소. 그 소문을 들어본 적은 있지." 윌이 씩 웃으며 말한다. "하지만 우리 중 누구도 그걸 눈으로 확인해봤다는 말은 못 할 거요. 대공황이 닥치고 다들 대공황이다! 대공황이다! 외치기 시작했을 때 난 생각했다오. 망할, 내 썩을 **인생**은 내도록 대공황이었는데."

"나는 지나가는 차를 얻어타기도 하고 걷기도 하고 기차도 탔소. 그 시절에 이 나라를 스무 번은 횡단했을 거야. 몬태나부터 버지니아까지, 저기 아칸소로, 저 아래 펜실베이니아로, 저 위 메인주로, 다시 저만치 서부로. 늘 다시 서부로 나가곤 했지. 입에 풀칠을 하려고 작가 선생이 생각할 수 있는 모든 일을 다 했다오. 짐 나르기, 화약 운반, 벌목, 트럭 운전, 설거지. 광산에서 채굴도 하고 제철소에서 일하기도 하고 정화조 청소도 했다오. (아유, 아직도 한 번씩 그 꿈을 꿔요.) 그러면서 계속 부평초처럼 떠돌아다녔지. 내 안의 무언가, 불안정하고 쓸쓸한 무언가가 날 가만두지 않았어. 난 항상 주변 상황하고 동떨어진 거리감을 느꼈다오. 나 자신에 대한 이미지가 있었는데, 항상 풍경 가운데 자리를 못 잡고 수평선 끄트머리에 서 있는 그런 모습이었지. 한 번도 편안함을 느끼지 못했어. 언제, 어디서도. 미국은 나한테 문을 닫아건 무언가, 내가 닿을 수 없는 무언가 같았다오. 그건 내 것이 아니었지, 내 것으로 만들 수도 없고. 내가 지나친 온 마을과 도시에서 이런 예쁜 집들을 보곤 했지만 정작 살면서 그런 집에 들어가 산다는 건 상상도 못하겠더라고."

"그러다가 그런 때가 있었어, 일이 아무것도 없는 거라. 하나도 없었지. 악몽이었다오. 한 번에 며칠씩 굶고, 굶주림에 너무 지친 탓에 누가 일을 준다고 해도 일을 할 수 없을 지경이 됐지. 그런데 악몽은 거기서 끝이 아니었소, 내가 가장 바닥일 때면 부랑 죄로 체포당해서 어떤 망할 감옥에 갇히곤 했다오. 밤새 쥐한테 시달리고 레드넥red-neck* 간수한테 두들겨 맞고 하면서 말이오. 그런 밤이 진짜 기억할 수 없을 정도로 많았소. 그리고 항상 이 외로움, 정확히 이유는 모르겠고, 뭘 어떻게 해야 할지도 모르겠는데 내 주변 모든 사람들하고 단절된 기분이 들었다오."

"한날은 내가 열일곱 살쯤 됐을 땐데 몬태나에 있는 어떤 작은 마을에서 식당 앞을 왔다 갔다 하면서 걷고 있었거든. 가슴하고 등짝에다가 샌드위치 패널을 묶고 그 식당 광고를 하고 있었단 말이오. 여섯 시간 동안 그런 식으로 걸으면 한 끼를 준다고 약속받았거든. 그렇게 거기서 왔다 갔다 하고 있는데 어떤 남자가 다가오는 거야. 한 사오십 정도 됐는데 파란 눈이 차갑고 화가 나 보이고 산속을 헤매고 다니는 광물 탐사자처럼

---

* 교육 수준이 낮고 보수적인 시골 사람에게 쓰는 멸칭.

수염이 덥수룩하더라고. 그 사람이 나한테 이래, '너 미국 사람이야?' '그럼요,' 내가 대답하지. 그러니까 그 남자가 진짜 화를 내면서 내가 메고 있는 패널을 손가락으로 가리키면서 이러는 거야. '넌 미국 사람이고 인간이잖아. 고작 한 끼를 먹겠다고 이 짓을 해야 한다는 건 옳다고 보기 힘들겠는데.' 그러고는 내 샌드위치 패널을 벗겨냈지, 바로 거기 길거리 한복판에서 말이오, 그러면서 자기랑 같이 가자는 거야. 벼락이라도 맞은 것 같았어. 평생 누구도 나한테 그 남자처럼 말한 적이 없었거든. 그 사람 말대로 하지 않을 도리가 없었지, 그래서 그 남자랑 같이 갔다오."

"남자는 나를 그 마을 외곽으로 데려갔다오. 거기 작은 강 옆에 있는 뚝방에 화톳불이 있고 그 주변으로 남자들이 무리지어 있더군. 그 사람들이 떠돌이 일꾼들인 줄 알았는데, 그게 아니더라고. 그 사람들은 워블리Wobblies**였소. 날 앉히더니 먹을 걸 주면서 자기들이 누군지 나한테 설명하더라고. 그리고 열두 시간도 안 돼서 내 인생에 정치라는 걸 심어 넣더군. 입을 벌리고서 그 얘길 들었소. 대체 그 사람들이 뭔 소리를 하는지는 몰랐어, 대체 뭔진 몰라도 불법적인 게 틀림없다는 생각은 확실하게 들더군. 마을에 있는 그 레드넥 보안관이 이자들이 하는 이야기를 알면 어쩌나 싶은 거야! 연대? 노동계급? 자기들 권리를 위해 투쟁한다고? 자기들이 미국을 건설했는데 어째서 거

** 1905년 시카고에서 창립한 최초의 산업별 노동조합 연합체인 세계산업노동자연맹Industrial Workers of the World. IWW 소속 노동자를 일컫는 말.

지처럼 살고 있느냐고? 맙소사, 오 맙소사!"

"물론 난 그 자리에서 워블리를 좋아하게 됐지. 그 사람들이 나한테 친절했기 때문만은 아니오. 그 사람들 얘기에 내 혼이 나갔고, 이유는 모르겠지만 그 사람들이 뭔가 중요한 얘길 하고 있고 그런 말을 할 배짱이 있다는 것도 알긴 했지만 그게 다는 아니었소. 아니지, 그것만은 아니야. 그걸 작가 선생한테 어떻게 설명해야 할지 모르겠소만, 연대나 노동계급에 대한 그 온갖 얘기, 난 그런 말들이 무슨 뜻인지도 몰랐지만 어째선지 그 사람들이 내 안에 있는 그 외로움을 건드리더라고. 뭔가가 내 안에서 반짝하고 불이 들어왔는데, 그게 따뜻했지, 워블리들 얘기를 듣고 있으니 외롭지가 않은 거라."

"그날 밤을 그 야영지에서 보내고 아침이 됐는데 그 사람들이 나한테 그린카드를 주면서 이제 나도 그들의 일원이라더군. 그 사람들한테 인사를 하고 내 길을 갔지. 그 그린카드. 그거 아쇼? 기차를 타면 오밤중에 어딘지 알 수도 없는 오지 하품 나는 마을 같은 데서 난데없이 철도 직원들이 사람을 차량에서 끌어내서 개 패듯이 두들겨 패던 시절이 있었다는 걸 말이오. 그때 그 사람들한테 내 그린카드를 보여주면 때리는 걸 멈추고 다시 차량으로 돌려보냈다고. 그 시절에는 그런 일이 제법 자주 있었지."

"1919년 휴전 기념일에 난 열아홉 살이었소, 그리고 어쩌다 보니 워싱턴주 센트럴리아에 있게 됐지. 센트럴리아 기억하시오? 재향군인 회원 한 패거리가 자기들이 얼마나 애국적인지 보여주겠답시고 워블리 회관에 들이닥치기로 한 거지. 워블리들은 당연히 방어에 나섰는데 이 재향군인 회원들이, 아 이놈들은 지구상에서 제일 악질적인 새끼들이었소, 아니, 이놈들이 자기 눈을 못 믿겠는 거라. 이 워블리 놈들이, 이 망할 빨갱이들이, 자기를 **방어**한다고? 지놈들이 무슨 **권리**라도 있는 것처럼? 그래서 그 새끼들이 눈이 뒤집힌 거지. 총격이 벌어졌소. 그리고 상황이 끝났을 땐 센트럴리아에 널브러진 재향군인 회원들보다 죽은 워블리들이 더 많았소. 워블리 대표는 제1차 세계대전 참전군인이었는데, 불알이 잘려나간 채로 마을 끝에 있는 다리에 매달렸지."

"난 워블리 회관 건너편에 서서 그 난리 통을 전부 다 지켜봤어. 그러다가 차갑고 단단하고 역겨운 뭔가가 내 안에서 뭉쳐지더라고. 그날부터 쭉, 이 나라에 대해서 말이오. 난 아직 어린애였소. 그런데도 워블리는 아무런 힘이 없다는 걸, 이 나라에서 누구한테도 위협이 될 수 없다는 걸 알고 있었단 말이오. 그 한 해 전에 정부가 이 망할 온 나라에 있는 모든 워블리 야영지와 본부에 들이닥쳐서 난장판을 만들어놨으니까. 1960년대에 블랙팬서당에 그랬던 거랑 똑같이. 워블리는 이미 끝났는데, 근데 여기서 이 재향군인회 놈들이랑 이 망할 마을이 작당해서 그 사람들을 살해하다니, 살인이라니. 나는 생각했다오, 이놈의 나라, 아 이 망할 놈의 나라."

"그런데 이 나라에는 그런 것만 있는 게 아니야, 난 그것도 알게 됐어, 센트럴리아에서 말이오. 그날 밤낮으로 그 마을을 배회했소. 너무 치가 떨리고 겁이 나고 말문이 막혀서 다른 건 아무것도 할 수 없었거든. 그런데 무슨 일이 일어났는지 아시오? 새벽이 되니까 한 천 명쯤 되는 사람들이 센트럴리아에서 행진을 벌였다오. 걷는 사람도 있고 말을 타기도 하고 수레랑 털털이를 타고 오기도 하고 온갖 방향에서 모여들었지. 그러고는 그 마을 곳곳에서 야영을 했소. 완전한 침묵 속에서 말이오. 아무 말 없이 온종일 거기 앉아 있었지. 그 사람들이 얼마나 슬퍼하는지 그 무게를, 그 침묵의 힘을 느낄 수가 있었소. 진짜로 엄청난 비극이 일어났다는 느낌이었다오. 그리고 재향군인회와 마을은 그 사람들을, 그 사람들의 침묵을 더 두려워했소. 이미 벌어진 사건보다 말이오. 한 번도 잊어본 적이 없어. 그 사람들, 그 마을, 그 총격, 그 폭력, 그다음에 찾아온 그 침묵. 아직도 어제 일처럼 눈앞에 선하다오."

"1927년 샌프란시스코에서 내가 아는 어떤 떠돌이 일꾼을 우연히 만났는데, 그 사람이 자기가 배를 타고 나간다면서 나도 같은 일을 해보면 어떻겠냐는 거요. 난 그걸 어떻게 해야 하는지도 몰랐는데 그 사람이 나한테 선원 서류를 구하는 법을 알려줬소. 그러고는 몇 달 만에 난생처음으로 바다에 나가게 됐지. 첫 순간 난 사랑에 빠졌어. 바다를 사랑했지, 배를 사랑했고, 그 삶을 사랑했소. 내가 타고난 선원이더라고."

"문제는 그 배가 《돛대 이전의 2년Two Years Before the Mast》*에 나오는 물건 같았다는 거요. 더럽고 병이 우글우글하고, 선원들은 과로와 야만적인 대우, 급료 사기에 시달렸지. 사소한 잘못

★　미국의 변호사이자 작가 리처드 헨리 데이나 주니어가 1840년 출간한 회고록.
　　1834년부터 2년간 상선을 타고 항해한 이야기가 담겨 있다.

만 해도 부당한 처벌을 받고 말이오. 가끔은 진짜 무서웠어."

"그 배에 한 남자가 있었는데, 우리 같은 선원이었거든. 어느 날 다 늦은 밤에 그 남자가 한 무리가 모여 있는 갑판 위에서 이야기하기 시작하는 거요. 그 사람이 15분 정도 이야기하는 걸 듣고 나니까 내가 평생토록 기다리던 목소리라는 걸 알겠더라고. 아 확실히 그 사람은 연대와 노동계급에 대해서 워블리처럼 말했는데, 근데 아 이런, 뭔가 묘하게 이제까지 워블리한테서 받아본 적 없는 **느낌이** 들게 하는 거야. 그 사람은 헛다리를 짚지 않았거든. 그 사람이 하는 말은 우리가 하는 선원 생활의 어떤 부분하고든 연결되지 않는 데가 없었어. 그래서 시간이 좀 지나니까 배에서 우리한테 일어나는 모든 일이 그 사람이 이 세상에서 일어나고 있다고 말하는 더 큰 그림하고 다 연결이 되더라고. 그 사람 목소리에는 일종의 고통스러운 흥분이 가득했소, 그리고 얼마나 설득력 있게 말하던지 거기 있던 모든 남자들이 넋을 잃고 계속 붙들려 있다가 그 사람이 말을 마칠 때쯤 되니까 나는 그냥 선원이 아니라 프롤레타리아라는 걸 알게 될 정도였다오."

"내 인생의 그 순간, 갑판 위에서 그 남자의 말을 듣고 있던 그 밤이었소. 갑자기 이 세상이 정치적으로 보이더군. 그리고 다시는 다른 식으로 세상을 보지 못하게 될 거라는 걸 알았지. 내 안의 사무치는 외로움이 그쪽으로 새어나가는 느낌이었다오. 그러니까, 그날 밤 그게 불현듯 말끔해지고, 내 내면이 완전히 뽀송뽀송하고 가벼워진 거야. 얼마나 흥분이 되던지." 윌의 얼굴에 문득 환한 미소가 떠오른다. "내 안에 있던 온갖 눅눅한 나뭇가지들이 갑자기 불타는 장작이 된 것 같았다고나 할까."

"그 남자는 당연히 공산당 조직가였소. 남은 항해 동안 난 강아지처럼 그 사람을 졸졸 따라다녔지. 그 사람이 내 시야를 벗어나는 꼴을 못 봤어. 늘 말하고, 말하고, 말하고. 이제 막 말하는 법을 알게 된 사람처럼 말이오. 다시 우리가 샌프란시스코에 돌아왔을 때 그 사람한테 날 데려가달라고 했고, 그날 밤으로 당에 가입했다오. 한 달도 안 돼서 난 다시 바다에 나갔는데 이번에는 내 멘토처럼 공산당을 위해 원양 선원들을 조직하는 일을 맡았다오. 그러고서 10년 동안 바다에 나가서 조직했지. 내 인생 최고의 시간이었소. 1930년대였지. 엄청난 무지와 고난이 여기저기 널려 있었고, 내가 아는 사람들 중에선 너무 굶어서 배가 부풀어 오른 이들도 있었단 말이야. 배라고 해서 뭐 하나 나을 게 없었어. 내가 그 시절에 지내던 그 배들 중엔 물 위에 떠 있는 시궁창 같은 데도 있었다오. 하지만 상황이 얼마나 열악하든, 지독하게 더럽든 나한테 그 시절은 훌륭했어. 난 공산당을 위해 사람들을 조직하고 있었으니까. 내면에서는 뽀송뽀송하고 가볍고 맑은 기분이 들었지. 알잖소, 난 돌아가는 상황을 **이해**했다오. 무슨 일이 벌어지고 있는지를 알았지. 그게 나를 구했어. 그뿐만 아니라 난 혁명에 복무하고 있었소. 내가 혁명을 위해 복무 중이라는 걸 알고 있었기 때문에 뭐든 받아들일 수 있었던 거요. 뭐든 말이오."

"알겠지만 그 뒤로 46년이 지났지. 긴 시간이야. 그중 난 30년을 당 안에서 보냈고, 이젠 당을 나온 지 16년 됐다오. 내가 오래 살면 당 밖에서 보낸 시간이 당 **안에** 있던 시간하고 똑같아질 거요. 하지만 그거 아시오? 그건 서로 절대 똑같아질 수가 없다오. 당 안에서 보냈던 그 세월, **그게** 날 인간으로 만들었거든. 다른 건 아무것도 못 그랬지. 다른 건 아무것도 그렇게 하지 못했소. 공산당은 끔찍한 짓을 많이 했지만 난 그거 하나는 인정한다오. 미국의 생 흙덩이를 가지고 그걸로 생각하는 인간을 만들어냈다는 걸 말이오."

1914년부터 1928년 사이 윌 밴스가 온 나라를 정처 없이 떠돌아다니던 어느 날, 로스앤젤레스에 있는 블로섬 시드의 집 문을 두드리고 그 집의 숙녀에게 먹을 걸 좀 내어줄 수 있는지 부탁했을 가능성도 전혀 배제할 수 없다. 그리고 그가 그랬다면 숙녀가 나와서 분명 그에게 샌드위치나 조각 파이 같은 걸 내주면서 어째서 부랑자 생활을 청산하고 결혼을 해서 교회에 다니고 땅에 정착해야 하는지 짧고 굵은 연설을 했을 수도 있다. 그 숙녀는 블로섬 시드의 어머니였을지도 모른다.

로스앤젤레스에 있는 한 친구의 아파트에서 나와 이야기를 나누려고 자리를 잡고 앉은 60세의 블로섬 시드는 [동명의 소설을 바탕으로 한 영화] 〈분노의 포도〉에서 마 조드를 연기한 제인 다웰과 이상할 정도로 닮았다. 전체적으로 크고 볼품없는 느낌을 주는 이 여성은 은회색 머리칼을 목 뒤쪽에 동그랗게 틀어서 고정했고, 살이 많은 큰 얼굴 한가운데 작고 정교한 이목구비가 자리를 잡고 있는데, 그중에서도 파란 눈은 내가 이제까지 본 눈 가운데 가장 기민하면서도 부드럽다. 노스할리우드에 있는 이 중하층계급의 거실에서 15년 된 모던한 덴마크 소파에 편하게 자리를 잡은 블로섬은 "이런 데다 겁나게 고급진 장소를 갖고 있으시네요" 하고 말한다. 블로섬은 로스앤젤레스시에서 복지부서 프로젝트 담당자로 일한다. 나는 블로섬이 이곳이 "겁나게 고급진 장소"가 아닌 걸 알고 있다는 걸 안다. 하지만 블로섬은 뼛속까지 프롤레타리아다. 그러니까 죽는 날까지 노동계급 연립주택 이상의 주거지는 겁나게 고급진 장소로 느껴질 것이다.

블로섬 시드는 1909년 테네시주 멤피스에서 태어났다. 아버지의 부모님은 노예제 폐지론자들이었고, 어머니는 네브라스카의 서민적인 농촌 출신이었다. 문자 그대로 미국 땅의 소금 같은 존재였던 이들은 독립혁명과 남북전쟁에 호쾌하고 용감하게 참전했고, 그러다가 악덕 자본가들의 등장으로 믿을 수 없는 위기와 공황이 불거지자 노동자-농민 동맹을 직접 조직하고 미국 포퓰리스트가 되었다. 땅과 가족을 중시했던 이들은 미국의 민주주의는 모름지기 자신들을 위해 봉사해야지 자신들을 착취해서는 안 된다고 진지하게 믿었으나, 시간이 흐르면서 민주주의가 자신들의 당연한 권리가 아니며 계속 투쟁하지 않으면 거기서 목숨을 부지하기도 힘들다는 사실을 깨닫고 충격을 받았다.

블로섬의 아버지는 측량사였지만 일이 없을 때가 대부분이었고, 어머니는 멤피스를 증오했다. 그래서 블로섬이 두 살 때 이들은 로스앤젤레스로 이사했고 블로섬과 자매들은 1910년대와 1920년대에 새로운 로스앤젤레스를 건축하는 측량사와 엔지니어와 하도급 계약자들 가족 사이에서 성장기를 보냈다. 그것은 댐 건설 부지, 수로, 지저분한 갈색 산들, 모래, 먼지, 거친 노동, 그리고 가난과 아주 가깝지만 그걸 부끄럽게 여기지 않은 생활로 이루어진 세상이었다.

블로섬의 부모는 일종의 미묘한 전쟁을 치르고 있었다. 아버지는 재치와 삶에 대한 진한 사랑이 넘치는 사람인 반면 어머니는 완고하고 예의를 중시하고 하나님을 두려워하는 사람이었다. 아버지는 아들을 원했지만 딸밖에 얻지 못하자 딸들이 남자만큼, 그리고 그보다 더 훌륭하다고 믿도록 양육하기로 마음을 먹었다. 어머니는 아버지가 딸들에게 가르치는 모든 것을 질색했다. 그래서 입술을 앙다물고 일요일 아침마다 딸들을 앞장세워 교회로 몰고 갔다. 아버지가 인간계에서 일주일에 엿새 동안 행한 것을 그날 하나님의 집에서 되돌릴 수 있기를 희망하면서. 블로섬은 아버지를 흠모했고 어머니에게 맞섰다. 블로섬은 교회에 가고 싶지 않았다. 열한 살 때 아버지의 사무실에 슬쩍 들어갔다가 《이성에의 호소The Appeal to Reason》*를 발견해서 읽고는 알게 되었다. 교회에 가고 싶지 않은 자신의 마음이 정당하다는 사실을. 그 책자를 겨드랑이에 끼고 있으면 강해지는 기분이었다. 그 책자는 어머니가 블로섬을 위협할 때 사용하는 그 무엇보다도 힘이 센 블로섬의 무기였다.

블로섬 시드가 정치생활에 첫발을 뗀 것은 아마 《이성에의 호소》를 읽던 열한 살 때였을 것이다. 아버지의 투지와 어머니

---

* 20세기 초 미국 중서부에서 발행되던 좌파 성향의 주간지. 1910년에는 50만 부 이상이 발매되었는데, 이는 당시 미국 사회주의 언론 중 가장 큰 발행 부수였다.

의 완고함을, 그리고 한 세대를 건너뛰는 유전학의 특징에 따라 블로섬의 선조들이었던 그 진솔한 미국 반항아들의 정치적 성향을 물려받은 이 작은 소녀 안에서 어떤 비밀스러운 별개의 지성이 싹트기 시작했다.

블로섬은 열일곱 살에 사촌과 결혼해서 로스앤젤레스의 외딴 지역에 살림을 차렸다. 자신이 왜 그 사람과 결혼을 했는지 블로섬은 지금도 모른다. 그 사람이 자신에게 어떤 의미였는지도 모른다. 이들의 신혼이 어떤 모습이었는지도 모른다. 블로섬이 아는 것은 그 사람은 자신의 생각, 또는 자기 내부에서 자라나던 이 기묘한 "상황감각"의 동반자가 아니었고, 앞으로도 결코 그렇게 될 수 없다는 사실, 그리고 그 생각과 상황감각이 자신을 순식간에 다급하게 사로잡았다는 사실을 아주 재빨리 깨달았다는 것뿐이다.

"우리가 처음으로 했던 부부싸움은 제1차 세계대전의 원인을 놓고 논쟁을 하다가 불거졌어요," 오랜 시간이 지났는데도 블로섬이 씁쓸하게 웃으며 말한다. "그 사람은 자기가 무슨 생각을 하는지도 몰랐지. 그 문제에서는 나도 마찬가지였지만. 나는 그 모든 게 나한테 왜 그렇게 큰 의미가 있는지 알 길이 없었거든. 하지만 내 주변에는 온통 가난한 사람들뿐이었어요. 내 말은 **찢어지게** 가난했다는 거예요. 아무리 열심히 아껴봤자 누구도 나아질 기미가 없었지. 끊임없이 왜 그런지 묻지 않을 수가 없더라구. 남편은 그걸 못 견뎌 했어요. 그리고 그 문제에서는 온 가족이 그랬죠. 가족들은 나한테 '게으르거나 멍청하니까 가난한 거야'라고 했거든. 하지만 그건 납득을 못하겠더라구. 그게 사실이 아니라는 걸 그냥 **알았어요**. 게으르거나 멍청하지 않은 그 많은 사람들이 가난하다는 건 그 말이 사실일 수 없다는 의미라는 걸 그냥 알았던 거지. 난 아니라고 말했어. 계속 그렇게 말했지. '아니야, 이 사람들이 가난한 건 그래서가 아니야. 분명 다른 이유가 있어.' 남편은 이유를 따지는 데는 관심이 없었어요. 내 질문이 남편을 끔찍하게 불편하게 만들었지. 남편은 내가 어째서 자기가 일할 수 있게 도와주지 않는지, 왜 그냥 상황을 있는 그대로 내버려두지 못하는지 답답해했어요."

"흠, 내 안에서는 상황이 점점 나빠지기만 했어요. 어떤 지독한 분노가 항상 있었단 말이야. 그게 날 진짜 외롭게 했어. 남편하고 내가 이런저런 일을 해서 작은 집을 사고, 일요일에 사람들 집에 방문해서 둘러앉아 별 얘기도 안 하고, 그런 게 다 너무 거슬리는 거야. 난 내 주위에서 돌아가는 모든 일에 대해서 얘기하고 싶었단 말이야. 근데 뭐가 어떻게 돌아가는지 영 답답하기만 했지. 그리고 주위에는 나한테 그런 걸 알려줄 사람도, 같이 이야기하거나 함께 내 생각을 알아낼 그런 사람이 한 명도 없었으니."

"사코와 반제티가 살해당한 바로 그날 아들이 태어났어요.* 내가 병원에서 휠체어에 실려서 분만실에 가는 중에 그 얘길 들은 거지. 내가 얼마나 흥분했던지 의사는 내가 너무 상태가 안 좋아질까봐, 나랑 아기한테 무슨 일이 있을까봐 걱정할

---

* 이탈리아계 미국인 아나키스트였던 사코와 반제티는 1920년 한 제화 공장에서 발생한 강도 살인의 용의자로 지목되어 체포되었고, 1927년 4월 23일 사형당했다. 20세기의 대표적인 사법살인 사건으로 불린다.

정도였죠. '왜 그래요?' 나한테 계속 묻더라구요, 왜 그러냐고."

"나도 내가 왜 그러는지 몰랐어요. 내가 그 사람들한테 뭐라고 하겠어요? '이탈리아계 아나키스트 두 사람이 보스턴에서 죽어가고 있어서 너무 속상해요?' 내가 봐도 그건 미친 소리 같았는데. 근데 그게 사실이었거든. 뭔가 끔찍한 일이 내 안에서 일어나고 있었어. 산고보다 더 안 좋은 뭔가가 내 내부를 찢어놓는 기분이었지."

"병원에서 퇴원하고서 뭔가 해야겠다고 생각했죠. 가족들은 난리도 아니었어요. 남편은 우울하고 혼란스러워했지만 난 이젠 쥐뿔도 상관없었어. 지금이 내 길을 가야 할 때라고 생각했지. 남편이 '당신하고 헤어질 거야'라고 했더라면 '그래, 가' 그랬을 거예요." 블로섬은 잠시 생각에 잠긴 듯 나를 응시한다. 그러더니 이렇게 말한다. "있잖아요, 난 그 사람 의견을 존중하지 않았어요. 그리고 난 그게 중요하다고 생각했지. 내 주위 사방에서 사람들이 고통에 신음하고 있었단 말이에요. 1929년, 1930년, 1931년이었잖아요. 캘리포니아에서 그때는 끔찍한 해였지. 사람들이 흙을 파먹을 정도였으니까. 의견을 존중하지도 않는 남자 때문에 그걸 모른 척할 수 없었던 거예요."

"내가 집에서 애를 봐야 한다고 생각했을까요? 아뇨, 안 그랬던 거 같아요. 난 꽁지에 불이 붙은 사람처럼 가만히 있을 수가 없었고, 내 안에서 타오르는 그 불길만큼 나한테 현실적인 건 없었어요. 그래서 애를 걔 아빠한테, 내 어머니한테, 이웃들한테, 아무한테나 맡겼어요. 근데 알잖아요, 엄마가 필요할 때 저기서 엄마랑 같이 자란 그 애들 다 한번 봐봐요, 걔네가 지금

미국 공산주의라는 로맨스

내 아들하고 더 나을 것도 없어. 더 낫지도, 더 나쁘지도 않아. 어쨌든 다들 어른이 됐잖아요. 내가 애 본다고 집에 있었더라면 결국 걜 미워했을 거고, 아들 역시 그 미움을 느끼면서 성장했을 거라구요. 자기 어머니의 헌신과 비밀스러운 미움을 **동시에** 받으면서 자란 그 많은 애들처럼 말이야."

당시는 캘리포니아의 좌파에게 멋진 시절이었다. 19세기 미국 포퓰리스트들의 자연발생적이고 대담한 급진주의가 도처에 널려 있었다. 어딜 가든 협동조합운동이 결성되고 있었고, 블로섬의 회상에 따르면 이 모든 공적인 모임의 분위기는 이런 식이었다. "우린 삶을 개조할 거야. 신발공은 신발을 만들 거고, 의사는 환자를 치료할 거고, 예술가는 아름다운 걸 만들 거고, 우린 서로 나눌 거야." 블로섬은 이렇게 말한다. "한번은 어떤 남자가 로스앤젤레스의 길모퉁이에 나무 연단을 놓고 올라가서 말했어요. '하천이 모래를 조금씩 침식시키듯 협동조합운동은 자본주의의 불의를 침식시킬 것입니다.'" 블로섬은 이렇게 덧붙인다. "그리고 난 이 남자 목소리에 온몸이 전율했지."

블로섬은 협동조합운동에 가담했다. 이게 바로 그거라고, 블로섬은 생각했다. 여기서, 마침내 자기와 같은 부류의 사람들을, 미국처럼 부유하고 개방적인 나라에서 어째서 수백만 명이 가난할 수밖에 없는지 이해하고, 관심을 가지고, 자신에게 분명하게 알려줄 그런 사람들을 만났다. 여기서, 처음으로 체제라는 걸 배웠고, 이 단어는 현실을 이해하는 마법 같은 실마리의 근원이 되었다. 이 단어 덕분에 블로섬은 자신의 의문들을 속 시원하게 해소할 수 있었다.

협동조합운동 내부에는 공산당원들이 있었는데, 이들은 매사에 고개를 저었다. 협동조합운동가들이 무슨 일을 하든 공산당원들은 "그건 효과가 없을 겁니다"라고 했다. 블로섬은 이들에게 말했다. "당신들은 왜 그렇게 비관적인 거예요? 당신들은 왜 항상 우리를 깎아내리는 거예요?" 이들은 협동조합운동가들이 잘못된 궤도에 들어섰다는 말만 되풀이했다. 공산당원들의 행동 중에서 블로섬의 신경을 긁은 또 다른 것은 "그 사람들이 항상 연결고리를 만든다는 거였어요." 블로섬이 보기에는 아무것도 없는 데서 그들은 연결고리를 찾았다.

"하지만 공산당원들이 맞았지," 블로섬이 한숨을 쉰다. "협동조합이 무슨 일을 하든 결국 자본주의 권력과 생산 소유권이라는 막다른 골목에 부딪혔으니. 살리나스밸리 파업,* 한 포기에 1페니짜리 상추, 노동자 탄압, 그러고 끝. 거기서 아무 성과도 없었잖아요. 협동조합은 달걀로 바위 치는 꼴이었던 거지."

결국 공산당원들이 블로섬에게 말했다. "우리가 잘못된 궤도에 들어섰다고 생각하면 우리와 함께 동지의 생각을 알려나갑시다." 블로섬은 오히려 그들이 잘못된 궤도에 있다고, 제대로 되는 일은 없어도 협동조합운동이 옳다고 생각했고, 공산당원들이 진정성 있게 함께한다면 협동조합운동이 더 강력해질 거라고, 그러니까 어쩌면 공산당원들 사이로 들어가서 그들이

---

* 캘리포니아 살리나스밸리에서 상추를 따고 포장하던 필리핀노동자연맹 Confederation of Filipino Workers, CFW 노동자들이 1934년 8월 말부터 약 한 달간 이어간 파업. 인종주의자 폭도와 무장 자경단의 대대적인 탄압에 직면하면서도 노동자들은 임금 인상 등 자신들의 요구를 관철했다.

그걸 이해하게 만들 필요가 있겠다고 생각했다. 블로섬은 "그들을 바꾸기 위해" 1932년 공산당에 입당했고, 자신의 표현에 따르면 "빨간 베일"을 쓰고 25년 동안 당에 남았다.

공산당에 가입했을 때 블로섬은 자신이 유일한 미국 태생이자 유일한 여성인 그룹에 배정되었다. 자생적 급진주의자인 그는 생각했다. '미국 사람들은 어디 있지?' 자생적 페미니스트인 그는 생각했다. '이 남자들의 아내는 어디 있지? 남편이 여기서 혁명 계획을 짜는 동안 아내들은 왜 집에 있는 거지?' 아, 뭐, 내일 오겠지, 블로섬은 이렇게 결론 내렸다. 여성들과 미국 사람들은 내일 올 거야. 모든 게 내일이었다…… 특히 혁명은. 하지만 그러는 동안 오늘이 있었고, 해야 할 임무가 있었다.

블로섬은 당에 가입했을 즈음에 이미 국제법률보호기금 International Legal Defense Fund의 일꾼이었다. 당에서 운영하는 이 조직은 캘리포니아 대농장 노동자 파업이 한창이던 그 절망과 흥분이 가득했던 시절에 돈과 위원회와 변호사와 서명운동과 보석보증서를 책임지던 곳이었다. 당의 기량과 동력에 힘입어 이 기금의 사무총장 자리에 오르게 된 블로섬은 미국의 급진적인 전투가 한창 격렬하게 불타오르던 시절에 하루하루 전사처럼 살았다. 블로섬은 1930년대의 모든 크고 작은 캘리포니아 파업에, 노동자, 쫓겨난 자, 멕시코인, 부패 경찰, 스코츠버러 사건,[**]

[**] 1931년 미국 앨라배마주 스코츠버러에서 9명의 흑인 소년이 2명의 백인 소녀를 강간한 혐의로 체포된 사건. 검진의가 강간은 일어나지 않았다고 증언했음에도 흑인 소년 9명에게 사형 선고가 내려졌고, 미국공산당이 이를 문제 삼기 시작하면서 인종차별적 판결로 널리 알려졌다.

정치적 체포와 관련된 모든 법적 보호에 관여했다. 공산당의 후보로 숱하게 선거에 출마했고, 임페리얼밸리 파업 현장을 찾기도 했다. 그곳은 "공산당원이 눈에 띄면 바로 목매달아"버렸고, 노동자 투옥과 구타와 총격이 일상적으로 일어났다. 노동자가 총에 맞아 목숨을 잃으면 블로섬은 성경에 나오는 장례식 연설을 읽었다. 그는 시대의 아픔과 아름다움에서 생명을 얻었고, 정치적 순간이라는 감각의 힘을 빌려 솟구쳤다. 한번은 1930년대에 로스앤젤레스 인근의 작은 마을에서 경찰과 노동자 사이에 복잡한 투쟁이 이어지다가 결국 경찰국장이 교체된 적이 있었다. 이 경찰국장은 블로섬에게 전화를 걸어 말했다. "아, 블로섬, 당신이 그랬어. 당신이 날 내동댕이쳤다구." 블로섬은 의기양양하게 대꾸했다. "이런, 멍청한 자식, 당신을 내동댕이친 건 내가 아니야, 당신 스스로 그런 거라고. 당신이 역사의 그릇된 편에 섰잖아."

블로섬은 25년간 급진적인 전투가 일상인 삶을 살았다. 당의 권력투쟁은 뉴욕에 갔을 때나 볼 수 있었고, 그럴 때면 역겨움과 혼란을 느끼며 집으로 돌아왔다. 하지만 고개를 젓고, 어깨를 으쓱한 뒤 다시 자신의 일상에 빠져들었다. 만일 그 시절에 당에서 축출되었더라면 블로섬은 산산이 부서졌으리라. 그의 삶, 일, 친구들, 사람들, 전부가 당에 있었다. 하지만 1957년 방 한가득 모인 그 똑같은 사람들을 둘러보던 블로섬은 그들이 돌연 자신에게 쓸모가 없고 생명도 없다는 걸 깨달았다. "바싹 마른 채 썩어버린 것 같았지," 그의 말은 사무적이다. "마음의 경화증 같은 상태였어." 그리고 그는 20년 전이었다면 발로 차고 악을 쓰며 절대 끌려나가지 않으려 발악했을 공산당에서 자기 발로 걸어나왔다.

블로섬의 어머니가 89세 때 엉덩이뼈가 부러지는 일이 있었다. 돈이 없다 보니 이 할머니는 한 시립병원으로 갈 수밖에 없었다. 병원은 지독하기 짝이 없었고 한 간호사는 블로섬에게 "어머니를 살리고 싶으시면 집으로 모시고 가세요"라고 말했다.

한숨을 쉬며 발포고무 소파에 거대하고 육중한 등을 기대는 블로섬은 인내하는 마 조드와 한결 더 닮아 보인다. 그는 잠시 커피 테이블을 멍하니 응시하더니 이야기한다. "그땐 밤낮으로 힘들었어요, 그렇게 말할 수 있겠네. 어머니랑 내가 한 번도 잠잠할 날이 없었거든. 평생 계속 싸웠지. 어머니는 다른 딸들하곤 가까웠어요. 아무래도 어머니가 생각하시기에 올바른 행동을 했으니까. 하지만 어머니가 아프셨을 때 갑자기 나 말고는 어머니를 돌볼 사람이 없더라구. 그래서 침을 꿀꺽 삼키고 그 간호사가 하라는 대로 했지. 어머니를 집으로 모셔와서 몇 주 동안 밤낮으로 어머니를 간호한 거야. 그게 몇 년처럼 느껴지더라구. 그러다가 어머니가 회복하셨을 때 어느 날 내가 어머니 침상에서 몸을 돌리는데 어머니가 내 손을 잡으시면서 그러시더라구. '있잖아, 너한테 얘기할 게 있어. 네가 항상 옳았어. 인간 세상 말고 다른 건 아무것도 없구나.'" 어머니의 말을 되뇌는 이 나이 든 전사의 눈에 눈물이 차오르지만 목소리만은 한 치의 흔들림이 없다. 그는 눈물을 흘리면서도 이야기를 이어간다.

나는 묻지 않을 수 없다. "후회를 하나요, 블로섬? 다시 돌아갈 수 있다면 말이에요……?" 그의 대답은 재빨리 총알처럼 돌아온다. "전혀!" 환한 미소가 인내심으로 빛나는 그의 거친 얼굴에 번진다. "모든 훌륭한 미국인들처럼 난 내 인생을 사랑해요. 천만금을 준대도 한순간도 되돌릴 생각은 없어요."

얼핏 보면 이 축축하고 눈이 오는 12월의 오후 시카고대학교 학생 라운지의 황량한 구석에서 내 맞은편에 앉은 이 남자는 블로섬 시드와는 거의 또는 전혀 닮은 구석이 없는 것 같았다. 내가 이 남자의 눈을 직접 들여다보기 전까지는. 그래서 내가 이 순수한 아메리칸 블루 빛에 스며 있는 아이러니와 부드러움의 혼합을 알아차리고, 블로섬 시드와 짐 홀브룩의 공통된 혈통이 나를 향해 쏟아지듯 밀어닥쳐 블로섬의 건조지대 개척자 같은 외모와 홀브룩의 중서부 아이비리그 풍의 외모 사이의 간극을 모두 뛰어넘기 전까지는. 이 공통적인 반골 태생의 '이유를 알아내고 싶다'는 표정이 내 앞에 놓인 인간의 영역을 꽉 채우며 짐 홀브룩이 어째서 20년간 공산당의 조직책이었던가를 다른 어떤 외적인 측면보다 더 잘 설명하고 있다는 걸 깨닫기 전까지는.

홀브룩은 키가 크고 팔다리가 긴 남자로 55세라는 실제 나이보다 열 살은 어려 보인다. 얼굴은 토머스 울프*와 스콧 피츠제럴드를 섞어놓은 것 같다. 코와 입은 좁고, 파란 눈이 우묵하

---

* 1900~1938. 미국의 작가. 연작 장편소설 《시간과 강에 대하여》와 단편소설집 《죽음에서 아침으로》를 남겼다.

게 자리 잡고 있으며, 흘러내리는 황갈색 머리카락이 볼록하고 깨끗한 이마에 살포시 자리 잡고 있다. 입을 여는 순간 의외의 목소리가 터져나온다. 부드러우면서도 묘하게 나이가 든, 시골 사람의 억양이 강하게 느껴지는 목소리다. 열두 살에 늙어버린 미국 떠돌이 노동자의 억양.

하지만 이 목소리에 담겨 있는 언변은 흠잡을 데가 없는 것 같다. 시적 수사와 시골 사람의 지혜와 문학의 파편들과 독학자의 자의식이 가득하다. 약간의 어색함과 약간의 자만심이 느껴지는 이 자의식에서는 "전체를 파악"해야 할 필요, 상황을 화자인 이 남자가 스스로 배치할 수 있는 질서로 정리할 필요가 묻어난다. 내가 우리가 앉아 있는 방을 둘러보며 말없이 표정으로 '대체 여기서 뭐 하시는 거예요?'라고 묻자 (시카고의 실업자 면접관인 홀브룩은 지금은 중서부의 마르크스주의 역사를 집필하면서 대학도서관을 이용하는 아마추어 역사가이다) 홀브룩은 웃음을 터뜨리며 내게 느릿느릿 말한다. "이 사람들이 내가 어떤 인간이었는지, 아직도 내가 어떤 사람인지 알면 어쩌냐는 거요? 좆 까라지. 사람들은 날 한 번도 좋아한 적이 없어, 나도 그 인간들을 좋아해본 적이 없고." 그런 뒤 그는 어깨를 으쓱하면 말한다. "허클베리 핀같이 생각하면 될 거 같소. 헉은—집을 나와서 노예를 도와주려고 했던 모든 일들 때문에—지옥에 가게 될 거라는 말을 들었잖소. 헉이 말하지, '아, 그럼 지옥에 가면 가는 거지 뭐.'"

짐 홀브룩은 1919년 네브래스카의 한 소작농 집안에서 태어났다. 부모는 자발적인 제퍼슨식 민주주의자였다. 뼛속까지 미국인이었던 어머니는 마음에 들지 않거나 반대하는 모든 것에 대해 "그건 [미국] 대륙적인 가치가 없어"라고 말씀하시곤 했다. 부모님은 서로 대단히 불행했지만(홀브룩은 "그분들은 잘못 엮였죠"라며 한숨을 짓는다) 이들의 불행은 묘하게도 가족 내부의 고립이 아닌 극심한 개인주의 분위기에 기여했다. 감정이 가라앉은 사람은 아무도 없어 보였다. 그보다 어머니, 아버지, 짐, 그리고 형인 밥은 각자 알아서, 침묵과 경외감 속에, 세상을 탐구하도록 남겨진 것만 같았다. 네브래스카에 대한 홀브룩의 기억은 "꿈 같은 유년기"이다. 그는 손가락으로 곱슬기 없는 차분한 머리칼을 쓸며 아련하게 말한다. "그땐, 진짜 완벽한 날들 그 자체였어요."

경제적인 면에서 홀브룩의 기억에 남아 있는 것은 힘든 시절뿐이다. 이들은 가난하고, 가난하고, 가난했다. 어머니와 아버지는 해가 뜰 때부터 질 때까지 일했지만 그래봤자 닷새 중 사흘은 저녁 식사로 옥수수죽을 먹었다. 그래도 힘든 시절이 아버지를 꺾어놓지는 못했다. 오히려 반항아로 만들었다. 어머니는 세월이 갈수록 말수가 없어졌지만 아버지는 분노에 찬 말을 쏟아냈다. 마치 계속 화를 내고 계속 말을 하는 한 자신은 살아 있는 거라고 생각한다는 듯이. 침묵이나 우울에 빠지면 자신은 죽게 되고 **그들이** 승리하게 될 거라는 듯이. 그래서 수년간 매일 밤 아버지와 두 아들은 옥수수죽과 푸성귀를 놓고 앉아서 이야기하고 이야기하고 이야기했다. 저녁 식탁에서는 "묵직한 문제", 중요한 주제를 놓고 이야기하는 것이 이들의 의무였다. 실제로 이들이 관심을 갖기만 하면 그게 뭐든 중요한 주제가 되었다. 이들은 정치, 종교, 사상, 영화, 음악, 지역의 관습, 마을의 가십, 모든 주제를 똑같이 열정적으로 이야기했다. 이들 모두 논쟁을 사랑했고, 이들 모두 입장을 갖는 게, 어떤 주제든 절대 무심히 넘기지 않고 토론하는 게 중요하다고 느꼈다.

짐이 열두 살 때 농장이 화재로 무너졌다. 주인은 다시 지어줄 생각이 없었고 홀브룩 가족은 네브래스카를 떠났다. 아버지는 다른 어딘가로 가서 돈을 번 다음 돌아와서 그 농장을 구입하여 자기 손으로 다시 짓겠다는 생각이었다. 물론 그런 일은 일어나지 않았다. 1931년이었다. 그 어디에도 일자리나 돈 같은 건 없었다. 그들은 다시는 네브래스카로 돌아가지 못했고, 다시는 집이나 안식처가 되어줄 장소를 갖지 못했다. 이후 10년간 이들 가족은 그저 입에 풀칠할 수 있게 해줄 일거리를 찾아 여기저기 떠돌아다녔다.

열두 살부터 열여섯 살 사이에 짐은 가족들과 함께 켄터키에 있는 광산촌에서 지냈다. 아버지는 일자리를 절박하게 찾아다니며 여기저기 돌아다니고 있었다. 이 시기에 짐은 처음으로 미국에 대한 일관된—무의식적이긴 해도—시각을 갖게 되었다.

"켄터키에서 폭력과 음주와 촌놈식 지혜를 배웠어요. 이런 동네 남자들은 토요일 밤이면 그냥 서로 물어뜯으려고 난리였죠. 지금도 그 마을의 길거리가 눈에 선해요. 주로 나무 울타리에 대한 기억인데, 남자들이 술집에서 내동댕이쳐질 때 머리를 그 울타리에 부딪히면서 내는 소리가 기억나요. 그 사람들은 사나운 인간들이었지. 소년에게는 무서웠어. 그치만 고통스러워하는 그 모습이 나한테는 아름다워 보였소. 지금도 그 사람들 얼굴에서 인생의 참모습을 찾느라고 눈을 가늘게 뜨던 내 모습이 느껴져요."

"그 사람들은 정치에 대해선 쥐뿔도 몰랐지만 확실히 정치적이었소. 탄광에 대해 이야기했고, 그러니까 너무 술에 취해서 아무 얘기도 제대로 못하게 되기 전까지 말이지. 사장에 대해 이야기했고, 대공황에 대해 이야기했지⋯⋯ 마치 그게 저기 동쪽에서 발명된 무슨 기이한 물건인 것처럼 말이야. 그리고 내 안의 무언가가 전에는 거기에 있는지도 몰랐던 또 다른 귀로 그들의 말을 듣기 시작했지. 나는 그게 불가사의라고 생각하기도 했어요, 우리 모두가 살아가는 방식 말이요. 하지만 그걸 설명할 방법이 있을 것 같더라고, 화재 때문이야, 홍수 때문이야 그런 거 말고, 다른 사람들한테 이런 짓을 하는 사람들 때문이야, 뭐 그런 거 말이요." 홀브룩이 활짝 웃는다. "그리고 난 그 이유를 알고 싶었어요. 셔우드 앤더슨*의 작품에 나오는 그 소년처럼 말이요. 난 **이유를** 알고 싶었지. 근데 재밌는 게, 난 내가 알고 싶어 한다는 걸 의식적으로 생각하진 못했다는 거요. 하지만 조금씩, 댐을 짓는 비버처럼 알고 싶다는 욕구가 내 안에서 쌓인 거지. 그리고 그러다가 결국 욕구는 반드시 해야 하는 일이 됐소."

"우린 켄터키를 떠나서 다시 웨스트버지니아로 흘러들어

---

* 1876~1941. 헤밍웨이 등에게 영향을 미친 것으로 알려진 미국의 소설가. 대표작으로 《윈디 맥퍼슨의 아들》, 《와인즈버그, 오하이오》가 있다.

갔어요. 거기서 아버지가 광산 일자리를 얻으셨거든. 웨스트버지니아에서도 켄터키랑 다를 게 없었소. 어쩌면 좀 더 안 좋았지. 형과 나는 광산이랑 뭐 그런 것들에 대해서 이런 긴 대화를 하기 시작했고, 그러다가 우리보다 나이가 많은 마을 사람들하고 이야기를 나누기 시작했어요. 어쩌면 그 사람들이 우리가 모르는 뭔가를 알지도 모른다고 생각했거든. 어느 날 이런 마을 중 한 곳에서 어떤 남자가 나한테 그럽디다, '너 사회주의자처럼 말하는구나.' 난 그 사람을 바라보다가, 아주 천천히 말했던 기억이 나요. '아, 뭐 그럴 수도 있겠네요.'"

"그러니까 그 단어를 들어본 적은 있었는데 무슨 뜻인지는 모르는 거랑 마찬가지였지만, 그 일 이후로 그게 무슨 뜻인지 알아봐야겠더라고. 도서관에 가서 책을 읽어보곤 탁 덮으면서 그랬지, '맙소사, 내가 이거네, 사회주의자.' 그래서 그다음부터 사회주의자 이야기를 나눌 수 있는 사람들을 찾아다니기 시작했어요. 그 길로 곧장 공산주의자들을 만나게 됐지. 1937년이었고, 웨스트버지니아였소. 공산당이 제일 잘나갔거든."

"그래서 내가 열여덟 살이고 밥 형이 스무 살이던 어느 화창한 날 당에 가입한 거예요. 그랬더니 문득 뜨내기 생활이 끝난 기분이었소. 내가 휴식을 갖게 된 거지. 다시 집이 생긴 거요. 그리고 그 뒤로 20년 동안 내가 어디에 있든 나한테는 그 집이 있었소. 그리고 그 집에서 나는 내가 생각하고 행동하고 학습하고 존재할 수 있다는 걸 발견했소……" 홀브룩이 돌연 말을 멈춘다. 그의 파란 눈이 깊어지더니 한동안 아주 먼 데 가버린 것 같다. "형은 그렇지가 못했소." 그가 말한다. "밥은 1년인가 2년 버티다가 탈퇴했어요." 홀브룩은 다른 데 가버린 것 같 더니 또 불쑥 말을 뱉는다. "형은 늘 나보다 더 정직하고 더 용 감하고 도덕적인 면에서 자부심이 더 강했거든…… 얼마간 공 산당 모임에 나와서 이야기를 듣더니 그러더라고, '있잖아, 너 희 동지들은 그냥 거짓말쟁이 집단이야, 저 바깥에 있는 나머 지 모든 인간들하고 다를 게 없어.' 그 뒤로 그 얘길 자주 했죠."

"하지만 난 처음으로 세상과 연결된 기분을 느꼈소, 공산 당 안에서 말이오. 난 그 기분을 사랑했고 그 기분이 필요했지. 그게, 내가 거기 웨스트버지니아에 있었잖아요, 빌어먹을. 《데 일리워커》가 있고, 다른 공산당 문건들도 있고, 모임에 가서 막 흥분하고, 그러니까 막 내가 스탈린하고 바로 통하는 것 같고! 난 긴 선의 끄트머리에 있는 거였지만 어쨌든 같은 선의 끝에 있는 거니까. 뉴욕에서, 모스크바에서, 헝가리에서 뭐가 어떻 게 돌아가는지를 알았다구. 난 세상의 일원이었어. 뒷배가 생 긴 것처럼 든든했지."

당은 홀브룩을 다시 학교로 보내 교사로, 조직가로 만들었 다. 광부의 딸과 결혼—첫 아내에 대해 그는 서글픈 어조로 말 한다. "그 사람은 태어날 때부터 머리에 탄가루를 뒤집어쓰고 있었지."—하고 사람을 조직하기 위해 갱도로 내려갔다. 1940 년대 초 당은 그를 갑자기 갱도에서 끌어내더니 동부로 보냈 다. 아내는 웨스트버지니아를 떠나려 하지 않았기 때문에 그 는 아내와 헤어지고(벤 살츠먼은 이렇게 말했다. "그 사람은 언제든 다 른 남편을 얻을 수 있지만 당은 단 하나였으니까") 다른 아내를 얻었다. 나중에 그는 두 번째 아내와도 헤어졌다. 그는 당에서 열심히 일했지만 삶에 대해 곱씹곤 했다. 내면의 어떤 시적인 불안감이 그를 놓아주지 않았다. 그 불안감은 사회주의에 대한 그의 감각에 깊이를 더해주기도 했지만, 결국에는 그를 이단아적인 공산주의자로 만들었다. 홀브룩은 40대에 《모비 딕》을 읽었다. 그 자리에서 그는 그 고래가 무엇인지 알아차렸다고, 그게 죽음이라는 걸 알았다고 말한다. "난 절대 영웅은 아니에요. 아마 난 고래한테 작살을 던지지도, 작살을 향해 달려들어서 고래랑 같이 밑으로 내려가지도 못할 거요. 하지만 그 기분을 알지, 그런 감각을." 그리고 어째서인지 그의 마음속에서 "그런 감각"은 공산당에서 지낸 세월 동안 그가 전투적으로 임하던 자기 생에 대한 내면의 모색과 그리고 그의 가장 두드러진 특징인 삶에 대한 이런 사색과 뒤섞인다. 이 사색은 결국 그를 당에 대한 가장 깊은 통찰로 인도했고, 그가 수년간 그것과 드잡이하게 만들었으며, 마침내는 당을 떠나지 않을 수 없게 만들었다.

"세월이 흐르니까 당에서 뭔가가 잘못됐다는 게 보이기 시작하더라고. 내가 켄터키에 있던 어린 시절에 자본주의에서 뭔가가 잘못됐다는 걸 알았던 것처럼 말이오. 그리고 전에도 그랬던 것처럼 지금도 그 이유를 알고 싶었어요. 그리고 다시 한번 그 이유를 알고 싶다는 욕구가 반드시 해야 하는 일이 된 거지. 결국 당연히 나는 알게 됐소. 그땐 모를 수가 없었거든. 그래서 떠나야 했소. 마르크스에 대한, 그리고 우리가 복무하던 혁명에 대한 당의 이해 방식에는 개인과 집단 사이의 긴장이—깊게—연루되어 있었어요. 당은 이 긴장이 얼마나 중요한지 절대로 이해하지 못했고, 거기에 아무런 관심도 없었지. 여러 차례, 끈질기게, 고집스럽게, 망상에 사로잡힌 듯이, 당은 그릇된 집단 개념과 그 요구에 개인을 희생시켰어요. 개인의 일탈은 집단의 삶을 증진시키죠. 그 일탈이 자꾸 짓밟히면 집단은 무미건조해져서 그 안에 있는 생명을 말려 죽여요. 그리고 그 일이 바로 우리한테 일어났던 거죠. 우리가 우리 자신한테 바로 그런 짓을 한 겁니다…… 하지만 그걸 모두 깨닫는 데 오랜 시간이 걸렸어요, 내가 사회주의자라는 걸 깨닫는 데 걸린 시간보다 훨씬 오랜 시간이 걸렸지."

그렇게 오랜 시간이 걸린 건 소속감의 힘 때문이었다고, 홀브룩은 혼잣말처럼 이야기한다. 이제 상황의 크기, 상황의 소속감에 대해 말하는 그의 낯빛이 고통스러운 기억으로 흐려진다. 그리고 그 소속감에 대한 탐색, 기대, 갈망의 근원을 찾아 미국인으로서의 뿌리로, 프로테스탄트 청교도 윤리와 그 가르침으로 거슬러 간다. "그게, 우리가 어렸을 때는 '여리고로 가는 길에는 나랑 예수님 둘만 있다'고 배웠어요. 그리고 거기에는 인간과 신이라는 문제가 있었지. 인간 혼자서 이 세상의 고립된 작은 장소에다가 바퀴 자국을 내는 게 아니란 말이오. 거기엔 우리 둘이 있었고, 그 둘이 함께 있다는 건 전체를 파악하는 문제, 우리를 내부에 자리 잡게 만드는 무언가를 더 크고 더 풍성하게 파악하는 문제였지…… 그러니까 내가 어른이 됐을 때, 그 어떤 것도 공산당처럼 큰 울림을 가지고 그 문제에 다가오지 못했던 거요. 그리고 그건 이후에도 그럴 거 같아요. 그리고 우리 대부분은 그렇게 느낀다고 생각해요, 우리 대부분이 그런 것 같아. 내가 하나 알려줄게요. 나이 든 공산당원을 우연히 만나면 말이오, 뭔가 색다른 걸, 뭔가 특별한 걸 느끼게 된다오, 그 특별함이 아무리 사소한 거라도 말이에요. 천치가 한 이야기를 다른 사람보다 더 잘 이해하는—아니면 자기가 조금 더 잘 이해한다고 믿는—사람이거든."

"당은 내게 마르크스주의를 줬어요. 그 점에 대해서는 늘 고마워할 겁니다. 그러니까, 아이, 그래요, 난 아직도 빨갱이예요. 그 어느 때보다 빨갛지. 난 SDS[민주사회를 위한 학생연합 Students for Democratic Society]에 가입했어요. 아직도 젊은 동지들이 있다고. 난 참여하고, 연결되어 있고, **그곳에** 있어요. 자본가들?" 홀브룩의 얼굴에 환한 미소가 번진다. "그 개새끼들을 증오해요. 혁명 없이 200년이 흘렀다고 축하하는 나라를 상상해보세요. 아니, 그건 축하할 일이 아니야. 애도할 일이지. 모든 게 점점 나아지는 기미가 없어요. 대체 뭘 축하한다는 거야?"

공산주의와 공산당이 의미하는 것

숱하게 많은 사람이 공산당에 가입한 것은 그들 스스로가 실제로 소외된 노동계급 또는 하위노동계급이기 때문이었다. 하지만 그 이상의 수가 스스로를 이 소외계층의 정신적, 지적 계승자로 여긴 까닭에 입당했다는 것도 부정할 수 없는 사실이었다. 이런 부류는 항상 내게 중국에서 말하는 '중화인들'을 연상시킨다. 이는 계급의 역사보다는 정신의 조건에서 동기를 부여받는 사람들을 의미하는 표현이다. 이들은 세계 어디서든 혁명이 실제로 일어나면 그곳에서 혁명을 이끌던 사람들, 미국공산당을 포함해 전 세계 모든 공산당에서 가장 빈번하게 찬란하고 치명적인 권력에 도달한 사람들일 때가 많았다. 이들은 주로 교육받은 중간계급 출신이었고, 감정적으로는 불가사의한 개별적 경로를 거쳐 마르크스주의와 공산당에 감화되었다. 이 중 많은 수가 지적 또는 예술적 재능이 있었고, 이 재능의 향배는 공산주의와 공산당이 이들의 삶에서 어떤 의미였는지에 직결되는 경우가 많았다.

바다 건너 시애틀을 정면으로 바라보는 퓨젓 해협의 작은 섬에 자리한 목조주택, 식물이 가득한 큰 방에서 표정이 풍부한 장난기 어린 눈에 나긋나긋한 동안의 남자가 한 손은 어두운 올리브색 면바지 주머니에 찔러 넣고, 다른 한 손은 환대의 의미를 담아 앞으로 내밀며 나를 향해 걸어온다. 그의 얼굴과 몸과 걸음걸이에는 중상계급으로 태어난 자 특유의 놓칠 수 없는 분위기가 인장처럼 배어 있다. 씩씩한 악수에는 자신감이 넘치고 차분한 언변에서는 배운 태가 난다. 그는 방 전체에 감도는 편안한 보헤미안식 허름함과 연장선상에 놓인 알록달록한 멕시코 담요로 덮인 소파에 앉으라며 내게 손짓한다. 그는 내 맞은편에 놓인 페인트로 칠한 버들고리 의자에 우아하게 자리를 잡는다.

이 습도 높은 9월, 62세인 메이슨 구드는 "고향"에서 멀리 떨어져 있다. 최근 몇 년 동안 결국 자신이 있는 곳이면 거기가 어디든 고향이라는 생각을 하게 되었다고 말하기는 하지만. 육체적 우아함과 정신적 섬세함을 겸비한 구드는 예술적 재능을 가지고 태어나 능력 있고 풍족한 생활을 영위했다. 그는 "뭐든" 될 수 있다는 말을 들으며 자랐다. 구드는 마르크스주의자이자 직업혁명가가 되었고, 18년간 공산당 간부로 있었다. 매카시즘의 시기에 그의 인생은 산산이 짓밟혔다. 그는 그 끔찍한 시절로부터 결코 진정으로 회복될 수 없었고, 지난 20년 동안 이곳 퓨젓 해협에서 아내 도러시와 함께 상업용 낚싯배를 운영하며 묘하게 어정쩡한 삶을 살았다.

처음부터 메이슨 구드는 내게 특별한 느낌을 준다. 이 남자가 조심스럽게, 공들여, 나를 위해 자신의 어린 시절을 열심히 되살리며 말문을 여는 동안 나는 마치 우리가 어떤 영화의 "디졸브" 안에 들어 있는 듯한 기분을 느낀다. 이 방이 서서히 사라지면서 미국의 민중사와, 휘황찬란한 꿈과, 전설적인 1920년대의 풍요와 마찬가지로 전설적인 1930년대의 사회주의가 아이러니하게 병치된 그림이 재탄생하는 듯한 기분을. 메이슨 구드는 유명인의 아들이자, 유명한 시공간의 자식이기 때문이다. 그리고 그의 유년기와 청년기, 정치적 전향의 이야기 안에는 서글픈 광채가, 이유는 모르겠지만 초록빛을 띠는, 미국의 삶에서 대단히 특별한 한순간의 강렬하면서도 집약된 감각이 있기 때문이다. 그리고 그 중심부에는 역사가 송두리째 박살나던 그 시점에 역사의 충만함이 유럽과 아메리카대륙을 채우자 마르크스주의의 부름을 받은 금빛 찬란한 아이들이 있었기 때문이다.

메이슨은 글쓰기에 재능이 있는 아버지와 대단한 미인이었던 어머니 사이에서 1912년에 태어났다. 양친 모두 교양 있고 부유하며 비유대인 사회에 자연스럽게 녹아든 독일계 유대인 집안의 자손이었다. 메이슨이 열 살쯤일 때 아버지는 부유하고 유명했고, 술에 절어 지냈다. 메이슨이 열두 살일 때 아버지는 집을 나갔다. 메이슨이 스무 살일 때 아버지는 자멸적인 알코올중독으로 사망했다.

유년기는 어떤 면에서 불쌍한 부잣집 꼬마로 보냈다. 그러니까 그들—어머니, 메이슨, 두 여동생—은 아버지가 술에 취해 또는 이틀을 거르고 집에 오거나, 아니면 종국에는 전혀 오지 않는 부유한 뉴욕 교외의 휑뎅그렁한 방 스무 개짜리 호화 주택에서 굴러다니며 지냈다. 회전식 진입로에는 자가용이 세 대—그중 한 대는 롤스로이스였다—있었지만 휘발유를 넣을 돈이 없을 때가 많았다. 급료를 몇 주씩 늦게 받을 때가 많고 외상으로 장을 보곤 하던 하인들은 아이들이 주방에서 몰래 흐느낄 때 꼭 안아주곤 했다. 어머니는 완전히 아이 같았고, 자신밖에는 몰랐다. 만성적인 우울 안으로 침잠한 어머니는 여생 동안 친지들의 삶을 짐스럽게 짓누르는 신경쇠약 환자로 지냈다.

아버지는 다소 난폭한 방식으로 영구적인 부재를 확정짓고 난 뒤 손님처럼 한 번씩 들르기 시작했고, 소년 안에서는 기묘한 일이 일어났다. 버려졌다는 생각에 자포자기 상태가 된 메이슨은 거의 말이 없어졌고, 밤이면 악몽을 너무 심하게 꾸는 나머지 새벽 3시면 진땀을 흘리며 경기하듯 벌떡 일어나 앉곤 했던 것이다. 무력감이 너무 심해서 자신의 존재가 다른 사람에게 영향을 미친다는 건 상상도 하지 못했다. 하지만 동시에 그는 한 번씩 들르는 아버지에게 끌렸고, 일종의 아이다운

미국 공산주의라는 로맨스

지혜로 아버지 역시 자포자기 상태라는 걸 알아차렸다. 메이슨은 아버지가 살던 세련되고 박식한 세계의 혼란스러운 가장자리에서 지내긴 했지만 그래도 한 번씩 그 세계를 엿볼 수 있었고, 그럴 때면 명석함과 부단한 유쾌함은 물론이고 무시무시한 공허함이 아버지의 삶 한가운데 놓여 있다는 느낌이 스치곤 했다. 물론 몇 년 뒤 메이슨은 아버지가 공허함이 당신 내부에서 유발하는 공포와 허기를 가라앉히기 위해 그렇게 술을 마시고 연애를 한다는 사실을 깨달았지만, 그 모든 일이 일어나던 와중에 그가 아는 것은 아버지가 혼란과 궁지 속에 허우적댄다는 사실뿐이었고, 소년은 자기 자식들에게 친절하고는 **싶지만** 그게 잘 안 되는 이 매력적인 남성을 향한 사랑과 연민을 주체하지 못했다.

열다섯 살이던 1927년의 어느 봄날 아침, 메이슨은 아버지와 함께 교외의 기차역에서 뉴욕행 기차를 기다리며 서 있었다. 아주 청명하고 밝은, 아름다운 아침이었다. 아버지는 지난밤 푹 자서 기분이 좋은 상태였다. 언제나처럼 성심껏 아름답게 차려입은 아버지는 파란색 재킷에서 잘 보이지도 않는 보풀을 떼어내고 흰색 플란넬 바지의 주름을 펴면서 휘파람을 불었다. 그러다 구두를 닦아야겠다고 생각하고는 역 대합실 옆에 있는 구두 닦는 곳으로 다가갔다. 구두닦이 남자는 아버지와 나이가 엇비슷한 이탈리아계 이민자였다. 구두닦이는 셔츠 소매를 걷어붙이고 반들반들한 검은 바지를 입고 있었다. 갈색 팔은 튼튼했고 손은 일 때문에 거무튀튀했다. 구두닦이는 빠르고 능숙하게 일했는데, 그걸 보는 아버지의 얼굴에 갑자기 슬품이 번졌다. 아버지는 메이슨에게 부드럽게 말했다. "불쌍한 사람. 이 사람이 어떤 삶을 살아야 하는지 감도 못 잡겠구나." 메이슨은 미처 생각할 새도 없이 혼잣말을 했다. "**난** 이 사람이 어떤 삶을 사는지 아는데."

메이슨의 아버지는 항상 메이슨 자신이 겪어본 적 없는 불안과 불가사의가 뒤섞인 경외감에 빠진 듯, 그런 식으로, 갖지 못한 사람들은 대체 어떻게 살 수 있냐고 말하곤 했다. 불현듯 메이슨은 아버지의 불편한 자유주의와, 왜소한 자들, 무력한 자들, 소외된 자들로 구성된 고통스러운 세상의 실상 사이에 존재하는 엄청난 간극을 보았다. 그는 그 다른 세상의 실상에 자신이 상처받았음을, 깊이 상처받았음을 충격 속에서 깨달았다. 그 순간 그는 자신에게 이 이탈리아 이민자는 아버지보다 더 실제적인 존재임을 깨달았고, 돌아가는 상황의 의미를 감지한 그는 아버지와 그 이탈리아인 모두에게 큰 슬픔을 느꼈다. 그리고 두 사람을 향한 슬픔의 질이 각각 다르다는 것도 알아차렸다.

1928년 대학에 진학할 때가 되자 메이슨은 위스콘신대학교에 있는 알렉산더 메이클존의 실험대학을 택했다. 걱정과 혼란과 불행이 일상이고 아버지가 죽도록 술을 마신다는 걸 알았던 열여섯 살의 메이슨은 왜 가는지 딱히 확신도 없이 대학으로 떠났다. 그즈음 이 말 없는 소년은 매력적이고 침착하지만 묘하게 초연한 젊은이가 되어 있었다. 그를 감동시키는 것도, 그에게 아주 중요한 의미를 갖는 것도 별로 없어 보였다. 동시에 그는 자신에게 감정이나 욕망, 호기심 같은 게 전혀 없다

미국 공산주의라는 로맨스

고는 생각하지 않았다. 억제한다기보다는 생의 어떤 막강한 혼란이 자신의 영혼 안에서 치명적인 망설임을 자아내는 것 같았다. 아무것도 모르겠는 그 심정 때문에 참여 같은 건 엄두도 안 나는 그런. 그 시절의 그는 항상 자신이 정확히 알지 못하는 대상을 향해 귀를 기울이는 기분이었지만, 가장자리에서 아슬아슬하게 시작을 기다리고 있는 자기 삶의 소리를 듣고 있는 것 같기도 했다. 그리고 1928년의 그 풍요롭고 농익은 9월에, 메이슨 주변의 온 세상이 그 자신의 내적인 존재 상태에 공명하는 것 같았다. 세상 역시 어떤 최상급의 수고를 위해, 탈바꿈을 일으키는 어떤 명료함의 순간을 위해 귀 기울이고, 정신력을 모으고 있는 것만 같았다.

메이클존의 학교—이는 몇 년밖에 지속되지 않았다—는 고전, 아테네식 인본주의, 세미나, 개별 프로그램 등 잉글랜드 대학의 전통을 미국으로 가져와 벌인 실험이었다. 처음부터 학교 분위기는 의기양양했고, 메이슨에게는 완전히 경이로웠다. 지적 재능과 박학한 견해를 가진 젊은이들이 메이클존의 학교에 떼로 몰려온 것 같았다. 메이슨은 자신을 불시에 습격한 폭발적인 욕구에 난데없이 사로잡혀 걸신들린 듯 책을 읽기 시작했다. 그리고 말하기 시작했다. 내일이 없다는 듯이, 모든 걸 오늘, 지금 당장, 바로 이 순간 이야기해야 한다는 듯이 말하기 시작했다. 메이클존에서의 토론은 기름졌고, 끊임없었고, 넉넉하다 못해 넘쳤다. 총명하고 아름다운 젊은이들이 세미나실에, 식당에, 술집에, 라운지에 앉아 있을 때, 잔디밭을 가로질러 거닐 때, 테니스를 치고 수영을 할 때, 담배 파이프에 불을 붙일 때, 흰색 무명옷에서 해리스 트위드 복으로 갈아입을 때 철학, 종교, 역사, 예술, 미학, 정치가 이들의 대화를 가득 채웠다. 여러 가지 사고가 메이슨의 머릿속에서 헤엄쳐 다녔지만, 사고 그 자체보다 훨씬 중요한 것은 사고에 대한 개념이 그를 흠뻑 적셨다는 것이다. 그에게 가장 큰 경이를 안겨 그를 사로잡은 것은 기준이 되는 큰 프레임을 가진 개념—한 사람이 자신의 경험을 배치하는 큰 맥락—이었다. "맥락을 가진 인간"은 이론, 그러니까 예술 이론, 역사 이론, 그리고 무엇보다 정치 이론을 가진 인간이었다. 여기서 메이슨은 처음으로 다양한 정치 이데올로기를 가진 사람들을 만났다. 자유지상주의자를, 아나키스트를, 사회주의자를, 생디칼리스트를 만났고, 공산주의자를 만났다.

그와 동시에 메이슨은 자신이 재능 있는 화가라는 사실을 발견했다. 그는 주로 외로운 유년기에 몰래, 그리고 스스로 위안을 얻고자 줄곧 그림을 그렸다. 메이클존에서 이제 난생처음 캔버스에 유화를 그렸고, 뜻밖의 환희를 경험했다. 공간, 색채, 구성의 세계가 그를 향해 열렸고, 그는 미로로 이어지는 줄을 따라가는 아이처럼 이 신세계를 향해 움직이기 시작했다. 하지만 시간이 가면서 그는 그림이 자신의 영혼을 온전히 사로잡지는 못한다는 사실을 알게 되었다. 그는 그림이 자신의 외로움을 덜어주지 못함을 인식했고, 그 인식은 중요했다. 그의 외로움을 덜어주는 것은 사상에 대한 흥미진진한 토론, 그중에서도 특히 정치사상에 관한 토론뿐이었다. 그는 그림을 포기해야겠다고 생각했다. 당분간은……

1929년 봄, 제러미 르윈턴이 메이클존에 들어온 뒤 메이슨 구드는 25년간 그가 정해준 경로를 따라 살게 되었다. 인정이 넘치고 마음이 풍족한 르윈턴은 표현력이 대단히 풍부했다. 그리고 공산당원이었다.

이 두 젊은이는 만난 그 순간부터 한 몸처럼 붙어 지냈고 순식간에 단짝이 되었다. 여섯 살 내지는 일곱 살 더 많았던 르윈턴이 당연히 스승이고 메이슨은 제자였지만, 둘 사이에 전류처럼 흐르던 자극과 반응의 에너지는 두 사람이 공히 공유하는 자기발견의 역학을 자아냈다. 메이슨이 보기에 자신이 제러미 르윈턴에게서 느끼는 존재의 아름다움은 르윈턴의 공산주의와 불가분의 관계에 있었고, 그것은 자신에게 가공할 만하고 생기 넘치는, 장래성 충만한 감정적 영향을 미쳤다. 심지어 45년이 지나 메이슨 구드가 르윈턴과의 우정을 회상하는 지금 이 순간에도 그 영향을 느낄 수 있다. 메이슨이 말하는 동안 내 안에서 하나의 그림이 떠오른다. 나는 늦은 봄 흰 플란넬 옷을 입고 오래전에 불이 꺼진 담배 파이프를 물고 있다는 것도 잊은 채 강렬하고 선명한 녹색 잔디 위에서 쇠하는 오후의 빛에도 여념 없이 빠르게 열변을 토하며 서 있는 두 젊은 남자를 본다. 그리고 그 열띤 이야기가 한창일 때 정적이—메이슨은 내면의 귀로 듣고 있다. 그리고 처음으로 자기 생의 소리들을 듣는다—태풍의 눈 같은 정적, 혼란을 걷어내는 정적이, 메이슨과 르윈턴 안에, 그 마을에, 그 나라에, 서양 세계에 모여든다. (그해에는 대공황이 일어날 것이고, 그 10년 안에 파시즘과 세계전쟁, 그리고 이에 대한 대응으로 사회주의의 폭발이 일어나 수백만 명의 삶에 영원한 흔적을 남길

것이다.) 흰 플란넬, 녹색 잔디, 그 강렬하고 풍족하고 싱싱한 정적, 어떤 정신적-정치적 명료함이 메이슨 구드 같은 사람 안에 자리 잡을 수 있었던 미국적 삶의 한순간으로 구성된 이 이미지가 내 마음을 가득 채운다. 메이슨 구드가 바로 그 삶에서 사회주의를 느끼기 시작했고, 그 뒤로 자본주의는 비도덕적이고 사회주의는 도덕적이라는 그의 확신이 충만히 성장해서 평생 동안 이어졌기 때문이다.

7년 후 제러미 르윈턴은 스페인에서 사망하고 메이슨 구드는 공산당의 뉴욕지국 조직가가 된다. 그 이후 몇 년간 메이슨은 종종 결단력을 잃고 갈등했지만 원형적이고 이상적인 공산주의자 르윈턴에 대한 기억이 그를 잡아주었고, 르윈턴의 공산주의가 상징했던 존재의 아름다움, 장래성의 크기는 이후 20년 동안 사그라들 줄 몰랐다.

1920년대와 1930년대에는 마르크스주의를 향한 기백-꿈에 젖은 듯 동요하는 메이슨 구드 같은 이들이 많았다. 이들은 재능과 학식과 경제적 자유를 소유했음에도 심각한 정신적 단절감에 시달렸다. 마르크스주의는 이런 영혼 내부의 상처를 건드리고 치유했고, 이들을 공산주의자로 탈바꿈시켰다. 아서 체슬러도 그런 사람 중 하나였다.

아서 체슬러는 69세다. 호리호리한 체구에 숱이 많은 은발이 만들어낸 인상적인 사자 갈깃머리, 그리고 지식인 특유의 얼굴과 표정을 가진 체슬러는 어느 뜨거운 7월 저녁 뉴욕 그리니치빌리지에 있는, 책이 빼곡한 자신의 거실에 편하게 등을 기대고 앉아 담배 파이프의 재를 의자 옆에 놓인 황동 타구에 털며 나지막이 말한다. "날 공산주의자로 만든 건 공황도 굶주림도 아니었다오. 그 시대의 들뜬 분위기 때문이었지. 새 세상이 오고 있었고, 난 그 일원이 되고 싶었거든." 이 진술이 여러 가지 면에서 주목할 만하다는 사실이 이 저녁이 다 가기 전에 드러나게 되는데, 그 이유 가운데 무시할 수 없는 하나는 감정이 직접적으로 담겨 있다는 점이다.

아서 체슬러는 23년간 뉴잉글랜드의 한 주에서 공산당 주의장을 맡았다. 사려 깊고, 유쾌하고, 지적인 그는 당 내부에서 긴 세월 동안 온화한 통치를 한 인물로 유명하다. 당원의 '해당 행위'와 중앙위원회의 신속한 처벌 사이에 숱하게 개입하면서 종종 불편을 감수하며 지켜냈던 품위 역시 그의 유명세에 한몫했다. 그럼에도 당을 떠나고 한참 지난 뒤 체슬러는 공산당에서 보낸 자신의 시절에 대한 책을 썼고, 그 책은 이념과의 의절 선언이라고 보기에는 부족함이 있음에도 그가 공산주의자 출신 반공주의자로 분류되는 데 일조했다. 책의 어조는 분노보다는 슬픔이었지만(체슬러의 온화한 인품과 딱 어울리는 어조다) 본질적으로 그 책은 '우린 이런 이유로 그런 일들을 했다'보다는 '우린 어떻게 그런 일들을 할 수 있었을까?'를 이야기했다.

나는 체슬러의 책을 읽으면서 감정적 생동감을 느낄 수 없어서 충격을 받았고, 이렇게 혼잣말을 했던 기억이 있다. "아, 이 사람은 작가가 아니야. 이 사람은 사건의 생생한 감각을 글로 옮기는 능력이 없어." 하지만 지금 체슬러와 이야기를 나누면서 그에게 여러 질문을 던지고 감정에 관한 기억을 떠올려보라고 주문해보니 이 사람이 자기 삶의 감각을 소통하는 데 실제로 얼마나 어려움을 겪는지가 눈에 들어온다. 그건 원치 않아서가 아니다. 이 사람은 그렇게 하기를 정말로 원한다. 그런데 그게 거의 불가능한 것 같다. 그는 "개인적인" 말하기에 상당한 어려움이 있음을 드러낸다. 바로 여기 내 눈앞에서 이 사람은 감정적 대응 과정을 다시 연습하려고 애쓰는 듯하다. 마치 이런 식으로 자신의 내면을 들여다보는 행위는 69년 평생 거의 해본 적이 없다는 듯이. 분명 그는 이야기하고자 하지만 (또는 의미심장하게도, 그의 표현을 빌리면 그는 나에게 "도움이 되고자" 하지만) 말 그대로 그게 불가능한 것처럼 보인다. 이따금 체슬러는 내게 진짜로 "개인적인" 정보라고 생각하는 것을 이야기하며 나를 향해 득의양양하게 웃어 보인다. 사실 그가 내게 전달하는 것은 책날개에 약력으로 들어갈 법한 그런 문장이다.

아서 체슬러는 내가 인터뷰했던 공산당원들 가운데, 정치적 질문을 하면 순식간에 눈을 반짝이며 생기를 뿜어내지만 자신의 느낌이나 감정적 경험과 관련된 질문을 던지면 어리둥절한 백지 상태가 되어 힘들어하는 첫 인물도, 마지막 인물도 아니다. 체슬러 같은 사람들은 매사에 정치적 반응을 보이는 것이 진지함의 표식이던 시대에 성인기를 맞았다. 특히 공산당원 시절 이들은 인간의 경험에 대한 다른 일체의 반응은 모두 "보헤미안스럽다"고 일축하며 비웃었다. 이제 이들은 인간관계, "자기실현"에 대한 지식, 그리고 정신분석학적 상식이 진지한 사람의 특징이라는 사회적 확신에 새롭게 발맞춰나가는 젊은 동료들에게, 아내에게, 자식들에게 핀잔을 들으며 무안해한다.

　　　　　　미국 공산주의라는 로맨스

그래서 체슬러 같은 많은 옛 공산당원들은 마르크스주의에 입각해서 신나게 한물간 언설을 늘어놓고 난 뒤 짜증 어린 눈총을 받거나 불편한 침묵이 감돌 때 그런 사냥당한 짐승 같은 혼란스러운 표정을 내보인다. 그들은 구원의 손길을 찾는 듯 두리번거리며 나지막이 묻는다. "내가 뭐라고 말해야 하는데? 내가 뭐라고 말해야 하는데?" 하지만 이 질문에 돌아오는 대답은 없다. 최소한 "들을" 수 있는 대답은.

그러므로 체슬러가 내게 하는 모든 진짜 대답은 그의 자동적인 마르크스주의적 대답과는 반대로 내 쪽에서 세심한 프레임을 사용해서 인내심 있게 숱한 질문들을 반복하며 엄청나게 찔러댄 결과 얻은 것이다. 하지만 그럼에도 체슬러는 자신 같은 인물들이 1930년대에 어떻게 공산당원이 되었는지에 관한 가장 흥미로운 "세부 사항" 중 하나를 제시하는 쾌거를 이룬다.

아서 체슬러는 1905년 뉴욕시의 한 상인 집안에서 태어났다. 지적인 정통 유대교인이었던 아버지는 종교적 감각이 너른 편이어서 주변의 사회적, 정치적 세계를 열정적으로 포용했다. 아버지 아이작 체슬러에게 유대교 율법은 아름답고, 환하고, 흡인력이 있었으며, 그 안에 모든 질문과 답의 가능성, 그리고 세계관을 담을 뼈대가 들어 있었다. 율법을 속속들이, 깊게, 일생 동안 공부하면 그 안에서 모든 인간사를 설명할 방법을 찾을 수 있으리라는 것이 아버지의 생각이었다.

체슬러네 대가족(자녀가 여섯이었다)은 아버지의 밝게 타오르는 정신을 본받아 친밀하고 행복했고 서로 버팀목이 되어주었다. 이들은 아버지로부터 인간은 맥락 속에서 사고하고 느낌으로써 진지한 삶을 산다는 감각을 거의 무의식적으로 빨아들였다. 체슬러네 집에서 율법은 규율을 통해 자유를, 희생을 통해 행복을 만들어냈고, 무정부적이고 외로운 자아를 길들여 떨쳐냄으로써 자아감각을 빚어냈다.

아서는 총애받는 첫째였다. 그 사랑에 부응하는 아서의 총명함은 가족의 보물이었다. 그것은 아서가 위탁보관하고는 있지만 체슬러 집안 사람들이 유일한 실제 인적 재산의 일부로 공동 보유하면서 함께 육성하고 개발하는 것이었다. 다른 데 쓸 돈이 없을 때도 아서의 교육비는 있었다. 그는 이런 애정 어린 관심에 우수한 성적으로 화답했다. 브라운대학에 들어갔고, 그곳에서 훌륭하게 학업을 마친 뒤 하버드 로스쿨에 들어갔다. 그와 같은 출신의 사람들이 하버드에 들어간다는 건 거의 들어보지도 못하던 시절이었다.

하버드를 졸업할 때쯤—1931년—아서는 이미 가족의 영향력이 미치는 자장에서 벗어난 지 오래였다. 그는 더 큰 세상에 들어가서 그 세상의 저류가 온몸을 관통하는 기분을 느끼—고 거기에 날카롭게 반응하—기 시작했다. 그는 1920년대에 충실하게, 앞뒤 재지 않고 반응했다. 아서의 아버지였다면 진저리쳤을 반쯤은 보헤미안적이고 반쯤은 지적인 분방한 삶의 감각이 그를 사로잡았다. 그는 술을 마셨고, 성적 쾌락에 흠뻑 취했고, 과속운전을 했고, 현대 시를 읽었고, 수업을 빼먹었고, 이 세상에는 자기 자신 외에는 아무것도, 그 누구도 없다는, 그리고 내일은 없고 오직 눈부신 오늘만 있다는 느낌에 젖어 환호성을 질렀다.

미국 공산주의라는 로맨스

1929년 주식시장이 붕괴하면서 그는 헤아릴 수 없이 많은 다른 사람들처럼 이런 놀라운 황홀경에서 갑자기 추락했다. 인과응보라는 불편한 기분이 온몸에 스며들기 시작했다. 그는 자신이, 그리고 온 나라가 성경에 나오는 우화 같은 것을 실제로 경험하는 기분에 빠졌다. 자신을 사로잡았던 "쾌락주의"가 서서히 증발하기 시작하더니 그 자리에 사물에 대한 건조하고 황량한 감각이 자리 잡았다.

뉴욕으로 돌아온 체슬러는 법률 일을 시작했다. 이 법은 율법과는 너무 판이해서, 그 자신이 그것을 어기고 싶은 유혹을 매일같이 느꼈다. 때는 1931년이었고, 체슬러 주위에는 경악과 고난이 가득했다. 그리고 이제 내밀한 동반자가 된 내면의 침묵을 밀어내기 시작하는 새로운 언어의 소리 역시 넘쳐났다. 그 언어는 마르크스주의였다. 그 언어는 야금야금 황량함을 능가했고, 굶주린 마음과 영혼은 야금야금 우울감의 소극성에서 벗어나 새로운 이해가 활성화한 쇄신의 길에 들어섰다. 아서에게는 랄프 번스타인이라는 친구가 있었는데, 그와 같은 변호사였던 랄프의 마음 상태는 아서와 거울처럼 똑같았다. 두 사람은 함께 마르크스의 저작을 읽었고, 함께 삶의 의미를 곱씹기 시작했다.

1933년 아서와 랄프는 생각을 정리하기 위해 집을 나섰다. 이들은 법률 일을 접고 뉴욕을 떠나 미국 전역을 떠돌며 비범한 방랑을 시작했다. 공산당원이 될 것인지 결정하기 위해서. 이 해에 대한 아서의 묘사는 그가 했던 전체 이야기 가운데 가장 강렬한 부분이다. 본인은 모르고 있지만 체슬러가 묘사하는 내용은 마오쩌둥이 공산주의자가 될 것인지 결정하기 위해 중국 전역을 떠돌았던 그 신비롭고 시적이며 정신적인 여정을 빼닮았다. 그리고 체슬러가 눈에 띄게 안간힘을 쓰며 그 중요한 해와 관련된 감정기억을 다시 설명하는—"그리고 그다음에는 어떻게 됐나요?"라고 묻는 내 부단한 압박하에—동안 나는 한때 아서 체슬러 안에 살았지만 40년에 걸쳐 마르크스주의 용어들이 사실상 사멸시킨 상상력이 지금 일시적으로 복원되는 것을 느끼며 전율한다. 체슬러는 상처받고, 개방되고, 취약한 생의 역사적 시기에, 정상 궤도를 벗어난 이 두 미국인을 가로막는 청교도적 보초가 심각하게 힘을 잃고 다른 어떤 경험에서도 느껴보지 못한 국가에 대한 강렬한 결속감이 물밀듯 일어나던 시기에, 뉴욕 물을 먹은 이 두 유대계의 지적인 변호사들이 미국을 발견하게 된 과정을 설명한다. 이와 동시에 이들은 단호한 자기발견을 경험했다. 이들은 이렇게 새로 발견한 자아감각을 국가의 명운에 결부시켰고, 마르크스주의 사상이라는 프리즘으로 그 모든 과정을 체질한 결과 1933년 말 서부 해안에 도달했을 때 미국에 대한 사랑의 발로에서 공산당에 가입해야 한다는 확신에 차게 되었다.

아서와 랄프는 뉴욕으로 돌아왔고 1934년 봄에 공산당에 가입했다. 입당한 지 1년도 안 되어 두 사람 모두 간부가 되었고, 그 순간부터 1958년 두 사람 모두 당을 떠날 때까지 1933년 자기발견의 여정 동안 내면 가장 깊은 곳에서 내린 정신적-정치적 결정에 대한 충실함에 한 치의 흔들림도 없었다. 아서에게 공산당 가입의 정신적 의미는 특히 통렬했다. 아버지 집

미국 공산주의라는 로맨스

을 떠난 날 잃어버린 맥락을 다시 한번 발견한 것이었기 때문이다.

1930년대. 공황. 대공황. 미국 삶의 정수를 보여주는 경험에 대한 무수한 글이 나왔다. 그 시기에 살았던 거의 모든 미국 작가는 이런저런 신화적인 의미에서 공황을 이용하여 인간임은 무엇인지, 그리고 미국인임은 무엇인지에 관한 중요한 이야기를 했다. 평범한 사람들은 1930년대를 살면서 겪은 터무니없는 절망에 대해 거의 종교적인 경외심을 담아 글을 썼고, 그다지 평범하지 않은 다른 사람들은 자신들이 1930년대에 경험한 똑같이 터무니없는 정신적 환희를 글로 옮겼다. 제2차 세계 대전 이후 한 프랑스 레지스탕스 전사는 이런 글을 남겼다. "우린 점령 기간 동안 그 어느 때보다 자유로웠다." 30년 뒤 한 미국 지식인은 이 프랑스인의 표현을 바꿔서 이렇게 말했다. "우린 공황 기간 동안 그 어느 때보다 자유로웠다." 그 시절은 모든 이에게 열린 가능성이었다. 분명 그것은 많은 공산주의자가 형성되는 데 대단히 중요했다. 많은 공산주의자에게 공황은 사태를 명료하게 볼 수 있게 해주는 경험이었고, 뿌리 깊은 정치적 열정의 근원이 된 뜨거운 동지애의 기억을 온몸에 각인시켰다.

메리언 모란에게 1930년대의 경험은 분명 잊을 수 없고 일생을 판가름하는 영향을 미쳤다. 1930년대의 미국에서 메리언 모란에게 일어난 일은 1930년대의 스페인에서 조지 오웰에게 일어난 일과 같았다. 단 한순간에 사회주의는 생동하는 감정과 생명을 부여받았고, 단 한순간에 이들 각자는 이 세상 다른 모든 사람과 자신이 하나라고 느꼈다. 계급 없는 사회—특권과 불평등한 권력이 없고, 진정한 동지애로 생동하는—의 생생한 의미가 이들 내부로 흘러들어와 각각을 변화시켰고, 여생 동안 사고와 행동에 영향을 미쳤다. 아이러니하게도 이 경험은 오웰을 열정적인 반공주의자로 만들었고—이 경험의 이름으로 그는 소련의 도를 넘은 행각을 용서하지 못했다—메리언 모란을 열정적인 공산주의자로 만들었다—똑같은 이 경험의 이름으로 그는 소련이 무슨 짓을 하든 용서할 수 있었다.

62세인 메리언 모란은 아름다운 여성이다. 32세에는 숨이 멎을 듯했으리라. 그 아름다움의 상당 부분은 그 육체적 모습과 분위기에서 뿜어져나오는 성품과 생동감에 있다. 작은 머리와 그 위에 자리 잡은 회색이 섞인 금발, 우묵한 회청색 눈, 귀족적인 콧날과 입매, 그리하여 전체적으로 늘씬함과 우아함이 돋보이는 그는 작업용 셔츠와 코듀로이 바지 차림으로 가느다란 담배를 피우고, 금이 간 머그잔에 담긴 커피를 마시며, 흡연자 특유의 허스키한 목소리로 유머와 지성, 암시로 가득한 언변을 뿜낸다. 로스앤젤레스의 한 형편없는 동네에 자리한 그의 방 두 개짜리 작은 집은 구세군 중고 가구를 뒤덮다 못해 벽과 출입구를 따라 늘어서 있는 책 2천 권의 무게에 눌려 바닥이 처져 있다. (메리언은 책들을 가리키며 "이게 이 세상에서 내가 소유한 전부예요. 이 책들에 복지수당이 다죠"라고 말한다.)

메리언 모란은 서부에 있는 큰 주 중 한 곳에서 25년간 공산당 주의장으로 일했다. 1940년대에 이미 공산당 지도부의 일원이었고 7년간 기소 상태였던 사람 중 한 명이었다(그 말인

즉, 6개월을 감옥에서 보내고, 7년 동안 자신이 5년을 더 감옥에서 보내게 되리라고 믿으며 살았다는 뜻이다). 그 시절에 2천 명 이상의 공산당원이 지하로 들어갔지만—지도부 전체가 파시즘이 미국으로 곧 밀어닥쳐서 그들을 모두 살해하거나, 추방하거나, 투옥할 거라고 믿었으므로—메리언과 그와 비슷한 사람들은 지하로 들어갈 수 없었다. 그들이 곧 당이었다. 미국공산당에 무슨 일이 닥치든 그건 그들이 겪어야 할 몫이었다.

1956년, 소련공산당 제20차 당대회의 결과가 공개되기 한 주 전, 뉴욕에서 회의가 소집되었고, 흐루쇼프의 스탈린 비판 연설이 당 지도부 앞에서 낭독되었다. 메리언은 그 회의에 대해 이렇게 말한다. "그 사람이 7시에 발언을 시작했어요. 8시에 난 울기 시작했지. 조용히 흐느끼면서 11시까지 거기 앉아 있었어요. 그러고 나서 캘리포니아행 비행기를 타고 돌아가서 동지들한테 우리가 우리 자신이 아닌 아무에게나 의지하는 큰 우를 저질렀다고 말했죠."

5년 전 메리언은 체코슬로바키아 때문에 당을 떠났다.[*] 미국공산당은—다른 모든 입장에서와 마찬가지로—이 사안에서 맹목적으로 친소련 입장을 고수한 극소수 중 하나였던 까닭에 마침내 그는 (1956년 이후로 쭉 그래왔듯) 내부에서 투쟁하는 것이 완전히 쓸데없는 짓이라고 느꼈다. 그는 "당은 공산주의의 걸림돌"이라는 결론에 도달했다고 말한다.

---

[*] 체코의 민주화를 요구하는 '프라하의 봄'(1968)은 소련의 침공으로 무산되었다.

메리언 모란 같은 여성에게 해야 하는 질문은 '어째서 떠났나요?'가 아니라 '어째서 그렇게 오래 남아 있었나요?'다. 이 질문에 정직하게 대답한다면 '난 권력을 포기할 수가 없었어요. 조직을 포기할 수가 없었어. 내가 가져본 유일한 정체성을 놓고 떠날 수가 없었어요' 같은 문장들이 필연적으로 포함되어야 했으리라. 하지만 이런 문장들만으로는 메리언 모란을, 그가 공산당에 너무 오랫동안 헌신했던 이유를 설명하지 못한다. 그를 보는 것, 그의 이야기에 귀 기울이는 것, 그가 서부의 급진주의 집단에서 얼마나 사랑받았는지를 파악하는 것, 이 여성의 존재감이 얼마나 묵직했던가를, 그의 놀라운 내적 균형을, 강한 자아감각을 제대로 느끼는 것은, 경직성과 두려움이 가득한 교회에서 미래를 내다보는 삶을 살기 위해 마음을 다해 종교적인 투쟁을 감행한다는 것이 어떤 것인지를 느끼는 것과 같다. 그리고 오랜 시간 이야기를 나누고 난 뒤 그 미래를 내다보는 삶의 심장에, 메리언 모란이 그 장구한 붕괴의 세월 동안—지성과 양심의 판단을 거역하면서—그렇게 매섭게 움켜쥐었던 마음속의 존재감각에 도달할 때, 1930년대가 그리고 그 위대한 캘리포니아 농장 노동자 파업이 보이기 시작한다. 1930년대 캘리포니아 농장 노동자 파업은 순식간에 격렬해졌고 숭고할 정도로 절망적이었다는 점에서 미국 급진사회 내부의 그 어떤 단일 사건보다 스페인내전과 닮았다.

캘리포니아 농장 노동. 오래전부터 우리와 함께했던 것만 같은 국가적인 고난. 이 나라의 젊은이 중에는 자신이 기억할 수 있을 때부터 세자르 차베스*의 포도와 상추 수확 노동자들이 파업을 하고 있었던 까닭에 어릴 때 상추나 포도를 한 번도 먹어보지 못한 이들이 있다. 이들의 부모와 조부모 가운데 많은 이들에게 차베스의 파업은 미국에서 일부 노동자들의 고통과 치욕을 종식시킴으로서 국민들의 의식에서 거의 신화적인 비중을 차지하게 된 50년간의 투쟁 중 가장 최근에 일어난 전투일 뿐이다.

1939년 캐리 맥윌리엄스는 《들판의 공장들 Factories in the Field》에서 "캘리포니아 (농장) 노동의 역사는 농업이 산업화해가는 역사"라고 적었다. "그 계곡들이 어째서 거대한 봉건 제국으로 이루어져 있는지, 영농이 어째서 산업적인 농업으로, 농장 하나하나가 어떻게 공장으로 대체되었는지, 농장이 자리 잡은 골짜기에서 주기적으로 발발한 폭력과 테러 이면에 무엇이 있는지를 이해하려면 캘리포니아의 사회사를 어느 정도 알아야 한다."

이어서 맥윌리엄스는 이렇게 설명한다. "막강한 지주 패거리들은 스페인 통치 기간에 만들어진 봉건적인 소유관계와 통제 관행에서 이어져 내려오는 시대착오적인 토지 소유 시스템을 토대로 권력을 휘두르며 소수 인종 등의 집단들을 근 70년간 착취했다. 이 전체 기록과 관련된 가장 괄목할 만한 단일한 상황은 통제가 흔들림 없이 지속되었다는 점이다. 미국 산업의 역사에서 가장 추한 모습 중 하나인 캘리포니아 농장 노동자 착취는, 그것을 가능케 한 토지 소유 시스템만큼이나 유구하

★   1927~1993. 멕시코계 미국인으로 1963년 전미농장노동자협회 National Farm Workers Association, NFWA를 결성해 농업 노동자들의 권리 신장을 위해 일평생 투쟁한 전설적인 인물.

다. 시간은 이 소유와 통제 시스템을 더 강화하고 농장 노동자들을 더 나락으로 떨어뜨렸을 뿐이다."

1929년부터 1935년 사이에 캘리포니아의 골짜기 지역 농장 노동자들은 일련의 장엄한 파업을 일으켰다. 맥윌리엄스가 책에서 밝힌 대로 "전에는 한 번도 농장 노동자들이 그 정도 규모의 조직을 꾸려본 적이 없었고, 전에는 한 번도 그만한 크기와 그만한 사회적 파급력을 가진 파업을 감행했던 적이 없었다." 농장 노동자들의 절박감이 극에 달해 자포자기가 일상이던 시절이었다. 파업은 되풀이해서, 리듬감 있게, 폭발적으로, 속도와 강도와 수가 고조되며 이어지고 또 이어졌다. 한 명이 짓밟히면 두 명이 앞으로 나왔다. 50명이 투옥되면 100명이 그 자리를 채웠다. 남자들이 파업 중에 총탄에 맞으면 아내와 자식들이 이내 그 남자들이 쓰러진 자리에 서 있었다. 농장 노동자들은 살아온 대로 계속 살아가느니 차라리 죽겠다는 마음을 먹었을 때 인간이 도달하는 상태에 일견 하룻밤 만에 도달한 것 같았다. 강철이 그 영혼을 굽이굽이 타고 흐르고, 눈물이 말라붙은 눈에서 타오르는 분노가 얼굴을 가득 채우는 단결된 사람들, 조직된 저항이 만들어낸 힘. 미국에서 가장 가진 것 없는 흙수저 노동자들로 이루어진 이 수천의 거대한 오합지졸 군대가 파업 전선에 몰려들었고, 침묵하며 인내하던 자들에서 투쟁하는 노동자로 탈바꿈했으며, 돌연 자아에 대한 직접적이고 압도적인 사회적 각성을 획득한 자들에게 찾아온 유창한 날 것의 언변으로 서로를 지탱하고 고무했다. 그리고 이들에게는 분명 서로를 지탱해야 할 필요가 있었다. 골짜기 지역 농장 파업에 뒤따른 테러와 폭력은 가히 상상을 넘어서는 수준이었기 때문이다. 파업 주모자들은 구타와 투옥을 넘어 살해당하기도 했다. 농장연합체가 소유한 마을은 무장한 자경단원들로 가득했다. 언론과 성직자, 법원은 한패가 되어 농장 노동자들에게 불길을 뿜어냈다. 대대적인 체포와 소동, 구타와 살인이 몇 해나 거듭됐다.

전국의 언론인들이 캘리포니아의 파업을 주시하겠다며 모여들었다. 이 가운데 일부는 목격한 현장에서 감화를 받아 노동자들의 열렬한 지지자가 되었다. 그중 한 사람이었던 오릭 존스는 이렇게 적었다. "거무튀튀한 남자와 여자들이 가득한 그 방들을 둘러보면서 나는 미켈란젤로의 심판의 날에 나오는 폐허 같은 얼굴들을 연상시키는 면면을 보았다. …… 절박하고 용감했던 이들은 아무것도 요구하지 못한 채 토착 인디언들만큼이나 원시적인 존재 상태를 강요당하고 있었다."

이 모든 일이 어떻게 일어나게 된 걸까? 고립된 농장 노동자들의 영혼에 누가 그런 무쇠 같은 의지를 심어 넣었을까? 누가 그들을 조직했을까? 미국노동연맹American Federation of Labor, AFL 은 그 근처에도 가지 않으려 했다. 그 보수적인 노조의 한 간부는 이렇게 말했다. "광신도들이나 기꺼이 판잣집이나 텐트에서 살면서 이주노동자들을 위해 대가리가 부서지는 일을 감수한다."

그 광신도가 공산당원들이었다. 농장 노동자들의 자연발생적인 파업 이후 유혈이 낭자한 6년간의 노동자 전투에서 노동자들을 조직하고 지탱한 것은 바로 캘리포니아 공산당원들이었다. 이들의 기량과 에너지와 열정은 이주노동자들에게 투쟁을 이어갈 수 있는 꺼지지 않는 의지를 고취했다. 구타당하고 투옥되고 살해당한 사람 중에는 수백 명의 공산당원들도 있었다. 이들은 상상 가능한 거의 모든 조건하에서, 때로는 고립이나 다를 바 없는 환경에서 조직 활동을 전개했고, 거의 항상 실질적인 성과를 거뒀다(1933년 10월, 공산당 조직가 네 명은 1만 8천 명의 목화 수확 노동자가 장장 230킬로미터에 달하는 샌호아킨계곡 위아래에서 파업을 일으키게 만들었다).

이 웅변적인 시대가 많은 공산주의자들을 공산당원으로 만들었다. 메리언 모란도 그중 하나였다. 메리언은 어릴 때부터 자연스럽게 운동을 접했고—부모가 캘리포니아의 급진 지식인이었다—열네 살 이후로 청년공산주의자연맹에서 활동했지만, 그를 공산당원으로 만든 건 1930년대의 농장 노동자 파업이었다. 1930년 임페리얼밸리의 과일 수확 노동자들이 파업에 들어가자 당은 메리언을 파견해 파업자들 속에 섞여서 이들을 조직하는 일을 거들게 했다. 메리언은 열여덟 살이었다. 그는 몇 달만 지낼 거라고 예상하며 임페리얼밸리로 떠났다. 거기서 그는 4년을 보냈다. 당이 메리언을 샌프란시스코로 보내서 지식인을 조직하는 일을 맡기려 하자 그는 과일 수확 노동자들을 떠나지 않겠다며 거절했다.

그 4년간 메리언에게 일어난 일은 1930년대에 수천 명에게—서로 다른 수십 가지 장소에서, 서로 다르지만 유사한 수십 가지 여건하에—일어난 일과 같았다. 그는 계급의식적인 무계급classlessness 상태에서 "존재와 생성being and becoming"을 경험했다. 그는 오웰과 무수한 다른 이들이 스페인에서 경험했던 것을 겪었고, 그 경험은 그들에게 그랬듯 그에게도 평생 지워지지 않았다.

"과일 수확 노동자들과 함께 보냈던 시절은 세계 내부의 어떤 세계가 되었어요." 메리언이 말한다. "감정들로 이루어진 그 소우주는 나를 단 한 번도 놓아주지 않았죠. 내가 그들을 떠난 뒤에도. 나는 수확 노동자들이랑 같이 살았어. 그 사람들하고 먹고, 자고, 같이 취하고. 그 사람들이 남편의 시신을 매장하고 아기를 낳는 걸 거들고. 우린 같이 웃고, 울고, 밤늦도록 끝없이 이야기했어요. 그리고 서서히 어떤 비범한 교류가 우리 사이에서 일어나기 시작한 거야. 내가 그 사람들한테 읽는 법을 가르치면, 그 사람들은 내게 사고하는 법을 가르쳤어. 내가 그 사람들에게 조직하는 법을 가르치면 그 사람들은 내게 앞장서는 법을 가르쳤고. 난 사람들에게 이제껏 한 번도 본 적 없는 일이 벌어지는 걸 봤어요. 그 사람들이 꿈도 꾸지 못한 방식으로 생성becoming을 경험하는 걸 본 거지. 하루하루 사람들은 불명확한 꿈들을 발전시키고 변형하고 소통하면서 자기 안에 있는 존재being의 힘을 발견하고 있었어. 자기한테 있는 줄도 몰랐던 욕구, 기량, 능력이 적극적인 투쟁의 압력을 받으며 활짝 만개했던 거지. 그리고 그들이 자기 자신을 느끼기 시작한 순간 그들로부터 달콤함, 관대함, 순수한 동지애가 흘러나왔어! 그 사람들은—여기에 알맞은 다른 단어는 존재하지 않아요—기품이 있었어요. 투쟁하면서 힘을 얻었고, 더는 우울감 때문에 땅으로 꺼져 들어가지 않게 되니까 창의성과 생기가 돌고 민주적인 태도를 갖게 되고 서로에 대한 본능적인 책임감이 가득해졌지. 그리고 우린 모두 다 그랬어요, 우리 모두가 말이에요. 그 정신이 우리 모두를 바꿔놨지. 그건 사회주의에 대한 내 꿈이 실현된 모습이었어. 그러니까 그게 어떤 모습일 수 있는지, 사람들이 항상 어떤 모습일 수 있는지, 지구와 그 위의 만물이 얼마나 훌륭할 수 있는지, 생명력이 넘치고 다른 모든 사람 안에서 자기 자신을 느끼는 게 얼마나 달콤한 일인지 내 눈으로 확인했던 거예요."

"알잖아요." 메리언은 커피 한 모금으로 목을 축이고 다시 담배를 빨아들인 뒤 말을 이어간다. "난 여자로서 누릴 만큼 누렸어요. 그래서 가끔 이렇게 앉아서 지난 일을 돌아보는 거예요. 내 인생을 다시 사는 꿈을 꾸면서 자신한테 묻는 거지. '언제가 제일 좋은 시절이었지?' 난 남편이 셋이었고, 셀 수 없이 많은 남자하고 자봤고, 자식을 낳았고, 정치권력을 가져봤고, 내가 연설할 때 만 명이 환호하는 소리를 들으면서 그 무엇에도 비할 수 없는 전율도 알게 됐어요. 근데 내가 말해줄게요, 과일 수확 노동자들하고 함께했던 그때가 내 인생 최고의 시절이었어요. 어렴풋하게라도 그 경험과 견줄 수 있는 건 그 이후로 아무것도 없었어요. 연애도, 당 권력도, 그 무엇도 내가 그 투쟁의 시기에 그 사람들하고 어울리면서 느꼈던 감정에 비할 수 없다구요. 모르겠어요, 결국 어쩌면 그게 공산당원이냐 아니냐를 가르는 차이인 거 같아요. 내가 살면서 겪어본 모든 감정 중에서 내가 1930년대에 과일 수확 노동자들 사이에서 눈뜬 그 완전한 동지애라는 감정하고 견줄 수 있는 건 아무것도 없어요. 다른 어떤 것도 나를 그만큼 살아 있다고, 당당하다고 느끼게 해주지는 못했죠. 그것 때문에, 그 시절에 대한 기억 때문에 매달린 거예요. 그것 때문에 당의 편협함과 어리석음을 견디며 살았던 거지. 그것 때문에 투쟁한 거야. 나한테 사회주의의 핵심은 그거였어요. 마르크스주의 혁명이라는 거대한 흐름 속에서 1930년대의 이미지-기억이 씨줄과 날줄로 엮이면서 하나의 직물을 이룬 거지. 그 직물이 정치적 삶의 일상성을, 당 생활을 전체적으로 감싸고 있었어요. 그런 일상생활의 우여곡절이 점점 큰 혼란을 빚어내면 그 직물을 내 쪽으로 가까이 끌어당겨서 그 온기가 내 몸을 타고 흐르는 걸 느끼고 스스로한테 이렇게 말했어요. '이게 나지.'"

문득 메리언이 말을 멈춘다. 우리 둘 다 오랜 시간 말이 없다. 그러다가 메리언이 부드럽게 입을 연다 "그게 정확히 사실은 아니에요, 그쵸? 일상성이 그 사람이에요. 그리고 지금의 내가 미래에도 그대로일 위험은 항상 있죠…… 그렇지 않나요?"

존재와 생성. 공산주의자의 핵심 경험에는 항상 존재와 생성이라는 문제가 있다. 표면적으로 이 문제는 모순적인 조건—그 많은 다양한 삶들, 존재한다는 것이 무엇이고 생성한다는 것이 무엇인지에 대한 그 많은 다양한 개념들—하에서 제기된 듯 보일 때가 많지만, 그 표면 아래에는 그 어떤 모순도 존재하지 않고, 전반적인 상황은 항상 내적 조건의 압도적인 유사성 쪽으로 기울어 있다.

다이애나 마이클스는 필라델피아의 변호사다. 에너지가 넘치고, 움직임이 빠르고, 반응이 기민한 54세의 여성인 그는 성인이 된 이후로는 줄곧 변호사 일을 해온 사람처럼 보인다. 사실 그가 법률 일을 한 지는 9년밖에 되지 않았다. 그는 18세부터 36세까지 공산당원이었고 그 기간에 생계를 위해 많은 일을 했지만 주업은 공산당원으로 존재하는 것이었다.

다이애나 마이클스는 부티를 뿜어내는 놀랍도록 매력적인 여성이다. 그의 신체적 외형에서 두 가지 큰 특징은 1930년대에 마를레네 디트리히*에게 영향을 받은 헬멧 스타일로 가꾼 풍성하고 반짝이는 검은 머리칼과 비단처럼 매끄러운 긴 다리다. 얼굴에는 세심하게 화장을 했고 옷차림은 우아하다. 요즘 패션은 아주 보조적으로만 가미했고 전체적으로는 고전적인 세련미가 흐른다. 명민함과 유머를 장착한 눈은 관찰력이 좋아 보인다. 습관적인 동작에는 허영심과 자의식, 자기중심성이 묻어난다. 나는 이런 기묘한 조합의 특징들을 밝게 비춰줄 이야기를 기다린다.

6월 말의 오후, 다이애나는 손가락으로 머리칼을 우아하게 매만지며 자기 책상에서 걸어나와 회색 카펫이 깔린 짧은 공간을 지나 마호가니 수납장을 향한다. 문을 여니 그 안에는 술을 진열해놓은 바와 작은 냉장고가 있다. 그는 진 병을 집으며 말한다. "이 얘길 하려면 술이 필요해요. 선생님은 어때요?" 나는 고개를 끄덕인다. 다이애나는 자기 몫으로는 얼음을 넣은 진에 레몬을 짜 넣고 내 몫으로는 스카치위스키에 얼음을 넣는

---

*	1901~1992. 독일 출신의 미국 배우이자 가수. 나치 독일에 반발해 미국 국적을 취득했다.

다. 내게 내 몫의 술을 건네고 자기 잔을 집어 든 그는 책상 맞은편에 있는 파란색과 회색이 섞인 벨벳 소파에 몸을 깊이 파묻으며 내게 소파 옆에 있는 임스 체어에 앉으라는 동작을 취한다.

"흠," 그가 한숨을 쉰다. "내가 뭘 말할 수 있을까요? 이야기는 여기 이 내 사무실이 다 해주고 있는데. 전부 다." 그는 허공으로 손을 내젓는다. 이 방의, 그리고 그 자신의 매끈하고 값비싼 외양을 가리키는 게 분명하다. "내가 공산당원이 아니었으면 더 심했을 거예요, 훨씬 더." 그가 갑자기 킬킬댄다.

다이애나는 1920년 필라델피아에서 태어났다. 아버지는 펜실베이니아대학교에서 공학을 공부했고 어머니는 "필라델피아에서 가장 아름다운 소녀"였다. 아버지는 그 아름다움 때문에 어머니와 결혼했고, 어머니는 아버지의 학력이 자신에게 부여할 높은 지위 때문에 아버지와 결혼했다. 거의 시작과 동시에 이들은 끔찍한 실수를 저질렀음을 깨달았고, 사랑이 없기만 한 게 아니라 어떤 종류의 공존 가능성도 없는 결혼에 서로 묶여버렸다. 아버지의 삶은 온통 자신에 대한 실망만 가득한 물결 속으로 뻗어나갔다. 아버지는 유대인이라는 이유로 공학자로서 일자리를 얻지 못했을 뿐만 아니라 어리석고 둔감한 여자에게 묶여 꼼짝달싹할 수 없었다. 아버지는 격렬한 무관심 속으로 도피했고 가족에게 잔인하고 포악해졌다. 혼란과 자기연민에 빠진 어머니는 자신이 아는 유일한 가치들 속으로 도피했다. 사회적 신분 상승, 고상한 척하기, "좋은 취향"이라는 귀족적인 오만함.

"좋은 취향이라니," 그가 씁쓸하게 웃는다. "어머니는 진짜 무식했어요. 아버지하고도 참 비루하게 살았고. 근데 취향이 고급이었어. 어머니의 좋은 취향은 두려움과 갈망에 둘러싸인 어떤 규범 같은 게 됐죠, 성배처럼 말이에요. 저기 바깥에 있었고, 부지런히 그걸 찾아나서야 하지만 우린—나까지 세 자매는—우리가 거기 절대로 닿을 수 없다는 걸, 어머니의 완전무결한 감각을 절대로 따라갈 수 없다는 걸 알았어요. 하지만 아, 우리가 그걸 얼마나 갈망했다구요! 어머니는 영문을 알 수 없는 우리의 작은 영혼에 당신의 한심한 가치를 주입하는 방식으로 아버지한테 맞서는 전쟁에서 우릴 동맹군으로 만드신 거지."

"내가 열세 살인가 열네 살 때 갑자기 책을 읽기 시작했어요. 어머니가 얼마나 터무니없는 사람인지, 인간의 가치에 대한 어머니의 가늠자가 얼마나 끔찍한지 금세 깨달았죠. 그리고 내 안에서 전쟁이 시작된 거야. 어머니는 저한테 '다이애나, 넌 예쁘고 똑똑해, 넌 돈 많은 남자애랑 결혼할 거야. 나 같은 실수는 하지 않겠지'라는 말을 달고 사셨어요. 난 아버지를 미워했지만 어머니가 이런 말을 하면 얼어붙었어요. '다이애나, 어째서 릴리안 베르겐스타인을 집에 데려오지 않는 거니, 진짜 괜찮은 앤데.' 그럼 내가 '걘 멍청해요.' 그러잖아요. 그럼 어머니가 '걔 아빠가 1년에 3만 달러를 버는데 어떻게 걔가 멍청할 수 있니?'라는 식이었어요. 난 휙 돌아서서 방에 틀어박혀서 몇 시간씩 책을 읽었죠. 어머니가 문을 두드리면서 이제 그만 좀 읽으라고 채근할 때까지 사시처럼 눈을 모으고 제 외모를 망가뜨렸어요. 비참함과 혼란과 외로움에 떨면서 제 안에 갇혀 있었죠. 근데 있잖아요, 나는 이미 어느 정도 어머니처럼 되어 있었어요, 알잖아요. 옷이며 외모며 돈이며 좋은 취향에 집착했던 거지. 나나 다른 누군가의 외모에 어머니가 귀족적인 시선으로 인정을 해주거나 못마땅해할 때 그 무게감을 전적으로 느끼면서 거기에 대응하지 않을 도리가 없었던 거야. 하지만 그 이유로 난 나 자신을 증오했어요. 이 세상에는 관심을 둘 더 나은 것들이 있다는 걸 알았고, 사람들의 영혼이 옷차림보다 더 중요하다는 것도 알았어요. 그런데도 거기에 대응하지 않도록 제어할 수가 없는 거야."

"열일곱 살 때 청년공산주의자연맹을 알게 되면서 완전히 새로운 세상이 열렸어요. 청년공산주의자연맹 사람들은 어머니가 이 세상에 대해서 알고 있거나 원하는 모든 것과 정반대였지. 그 사람들은 똑똑했고, 이상주의적이었고, 열정적인 혁명관에 몰두했어요. 엉망진창인 옷차림으로 끊임없이 책을 읽었어. 그 사람들은 분열된 내 어린 영혼에 위안이 됐어요. 근데 잊지 말아요, 그때가 1937년이었다는 걸 말이에요. 그 사람들이 대화하는 걸 듣는 순간, 그 사람들이 세상이라는 걸, **진짜** 세상이라는 걸 알겠더라구요. 내 안의 모든 게 분열을 멈췄어요. 그래서 그 무리에 합류했고 그렇게 집에서 도망쳤어요." 다이애나는 긴 다리를 깔고 앉으며 웃는다. "어떤 소녀들은 시궁창 같은 집에서 벗어나려고 결혼하잖아요. 난 우리 집에서 나오려고 공산당원이 된 거예요."

"열여덟 살 때 대학으로 떠났어요. 위스콘신대학교로. 매디슨에 도착해서 기숙사에 체크인하고 사실상 처음으로 했던 일이 공산당에 가입하는 거였을 거예요. 1938년에는 미국의 모든 대학 캠퍼스에서 공산당에 가입하기가 고상한 여학생클럽에 가입하기보다 쉬웠지. 그리고 위스콘신대학에서는, 음, 가장 잘나가고 가장 똑똑한 애들은 공산당에 있었어요."

"위스콘신대학교에서 오랫동안 두 가지 쌍벽을 이루는 영향력이 내 안에서 엎치락뒤치락했지. 한편으로 나는 아주 맵시있게 차려입고, 미친 듯이 시시덕대면서 골이 텅 빈 애처럼 청혼을 수집하며 지냈어요. 다른 한편으로 나는 매주 엄청나게 많은 시간을 당 활동에 쏟아부으면서 진지한 정치적 인간으로 지냈지. (나는 당에서 말하는 '지도부' 활동에는 젬병이었지만 지미 히긴스*식 노동은 끝내주게 잘했어요. 당에서 대회나 집회를 조직해야 한다? 내가 했지. 아침까지 유인물 5천 장이 필요하다? 내가 직접 못하면 그걸 할 사람을 어떻게든 찾아냈어. 연사에게 환호를 보낼 사람 50명이 필요하다? 내가 그 50명을 구했지.) 당연히 수업은 남는 시간에 들어가는 거였고."

"내 상충되는 기호에서 당이 조금씩 우위를 차지하기 시작했어요. 당 사람들은 내가 아는 사람들 중에서 제일 똑똑하고 제일 진지하고 제일 도덕적이었고, 그래요, 그 사람들은 나를 똑똑하고 진지하고 도덕적인 사람으로 만들었지. 맙소사! 한번은 백화점에서 일했던 적이 있어요. 같이 근무하던 사람들이 일찍 출근해서 아무렇지도 않게 서로의 매장에서 전시 상품이나 매출 장부나 펜과 연필을 훔치는 거야. 너무 어이가 없었어

★   미국 작가 업튼 싱클레어의 소설 제목이자 그 소설에 등장하는 노동계급 남성.

요. 당에서는 나한테 도덕률 중에서도 제일 단순한 걸 가르쳤단 말이야. 난 당원으로서 도덕적인 인간이었는데 이 가련하고 몽매한 노동자 멍청이들은 안 그랬던 거지."

"우린 아무도 우리가 '밖에서' 하는 일을 중요하게 여기지 않았어요. 어쨌든 저 밖에서 뭘 하는지가 중요하지 않다는 걸 알았으니까. 만사가 거지 같고, 만사가 단 한 가지 목적에 귀결되는 부르주아 자본주의 세상에 살고 있는데, 무슨 일을 하는지가 어째서 중요하겠어요? 우리 진짜 삶은 당하고, 동지들하고, 회의와 시위에서 하는 일들 속에서 펼쳐지는데 말이에요. 어떤 특정 분야나 과정에 실재성이 있다는 생각, 또는 '출세를 한다'거나 특별한 재능을 개발한다는 생각 같은 건 전혀 떠오르지 않았어…… 우린 다른 세상, 일하면서 혁명을 기다리는 그런 세상에 살았던 거지."

"그래도 희생은 있었어요. 최소한 나한테는 말이에요. 나는 '밖'에 있는 남자들을 종종 만났거든. 그리고 그 사람들한테 끌렸어요. 그 사람들이 속한 듯한 그런 단순하고 편안한 세상에 난데없이 끌리고 그랬던 말이에요. 하지만 그 사람들하고 데이트를 할 수 없다는 걸 알았죠. 이 사람들한테 내 인생을 설명해야 하는데 그럴 수가 없다는 걸 알았어. 그 사람들을 떠나보내야만 했죠. '왜 나랑 데이트 못해요?'라고 묻는데 내가 대답을 할 수가 있어야지."

"대학 졸업반일 때 당의 한 지식인하고 결혼했어요. 우린 같이 동부로 돌아갔고, 10년 동안 당을 위해서 일했죠. 그러다가 어느 날, 아, 그게 아마 1950년인가 1951년이었을 텐데, 갑자기 다 끝나버렸어요."

"어떻게 그랬어요?" 나는 놀라움을 감추려고 가볍게 질문한다.

"아," 다이애나가 두 팔을 쭉 뻗고 다리를 풀며 말한다. "몰라요." 그는 나를 침착하게 응시하며 말한다. "어느 날《데일리워커》에서 정신분석을 비난하는 글을 읽었어요. 그러고는 혼잣말로 '이런 멍청한 소리가 있나' 그랬어요." 다이애나의 목소리가 부드러워진다. "그리고 갑자기 그걸로 끝이었어요."

"하지만 그 뒤로 오륙 년은 나오지를 못했어요. 매카시가날 보내주지 않더라구요." 그가 웃는다. "알잖아요, 1950년대에는 진짜 믿을 수 없는 일이 일어났어. 길길이 날뛰는《코멘터리Commentary》* 유형만이 아니었어요. 모든 사람, 내가 알았던 모두가 그랬죠. 디너 파티에 갔는데 갑자기 오른쪽에 있던 사람이 아주 조심스럽게, 그리고 진짜 생뚱맞게 자기가 반공주의자라는 걸 알리려고 갖은 애를 쓰는 거야. 비현실적이었어요. 5년 전만 해도 중립적이거나 동조자였던 사람들이 갑자기 반공주의에서 새로운 정체성을 발견하더라구…… 그런 상황에서는 당을 떠날 수가 없었어요. 안 되지, 그땐 떠날 수가 없더라구. 날 날려버린 건 제20차 당대회였어요. 그 당대회가 시대가변했다고, 삶이 변했다고, 내가 변했다고, 내가 보기엔 당이 변했다고 아주 분명하게 알려줬죠."

★   미국유대위원회American Jewish Committee에서 1945년부터 발행한 월간지로, 종교, 유대교, 정치, 사회문화 등의 사안을 다뤘다. 반스탈린주의 좌파의 목소리를 대변하다가 점점 신보수주의 성향으로 기운 것으로 평가받는다.

다이애나가 소파에서 일어나 방을 가로지르더니 다시 자기 몫의 술을 따른다. 그는 나를 등지고 말없이 서 있다. 그런 다음 돌아서서 마호가니 진열장에 몸을 기대며 말한다. "나는 허영심도 많고, 얄팍하고, 예쁘고, 에너지가 넘쳤어. 성적인 성공과 인기에 사족을 못 썼고, 맞아요, 남몰래 부르주아적인 안락함과 부르주아적인 성공을 원했어. 하지만," 그가 고개를 돌리자 검은 헬멧 형태의 머리칼이 우아하면서도 반항적인 호를 그리며 흔들린다. "난 공산당원이었어. 그리고 공산당원으로 지냈기 때문에 더 나은 내가 됐지. 그건 내 인생에서 위대한 도덕적 모험이었어요. 그때나 지금이나 그걸 다른 무엇하고도 맞바꿀 생각은 없어요. 내 인생에서 이렇게 말할 수 있는 건 그 시절뿐이에요."

3장

살아내기

비전에서 도그마로,
그리고
다시 반보 후퇴

공산당원이 되는 것과 공산당원으로 남아 있는 것은 다른 일이었다. 공산당원으로 남아 있는 것—부분적으로, 그리고 전체적으로도—을 구성하는 것은 무엇이었을까? 공산당원으로 남아 있었던 미국 공산당원들은 어떻게 그 삶을 "살아냈을"까?

주로 공산당원으로 **존재**하는 경험은 평면적인 언어, 납작하게 만들고 동질화하는 언어로 기술되었다. 이런 언어가 만들어내는 이미지 중 하나는 담배 연기가 자욱한 방에서 마르크스-레닌주의 용어에 중독된 한 무리의 사람들이 모스크바의 재력이 받쳐주는 가운데 크렘린의 지령을 받고 반미 친소련 정책을 빡빡하게 짜고 있는 모습이다.

대부분의 공산당원들에게 공산당원으로 존재한다는 것은 이런 모습과 어설프게조차 비슷하지 않았고, 처음에 공산주의에 발을 들인 과정이 모든 공산당원들마다 달랐듯 공산당원으로 존재하는 것도 그만큼 다채로운 경험이었다.

당내에서 빠르게 지위가 올라 중간급과 상급 간부가 되어 사실상 일정한 또는 모든 시간 동안 당의 중요한 정책 결정 과정에 접근할 수 있었던 이도 있었다. 정책 결정에 대해서는 자신이 속한 지국(당의 가장 기층에 있는 조직 단위)이나 지부(지국 다음으로 위에 있는 조직 단위)에서 아는 것 이상으로는 전혀 알지 못하는 사람들도 있었다. 당을 동네 클럽으로 경험한 이, 하루 노동시간의 연장으로 경험한 이, 스스로를 혁명군대의 보병이라고 생각한 이, 자신을 국가 수반 비슷한 존재로 여기고 어깨에 온 세상을 짊어진 듯한 부담을 느끼는 이들도 있었다.

많은 공산당원들이 순식간에, 당의 짜여진 권위에 완전히 몸을 맡겼다. 메이슨 구드의 일리노이 출신 근본주의자 아내 도러시처럼. 도러시는 이렇게 말했다. "난 독실한 기독교인이었는데 그때부터는 독실한 공산당원이었어요. 항상 짜여진 권위에는 이런 식으로 반응했죠. 그 권위 이면의 생각이 내가 보기에 절대적으로 옳다 싶으면 말이에요." 다른 많은 이들은 당의 짜여진 권위를 못 견뎌 했다. 공산주의자로 지내던 시절 내내 당의 권위주의에 대한 혐오감에 시달렸던 메이슨 구드 자신처럼.

수천의 공산당원들에게 공산당원으로 존재한다는 것은 공산당에 처음으로 발을 들이게 된 시기의 경험만큼이나 삶을 비옥하게 만들었다. 다른 수천의 공산당원들에게 그것은 비전이 도그마로 전락하고, 성장하던 자아가 질식할 것 같은 자아로 굴러떨어지는 쓰라린 일이었다. 전자에 속한 사람들은 공산당의 오롯함을 개인의 통합을 일으키는 초월적인 근원으로 경험했고, 후자에 속한 사람들은 동일한 오롯함을 자신의 발전이 지체되고 억류된 정신적 감옥으로 경험했다.

이들 모두에게 공통적인 진실은, 공산당원으로 지낸다는 것은 오늘날에는 이해할 수 없는 방식으로 규정되는 걸 감수하는 일이었다는 것이다. 그것은 다른 모든 것을 흡수하는, 가장 중요한 정체성의 요소였다.

오늘날 '당신은 어떤 사람인가요who are you?'라는 질문은 '당신은 어떤 일을 하시나요?'를 에두르는 표현이다. 그리고 보통 여기에는 '변호사, 학자, 치료사, 편집자, 전기 기사'라는 식의 대답이 뒤따른다. 이런 대답이 그 사람이 어떤 사람인지를 가장 정확하게 표현한다고 간주하기 때문이다. 그러니까 사람들에게 당신이 어떤 사람인지를 말하면, 당신이 어떤 존재인지what you are를 미루어 짐작할 수 있다고 생각하는 것이다. 공산당원들이 살았던 세상에서는 "밖에서" 어떤 일을 하는지는 별로 중요하지 않았다. 정체성을 규정하는 중요한 질문은 "당신은 어떤 종류의 공산당원인가?"였다.

물론 이 질문은 잔인한 폭정—"민주집중제"에 내재한 모든 폐단을 길러낸 폭정—을 낳았고, 많고 많은 공산당원들은 "당신은 어떤 종류의 공산당원인가, 동지?"라는 미명하에 주고받았던 그 모든 잔인함을 떠올리며 두려움과 자기혐오를 느낀다.

하지만 훨씬 진실에 가까운 것은 공산당원들은 대체로 마치 오웰이 스페인을 떠올리듯 그 신조를 떠올린다는 것이다. 여성과 남성이 진실된 동지애를 경험하고 가치와 존재에 관한 깊이 있는 사회주의적 정의를 통해 동등해지던 한 시절과 장소의 특징으로, 노동이 그 모든 중간계급 사회가 지향하던 위계적인 가치를 잃고 모든 노동은 동일한 가치를 가진다—다시 말해서 모든 노동은 새로운 사회, 건설 중인 사회, 오게 될 사회를 위해 수행되고 있다—는 사실에 복속되는 선구적인 사회의 특징과 아주 유사한 경험으로 말이다. 대부분의 공산당원들이 "그 삶을 살아내는" 동안 이런 상황감각이 지배적이었다는 말은 과장이 아닌 것 같다.

일상 활동의 범상함과 임박한 혁명

역사학자 시어도어 드레이퍼는 이렇게 말했다. "일상적인 조직 관련 잡무들과 정치 작전, 권력투쟁에서 이상은 별다른 역할을 하지 않는다. 하지만 영원히 좌초된 이상의 추구는 혁명운동에 각별한 면모를 부여한다. …… 그것이 없었더라면 그 많은 비극은 그저 추악하기만 했으리라."

대부분의 공산당원들에게서 확인되는 공통 경험에서 놀라운 부분은 드레이퍼가 말한 "영원히 좌초된 이상의 추구"와 짝을 이루는 일상적인 당 활동의 범상함이다. 수천의 공산당원들에게 공산당원으로 지낸다는 것은 《데일리워커》를 팔고, 등사 유인물을 돌리고, 길모퉁이에서 연설을 하고, 지역 선거와 전국 선거에 맞춰 호별 방문 유세를 하고, 세입자의 권리나 복지 수급권이나 실업자수당을 위해 동네 모임을 조직하고, 당이나 법적 소송이나 보석금이나 노조투쟁을 위해 돈을 걷는 수년간의 세월을 의미했다. 이들은 공산당 당사에 발을 들여본 적도, 중앙위원회 위원과 눈을 맞춰본 적도, 당의 중요한 회의나 대회에 참석해본 적도 없었다. 하지만 이 모든 지리멸렬한 범상함은 마르크스주의 이상이라는 새로운 생명이 꾸준히 샘솟는 비전—동지애라는 유대와 "임박한 혁명"—을 통해 길러지고 영양을 공급받고 상쇄되고 견뎌내졌다.

세라 고든은 머리를 움켜쥐고 앓는 소리를 한다. "젠장! 내가 《데일리워커》 파는 걸 얼마나 싫어했다구! 겁이 나서 울렁대는 심장을 안고 토요일 밤이면 동네 극장 앞에 서가지고 사람들한테 그 신문을 내밀면 사람들은 날 피하거나 밀치거나 심지어는 얼굴에 침을 뱉었다니까. 그게 너무 무서웠어. 수년 동안 매주 토요일 밤이 오는 게 그렇게 무서울 수가 없었어요. 그리고 그다음에는 선거 유세가 있었지! 그것도 너무 끔찍했어. 아주머니들은 내가 세 단어도 말하기 전에 면전에서 문을 쾅 닫아버렸고—그리고 그분이 사회주의자면 문을 더 세게 닫았지—그러면 나는 토할 것 같은 기분으로 그 앞에 서 있었어. 나한테 천 번은 말했을 거야. 저 사람이 거부하는 건 **네** 얼굴이 아니야…… 맙소사, 자근자근 짓밟히는 기분이었어. 그래도 그 일을 했어요, 그걸 했지. 그걸 안 하면 다음 날 동지들 얼굴을 볼 수가 없으니까. 그리고 우린 다 똑같은 이유로 그 일을 했어요. 서로한테 떳떳해야 했으니까. 그 구역감을 억누르고 그걸 하러 가지 않으면 서로를 배신하는 거였으니까. 근데 말이에요, 사람들은 그걸 절대 이해 못해요. 사람들은 우리한테 그러죠, '공산당이 너희들한테 채찍질을 한 거잖아.' 사람들은 이해를 못해. 채찍은 우리 각자 내부에 있었어. 우리가 그걸 우리 자신한테 휘두른 거라구. 서로한테가 아니라."

초인종을 누르거나 《데일리워커》를 배포하는 일은 헤아릴 수 없이 많은 이들에게 고역이었지만, 세라의 말처럼 당과 그 안에 있는 모든 사람이 각자에게 도덕적 책임감의 근원이 되었다. 세라는 당에 있는 세월 동안 자신에게 요구되는 일이라면 뭐든—감옥에 가는 것까지 포함해서—했으리라. 그렇게 하지 않으면 외톨이가 될 것이라는 생각에. 이 부분에 있어서는 벤 살츠먼도, 셀마 가딘스키도, 다이애나 마이클스도, 짐 홀브룩과 폴 레빈슨과 메이슨 구드도 마찬가지였다.

이 도덕적 책임감의 연장선상에는 1930년대와 1940년대에 대부분의 공산당원들이 품고 있던 "임박한 혁명"이라는 놀라울 정도로 구체적인 비전이 있다. 셀마 가딘스키는 뉴욕에서 처음으로 공산당에 가입했을 때 지국 책임자가 어느 날 자신을 데리고 뉴욕 센트럴파크 주변을 거닐었던 일을 묘사한다. "저 아름다운 고급주택들이 보이나?" 책임자는 센트럴파크 웨스트 쪽으로 가리키며 물었다. "노동자들이 피와 뼈로 저걸 지었지. 그런데 노동자들이 저 안에 살고 있나? 아니지!" 책임자는 격앙된 어조로 말했다. 하지만 그는 혁명이 이 모든 상황을 바로잡을 거라고 셀마를 안심시켰다. "그게 언젠데요?" 셀마가 물었다. "10년 내에." 책임자가 차분하게 대답했다. 셀마는 몇 년 뒤 워싱턴에서 열린 로젠버그 부부 구명 시위에 참석했다가 이 조직가를 만났다고 첨언한다. "10년이 참 기네요," 셀마는 몇 년 만에 만난 그에게 이렇게 말했다.

블로섬 시드도 1930년대에 법정에서 태연하게 "다들 혁명이 임박하다는 걸 알고 있습니다"라고 말했던 유명한 좌파 변호사에 대한 비슷한 이야기를 들려준다. 휴정 시간이 되자 당에서 온 어떤 사람이 이 변호사에게 "그 말은 오류였소. 우린 절대 그렇게 말하지 않아요"라고 말했다. 이 변호사는 법정으로 돌아가 정정했다. "신사 숙녀 여러분, 제가 오늘 오전에 실수를 했습니다. 저는 혁명이 임박했다고 말했습니다만, 아마 혁명은 향후 10년 동안은 오지 않을 것입니다."

하지만 사실 그의 믿음은 그렇지 않았다. 그는 혁명이 임박했다고 믿었다. 그리고 대부분의 공산당원들이 그랬다. 정치적 시대라는 감각이 어찌나 강렬하게 차올랐던지 사람들은 입안에서 그 맛을 느낄 수 있을 정도였다. 해외에서는 파시즘이, 국내에서는 뉴딜이, 전 세계적으로는 사회주의가 기세를 올리고 있었고, 중국에서 귀국한 에드거 스노*는 "그곳도 마찬가지야!"라고 선언했다. 하루하루 마르크스주의 혁명을 향해 온 세상에 달음박질치고 있는 그 울림이 전해지는 것 같았다. 유럽에서 나쁜 일이 벌어질수록 임박한 사회주의의 폭발에는 더 좋은 징조처럼 보였다……

그리고 공산당이 만들어내는 세상의 오롯함이 얼마나 완벽하고 얼마나 깊이 전해졌던지 예측 불가능한 미래가 아니라

★　1905~1972. 미국의 저널리스트이자 작가. 대표작으로 중국혁명의 과정을 담은《중국의 붉은 별》이 있다.

지금 당장, 오늘, 내일, 분명 내가 살아 있는 동안에 당이 혁명을 일으킬 수 있다고 믿지 않는 게 불가능할 지경이었다. 그 오롯함, 그 깊이, 그 규모, 그 흠잡을 데 없는 순환성은 형용하기 어렵다. 그 악력을 이해하려면 직접 삶으로 겪어봐야만 했다.

공산당 세상의 오롯함

디나 샤피로는 로스앤젤레스 의류지구에서 옷을 만드는 70세 여성이다. 그는 후줄근한 야자나무 세 그루가 심어진 타일 인테리어의 마당이 있는 할리우드의 청옥색 아파트에 거주한다. 남부 캘리포니아의 태양이 디나의 안경에, 디나의 옹이진 손가락에서 춤을 추는 바늘에 반사되며 반짝인다. 주차장이 내다보이는 창문가에서 레이스 무늬의 비닐보가 덮인 테이블에 앉아 나와 함께 차를 마시는 동안 디나는 무릎 위에 올려놓은 치맛단을 바늘로 꿰매고 있다.

"내가 바느질을 하고 싶어서 하는 거 같아요?" 디나가 질문을 던지더니 자신의 질문에 이디시어로 답하며 어깨를 으쓱한다. "바느질을 안 하면 관절염 때문에 완전히 불구가 될지도 몰라서 하는 거예요. 난 손을 계속 움직여야 돼. 안 그러면 완전히 굳어버리거든. 그럼 손도 못 쓰지만 통증이 말할 수 없이 끔찍해."

나는 디나를 바라보며 생각한다. 디나, "관절염" 대신 '공산주의의 상실'을 넣어도 될 거 같아요, 그럼 당신의 삶을 설명하는 데 크게 도움이 되겠어요.

디나 샤피로는 관절염이 있는 손가락만 빼면 실제 나이보다 열다섯 살은 젊어 보인다. 날렵하고 우아한 체격에 짧고 숱이 많으며 회색과 검은색이 뒤섞인 머리칼, 꼿꼿한 걸음걸이와 분명하고 생기 있는 목소리 덕분인 듯싶다. 디나는 아직도 노조 일에 적극적이고, 활발한 지역 일꾼이며, 공산당원이다. 베트남전쟁 반대 행진에 참가했고, 앤절라 데이비스* 재판에 매일 들락거렸으며, 지금은 [상추 수확 노동자와 연대한다는 의미에서] 상추를 보이콧하고, "동조적인" 행인들에게 《민중세상People's World》**을 들이민다. 그리고 헝가리와 체코슬로바키아 사건에 대해, 그리고 흑인, 학생, 여성들이 수행하고 있는 사회혁명이 "분열을 조장"하고 있다는 생각을 당신에게 거리낌 없이 "설명"할 것이다. (물론 디나는 절대로 사회혁명이라는 표현을 쓰지 않는다. "아나키"라고 코웃음을 친다. "순진하고 단순한 아나키.")

디나 샤피로는 40년간 공산당원이었다. 시카고의 의류 공장에서 눈에 띌 정도로 호전적인 노조원이었던 그는 1934년 [1934년부터 1945년까지 미국공산당 당 대표를 역임한] 얼 브라우더의 형을 통해 공산당에 입당하게 되었다. 디나는 벨 로스먼이

---

*   1940~ . 미국의 학자이자 활동가로 1969년 UCLA 철학과 교수로 임용되었다가 공산당원이라는 이유로 해임되는가 하면 살인 사건에 연루되어 투옥되었다가 석방되기도 했다. 1980년대에는 공산당 부통령 후보로 두 차례 출마한 바 있다.

** 미국 서부에서 《데일리워커》와 같은 위상을 갖던 좌파 신문으로 1938년 창간 당시에는 일간지(《피플스 데일리월드People's Daily World》)로 발행되다가 1957년부터 주간지로 발행되었다.

그랬듯 걸어다니는 폭약이었다. 디나가 입을 열면 2천 명이 노
조 강당에 운집했고, 디나가 기계에 손을 올리면 공장 전체가
멈춰 섰다. 당은 디나에게 조직 업무를 교육시키고 싶어 했지
만 그는 거절했다. "나는 노동자로 남고 싶었어," 디나가 고개
를 좀 더 높이 들며 말한다. "간부가 되긴 싫었어."

그럼에도 그는 정말 공산당원이 되었다. "당은 나한테는 성
역 같은 거였지. 당에 가입하기 전에도 난 공산주의자였어. 근
데 이젠 진짜 공산당원이 된 거지. 갑자기 그냥 마음대로 말하
면 안 될 것 같더라구. 이제 난 당에 대한 책임감이 있었으니까.
일종의 대변인처럼 말이에요. 책임의 **무게감**을 느꼈던 거지."

정확히 어떻게 그 무게감을 느꼈나요, 디나? 어디서? 언
제? 어떤 상황에서?

"모든 곳에서. 항상. 모든 상황에서지. 있잖아요, 그건 **상황**
의 문제가 아니었어. 우리가 사는 세상이 그냥 상황이었지. 공
산당이 상황이었고, 공산당원이라는 게 상황이었어요. 공산당
원으로서의 삶은 어디에나 있었다우. 공장에도, 집에도, 회의
를 할 때도, 동네에서도. 난 언제든 공산당원이었어요. 공산당
원이 아닌 때는 없는 거야. 당원 모임에 가거나, 당에서 내준 과
제를 수행하거나, 당의 지시 사항을 따르거나 전달할 때만이
아니라…… 우유를 사러 가게에 갈 때도, 영화를 보러 갈 때도,
파티나 회의에 갈 때도, 공장에서 투표를 할 때도, 애가 아픈 옆
기계 여자 대신 그날의 마지막 옷 두 벌을 만들어줄 때도, 거스
름돈이 부족한 점원에게 1달러를 돌려줄 때도, 집주인한테 내
쫓길 위험에 처한 무지한 이웃을 세입자협회에 보낼 때도 난

미국 공산주의라는 로맨스

공산당원이었지. 그건 다 한 덩어리였어. 그 삶은 하나였다고. 내 인생 어디에도 내가 누구인지 무엇인지를 모르겠는 그런 구석은 없었다고…… 아 맞아! 그렇게 살았지."

"그렇지만 말이야," 디나가 활짝 웃으며 말한다. "걱정하지 말아요. 그 시절은 다시 올 거야, 다시 올 거라고. 그리고 그동안 나는 레닌의 조언을 따를 거야. 인내와 아이러니. 그 시절이 다시 올 거라는 걸 아니까 난 기다릴 수 있어."

아서 체슬러에게 역시 가장 강렬한 기억은 공산당원으로서의 삶을 꽉 채우던 오롯함이었다. "사적인 발언"을 하는 데 많은 어려움이 있는 이 전직 당 간부는 유토피아적 비전과 생활, 사랑, 우정, 관심사, 활동의 일상성과 당 내부의 충만한 삶이 서로 해체 불가능하게 뒤얽힌 그물망에 대해 이야기하고 또 이야기한다.

체슬러는 자기 인생 최고의 시간은 몇 년 동안 자신이 만나고 조직한 ILGWU(국제여성복노동조합International Ladies Garment Workers Union)의 몇 안 되는 공산당원들과 정기적으로 갖던 모임이 열릴 때였다고 말한다. 이 노동자들과의 만남이 우리는 하나라는 느낌으로 가장 생기 넘치고, 밀접하고, 끈끈했다고.

"물론," 아서는 건조하게 덧붙인다. "그건 환상 같은 거였어요, 그 일체감 말이에요. 어쨌든 난 다음 날 아침 7시에 일어나서 공장에 가야 하는 건 아니었으니까. 그래도 거기엔 그게 있었어요. 그 방 바로 거기서 마르크스주의가 살아 움직였다구요. 난 항상 그런 기분에 휩싸였어요, 아드레날린이 혈관을 막 돌아다니는 것처럼 말이에요. 그리고 어딜 가든 그런 기분을 달고 다녔죠. 내 삶에서 다른 모든 상황에도 그 기분을 달고 다녔어요, 결혼, 당에서 뭔가를 결정할 때, 지적인 토론을 할 때, 좋은 시간을 보낼 때 말이에요. 그 기분은 항상 내 안에서 반짝이면서 살아 있었어요. 그건 나치와 소련의 불가침조약보다 더 막강했고, [미국공산당 해산에 관한 의견을 제시한] 뒤클로 서한*보다 더 막강했고, 제20차 당대회 보고서보다도 더 막강하다시피 했죠. 그건 모든 걸 연결시켰고, 모든 걸 한데 묶어냈고, 당이 아니었다면 조각조각 분열과 고립만 떠다녔을 곳에서 완전한 오롯함을 만들어냈어요."

"사람들은 그 오롯함에 대해서 비웃으며 얘기하잖아요. 결국 쾨슬러도 비웃었죠. 사람들이 독립적인 판단력을 포기하게 만든 악마—마르크스주의가 폐쇄된 시스템이라는 증거—가 바로 이 오롯함이라는 듯이. 이 사람들은 그건 완성의 욕구가 최소한 지적 자유의 욕구만큼이나 강렬하다는 의미라는 생각은 왜 못했을까? 그래서 이 두 가지 욕구가 충돌할 때, 오롯함을 지적 통찰의 **수단**으로 바라보고 그렇게 느꼈던 사람들에게는 그날이 슬픈 날이라는 의미라는 생각은 왜 못했을까?"

앞선 의류 노동자 혹은 전직 당 간부와는 여러 면에서 완

★   프랑스공산당의 유력인사이자 스탈린주의자였던 자크 뒤클로가 1945년 작성한 〈미국공산당의 해산에 관하여〉라는 제목의 공개 문서로, 당시 미국공산당 당수였던 얼 브라우더의 전시 계급 평화 정책에 대한 비판을 골자로 한다. 이 서한을 계기로 얼 브라우더가 당에서 축출되고 미국공산당은 윌리엄 Z. 포스터를 중심으로 스탈린주의적 기조를 강화하게 된다.

전 딴판인 노마 레이먼드는 눈에는 아이러니한 미소가 가득하고 입술은 살짝 팽팽한 선을 그리며 함께 내민 상태로, 아서 체슬러의 말을 전해 듣고는 서글프게 고개를 끄덕인다.

57세의 나이에도 여전히 아름다운 노마 레이먼드—검은색 눈동자와 검은색 머리칼, 경이로운 웃음—에게는 공산당의 펄 메스타**라는 별칭이 있었다. 남편이자 당의 언론인이었던 찰스 레이먼드와 노마는 수년간 당의 "스타"였다. 지적이고 특권층에 속했으며 인맥이 넓었던 이들은 전쟁기에는 찰스가 [1924년 《데일리워커》가 발행되기 전 약 3년간 발행된 주간지] 《워커 Worker》 통신원으로 일하던 워싱턴에서 지냈고, 그다음에는 샌프란시스코로 옮겨갔다. 거기서 찰스는 (서부에서 《워커》와 같은 위상을 가지던) 《민중세상》에 계속 글을 썼다. 노마는 손님을 융숭하게 대접했고, 레이먼드 부부의 집은 근 20년 동안 파티장이었다. 노마는 그걸 가장 잘, 가장 독립적으로 이용할 줄 알았고, 그로 인해 쓴맛을 톡톡히 보기도 했다. 1952년 찰스 레이먼드는 "행방불명" 상태가 되었다. 그러니까 지하로 들어갔다. 그와 노마는 3년간 따로 지내면서 1년에 두 번 두려움과 불안에 떨며 만났다. 그 시절을 이야기하는 지금 노마는 놀랍다는 듯이 고개를 저으며 말한다. "솔직히 당이 어떻게 그런 결론에 도달했는지 죽었다 깨어나도 이해 못 할 거 같아요. 중간급들을 지하로 보내다니. 나중에 우리끼리는 중앙위원회의 누군가가 파

** 1889~1975. 정치인이자 룩셈부르크 주재 미국 대사로, 미국 사교계의 명사였다. 메스타의 파티에 초대되었다는 것이 워싱턴 정치사회의 유명인사가 되었다는 신호일 정도였다고 한다.

시스트가 쫓아오면 어떻게 해야 할지 1919년쯤에 적어놓은 불가리아의 계획서를 입수해서 '이 방법을 써야겠다'라고 한 것 같다 그랬지."

노마 레이먼드는 이제 이런 말을 하는 공산당원 중 한 명이다(그리고 꽤 많은 이들이 이런 말을 한다). "우린 평생 공산당원은 특별한 틀에 찍혀 나온 사람들이라는 소리를 들었고 실제로 그렇게 믿었어요. 그런데 그게 아니에요. 밖에서도 여러 훌륭한 사람들이 미국인의 삶이라는 테두리 안에서 많은 일을 하고 있는데 단지 우리가 보거나 인정할 수 없었던 것뿐이지. 이 모든 걸 뒤로하고 이제 난 사회복지사로 일하고 있고 내 동료들은ー이 중에는 공산당원은 한 명도 없어요ー과거나 현재의 나만큼이나 다들 훌륭한 사람들이에요."

그럼에도 공산당원으로 보냈던 세월에 대한 노마의 충직함은 완강한데, 그 이유는 디나 샤피로, 아서 체슬러와 동일하다. 공산당원으로서 경험했던 세상의 오롯함에 대한 기억.

노마가 말한다. "열다섯 살 때부터 평생 당은 정치적이든 개인적이든, 사랑이든 동지애든, 모든 위기를 겪는 동안 저를 지켜준 든든한 지원 시스템이었어요. 당은 늘 나를 구해줄 준비를 하고서, 늘 나를 위해 그곳에 있었죠. 찰리가 행방불명 상태에 들어갔을 때 당에 있는 사람들이 다 갖다줬어요, 치킨수프부터 아파트까지, 애들 옷부터 비행기표까지…… 말만 하면 다 가져다줬지. 그리고 그걸 떠나서, 위기 상황을 떠나서, 당은 완전한 세계였어. 우리 애들을 보내던 학교부터, 가족 풍습, 사회생활, 질 높은 우정, 의사에, 치과의사에, 청소부까지. 생활의 온갖 것을 받쳐주는 토대가 있어서 그게 일상적인 결정, 기준, 관찰, 모든 것에 속속들이 영향을 미쳤던 거예요! 그걸 피부로 겪어보지 않은 사람은 그게 어떤 건지, 아니면 어째서 포기하는 게 그렇게 힘든지 알 길이 없지. 요즘 사람들은 공동체를 그리워하잖아요. 그게 없으니까 시름시름 죽어가고. 공동체는 법 같은 걸로 만들 수 있는 게 아니에요. 그건 사회적인 토양에서 자라나는 유기적인 성질을 지닌 거지. 사람들이 함께 공유하는 이상이에요. 그게 공동체죠. 다른 어떤 걸로도 공동체를 만들어낼 수 없을 거예요. 그런데 우리한테는 그게 있었단 말이야. 자신에게, 서로에게, 우리가 살아가는 세상에, 우리가 만드는 세상에 의식적으로든 무의식적으로든 대응할 때 공동체가 있었죠. 잘한 것도 있고 잘못한 것도 있고, 오류도 있고, 맹목적인 친소주의에, 민주집중제에, 그 온갖 일이 있었어도 말이에요. 공산당원으로서 우리의 삶에는 공동체가 있었어. 공동체로 통합된 삶을 살았다고요. 서로 연결되어 있다는 벅찬 감각이 있었어. 그건 모든 세련된 삶의 심장이자 혼이지. 우리 혈관 안에 좋은 와인이 좀 흘러 다니는 정도가 아니라, 그 삶은 그 자체가 산해진미였어."

세세한 일상에서 그 공산당의 오롯함이라는 게 어떤 모습이었는지를 보여주고 싶은 사람이라면 어쩔 수 없이 에릭 란제티 같은 사람에게 끌리게 된다. 1938년의 뉴욕, **자신의** 로어이스트사이드 거리를 걸어가는 란제티는 **그 자체로** 공산당의 오롯함이었다.

내가 그를 만난 그 여름, 62세의 에릭 란제티는 돌개바람처럼 날랜 사람이다. 살집이 없는 중간 체격에, 청년 같은 검은 눈과 아름다운 민머리, 그리고 끝이 뾰족한 스페이드 모양의 흰 수염이 인상적인 란제티—여성과 자녀, 손주, 손주뻘의 아이들에 둘러싸인 피카소처럼 끊임없이 생명을 재생시키는 분위기를 풍기는 좌파 지식인(끝없이 책과 기사와 팸플릿을 쓰는 저술가)—는 사실과 일화와 분석과 좌파와 미국에 관한 전쟁담을 버무려 열정적이고 격앙된 어조로 말할 줄 아는, 그렇게 패기와 젊음과 매력을 뿜어내는 그런 사람이다.

란제티는 내 논지—공산당 경험의 핵심에는 열정이 있다는—가 반동적인 경박함이라고 깔아뭉개며 질색하는 그런 마르크스주의자 중 한 명이기도 하다. 하지만 그는 나를 비방하거나 일축하는 대신 "이해"시키기로 결심했다. 7월의 어느 찌는 듯한 밤 9시에 로어맨해튼에 있는 란제티의 집 거실에 내가 자리를 잡자 그가 이야기를 시작한다. 새벽 네 시에도 란제티는 여전히 쌩쌩하고 나는 흠씬 두들겨 맞은 사람처럼 맥을 못 춘다. 맥을 못 추지만 최면에 걸린 듯 홀려 있다. 란제티의 이야기가 청산유수처럼 흘러갈 때 가장 놀라운 부분은 경이롭고 짜릿하게 저잣거리의 언어와 지식인의 언어를 뒤섞어 빠르고 권위적인 어조로 이야기하면서 손으로는 꾸준히 허공을 가르며 강조하는 몸짓을 하는 동안, 갈망과 애원이 담긴 그의 눈이 (열두 살 정도밖에 되지 않은 아이처럼) 아주 어려 보인다는 점이다. 그것은 간청하는 표정, '나에게는 정의가 필요해, 그게 아니면 난 죽어'라고 말하는 표정이다. 나는 란제티의 눈에 담긴 표정에 집중하다가 그에게 두려움을 느낀다.

에릭 란제티는 이탈리아를 향해 서서히 다가오고 있는 파시즘을 피해 1924년에 미국으로 이주한 한 이탈리아 사회주의자의 아들로 태어났다. 로마에서 공무원이었던 아버지는 미국에서는 광부가 되었고 에릭은 웨스트버지니아의 한 탄광촌에서 자랐다. 웨스트버지니아에 살던 시절 이 소년에게는 두 가지 일이 일어났다. 난데없이 아웃사이더가 되는 바람에 감정적인 트라우마를 겪고, 광부들의 삶에서 깊은 인상을 받은 것이었다. 이 두 가지 영향은 에릭이 아버지의 사회주의에 열정적인 관심을 갖게 만들었다.

에릭은 아주 똑똑한 아이였다. 두뇌와 추진력, 그리고 성격이 합쳐지면서 그는 자신이 살 수밖에 없는 삶을, 사건과 몰두와 크고 드라마 같은 일들이 가득한 그런 삶을 살았다. 그와 같은 배경을 가진 누군가가 아이비리그 대학에 간다는 건 생각도 못하던 시절에 그는 브라운대학에 장학생으로 들어갔다. 브라운대에서는 희곡과 문학에 끌렸다고 말하지만 그가 그렇게 말하는 순간에도 그게 얼마나 비현실적인지가 느껴진다. 사치스러운 꿈 같은 문학, 자신의 의식이 계급투쟁의 정치와 그 압도적인 감각 쪽으로 끌리고 있다는 걸 알아차리기도 전에 의식의 가장자리에서 아쉬운 듯 맴돌다 뽑혀나간 갈망. 1935년에 브라운대를 졸업한 그는 옥스퍼드에 장학금을 받고 가게 되었다. 그리고 1936년에 옥스퍼드에 가는 길에 스페인에 잠깐 들러 대체 무슨 일이 벌어지는지 확인해야겠다고 생각했다.

스페인은 그가 일평생 정치에 몸담게 만들었다. 그는 아나키스트들과 함께 싸웠고, 스페인내전이 끝나자 "세상에 대해서 배우기"로—그러니까 진지하게 마르크스주의자가 되기로—결심했다. 결혼하겠다는 결심도 했다. 란제티는 자신이 공산주의자가 된 것은 다가오고 있는 파시스트 전쟁을 막는 데 일조하기 위해서였고, 결혼을 한 것은 개화된 인간관계를 재확인하고 싶어서였다고 거듭 강조한다.

미국으로 돌아온 란제티와 아내(두 사람 모두 잉글랜드공산당 당원이 되었다)는 1938년에 미국공산당에 가입했다. 아주 단기간 만에 이들 부부는 당의 간부직에 올랐고 그해가 끝날 때쯤 란제티는 뉴욕 로어이스트사이드의 지부 조직책이 되었다.

1941년 가을, 당은 란제티에게 파시즘에 맞서 싸우기 위해 만들어진 인민전선 기구의 책임자가 되어달라고 요청했다. 란제티는 동의했고, 당을 나왔다. 두 개의 직책을 동시에 맡지 않기로 합의했기 때문이다. 진주만 공격이 있고 6개월 뒤 그는 미국 정부를 위해 잠시 일했다. 그 직후 [CIA의 전신인 전략사무국의 초대 국장] 윌리엄 도노번이 그에게 전략사무국 일을 하자고 요청해왔다. 도노번은 만일 란제티가 공산당원이라면 자신은 알고 싶지 않다고, "나중에" 무슨 문제가 생길 경우 그건 혼자서 알아서 할 일이라고 아주 은근하게 말했다. (전쟁 기간에 이는 일반적인 관행이었다. 미국의 모든 정부 요원들은 공산당원이 미국 최고의 조직가라는 걸 알았고, 이런 이유로 많은 공산당원이 전시 정보 활동에 징발되었다. 전쟁이 끝나자 미국을 위해 열심히 그리고 우수하게 복무했던 이런 공산당원 다수는 추운 나라에서 돌아온 스파이와 같은 운명을 맞았다.)

란제티는 냉전의 첫 번째 희생자 중 한 명이었다. 그는 전쟁 기간 내내 워싱턴에서 일했고, 전략사무국의 지부 책임자 자리에도 올랐지만 전쟁이 끝나자 좌파라는 이유로 미국 최초로 기소되었다. 자신의 공산당 전력을 정부에 "속인" 죄로. 란제티는 감옥에서 3년을 복역했다. 출소한 뒤 그는 좌파 쪽에서는 냉전의 영웅이 되었고, 우파 쪽에서는 극악무도한 존재가 되었다.

란제티는 자신에게 최고의 시절은 로어이스트사이드에서 보낸 세월이었다고 말한다. 당 내부에서도, 그 주변 세상에서도 가장 강도 높게 완전한 통합을 경험했던 시절이었다고. 1930년대에 로어이스트사이드에서 공산당원의 존재감은 오늘날 유럽에서 그렇듯 생기 넘치고, 영향력이 크고 실질적이었다. 미국에서는 다시없을 시절이었다. 함께하는 삶이 강을 이뤘고, 당시에 경험된 공산당의 세계는 이후 수십 년간 미국 공산당원들의 가장 깊은 꿈에 출몰하곤 했다.

란제티는 미출간 자서전에서 그 시절에 대해 이렇게 썼다고 말한다.

이스트사이드는 …… 도시 내부의 도시, 돈 없는 유대인들의 마을이었다. 여러 언어가 뒤섞이고, 북적이고, 알록달록하고, 심중이 뻔히 보이는, 마치 공기처럼 사람들을 호흡으로 느낄 수 있어서 그 내음이나 움직임을 좋아해버리는 게 더 속 편한 …… 그곳은 뼛속까지 노동계급이고 급진주의자인 자들의 주권국가였다. 남으로는 차이나타운, 서로는 그리니치빌리지, 북으로는 프로테스탄트월드, 그리고 동으로는 그 하천, 요람처럼 부드럽게 일렁이는 그 쓸쓸한 하천이 곧 국경이었다. 우리 공화국에는 자체 신문(《주이시데일리포워드Jewish Daily Forward》《데이Day》《이스트사이드뉴스East Side News》《프라이하이트》《데일리워커》)과 자체 버스가 있었고 …… 톰킨스퀘어는 미국 민중의 삶에 워싱턴스퀘어보다 더 긴 그림자를 드리웠다.

이스트사이드에서 체제는 하나의 단어 이상이었다. 그것은 살아 있는 유기체, 게슈탈트였다. 세부 사항이 너무 복잡하고 고통스러운 자본주의였다. 이스트사이드는 미국에서 정치적으로 대단히 고유했다. 거기엔 사실상 보수진영이 없었다. 뉴딜주의자는 우익이었고, 정치적 스펙트럼은 거기서 출발했다. 사회민주주의자, 사회주의자, 공산주의자, 트로츠키주의자, 아나키스트. 다수당은 민주당이었고 그다음은 노동당, 그다음이 공산당이었다.

란제티의 지부는 2번길부터 이스트강, 14번길에서 딜런시길까지였다. 이 상대적으로 작은 구역을 25만 명이 **빽빽**하게 채우고 있었다. 이 중 3천 명이 공산당원이었다. (이 비율은 오늘날의 이탈리아공산당이나 프랑스공산당과 대략 비슷하다.) 미국 공산당원들이 사람의 바다에서 헤엄치는 물고기처럼 활개 치던 시절은 그전에도 그 후에도 없었다. 로어이스트사이드에 있는 모든 사람이 공산당원을 알았고, 공산당원들은 모두를 알고도 남았다. 모두가 늘―독소협약과 독일의 러시아 침공 사이 몇 달 동안처럼 미움을 살 때마저도―공산당원들이 무슨 생각을 하는지 알고 싶어 했고, 로어이스트사이드 사람들(심지어 등록 민주당원이라 해도!)은 늘 공산당원들에게 제일 먼저 도움을 요청했다. 공산당원들은 다른 어떤 정치 집단보다도 조직적이었고 대응에 능했으며 동네 문제와 대공황기의 삶에 적극적으로 관여했기 때문이다.

란제티의 이야기를 듣고 있다 보면 1930년대에 로어이스트사이드의 공산당은 열정적이며, 쾌활하고 부지런하고 개방적이고 정직한 보이스카우트처럼 느껴진다. 정치 이면의 정치—권모술수, 밀실 협상, 악명 높은 공작—에 대해서는 단 한 마디도 없다. 하지만 공산당이라는 조직이 어떻게 돌아갔는지—지역사회 안에서 사람들과 관계를 맺던 그 밀도—놀라울 정도로 세세하게 설명한다는 점에서는 그의 기억력이 대단히 유용하다. 이는 란제티 같은 공산당원들이 얼마나 신실했던가를 보여주는 눈여겨볼 만한 가늠자이다.

공산당 조직은 전국, 지사, 지국, 지부로 짜여 있었다. 각 층위에는 조직 책임자와 교육 담당자, 교육 비서, 문건 책임자가 있었다. 전국 조직은 지사를, 지사는 지국을, 지국은 지부를 책임졌다. 지국은 모든 근린 단위 지부의 요구뿐만 아니라 당과 연계된 모든 대중 조직과 그 경계 안에 있는 산업 라인을 따라 조직된 당의 모든 지부의 요구까지 총괄했다. 나아가 지국은 그 경계 안에서 당의 영향권 밖에 있는 모든 대중 조직과 모든 근린 조직, 모든 지역 정치클럽과 맺는 어느 정도 적극적인 관계까지도 책임졌다.

란제티의 지국에는 30개의 지부가 있었다(한 지부에는 대략 15명이 속했다). 이 중 28개 지부는 공개 조직이었고(그러니까 대중에게 알려져 있었고), 2개는 비밀 조직이었다(교사지부 2개). 근린의 지부들은 격주로 사적인 모임을(서로의 집에서), 또 다른 격주로는 공개 모임을 (누구든 길을 가다가 들어와서 모임에 참여할 수 있는 공산당 당사에서) 가졌다.

지부 단위의 개별 공산당원의 경우, 활동 시간의 5분의 4 정도는 당의 지시 사항을 따랐고, 5분의 1은 자기 뜻대로 썼다. 그러니까 자기 의지에 따라 동네에서 하루 중 벌어지는 일에 대응하도록 되어 있었다. ("그게 정확히 무슨 말이에요?" 내가 란제티에게 묻는다. "아," 그가 대답한다. "유죄 판결을 받은 세입자나 아픈 동지가 있을 수도 있고, 파업 시위에 참여하거나 선거 기간 동안 유세를 해야 할 수도 있고, 아니면 동네에 교통 신호등이 필요하다든지, 가게 주인이 소방 부서와 문제가 있을 수도 있고." 그가 씩 웃으며 말한다. "알잖아요, 지역 민주당이 하는 거랑 똑같아. 우리가 항상 제일 먼저 간다 뿐이지.") 그 외 지부 회원들의 의무로는 1년에 한 번 당에 한 주 치 임금 납부하기, 《데일리워커》 판매하기, 주간 유인물 배포하기가 있었다.

지국의 정규 지부 외에도 로어이스트사이드에 위치한 공장 노조 내부의 당 지부가 있었다. 이 지부들은 등사 작업과 피켓 시위, 유인물 배포를 위해 지국 본부에 언제든 올 수 있었다.

그다음에는 당과 연계된 대중 조직들이 있었는데, 1930년대 로어이스트사이드에서는 국제노동자형제회, 전미흑인회의, 국제변호연맹International Defense League, 실업자협회, 세입자협회Tenants Councils가 그런 곳이었다. 이런 조직들의 장기적인 문제와 요구뿐만 아니라 당면한 실질적인 요구에 대응하는 것도 지국의 몫이었다.

그다음으로는 당과 별다른 연결고리가 없는 조직들이 있었다. 지역의 노조들, 학부모 모임, 교사노조, 그리고 로어이스트사이드에서 가장 중요한 사회복지관과 수천에 달하는 이민자 "향우회"들이 이런 부류에 속했다. 지국은 이런 조직에서 특수한 프로젝트를 진행할 때도 도왔지만 일상적으로 필요한 일반적인 지원을 했고, 연설자도 파견했다.

지역 정치클럽의 경우 노동당과 함께 공산당 지국의 영향력이 가장 컸고, 그다음으로는 민주당이 컸으며 공화당은 가장 영향력이 낮았다. 1930년대에 공산당은 위세가 드높았기에 란제티의 지국은 로어이스트사이드의 지역 조직에 민주당 후보가 출마하면 거부권을 행사하여 막을 수 있었다.

이에 더해 지국은―청년공산주의자연맹을 통해―동네 아이들로 구성된 40~50개의 청소년 클럽을 시작했는데 로어이스트사이드의 아이들은 꽤 거친 편일 때가 많았다. 란제티는 좌파 버전의 플래너건 신부*처럼 말한다. "이런 클럽의 규칙은 절도 금지, 강도질 금지였어. 맥주는 마셔도 되지만 위스키는 안 되고, 주물럭거리는 건 괜찮지만 섹스는 안 되고, 싸움은 할 수 있지만 총이나 칼은 안 되고, 카드놀이는 되지만 도박은 안 됐지. 간단히 말해서 우린 로어이스트사이드 최초의 사회복지사들이었던 거예요. 그리고 대단했지, 애들 반응 말이오. 그리고 그러다 보면 당연히," 그가 웃으며 말한다. "한 번씩 그중에

---

* 1886~1948. 본명은 에드워드 플래너건. 1917년 비행소년을 바로잡기 위한 선교 사업의 하나로 네브래스카주 오마하 근교에 보이스타운을 설립했다.

서 한 놈이 공산당 당사로 기웃대면서 온단 말이야. 그냥 뭐 하는 덴가 싶어서. 클럽에 있는 청년공산주의자연맹 활동가들이 그렇게 열정을 쏟아내는 이 온갖 공산당 활동이 어떤 건가 싶어서."

지국에서 핵심적인 두 가지 과제는 내부 교육과 외부 조직화였다. 교육은 신입 당원의 기초 마르크스-레닌주의 학습 모임 출석, 그다음에는 당의 제퍼슨 학교 출석, 그 이후에는 당에서 발행하는 잡지 《폴리티컬 어페어스 Political Affairs》* 읽기 과제로 이루어졌다. 모든 지부는 1년에 한 번씩 교육 참석자 중 한 명을 선발해서 지국 조직 책임자가 진행하는 고급과정에 보냈다. 이런 세미나에 참석했을 때 당에 가장 쓸모 있을 사람이 아니라 스스로가 거기서 가장 큰 도움을 받을 수 있는 사람을 보내는 개념이었다고 란제티는 주장한다.

조직화 과제는 대단히 도식적이었다. 일차적으로는 전국 선거, 모금 기간, 당원 모집운동 기간의—6주에서 8주에 걸친—집중 활동기가 있었고, 그다음으로는 당사에서 한 주에 한 번 열리는 공개토론이 있었으며, 세 번째는 연설자 부서 운영과 상상할 수 있는 모든 상황에 준비된 연사를 모든 근린 조직에 파견하기, 네 번째는 유인물 배포하기였다. 지부 수준에서는 매주 2천 부 정도의 배포가 이루어졌고, 지국 수준에서는 당면 사안이 보장해주기만 하면 5만~10만 부가 배포되었다. 유

---

* 미국공산당의 월간 간행물로 2006년까지 발행되다가 《민중세상》으로 통합되었다.

인물을 배포하는 데서 공산당원들은 두말할 나위 없이 타의 추종을 불허했다.

에릭 란제티는 1938년부터 1941년까지 이 비범한 각종 활동들을 책임졌다. 그에게 남은 것—오늘날에도 35년 전만큼이나 생생하게—은 통합의 감각이다. 공산당원들이 동네 생활에 어떻게 영향을 미쳤는지, 동네는 지국의 삶에 어떻게 영향을 미쳤는지, 지국은 공산주의자들의 삶에 어떻게 영향을 미쳤는지 같은.

"1930년대에 정치적으로 무슨 일이 일어나든 로어이스트 사이드에서는 모두가 공산당원들이 무슨 일을 하고 있고 무슨 생각을 하는지, 그들은 어떻게 분석하는지 늘 알고 싶어 했지. 사람들은 우리를 미워할 때조차도 여전히 우리를 주목했소. 독소조약이 체결되고 나서 우린 하루아침에 '공산나치'가 돼버렸어. 내가 길을 걸어가면 사람들은 내 얼굴에 침을 뱉다시피 했단 말이야. 근데 그때도 말이야, 난 절대 잊지 못할 거요, 어느 날 딜런시가 지하철역 앞에서 내가 유인물을 돌리고 있었거든. 어떤 유대인 노파가 지하철역에서 나왔어. 늙고 지친 데다 다리는 퉁퉁하고 손에는 쇼핑백을 두 개 들고 있더군. 노파가 나를 보는 순간 피곤하던 안색이 분노로 바뀌는 거라. 노파는 이디시어로 나한테 저주를 퍼붓기 시작했소. 그 말을 전부 알아듣지는 못했지만 무슨 의민지는 대충 알겠더라구. 난 그냥 서서 노파를 쳐다봤지. 아무 말 없이. 노파가 다시 자기 길을 가더라고. 그러다가 다시 돌아왔어. 춥고 바람 부는 매서운 밤이었는데 난 얇은 재킷만 걸치고 있었거든. 그 노파가 나한테 오더니 목에 있던 스카프를 푸는 거야. '이런 똥강아지 같으니라구,' 노파가 말했지. '이런 밤에 그런 옷차림으로 뭘 하고 있는 거야? 폐렴 걸려.' 그러더니 그 스카프를 내 목에 둘러주더군."

"독일이 러시아를 침공했을 때 다들 난리도 아니었지. 순전한 안도감이 무슨 열병처럼 동네를 휩쓸었어. 그 밤을 어떻게 잊겠어! 우린 유인물을 10만 장은 돌렸을 거요. 그리고 내 말이 안 믿기겠지만 그날 밤 그걸 배포하는 데는 아무 문제가 없었어. 유인물이 기계에서 나오는 속도하고 사람들이 우리한테서 그걸 뺏어가는 속도가 같았거든. 사람들은 **다른 누가** 말하든 신경도 안 썼어. 민주당도, 《타임스》도, 라디오도, 아무 데도 관심이 없었지. 공산당에서 뭐라고 말하는지만 알고 싶어 했다는 거 아니야."

란제티는 의자에 기대더니 담배에 불을 붙이고 점점 줄어들고 있는 스카치소다를 다시 채우며 자신의 안락한 거실을 돌아본다. 그가 입을 연다. "그리고 물론 그 동네가 우리한테 미친 영향은 막대했소. 막대하고말고. 생각을 해봐요." 그가 펼친 손바닥을 앞으로 내밀며 몸을 앞으로 기울인다. "모든 사람에게는 품위가 있지. 게으름, 무기력함도 있고. 이런 밤에 내가 여기 앉아서 선생한테 얘길 하고 있잖아. 내가 뭘 원할까? 난 선생한테 계속 얘길 하고 싶어. 그런데 집회나, 돌려야 할 리플릿이나, 나서야 할 캠페인이 있단 말이야. 그럼 난 가는 거야. 조직은 나에게 부끄러움을 일깨우지. 내가 내면의 더 하찮은 욕망에 굴복하게 내버려두지 않고, 내 안에서 가장 멋진 욕망에 따라 실천하게 만든다고. 근데 그 조직이 공산당이었단 말씀이야. 하지만 그 거리와 그 사람들의 현실이 아니었다면, 내 말 믿어요, 그 조직은 많이 어설펐을 거요. 우리를 그렇게 훌륭한 공산당원으로 만든 건 바로 로어이스트사이드였어. 우린 서로 잘 맞았고 서로를 길러냈지."

"그리고 이 모든 게 숱한 공산당원들한테, 개별적으로 말이야, 무슨 영향을 미쳤겠소! 아, 전형적인 예는 이런 거지. 다른 여러 가지가 있었지만 이 사례가 내 기억에 남아서 말이야. 어떤 지부에 젊은 여성이 있었소. 릴리라고. 릴리는 내가 하는 고급과정 수업을 들은 사람이었거든. 뭐 세상에서 제일 똑똑한 그런 사람은 아니었지만 성실하고 양심적인 공산당원이었소. 계급의식도 투철했고. 릴리는 리빙턴가에서 아버지와 단둘이 살았어. 이 나이 든 양반은 딸한테, 아니면 딸의 정치 활동이나 뭐든지 간에 절대 아무 관심도 없는 정통 유대인이었단 말이야. 릴리는 아침이면 아버지 식사를 챙겼고, 출근했다가 집에 와서 아버지 저녁 식사를 만들어놓고, 다시 모임에 갔다가 집에 와서 아버지한테 뜨거운 우유를 만들어드렸어. 그런 식이었지. 이 노인은 온종일 앉아서 《탈무드》만 읽었어. 집안을 꾸려가는 건 전적으로 릴리 몫이었어. 릴리가 일을 하지 않으면 두 사람은 손가락만 빨았을 거요. 하지만 그 노인은 릴리 아버지였고 릴리는 아버지를 죽도록 무서워했지."

"어느 날 밤 모임이 끝나고 나서 릴리가 나한테 얘기 좀 할 수 있냐고 묻더군. 내가 당연히 괜찮다고 고개를 끄덕이니까 릴리가 앉더니 이야기를 시작하는 거야. 많이 머뭇대면서 이런 남자랑 사랑에 빠진 상태라고. 나는 릴리가 이 남자랑 잠자리를 하는 게 겁난다고 말하려는 건 줄 알고 사랑한다면 그런 건 나쁜 게 아니라고 말하려는데…… '아, 아니, 아니, 아니에요.' 릴리가 내 말을 가로막는 거라. '전혀 그렇지는 않아요. 당연히 우린 같이 자는 사이죠. 근데 그 사람이 중국 사람이에요. 아버지한테 우리가 결혼하고 싶다는 말을 하기가 너무 겁나요.'"

"나는 릴리를 빤히 바라봤지. 내가 이런 일에서 대체 뭘 하겠어? 결국 릴리에게 말을 하지. '그럼 혼자서 아버지한테 말하는 게 겁나면 내가 같이 가줄게.' '저랑 같이 가주신다구요?' 릴리가 물어요. '나만이 아니야,' 내가 말했지. '릴리 기분이 더 나아지기만 한다면 사절단을 데려갈게.' '사절단이요?' 릴리가 묻지. '그럼,' 분위기를 탄 내가 말해, '까짓거 공산당을 전부 끌고 가는 거야. 안 될 게 뭐 있어? 릴리에게는 권리가 있어.' '생각해볼게요,' 릴리가 이렇게 말하고는 떠나지."

"아, 물론 난 그 일을 다 잊어버렸고, 그 일은 그렇게 흘러갔어. 그러다가 한 달 뒤에 또 다른 모임이 끝나고 나서 릴리가 다시 불쑥 나한테 다가와요. 입이 귀에 완전 걸려서는. '무슨 일 있었어?' 내가 물어요. '그게,' 릴리가 운을 떼더라고. '아버지한테 무슨 말이든 할 수 있는 용기를 내는 데 이렇게 시간이 걸렸어요. 하지만 지난주 어느 밤에 퇴근하고 집에 가서 아버지 방으로 씩씩하게 다가갔어요. 문가에 서서 이렇게 말했죠. '저 결혼할 거예요.' 아버지가 저를 향해서 고개를 들더니 그냥 한참 빤히 보기만 하시는 거예요. 그러다가 물으셨어요. '유대인이냐?' '아니에요, 아빠,' 제가 말했어요. '그 사람은 유대인이 아니에요. 중국인이에요.' 아버지는 우리 중 한 사람이 제정신이 아

미국 공산주의라는 로맨스

닌데 그게 어느 쪽인지 확신이 들지 않는다고 생각할 때 짓는 익숙한 그 표정으로 저를 뚫어져라 쳐다보셨어요. 하지만 얼마 뒤 확인이 서신 거예요. '네가 내 손에 죽겠구나,' 아버지가 말했어요. 무릎이 후들거리기 시작했어요. 그러다가 갑자기 그 방에 선생님이 저랑 같이 있는 거 같은 거예요. 선생님하고 우리 지부 조직책하고 저랑 같이 일하는 모든 사람이 보였어요. 그리고 마치 공산당 전체가 바로 거기 그 방에 저랑 같이 있는 그런 느낌이 드는 거 있죠. 저는 아버지를 쳐다보고 말했어요. '아버지가 저를 죽이시면 아버지 달걀은 누가 삶아요?' 그랬더니 그다음에는 저한테 입도 벙긋 안 하셨어요. 리와 저는 다음 주에 결혼해요.'"

"몇 년 뒤에 밤에 집회장에서 릴리를 만났소. 난 고발을 당해서 아직 힘들 때였지. 릴리가 내 쪽으로 다가오더니 환하게 웃는 거야. '아버지가 저를 죽이시면 아버지 달걀은 누가 삶아요?'…… 그 생각을 하니까 그 온 세상이 다시 나를 향해 밀려 들어오더라구."

당 소속 노동조합원

수천의 사람들에게 공산당원으로서의 삶은 노동조합원으로서의 삶과 불가분의 관계였다. 이 중 많은 이들은—세상 물정에 빠삭한 조 프리센 같은—자기가 뭘 하고 있는지 대단히 잘 알았지만, 혁명군에 속한 충직한 일개 사병인 사람들도 많았다. 마르크스주의 혁명의 이름으로 미국 노동자들을 조직하기 위해 안간힘을 쓰는 공장에서의 삶, 그것은 마르크스주의가 노동계급의 일상적인 삶과 긴밀하게 연결되어 있다는 느낌, 공산당원으로서 이들의 오롯함이었다. 이 중 많은 이들에게 공산주의와 노동조합주의는 난처함 그 자체였다. 처음에는 쓸모가 있었지만 시간이 지나자 파멸을 몰고 온 것이다. 매기 매코널이 그런 사람이었다.

57세인 매기 매코널은 활기가 넘치고 술을 좋아하며 살집이 있다. 눈은 짙고 선명한 파란색이고 이제 막 희끗해지기 시작한 후광 같은 머리칼은 가볍게 까딱이는 머리를 에워싸고 있다. 노동계급의 유머가 생생하게 살아 있는 언변을 자랑하는 동안 그의 얼굴은 눈부신 미소로 여러 차례 다른 모습이 된다. 매기는 돌연 비정하고 엄격하고 완강해져서 절대 물러서지 않을 수도 있다. 완벽한 당 간부이자 완벽한 노조 대표의 모습이다.

어느 서늘한 가을 저녁 매기가 내가 사는 집 거실 소파에 자리를 잡고 나는 그의 잔에 물을 탄 버번을 채운다. 이 잔은 우리가 함께 보내는 몇 시간 동안 어느 시점까지도 아주 오랫동안 비워지지 않을 것이다. 매기는 이야기를 하는 동안 꾸준히 버번으로 목을 축일 것이고 목소리는 거의 점점 꿀처럼, 위스키처럼 진해질 것이며, 생동하던 그의 화술은 점점 그윽해지다가 서글픈 나른함에 빠져들 것이다…… 그리고 매기는 이야기 중에 자신이 걸친 많은 금붙이—브로치, 귀걸이, 펜던트—를 가리키기도 할 것이다. 어느 순간 그는 내가 그 금붙이에 시선을 두고 있다는 걸 알아차리고 애석하다는 듯이 말한다. "난 늘 아름답고 우아한 것들을 사랑했어요. 옥으로 된 귀걸이가 두 벌 있었는데 시위 중에 첫 번째 귀걸이 한 짝을 잃어버렸어. 작년에는 고향에 있는 술집에서 두 번째 귀걸이 한 짝을 잃어버렸고. 이것만 봐도 내 인생이 어떻게 흘러왔는지 단적으로 알 수 있어요."

매기 매코널은 보스턴 외곽의 작은 공장 마을에서 태어났다. 노동계급이었던 부모님에게는 아이들이 출세하는 걸 보고 싶은 남다른 욕망이 있었다. 부모님 모두 공장에서 일했는데, 아버지는 매기가 아주 풍성하게 물려받은 애주가 특유의 활력이 있었지만, 매기가 대학에 가서 뭔가를 이루고 진지한 사람이 돼야 한다는 어머니의 완고한 고집은 매기의 더 깊은 내면에 영향을 미쳤다. 1935년 매기는 보스턴대학에 들어갔다. (래드클리프*의 등록금은 500달러였고, 보스턴대학은 250달러였다. 당연히 보스턴대학을 선택할 수밖에 없었다.) 공황이 절정일 때였고, 매기는 졸지에 공황기 대학생이 되었다. 체제의 무서움을 아는 반파시즘 스페인 공화파**가 된 것이다. 주위에서 조금이라도 관심이 있는 사람은 전부 공산당원이었다. 천주교인이었던 그는 비교종교학 수업을 듣다가 "담 너머로" 넘어갔다. 그리고 명민한 공산당원이 가르치던 경제학 수업을 통해 정치의식을 갖게 되었다. 1939년 그는 시민연합Citizen's Union에 가입했다. 거기서 정력적

---

* 하버드가 남녀공학이 되기 전 여학생들이 다니던 곳.
** 스페인내전에서 무솔리니와 히틀러의 지원을 등에 업은 프랑코 반란군에 맞서 구성된 인민전선으로, 자유주의자, 사회주의자, 트로츠키주의자, 스탈린주의자, 아나키스트들이 모여 있었다.

인 인생을 사는 데 결정적인 영향을 미친 두 인물을 만나게 되는데, 한 명은 일평생 친구가 된 여성이었고, 다른 한 명은 그의 첫 연인이 된 남자였다. 이 두 사람 모두 열렬한 공산당원이었다. 그해가 다 가기 전에 매기는 공산당에 가입했다.

공황기의 감정적 격랑과 공산주의가 약속한 미래는 매기로 하여금 사회적 성공 같은 건 어떻게 되든 상관없다는 생각에 완전히 빠져들게 만들었다. 미래를 위해 일하는 것이 무엇보다 중요했기 때문이다. 이런 흡인력 때문에, 그리고 공산주의가 "세상을 보여주는 창문을 열어주었다"는 생각이 강력하게 자리한 덕에 그는 당의 조직 책임자가 되었고 그렇게 15년을 지냈다.

그리고 매기의 하늘을 찌를 듯한 사기 뒤에는 당의 분별력이 따라붙었다. "우리 작가 선생님도 아시겠지만," 이렇게 말하는 매기의 목소리 끝에 웃음기가 진하게 배어 있다. "나는 **아일랜드계**였어요. 그게 핵심이었죠. 늘 그게 핵심이었어. 사람들이 날 원했던 건 내가 아일랜드계였기 때문이지." 그리고 실제로 당이 처음으로 한 일은 그를 아일랜드계가 장악하고 있는 보스턴 남부의 한 노조로 파견한 것이었다. 이 사건을 통해 그는 평생토록 노동계급과 함께 일하는 삶으로 전향했다.

보스턴에서 1년을 지내고 난 뒤 매기는 노동자학교 수업을 들을 수 있도록 뉴욕에 보내졌고, 그와 거의 동시에 사무직 노조를 조직하는 일을 맡게 되었다. 매기는 두 손을 펼쳐 들며 파란 눈을 천장 쪽으로 굴린다. "내가 조직화에 대해서 뭘 알았겠어? 하나도 몰랐지! 그건 장악 전술이었어. 난 무서워서 죽을 것 같았지. 하지만 당이 가라고 했고, 그래서 간 거예요. 항상 그런 식이었어, 처음부터 말이에요. 난 규율을 믿었고, 혁명을 믿었고, 내가 이 세상의 중심에 있다고 믿었어. 늘 무서웠지만 늘 스스로를 다독였고, 나의 당을 위해 일했죠. 처음부터 당이 먼저였어요. 필요하다면 뭐든 했을 거고, 가라는 데는 어디든 갔을 거고, 시키는 건 뭐든 했을 거예요. 결혼한 지 몇 달 안됐을 때 당에서 지하로 들어가라고 했는데 그때도 그렇게 할 준비가 되어 있었지."

1943년 매기에게 현장으로 가라는 명령이 내려왔다. 당이 내린 이 결정은 매기의 공산당원으로서의 삶에 풍요로움과 오롯함을 가득 채워 넣었다. 이후 15년 동안 그는 자신이 어디에서 끝나고 당이 어디에서 시작되는지, 당이 어디에서 끝나고 공장에 있는 사람들이 어디에서 시작되는지 분간할 수 없었다. 그는 완전히 통합된 공산당 소속 노조원이 되었다. 그에게 공장에서 벌어지는 모든 크고 작은 투쟁은 혁명을 위한 예비전투였다. 그 결과 그는 노조 활동가 가운데 그 누구보다 오래 일하고, 더 힘든 과제를 수행하고, 더 큰 어려움을 감수하는 비범한 능력을 가진 협상가가 되었다. CIO를 만든 건 매기 같은 사람들이었다.

매기는 전미전기노동자노조United Electrical Workers' Union 산하 조직이 있는 웨스팅하우스 공장의 전기 검수인이 되었고 얼마 안가 공산당원들이 주를 이루는 자기 지부에서 고충처리위원회 대표가 되었다. 그가 웨스팅하우스에 다니기 시작하자 어머니는 울부짖었다. "내가 너 공장에 안 보내려고 손이 닳도록 일했어. 어째서 네가 이런 일을 해?" "내가 어머니한테 뭐라고 하겠어요?" 매기가 말한다. "내가 그런 일을 하는 건 어머니가 노동자였기 때문이라고, 그래서 내가 그런 사람이 된 거라고 어떻게 설명하냐구."

매기는 1950년까지 웨스팅하우스에 있었다. [노동자의 파업권을 제한하는 등 친자본 성향을 띤] 태프트하틀리Taft-Hartley 법이 통과되고, 우익 성향의 국제전기노동자협회International United Electrical가 노조의 경쟁자로 등극하여, 하룻밤 새 전미전기노동자노조의 노조원 수가 급감하고 좌파 노조로서의 위상이 거의 궤멸되던 때였다. 회사에서 해고되고 전국의 공장에서 취업이 금지된 매기는 졸지에 낙동강 오리알 신세가 되었다.

매기가 해고당하자 그 모든 세월 동안 같이 일했던 남자들이 매기에게 말했다. "우린 여기서 진짜배기 노조 사람들은 당신네뿐이라는 걸 알지만, 우리가 뭘 어쩌겠어? 지금 우리한테 필요한 건 충직한 노조야, 그게 아니면 우린 다 끝이라고." 그리고 매기는 말한다. "난 그 사람들을 탓하지 않았어, 그 사람들을 탓하지 않았지. 사람들이 나한테 그래요. 결국 넌 그 사람들(전미전기노동자노조를 말함)을 위해서 희생했는데, 그 사람들이 널 어떻게 대했는지 보라고. 난 **아무것도** 희생하지 않았어요. 난 내가 하고 싶은 걸 했던 거라고. 끝내주는 시절이었고, 내 인생 최고의 시간이었어요. 거기서 의미를 얻었고 삶의 중심을 잡았죠. 내 인생에서 다시는 그런 시절이 오지 않을 거예요. 내가 뭘 희생했다는 거야?"

매기는 서른여섯 살 때 웨스팅하우스 공장의 조립노동자

보 메이슨과 결혼했다. 보는 퇴역 해군이었고, 뼛속까지 아일랜드인이었고 당의 보물이었다. "진정한 노동계급 출신 지식인이죠," 매기가 자랑스럽게 말한다. 그리고 부지런히 술을 마시고, 야생마처럼 거친 남자였던 그는 마흔아홉 살에 알코올중독으로 세상을 떠났다.

"내가 그이한테 끔찍한 짓을 했어, 끔찍한 짓을," 매기가 슬픈 목소리로 말한다. "당에서 나한테 오더니 보가 훌륭한 조직가가 될 것 같은지 묻는 거야. 당에서 그이를 조직책으로 만들고 싶어 했거든. 근데 내가 아니라 그랬어. 아니요, 난 그렇게 생각하지 않는다고. 난 그 사람이 규율을 충분히 잘 따른다고 생각하지 않았거든. 내가 보한테 **그런 짓**을 했어. 노조 사람들한테도 그렇게 했지. 당을 위해서 그랬던 거예요. 하지만 내가 틀렸어! 당이 그렇게 자주 틀렸던 것처럼 말이에요. 그 사람들은 미국의 노동계급을 전혀 이해하지 못했어, 그리고 나 역시 내가 알고 있는 그 사실을 망각해버렸지. 보는 내가 자기한테 무슨 짓을 했는지 전혀 몰랐어요. 하지만 나는 알았지, 그것 때문에 얼마나 마음이 켕기던지."

노조 활동이 와해되자 매기는 깊은 혼란에 빠져들었다. 매기가 당 간부들과 제대로 엮인 적도 없고, 당원이 된 이래로 노조원들하고만 어울렸던 것은 매기에게 공산주의는 곧 노동조합주의였기 때문이다. (오늘날까지 그는 당에 있던 모두가 좋은 사람들이었다고, 우리가 지금 알고 있는 재판이나 축출에 대한 이런 끔찍한 이야기들은 한 번도 들어보지 못했다고 말한다.) 공장에서 쫓겨난 뒤 공산당원으로서 그의 정체성은 급격하게 붕괴하기 시작했고, 당에 대한 뿌리 깊은 숱한 혼란 역시 무서울 정도로 빠른 속도로 수면으로 떠오르기 시작했다.

웨스팅하우스에서 나온 이후 매기는 당을 위해 직접 일하면서 지식인들이 현장에 들어갈 수 있도록 교육하는 일을 맡았다. 그는 이 일을 아주 오래 하지는 못했다. 그의 말에 따르면 당은 길을 잃고 중간계급화되며 와해되고 있었다. "그 사람들은 대체 자기들이 뭘 하고 있는 건지 더 이상 몰랐다구요!" 매기가 분통을 터뜨린다. "맙소사, 내가 맡고 있던 이 노동자 프로젝트의 교육 담당자로 그 사람들은 망할 작업반장을 앉혀놨다니까. 작업반장이라니! 대체 어떻게 작업반장이 공산당원이 될 수 있어? 말도 안 되지!"

물을 탄 버번을 계속 홀짝이며 공산당과 노동계급의 당혹스러운 문제들에 대해 되짚던 매기가 열변을 토한다. "당은 미국 노동계급을 하나도 이해하지 못했어. 하나도! 메이데이*를 예로 들어보자구. 우리 어머니는 진정한 노동계급이었어요. 어머니는 메이데이에 대해서는 아무것도 몰랐어. 노동절 Labor day** 이 어머니한테는 휴일이었어요. 당은 그런 건 이해할 생각을 하지 않았지. 그리고 계속 메이데이를 고집했어. 미국 노동계급은 메이데이를 무시하고 노동절을 기념하는데 말이야. 당연히 우리는 메이데이에 수천 명씩 모여서 행진을 했죠. 하지만

★ 1889년 20여 개국의 사회당과 공산당으로 결성된 제2인터내셔널에서 1890년 미국 노동자 파업을 기념하기 위해 정한 날로 매년 5월 1일이다.

★★ 미국 노동운동을 기리는 미연방의 공식적인 휴일로 9월 첫째 주 월요일이다. 주류 정치인들이 투쟁적 성격이 강한 메이데이보다 휴일 성격이 강한 노동절을 더 선호해서 공식 기념일로 지정한 것으로 전해진다.

저 밖에는 수백만 명이 있었다구, 그 사람들한테는 메이데이의 메시지가 전혀 전달되지 않았어."

메이데이의 기원과 급진적인 용법에 대한 매기의 혼란은 보고 있기 고통스럽다. 왜냐하면 그것은 무지에 대한 이야기가 아니라 산산이 부서진 상황감각에 대한 이야기, 남루한 당혹감이 오롯함의 흔적을 지우고 공허함만 남긴 이야기이기 때문이다. 그 공허함 속에서 이데올로기적 언설들이 두서없이 엎치락 뒤치락하며 이제는 산산조각이 난 현실과 전쟁을 벌인다. 매기는 실업자를 통계 수치로 언급하는 록펠러에 대해 이야기하며 광분한다. 그다음 순간에는 인간의 추상적인 정신 활동을 거꾸로 뒤집어 매달더니 혁명을 위해 예술가와 지식인을 희생시켜야 한다며 30년 전 공산당원들이 할법한 소리를 한다. 세 번째 순간에는 자신과 당이 자신의 사랑하는 보에게 무슨 짓을 했는지를 놓고 비통하게 흐느낀다. 한편으로는 공산당 마르크스주의의 "폐쇄된 시스템"이 독립적인 사고를 전혀 하지 못하는 존재를 만들어냈다고 말할 수도 있고, 다른 한편으로는 오롯함의 상실이 한 유능한 인간을 횡설수설하게 만들었다고 똑같은 가능성을 가지고 말할 수도 있다.

내가 매기에게 공산당을 위해 당신의 삶을 희생시켰다고 느끼는지 묻자 멍하던 표정이 사라지더니 파란 눈이 다시 생기 있게 빛난다. 그는 소파에 등을 기대더니 한 손을 엉덩이에 대고 억제할 수 없다는 듯 미소를 지으며 말한다. "내 인생을 희생했다니! 물론 아니죠. 우린 세상을 바꾸는 일을 했던 거잖아. 그거보다 더 좋은 건 없어요. 뭐가 더 좋아? 돈? 지위? 농담해?"

양면성: 갈등을 해체하는 '오롯함' 그 아래

세라 고든은 지국 조직책 사무소에서 지시 사항이 어떤 식
으로 내려왔는지, 그리고 자신의 클럽에 속한 모든 사람이 그
것을 어떤 식으로 토론했는지 설명하며 환하게 웃는다. "물론
우린 결국 그 지시 사항이 뭐든 간에 동의하긴 했죠. 하지만 아
이! 우린 토론도 했단 말이야!" 하지만―그리고 마찬가지로 물
론―세라의 웃음은 무의미하다. 아무리 그가 속 편하게 생각한
다 한들 어떤 사안에서든 어떤 수위에서든 당에 감히 문제를
제기하는 일은 절대, 꿈속에서도 하지 않았을 것이라는 사실에
는 변함이 없다.

이 역시 공산당의 "오롯함"이었다. 그리고 많은 사람들은
이 오롯함을 저주했다. 이들은 당의 지시 사항에 대해 이야기
하며―그때도, 지금도―웃지 않았다. 이들은 혼자서 조용히 몸
부림쳤다. 이들은 공산당원으로서 공산당의 오롯함에 매력을
느끼지만 동시에 욕지기를 느끼는 내적 갈등과 불편한 관계 속
에서 살았고, 독창적인 자문 구조 속에서 정통 공산주의가 절
대 여지를 남겨두지 않을 뿐 아니라 그 존재 자체를 맹렬히 부
정하는 많은 인간 경험의 화해 불가능한 성질을 늘 의식했다.
이런 인물 중 한 명이 에스더 앨런이었다.

60세의 에스더 앨런은 재치 있으면서도 변덕스러운 이중
성을 보유한 여성―작고 불안도가 높아서 새와 비슷한 느낌을
주고, 머리카락은 곱슬거리는 회색이고, 가까이 붙어 있는 두
눈은 쏘아보는 듯하고, 신랄한 혀를 가진―으로 롱아일랜드 해

미국 공산주의라는 로맨스

협의 코네티컷 방면에 있는 농가에 거주한다. 평온하고 볕이 잘 드는 그의 집은 식물과 동양의 러그들과 현대적인 디자인의 도자기와 유리 제품, 그리고 거대한 음악 관련 서가로 꽉 차 있다. 그는 이제 자신은 세상과 담을 쌓고 지낸다고 말한다. 마무리를 지었다고, 끝났다고, 그 짓에서는 완전히 손을 씻었다고. 여생을 이 집에서 지내면서, 살아 있는 동안에는 절대 더는 멍청한 놈들하고는 말을 섞을 일이 없기를, 다시 회의나 '토론' 같은 걸 하러 갈 일이 없기를 바란다면서. 에스더는 20년간 공산당원이었다.

에스더 앨런은 비유대사회에 녹아든 학식 있는 독일계 유대인의 딸로 태어났다. 그는 자신의 부모가 "안락한" 편이었다고 말한다. 그는 뉴욕 어퍼웨스트사이드에서 윤리적문화운동Ethical Culture*과 《뉴리퍼블릭New Republic》**이 보모 역할을 하는 풍족하고, 교양 있고, 자유주의적이며, 자기만족적인 분위기 속에서 어린 시절을 보냈다. 에스더는 얼른 커서 풍족한 성인들과 함께 테이블에 앉고 싶었다. 그리고 실제로 그렇게 되었을 때 그는 지루해서 죽을 지경이었다. 그렇게 된 데는 에스더가 성인의 테이블에 앉게 되었을 때 이미 부모의 세계와 크게 멀어져 있던 것도 한몫했다.

에스더를 외따로 떨어뜨려놓은 것은 두 가지였다. 일단 그는 어릴 때 아파서―류마티스성 열병으로―어두운 방 침대에

★   의미 있는 삶을 살기 위해서는 윤리 규범을 존중해야 한다고 주장하는 운동.
★★   1914년부터 발간된 자유주의 성향의 잡지.

몇 주씩 몇 달씩 누워서 보낼 때가 많았다. 둘째로는 알고 보니 그는 상당한 음악적 재능을 타고난 사람이었다. 병약함은 에스더 내부에서 부서질 듯한 연약함과 긴장된 거리감을 자아냈다. 음악은 에스더 안에서 내향성을 심화했다. 이 두 가지 때문에 에스더는 자신이 주변 사회로부터 멀찍이 떨어져 있다고 느꼈다. 에스더는 병석에 누워 있지 않을 때는 거의 쉬지 않고 피아노를 쳤다. 에스더에게 음악은 비범한 몰두의 대상, 정신과 영혼에 자양분을 제공하는 가장 큰 원천이 되었다. 음악은 에스더의 자아를 예민하게 가꿨고, 삶이라는 행위에서 아름다움을 느낄 수 있게 해주었다. 또한 세상의 비밀을 깨우쳤다는 기분과 공포를 동시에 안겨주었는데, 자아에서 벗어나 세상을 향해 뛰어들고 싶지만 동시에 세상에서 물러나 자아에 틀어박혀 있고 싶은 이 보편적인 쌍생아적 충동은 아주 어릴 때부터 계속해서 심해지고 있었다.

1935년 에스더는 스물한 살이었다. 그즈음에는 피아니스트로 성공해서 렉싱턴가에 있는 복층형 스튜디오에 거주하며 음악에 몰입한 채 몇 시간씩 연주하는 삶을 살고 있었다. 하지만 스튜디오를 나와서 뉴욕의 거리와 아파트를 향해 걸어갈 때면 세상이 그를 집어삼켰다. 어딜 가든 공황이 눈에 보였고, 어딜 가든 "이 모든 것의 의미"를 생각해내려고 애쓰는 자신을 발견했다. 에스더는 숙제를 하지 않은 것 같은 기분에 시달렸다. 어느 순간 주위를 둘러보니 그가 아는 모든 사람이 마르크스주의자였다. 어느 순간 그가 가는 모든 장소에서 어째서 자신이 정치 활동을 하지 않는지 설명해야 할 것 같았다. 어느 날 그는

미국 공산주의라는 로맨스

공산당에 가입했다.

그와 동시에 에스더는 한 번도 경험해보지 못한 갈등을 느꼈다. 피아노를 칠 때는 세상에서 배를 곯으며 죽어가는 모든 사람이 떠올라 죄책감이 들었고, 당 모임에 참석할 때는 자신이 공산당원 노릇을 썩 잘하지 못한다는 걸 알고 피아노 앞으로 돌아가고 싶은 마음만 굴뚝같아서 불편했다. 당에 있는 그 누구와도 베토벤에 관해 이야기할 수 없었고, 베토벤을 들을 때는 당에 대한 생각이 떠나지 않았다. 에스더 내부의 이런 상반된 불편함은 어느 한쪽으로도 치우치지 않은 균형추 위에서 계속 맴돌았다. 그러다가 이 균형추가 한쪽으로 기울었다. 에스더는 음악을 포기했다.

물론 갈등이 알아서 해결된 것이 아니라, 수면 아래로 모습을 감춘 것뿐이었다. 그리고 갈등이 한 번씩 고개를 들고 에스더를 잠식할 때마다 그는 마음을 다스리기 위해 전보다 더 독단적으로, 더 교조적으로 행동했고, 마르크스-레닌주의를 더욱 떠받들었다.

1937년의 어느 날 밤 그는 스페인을 위한 파티에서 텍사스에서 막 뉴욕에 도착한 남부 출신의 학자인 로저 앨런을 만났다. 앨런은 토머스 울프*의 마르크스주의 버전 같은 인물이었다. 호리호리하고 잘생긴 술꾼이었던 그는 문학, 정치, 역사, 온 세상을 한데 엮어 야성과 지성과 상상력을 버무린 입담을 속사

---

* 1900~1938. 20세기 초반 미국을 대표하는 작가 중 한 명. 자전적 소설 《그대 다시는 고향에 가지 못하리》 등을 남겼다.

포처럼 늘어놓곤 했다. 에스더는 순식간에 사랑에 빠졌다. 이들은 6주 만에 결혼했고, 에스더는 그가 공산당에 가입하도록 이끌었다.

"그 순간부터 쭉," 에스더가 파란색과 흰색이 어우러진 찻잔을 입술 쪽으로 들어 올리며 말한다. "공산당원으로서의 내 삶은 한 치의 오점도 없이 완결지어졌지." 그는 차를 홀짝이며 주방 창문으로 롱아일랜드 해협 쪽을 내다본다. "내가 몰랐던 건, 물론," 그가 건조하게 말한다. "나로서는 알 수 없었던 건, 로저도 나랑 똑같았다는 거였어요. 그 사람 역시 갈등하며 엎치락뒤치락했다는 걸 말이야. 우린 서로를 기만했지. 근 20년 동안 우린 서로에게 단 한 번도 완전히 정직하게 이야기해본 적이 없는 것 같아. 더 나은 마르크스-레닌주의자, 더 교조적인 공산당원이 되는 게임에서 서로를 이기려고만 했어. 우리 둘다 각자를 좀먹고 있는 불안을 어떻게 할지에 대해서는 전혀 단서를 주지 않았어요. 손톱만큼도."

"그리고 물론 잊으면 안 돼요, 그 삶이 짜릿했다는걸. 엄청 짜릿했지. 우린—그 사람도, 나도—우리가 그 시절에 자주 하던 말처럼 '역사의 속도조절기'에 손을 올리고 있는 기분이었어. 특별한 기분이죠. 히틀러가 권력을 잡고 그 모든 사람이 실각했을 때 자유주의자들은 '어떻게 문화 수준이 높고 개화된 독일에서 그런 일이 있을 수 있지?'라고 말하며 방황했어요. 근데 우리는 **알았어**. 그건 엄청난 위안이었죠. 저 바깥의 암흑 속에 있는 가련하고 몽매한 다른 사람들하고 달리 우리는 환한 빛의 무리 안에 있었던 거야. 그 사람들은 허물어져가는 문명이라는

미국 공산주의라는 로맨스

실존적인 딜레마와 드잡이를 해야 했지만 우린 아니었어. 그건 물론 동전의 반대편 같은 거였어요. 우리 중에 자기 내면에서 대체 무슨 일이 벌어지는지 아는 사람은 아무도 없었지만 **다들** 이 세상을 설명할 수는 있었지."

"그 시절을 다시 돌아볼 때면 말이에요. 그 유치함이라니! 그 오만함이라니! 밤이고 낮이고 **몇 년씩** 독선적인 말들을 입에 달고 살다니. 남편은—그 유명한 학자 지식인께서는—20년 동안 매일 새벽 3시까지 떠들어댔어. 마치 자기가 이 세상의 온갖 문제들을 진짜 다 설명할 수 있다는 듯이……"

에스더가 갑자기 말을 멈추더니 창밖을 응시한다. 한동안 말없이 차를 홀짝이던 그가 다시 불쑥 말을 이어간다. "그 사람은 현실에 대해서는 쥐뿔도 모르는 멍청하고 자기기만에 빠진 철없는 남자였어. 그 사람은 진짜 조직가로는 재능이 하늘을 찔렀지. **신들린** 듯이 사람들한테 공산당 가입을 권할 수 있었거든. 자기 자신이 워낙 마르크스주의적 토론과 마르크스주의적 해석의 마법에 빠져서 정신을 놓고 있었으니까. 세월이 지나면서 우리가 다 얼간이가 되고 나니까 그 사람이 불쌍해 보이더라구. 진짜 불쌍한 사람 같았어. 물론 그렇다고 해서 내가 그 사람을 **동정**했다는 소리는 아니에요. 아, 아니지! 난 그런 사람이 아니에요, 이런, 그게 아니야. 나한테는 경멸이 더 어울렸어. 경멸이 높은 탑처럼 층층이 쌓였지."

"아 맙소사," 에스더가 한숨을 쉰다. "난 당에서 싫은 게 진짜 많았어요. 끝없는 망할 회의들도 싫고, 자위행위 같은 토론들도 싫고, 늘 입바른 소리만 하는 뻣뻣하고 지적인 마르크스주의의 권위도 싫고, 당의 노선이 우리의 생활, 우리의 생각을 통제하는 것도 싫고…… 한 번씩 음악에 대한 기억이 떠올랐어요. 음악을 생각하면 가슴이 찢어지는 것처럼 아팠지. 가끔은 공황 상태가 되기도 했어요. 그러다가 잊어버리고 다시 가던 길을 가는 거야. 어쨌든, 맙소사, 그놈의 혁명께서 날 원하셨으니까."

"하지만 어떤 의미에서 난 지금도 헛소리나 하고 있는 거예요. 예를 들면 말이야, 그 세월 동안 우리 집은 우리 그룹에서 중요한 모임 장소였어요. 모든 회의, 모든 파티가 우리 집에서 열리고, 당의 모든 중요한 손님이 우리 집에 묵었지. 늘 그게 너무 싫었어. 최소한 난 그게 너무 싫다고 항상 **말했지**. 로저랑 허구한 날 싸웠어요. 회의가 없거나 파티를 하지 않는 날이 닷새면 그중 사흘은 로저가 사람들을 우르르 끌고 밤 11시에 나타나는 거야. 그럼 누가 그 사람들을 먹이고 계속 마실 걸 갖다 나르겠어? '대체 이 일을 누구보고 다 하라는 거야?' 난 고함을 지르곤 했죠. '당신이 혁명을 한답시고 엉덩짝 붙이고 앉아 있는 동안 **난** 저기 주방에서 노예처럼 일한다구. 우리한테 필요한 건 이 **집**에서의 혁명이야.' 하지만 물론 그 사람은 그냥 무시했고, 물론 난 그냥 계속 일했어요. 그리고 우리가 이사할 때마다— 그리고 당연히 집을 알아보는 건 내 몫이었고—난 항상 결국 큰 모임에 딱 적당한 거실이 딸린 **큰** 집을 구했어. 그리고 그건 마지막 순간까지 계속 그랬어요. 우리 집에는 늘 당 사람들, 조직책들, 그리고 마지막에는 FBI 요원들까지 득실댔지."

에스더가 한 손으로 이마를 힘없이 문지르며 나지막이 말

미국 공산주의라는 로맨스

한다. "세상에, 이 모든 게 얼마나 난장판으로 막을 내렸는지. 1950년대에 어느 날 일어나보니까 우리 이름이 완전 먹칠이 돼서 그때 살고 있던 저지의 작은 마을 신문 헤드라인에 떡하니 박혀 있는 거야. '앨런과 아내는 빨갱이'라고 신문에서 악을 써 댄 거지. '비밀 공산당 회의가 숲속 집에서 열려.' 우리가 무슨 백인 노예업소라도 운영하고 있다는 듯이 말이야. 제정신이 아니었어. 진짜 제정신이 아니었지. 우리 애들은 모멸감과 공포심에 시달렸고, 우린 애들을 학교에서 빼내고 막심한 손해를 보고 집을 팔고 뉴욕으로 도망칠 수밖에 없었어요. 거기서 2년 동안 기소에 맞서 전투를 벌였고."

에스더가 고개를 들며 활짝 웃는다. "얼마나 바쁘던지, 눈코 뜰 새가 없었다니까. 공산당원 생활이 지루했다는 말은 아무도 못할 거예요."

그는 새 차를 만들기 위해 물을 좀 더 끓이려고 주방 스토브로 다가간다. 찻주전자를 헹구고 그 안에 새 차를 넣은 뒤 물이 끓기를 기다린다. 물이 끓자 그는 물을 붓고 차가 우러나오기를 기다린다. 잠시 후 테이블로 돌아온 그는 새 차를 따르더니 말을 이어간다.

"10년 전에 로저가 다른 여자랑 도망을 쳤어. 훌륭한 동지였지, 태생적으로. 몇 년 동안 우리 집에 백번은 드나들던 여자였어요. 하나도 믿을 수가 없더라고. 비명을 지르다가 고함을 치다가 울부짖고. 오밤중에 전화기를 붙들고 통화를 하고, 애들은 이웃집에 맡겨놓고. 우리 아버지는 경찰에 신고한다고 그러지를 않나. 화를 내면서 복수를 한다고 그러시다가 치매까지 오고. 결국 물론 남편은 돌아왔어요. 주방에 앉아서 흐느끼면서 그러더라고, 세상이 연기처럼 사라졌다고, 더는 뭘 해야 할지 모르겠다고, 뭘 해야 할지를."

"아, 난 생각해봤지. 이 사람을 다시 받아줄까도 생각했어. 그런데 내가 지쳤더라고, 모든 일에 지쳤어. 그냥 벗어나고 싶었어. 정치에서, 내 결혼에서, 이 세상에서. 그래서 그걸로 끝났어. 난 그 사람한테 가라고 하고, 내 남은 인생을 다 싸서 여기로 왔어."

창문을 향해 가더니 가슴을 자신의 두 팔로 감싸고 오랫동안 서 있던 에스더는 몸을 돌리면서 이렇게 말한다. "이런 거예요, 우리가 살았던 시대와 장소를 생각하면, 그리고 나라는 사람의 특징을 생각하면 나한텐 공산당원이 되는 것 말고는 다른 방법이 없었어. 하지만 내가 당에서 보낸 세월은 대체 내가 누구인지 또는 무엇인지 전혀 알지 못했던 시절이었던 것만 같아요. 그 시절을 생각하면 죄책감과 갈등과 불안과 양가적인 감정들, 치명적인 무지의 상태 같은 게 떠올라."

"이제 나한테 남은 건 안도감뿐이에요. 다 끝났다는 안도감. 다시는 그 망할 회의에도 갈 필요 없고, 그 망할 토론도 할 필요가 없고, 반밖에 동의하지 않으면서, 아니면 반밖에 이해 못해놓고 고개를 끄덕일 필요가 없다는 안도감."

"요즘에는 음악도 그렇고 뭐에도 별 감흥이 없어. 몇 년 동안 피아노도 안 쳤어. 다 끝이야. 내가 느끼는 유일한 만족감은 이제는 매사에 아주 빠르게 결정을 내린다는 거지. 나 자신을 포함해서 누구하고도 무슨 일이든 상의하지 않아요. 그냥 **행동**

미국 공산주의라는 로맨스

하지. 물론 내 행동의 유일한 근거가 일상생활의 시시하고 작은 것들뿐이라는 게 웃기긴 하지."

메이슨 구드와 에스더 앨런의 공통점은 창의적인 재능의 상실을 공산당원으로서 많은 세월을 살면서 자신을 괴롭히던 지긋지긋한 갈등 때문에 치른 대가라고 은밀하게 확신하고 있다는 점이다. 또 다른 공통점은 자기 내면에 있는 교육받은 중간계급의 영혼이 당 내부의 지적, 감정적인 저열함을 가슴 깊이 혐오했다는 기억이 강하게 자리 잡고 있다는 점이다.

메이슨 구드가 1931년 알렉산더 메이클존 학교를 졸업했을 때 그의 내면에서는 두 가지 커다란 소요가 일어나고 있었다. 하나는 그림이 그를 마법처럼 끌어당기는 힘 때문이었고, 다른 하나는 제러미 르윈턴의 공산주의가 그에게 불을 지핀 열망과 관련이 있었다. 당시만 해도 메이슨은 이 두 가지 쌍생아 같은 소요가 완전히 대척점에 서 있다는 걸 별로 걱정하지 않았다. 분명 그는 그 두 가지를 심각한 내적 갈등을 일으킬 싹이라고 생각하지 않았다. 오히려 이 두 가지가 서로를 기름지게 하고, 경험을 풍부하게 하고, 자신이 자아와 그리고 세상과 맺는 관계를 넓혀주리라고 생각했다. 피츠버그에 있는 한 미술학교에 들어갈 수 있는 장학금을 받게 된 그는 자신은 사회주의자이며, 자기 앞에 펼쳐진 이 세상 어딘가에서, 어떤 식으로든 자아의 두 부분—"사적인 자아"와 "정치적인 자아"—이 서로 유익하게 영향을 주고받으며 흘러가리라는 확신에 가득 차서 그림 공부를 하러 떠났다.

1933년 메이슨의 아버지가 극심한 알코올중독으로 세상을 떠나면서 가산이 완전히 거덜 났다는 게 밝혀졌다. 공황이 판을 쳤고 메이슨은 이내 미술 공부에 흥미를 잃었다. 그는 주변 도시처럼 자신의 내면이 회색과 검은색이라고 느끼면서, 낮이고 밤이고 몇 주 동안 피츠버그의 길거리를 헤맸다고 기억한다. 그는 피츠버그를 다리 아래마다 홈리스 남자들이 노숙을 하던 도시로 기억한다. "다리 밑의 남자"는 그가 평생 대공황에 대해 갖는 이미지가 되었다.

뉴욕으로 돌아온 그는 공연, 삽화, 광고 쪽에서 일자리를 알아보기 시작했다. 아무 일자리도 얻을 수 없었다. 사실 예술과 공연계에서는 많은 일이 진행 중이었다. 브로드웨이 말고도 WPA 시어터, 그룹 시어터, 14번길에도 수십 곳의 작은 로프트형 공연장들이 있었다. 이 모든 공연장에는 "사회의식", 유럽 모더니즘, 공황기 리얼리즘, 때로는 노골적인 마르크스주의가 생생하게 살아 있었다. 그림, 디자인, 장식 쪽도 마찬가지였다. 급진주의와 예술이 정말로 서로 녹아들어가는 것 같았고, 메이슨은 놓칠 수 없는 두 마리 토끼가 서로 어우러지는 그 역동성에 공명하며 계속 흥분을 억누르지 못하는 상태였다. 예술계에서 일하나, 급진 정치에서 일하나 뭐가 중요해? 어차피 그건 다 한덩어리고, 다 똑같은 근원에, 똑같이 짜릿한 삶의 감각에 자양분을 제공하고, 다가올 세상의 강렬함 속에서 함께 흘러 다니는 정치, 사회, 예술의 똑같이 생생한 흐름을 먹여 살리는데.

메이슨은 예술계에서 일자리를 찾지 못하자 공산당에 가입했다. 그는 당에서 바로 만족을 얻었다. 예술계에서 일자리를 거부당했던 그는 여기 당 안에서 실제 자신이 쓰이고 있다는, 완전히 채워지고 **받아들여졌다**는 기분을 느꼈다. 그는 당 활동에 온몸을 던졌고 금세 어퍼맨해튼의 한 지국에서 지부 조직책이 되었다. 어떻게 보면 온 세상이 공연장이 되었고, 공산당이 무대 위의 드라마였으며, 메이슨은 무대 디자이너까지는 아니라도 최소한 그 제작에 관여하는 무대 매니저 정도는 되었다고 말할 수도 있다. 혁명이 코앞에 와 있고, 새로운 세상이 점점 가까워지고, 파시즘에 맞서는 투쟁이 절정에 달하고, 그는 인간의 미래에 발을 담그고 있는 그런 드라마. 이 드라마에는 낫지 않는 열병 같은 당 활동과 주변 만물에 대한 공동의 확신이 자양분을 제공하는 위험과 위태로움까지 살짝 더해져 있어서 메이슨의 구미를 자극했다.

그럼에도 메이슨의 사회생활은 한동안 당과는 거리를 둔 채였다. 그는 항상 골수 공산당원 사이에서는 모호한 불편함을 느꼈다. 당에 가장 헌신적인 사람들은 가장 편협한 것 같기도 했다. 그래서 계속 감정적 유보와 의심 속에 머물러 있었다. 그는 이런 의심은 자신이 가진 부르주아적 배경의 잔재라고, 시간이 지나면 당과의 내적인 통합이 더 완전해져서 이런 의심도 사라지게 될 거라고 스스로에게 계속 되뇌었다.

하지만 의심은 결코 사라지지 않고 계속 그를 따라다녔다. 몇 년이 지나자 그는 종종 마음이 너무 불편해서 비위가 상할 지경이 되곤 했다. 당의 나팔수들, 쩨쩨한 폭군들을 견딜 수가 없었고, 민주집중제의 독재적인 성격에 대한 불편함이 날로 커졌다. 자신의 정치적 직속상관도 너무 못마땅했다. 매력적이고 지적이지만 인신공격과 모욕을 비판 수단으로 삼는 폭군 같은 남자였다.

당 생활을 하는 동안 메이슨을 완전히 경악하게 만든 사례는 수도 없이 많았다. 예를 들어 어느 날 밤 열린 모임에서 연사가 이렇게 말문을 열었다. "오늘 밤 모임 주제는 자아비판입니다. 이 의제에서 첫 번째 순서는 메이슨 구드의 자아비판입니다." 또 한번은 당사로 호출을 받아서 갔더니 한 당의 간부가 그에게 이렇게 말했다. "자네 여동생이 뉴욕대학교에서 시드니훅*과 함께 수업을 듣고 있고, '미심쩍은' 친구들하고 어울린다더군. ('미심쩍다'는 표현은 트로츠키주의자라는 의미다.) 아무래도 자네는 여동생을 그만 만나는 게 좋을 것 같네." 메이슨은 그 간부를 빤히 쳐다봤다. "그만 만나라구요?" 메이슨이 말했다. "그게무슨 말인가요? 걘 제 여동생입니다." 간부는 책상에서 고개를들더니 아직 토론할 게 있다니 놀랐다는 듯한 표정을 지었다. "맞아, 그만 만나라고," 간부는 담담하게 말했다.

메이슨은 종종 당이 분별력이 없고 낯뜨겁다고, 그리고 종국에는 위험하다고 느꼈다. 날이 갈수록, 당사에 있던 그 간부와 자신의 직속상관 같은 사람들이 점점 당에서 두각을 나타냈다. 그는 이런 상황을 제러미를 통해 가지게 된 공산당에 대한자신의 비전과 도저히 일치시킬 수 없었다. 그는 그걸 일치시키지 못하고 그냥 인내했다.

★　1902~1989. 미국의 실용주의 철학자로 청년기에는 마르크스주의를 적극적으로 수용했으나 이후 스탈린주의 비판으로 돌아서며 반마르크스주의로 전향했다.

그림에 대한 사랑이 내면의 은밀한 곳에 자리 잡기 시작했다. 메이슨은 그곳을 자기 내면의 보호구역 같은 곳이라고 생각했다. 시간이 지나면서 그는 자기 내면의 화가가 더는 그 보호구역에 살지 않는다는 걸, 죽어가는 망명자 신세라는 걸 깨달았다. 그를 화가이게 하고 그가 이 세상과 그 속에서의 삶을 시각적인 구성물로, 마법과 진지한 환상의 변형태로 '볼' 수 있게 했던 직관력과 재능과 충동을 불러내기가 갈수록 힘들어졌다.

1948년 어느 밤 메이슨은 용커스의 지부 회의에 참석했다. 이 모임의 주제는 얼 브라우더를 미국공산당에서 축출하는 문제였다. 전국위원회에서 이미 축출된 브라우더는 이제 공산당의 모든 지부, 지국, 지사에서 축출되어야 했다. 이 기이한 요식행위가 전국에서 그해 내내 펼쳐졌다.

용커스의 그 방에는 메이슨이 10년 이상 알고 지낸 사람들로 가득했다. 방 건너편에는 메이슨에게 아주 각별한 그 친구가 있었다. 메이슨은 브라우더와 시선을 맞추려고 했지만 그는 눈을 자기 앞에 있는 바닥에 고정한 채 고개를 들지 않았다. 회의가 시작되었다. 연사는 한 시간 넘게 브라우더의 해당 행위에 대해 열정적으로 떠들었다. 그는 어째서 브라우더를 축출하는 것이 마땅하고 필수적이며 유일한 대책인지를 이야기하고 또 이야기했다. 방에 있는 모든 사람이 불편해서 어쩔 줄 모르는 기색이었다. 딱히 그 사람들이 브라우더를 좋아했다거나 그를 축출해서는 안 된다고 생각한 것은 아니었다. 그보다 대부분은 확신이 없었고 그래서 이게 '**마땅**하다'고 생각하지 않거나 무엇이 어떻게 돌아가는 건지 제대로 이해하지 못하고 있었다.

메이슨은 자신이 너무 잘 아는 그 얼굴들을 하나하나 돌아보았다. 다들 점점 혼란과 망설임에 휩싸여 표정이 일그러졌다. 연사의 목소리가 계속 이어졌다. 다들 이미 결정이 내려졌음을, 표결의 순간이 되었을 때 기립하지 않는 사람은 당의 기억에 각인되리라는 걸 알았다. 연사가 표결에 들어간다고 알렸다.

"하나씩," 메이슨이 말한다. "그러다가 둘씩, 그러다가 여섯 명씩, 그 방에 있던 모든 사람이 기립했소. 그다음에는 나 역시 일어났어. 속으로는 토할 것 같았지. 길을 잃고, 배신당하고, 허수아비가 된 기분이었어. 나는 건너편에 있는 친구를 봤지. 나랑 눈을 안 맞추려고 하더라고."

"나중에 집에 돌아가는 길에 그 친구랑 같이 가게 됐어요. 그날 일에 대해서는 한마디도 하지 않았지. 몇 년 뒤에 길에서 그 친구를 만났어. 내가 그랬지, '용커스에서 그날 밤 기억해?' '기억하고말고!' 친구가 그랬소. '줄곧 그 생각이 떠나지 않았는걸.' 시간이 흐르면서 난 그날 밤 그 방에 있던 거의 모든 사람이 같은 기분이었다는 걸 알게 됐지."

1952년 메이슨 구드는 공산당을 떠났다. 의심이 그의 내부에 누적되는 것을 넘어 삶이 일그러졌다는 확신으로 커졌기 때문이다. 메이슨과 아내 도러시는 뉴욕을 떠나 남부의 한 소도시에 정착했다. 다시 그림을 시작할 생각이었다. 하지만 소용이 없었다. 그리고 아주 단시간만에 그는 그게 소용이 없다는 걸 받아들였다. 한때 자신의 시각적 상상력에 활력을 불어넣던 창의적인 기질의 충동을 다시 불러낼 수가 없었다. 이 충동은 사용하지 않는 동안 그의 내부에서 위축되고 말라비틀어져 버린 상태였다. 그가 캔버스에 펼쳐놓은 이미지들은 그의 연상 반응에 기계적인 힘을 휘두르는 마르크스주의 클리셰에 가차 없이 통제당하고 있는 것만 같았다. 그는 더 이상 다르게 '볼' 수가 없었다. 자신이 영구적인 사망선고를 받았다는 걸 깨달은 그는 그 사실을 빠르게 받아들였다. 그리고 자신이 사는 도시의 작은 대학교 예술학과에서 학생들을 가르치는 일을 얻었다. 이제는 활기 넘치는 행복은 아니지만 감사한 마음으로 안도하며 살게 되었다. 그는 몇 년 만에 처음으로 내면이 자유롭고 평화롭다고 느꼈다.

1956년 난데없이 HUAC(반미활동조사위원회House Un-American Activities Committee)에서 메이슨 앞으로 소환장이 날아왔다. 그가 살고 있던 남부의 그 작은 도시에서 신문 헤드라인들은 새된 비명을 질러댔다. "미술 강사 빨갱이로 밝혀지다!" 메이슨은 그 일을 회상하며 믿을 수 없다는 듯 고개를 젓는다. "그건 보통 전쟁이나 휴전을 선언할 때 쓰는 그런 신문 1면 헤드라인이었어요." 하룻밤 새 그의 인생이 산산조각 났다. 직장을 잃었고, 집은 배설물과 나치의 만자로 뒤덮였고 아내는 협박 전화를 받았고, 4년 동안 알고 지내던 사람들이 길에서 그를 외면했다.

"그 모든 상황에서 아이러니는 말이오," 메이슨이 퓨짓 해협을 내다보며 부드러운 목소리로 말한다. "자, 나는 화가예요. 그러다가 공산당원이 되지. 화가로서의 자아를 잃어요. 그러다가 공산당원으로서의 자아도 잃는 거야. **그리고 난 뒤에** 머리를 냅다 걷어차이는 거지." 메이슨은 멍하니 생각에 빠져 있나 싶더니 이렇게 말한다. "아니면 어쨌든 이게 아이러니한 걸까? 한편으로 난 공산당원이었기 때문에 자꾸만 모든 걸 송두리째 잃어버리는 것 같았지, 공산당원으로 존재하는 것까지 포함해서. 그런데 다른 한편으로는 이렇게도 말할 수 있을 거 같아요. 넌 공산당원이었고, 이제까지 일어난 모든 일은 네 삶의 위대하고 기념비적인 사실의 결과로 일어난 거라고. 다르게 살았더라면 절대 개발되지 않았을 삶에 대한 특정한 반응 방식의 발생을 포함해서. 그렇다고 해서 지금 이 순간 그 태도를 그 어떤 것과도 바꿀 건 아니지 않냐고."

그러니까 메이슨 구드는 그런 사람이다. 정치적 열정의 자장 안에서, 자신의 영혼을 반사하는 그 거칠고 눈부신 광선 안에서 살았던 사람, 처음에는 그 닫힌 시스템의 언어에서 자양분을 얻었지만 곧 박탈감을 느꼈고, 그 협소한 강렬함에 의해 다져졌지만 형태가 틀어졌고, 찬란한 영향력의 시기, 자신의 전부가 아니라 자신의 깊고 가장 특수한 부분에 말을 걸어온 역사의 한 순간에 내려진 결정의 힘에 의해 절뚝거리기도 하고 거기서 자존감을 얻었던 그런 남자.

나는 뉴멕시코를 방문했다가 친구를 통해 루 굿스타인을 전화로 소개받았다. 우리는 잠시 이야기를 나눈 뒤 다음 날 산타페의 커피집에서 만나기로 했다. 산타페는 굿스타인의 집과 내 친구의 집 중간에 있는 도시였기 때문이다.

"제가 선생님을 어떻게 알아보죠?" 전화로 그에게 물었다.

"저기," 그가 부드럽고 묵직한 목소리로 말했다. "난 작고 말랐어요. 눈은 검고 머리카락은 길고 회색인데, 얼굴은 찡그리지 않아도 근심이 많아 보이죠." 그의 자기 묘사는 놀라울 정도로 정확했다.

루 굿스타인은 앨버커키에서 북쪽으로 50킬로미터량 떨어진 언덕배기 벽돌집에서 거주하고 있다. 그는 일주일에 세 번 시내에 나가 꼬마들의 스튜디오 사진을 찍어준다. 이 방법으로 그는 아내 클라라와 생계를 꾸려간다. 나머지 시간에는 책을 읽고, 정원을 가꾸고, 목공 작업을 하고, 자신이 이 세상에서 다른 무엇보다 소중하게 여기는 고요함을 일군다. 57세인 그는 눈이 검고 아름다운 데다 회색 머리칼이 시인 같은 느낌을 주고, 얼굴은 찡그리지 않고도 근심이 있어 보여서 내면의 삶이 풍부한 사람임을 짐작게 한다.

러시아에서 태어난 루 굿스타인은 러시아에 한창 격랑이 휘몰아치던 세 살 무렵 아버지와 함께 미국으로 왔다. 그의 어머니는 "혁명 통에 놓쳐버렸다"고 들었다. (루는 "스물다섯 살쯤 될 때까지도 '혁명 통에 놓쳤다'는 게 '어머니가 아버지를 떠났다'를 돌려서 말한 거라는 걸 몰랐어요"라고 말한다.) 아버지는 어린 아들을 감당하지 못했고, 그래서 루는 뉴욕 북부에 있는 보수적인 부르주아 친지에게 맡겨졌다. 그곳에서 육체적으로 먹고 입는 데는 별 어려움이 없었지만, 정신적으로는 영양실조인 상태로 유년기를 보냈다. 그 시절 동안 끝나지 않을 듯한 정신적 허기를 느끼기 시작한 그는 아이러니하게도 그 허기로 인해 자신이 성공해야 하는 모든 일에 번번이 실패했고, 그 결과 우정과 이해가 절실하면 절실할수록 더 많은 경멸과 무시에 시달렸다.

그가 어느 정도 성장한 뒤 뉴욕에 왔더니 아버지가 시티칼리지에 들어가라며 그에게 약간의 돈을 주었다. "그때가 1935년이었어요," 굿스타인이 말한다. "공황기 중에서 최악의 해였죠. 변호사들이 거리에서 사과를 팔았고, 난 따뜻한 방에서 먹고산다는 게 행복하다는 걸 알았죠. 아버지는 이 돈을 주시면서 나한테서 딱 하나만 기대하셨어요. 성공하는 거. 엔지니어가 되거나, 의예과 학생이 되거나, 경제학자, 영어 교사, 내가 원하는 건 뭐든 상관없지만 아버지가 진짜 성공이라고 인정할 만한 뭔가가 되어야 했죠. 그래서 난 물론 곧장 걸어 다니는 사고뭉치가 되고 말았어요…… 길을 잃은 거지, 길을 잃어버렸어. 이 애들 보이죠?" (그는 그곳에 있는 중퇴생들을 돌아본다. 산타페의 이 카페뿐만 아니라 다른 모든 카페에도 이런 중퇴생들이 진을 치고 있다.) "얘네들은 1935년의 내 모습보다 훨씬 나아. 이 애들은 최소한 자기들이 어째서 이런 만성질환 같은 삶을 살고 있는지 알고 있다고 생각하니까. 난 말이오, 1935년엔 하나밖에 몰랐어. 내가 비참하다는 거. 내 머릿속 독방에 틀어박혀서는 말이지. 난 성공하고 싶었고, 내가 해야 하는 걸 하고 싶었어. 근데 그게 뭔지 생각해낼 수가 있어야 말이지. 나한테는 아무것도 말이 안 되더라니까, 아무것도. 성공을 **어떻게** 하지? 어디서? 언제? 무엇을 위해? 누구를 위해? 깊은 내면에서 너무 갈피를 잡을 수가 없어서 심지어 내가 길을 찾고 있다는 것도 몰랐단 말이지."

"모두한테, 아버지, 선생님들, 모두한테 거짓말을 하고 수업을 빼먹기 시작했지. 사과와 햄샌드위치로 연명하면서 뉴욕

미국 공산주의라는 로맨스

거리를 방황했어. 아마 난 아버지가 내가 햄샌드위치를 먹는 걸 보시면 심장마비가 올 거라는 걸 직감적으로 알았을 거요. 하지만 맹세컨대 그 당시에는 그걸 의식하지 못했던 것 같아."

"그래도 그 시절에 관해서 내가 확실히 아는 게 하나 있는데, 그 기억은 마치 풀로 붙인 것처럼 딱 붙어 있어서 말이지. 그 시절 뉴욕을 어슬렁대던 다른 모든 비참한 실업자들처럼 나 역시 42번길에 있는 영화관에 드나들기 시작했거든. 뭘 상영하는지 확인도 안 했어. 그냥 매일 영화표를 사서 그 비현실적인 어둠 속에 몸을 던졌다오. 그러면 '현실 세상'이 유예되었을 뿐만 아니라 금세 황홀하게 마취된 기분이 들었지. 어느 날 어떤 러시아 영화가 상영되었는데, 에이젠슈타인의 〈파업〉이라고 하는 영화였어요. 10분도 안 돼서 난 스크린에서 감전이 일어나는 것 같은 기분을 느꼈어. 그리고 20분도 안 돼서 내가 새로운 세상에, 인간의 삶에 대한 어떤 새로운 감각이 꿈틀대는 장소에 발을 들였다는 걸 깨달았지. 그리고 그건 날 휘저어놓았소, 깊이 휘저었소. 몇 달 만에, 어쩌면 몇 년 만에, 어쩌면 내 인생 처음으로 살아 있다는 기분을 느끼면서 그 영화관을 나왔어요."

"다시 시티칼리지로 가서 도서관에서 현대 러시아에 대해 찾아낼 수 있는 책은 다 꺼냈어요. 그런 다음 차분하게 학교를 나와서 내 방에 틀어박혀가지고 책들을 읽기 시작했지. 한 일주일은 방에서 안 나왔던 것 같아."

"그러고 나서 다시 예전의 비참한 상태로 돌아갔소. 다시 몇 달 동안 방황을 한 거지. 혼란스럽고, 외롭고, 영혼이 어둡게 가라앉은 기분으로. 모든 수업에서 낙제하기 시작했어요. 학과

장실로 불려갔지. 나한테 그러더라고. '루, 뭐가 문제야? 우리가 도와줄 만한 게 있을까? 넌 아주 똑똑한 아이야, 뭐가 문제니?' '아무것도 아니에요, 아무것도,' 내가 말했어요. '아무것도 해주실 필요 없어요, 나아지겠다고 맹세할게요⋯⋯' 그리고 난 노력했어요, 진짜 노력했어. 이틀 동안 말이오."

"이 시기에 어느 날 알고 지내던 어떤 녀석을 만났는데 자기가 미국학생연합American Students Union에 가입했다면서 그게 진짜 끝내주는 데라 나도 가입해야 한다는 거야. 그래서 나도 가입했지. 그 미국학생연합에서 난 당연히 청년공산주의자연맹 사람들을 만났어요. 그 사람들이 입을 떼는데 그 자리에서 에이젠슈타인의 〈파업〉 이미지가 내 눈앞에서 번쩍이는 거야. 진짜 멋진 사람들이었소. 내가 그날 스크린으로 엿봤던 신세계의 활활 타는 듯한 느낌으로 꽉 차 있었고 사고의 즐거움이 생생하게 느껴지더군. 난 삶을 다시 얻은 기분이었어. 청년공산주의자연맹 사람들을 만났을 때 내가 평생 '내 사람들'을 찾아다녔다는 걸, 그 사람들이 지금 여기 있다는 걸 깨달았지."

"그런데 그거 아쇼? 웃기지만 청년공산주의자연맹에 가입을 못하겠더라고. 계속 그 사람들하고 어울려 다니긴 했지. 우린 진짜 끝내주게 보냈어. 밤새 토론하고, 조지워싱턴다리 아래서 피크닉도 하고, 스태튼아일랜드 페리도 타고, 무료 콘서트와 공연도 보러 가고, 맨해튼에서 열두 시간 동안 걸어 다니기도 하고 항상 토론하고 토론하고 또 토론하고. 그런데 말이야, 그렇게 재밌게 지내도, 그렇게 갈망하던 동지애와 토론을 이제 누리고 있는데도 말이야, 난 아주 오랫동안 내면에서 외톨이로 지냈어, 내 머릿속에는—그렇게 같이 토론을 했으면서도—이상하게 청년공산주의자연맹 친구들하고 절대 공유하지 못한 생각들이 있었지. 그 친구들은 너무 자신감이 넘쳤어. 자기들이 모든 대답을 가지고 있다고 너무 확신했지. 근데 난 그 정도는 아니었거든. 내 안의 무언가가 망설이더라고."

"하지만," 굿스타인이 한숨을 쉰다. 그의 얼굴에는 그 어느 때보다 근심이 어려 있다. "시대가 가혹했잖소. 가혹했지. 그게 계속 내 주위에 누적되더니 결국은 저항할 수가 없게 되더군. 1939년도 메이데이에 난 청년공산주의자연맹 친구들하고 같이 걷고 있었단 말이지. 수천 명이 행진을 하고 있는데 남자들 한 무리가 그 길을 따라 내려오는 거야. 베레모를 쓰고 이국적인 유니폼을 입고서 돈이 쏟아져내리는 담요 같은 이상한 깃발을 펼쳐 들고 있었지. 그 사람들 뒤로는 눈이 안 보이는 남자가 같은 유니폼 차림으로 앉아 있는 오픈카가 따라왔고. 군중들은 기쁨에 겨워하면서 술렁댔지. 내 주변에서 남자, 여자, 아이 할 것 없이 다들 눈물을 흘렸어. 에이젠슈타인 영화를 봤을 때처럼 가슴이 막 벌렁벌렁하더라고. 그때보다 더했지. 공기 중에 감정이, 이 수천 명의 감정이 요동치는 걸 느낄 수 있었어요. 난 청년공산주의자연맹 친구 한 녀석한테 다가가서 그랬어. '가입서 좀 줘봐.'"

1942년 루 굿스타인은 미군에 징집되었다. 그는 두려움과 비참함과 무기력 속에 징집 영장을 옆에 놓고 침대에 누워 있었다. "그때 난 공산당원이 되어 있었어요." 루가 말한다. "아이러니하게도 난 공산당원으로서 그 전쟁을 지지해야 한다는 걸 알았지. 하지만 난 '그들이 날 찾고 있어. 이 더러운 망할 체제가 날 쫓고 있어'라는 생각밖에 할 수가 없었어."

전쟁은 루를 공포로 몰아넣기만 하지는 않았다. 그를 매혹시키기도 했다. 그 경험은 풍부하고 복잡했다. 사방에서 인간의 모순이 계속 높이 쌓였다. 생의 어두운 힘에 대한 감각이 그에게 밀려들어왔다. 그는 인간의 운명에 대해 곱씹기 시작했다.

1946년 초에 집으로 돌아온 그는 갑자기 공산당원으로 지내는 것이 다소 두려워졌다. "두렵더라고!" 이렇게 외친 그는 커피잔 위로 몸을 숙이더니 자기 앞에 있는 허공에서 한 손으로 주먹을 쥐며 검은 눈을 빛낸다. "난 **갈등**하는 상태였소. 하지만 내가 그걸 알았겠어? 내가 그런 단어가 있다는 걸 알기라도 했겠어? 아니, 몰랐지. 난 성공하고 싶다는 생각뿐이었으니. 그런데 지금 공산당원으로 지내는 건 위험한 일일 거 같았던 거지."

"그러다가 메이데이가 왔고 난 행진을 했어요. 그냥 행진을 안 할 수가 없었어. 하지만 군복을 입을 수는 없겠더라고. 내가 아는 몇 놈들이 군복을 입을 계획이라는 소리를 듣고 미친 놈들이라고 생각했던 게 기억나. 음, 그해엔 참전군인들이 군복을 입고 장교들을 뒤를 따라 천 명씩 행진을 했지. 난 부끄러워서 쥐구멍에라도 들어가고 싶었소. 예전의 그 감정이 솟구치면서 날 강하게 끌어당겼어. 난 불안감을 꿀꺽 삼키고 다시 입당했다오."

그때 이후로 그는 일편단심 충성하는 공산당원이 되었다. 다시 시티칼리지로 돌아가서 경제학 학위를 받고, 당의 조직 책임자가 되었다. 이따금 의심의 물결이 그를 덮쳤다. 그럴 때면 그는 당 활동에 더 열렬히 자기 몸을 던졌다.

"알잖아요," 그가 차분히 말한다. "요즘에 사람들을 만나서 내 이름을 꺼내면 아마 그럴 걸요, '루 굿스타인? 아주 똑똑하고 진지한 마르크스주의자에 철저한 충성파였지.' 하지만 아! 난 내적으로는 당 권위자들의 편협함에 계속 짜증이 났소. '포크너는 왜 읽는 거야? 어째서 당원이 아닌 여자들하고 데이트를 하지?' 같은 말을 하는 놈들이 얼마나 싫었다고."

"하지만 그래도," 루가 자신의 커피잔을 들여다보며 말한다. "혁명이 전부였고 그즈음에는 너무나도 많은 모순들을 억눌러버려서 돌아갈 방법도 없었지. 나는 결혼도 공산당원하고 했소."

1951년 당은 루에게 지하로 들어가서 익명의 당 주요 인사를 위해 은신처를 제공하라고 요구했다. 루는 즉시 수락했다. 그와 아내는 친지들에게는 거의 아무것도 설명하지 않고 뉴욕에 모든 걸 남겨두고 떠났다. 펜실베이니아에 집을 구입해서 가짜 이름과 정체성으로 2년간 완전히 외따로 살았다. 1년에 서너 번 한 남자가 나타나 이 집에서 몇 주씩을 보내곤 했다. 이들은 아무런 질문도 하지 않았고 어떤 설명도 듣지 않았다. 이 남자가 누구인지, 무슨 일을 하는지 전혀 알지 못했다. 감시당한다는 확신이 들어서 두 차례 이사를 하기도 했다.

루가 노동계급과 처음으로 가깝게 지내는 경험을 한 건 이 시기였고—그는 공장노동자가 되었다—이상하게도 이런 접촉은 삶의 복잡함에 대한 그의 해묵은 갈등을 자극했다. "난 계급의 의미를 배웠지, 마르크스주의 용어가 아니라 인간의 경험으로 말이오. 그 남자들한테는, 나에게는 낯선 경험의 결속이라는 게 있었고, 당에서는 전혀 이해하지 못했던 '모순'이라는 단어를 나는 그들을 통해 비로소 이해하게 됐소. 한 흑인 노동자와 막역하게 지내던 작업반장이 있었는데, 늘 그 흑인 어깨에 팔을 두르고 돌아다니고, 매일 같이 점심을 먹고 그러더니 나한테 와서 똥이나 먹는 검둥이들이 세상을 장악하고 있다는 거야. 그리고 말을 상스럽게 하고 여자들 엉덩이를 주무르고 다니는 덩치 큰 쓰레기 같은 놈도 있었는데, 내 딸이 태어나서 내가 시가를 돌렸더니 하나를 받아들고 가더라고. 그러다가 다시 돌아와서 나한테 '네가 그게 다 여자 일이라고 생각하는 그런 개자식은 아니길 바랄게' 그러는 거야. 그러면서 출산이 여자한테 어떤 영향을 미치는지, 산모가 얼마나 약하고 침울해지는지 나한테 일장 연설을 늘어놓더라고."

"이런 생각을 했을 거요. 맙소사, 여긴 완전 뒤죽박죽이네! 당은 대체 이 밖에서 무슨 일이 벌어지는지 모르고 있어, 당은 미국 노동자들을 전혀 **이해**하지 못하고 있다고. 나 혼자 그걸 다 이해하려면 인생을 두 번은 살아야 했을 거요. 난 공장에서 일하던 내내 불편했소, 끔찍하게 불편했지. 거기서 편했던 적이 한 번도 없어."

루 굿스타인은 노동자들 사이에서 불편함을 느꼈고, 그 속에 있으면 공산당원이라는 자신의 정체성을 둘러싸고 모든 상충되는 감정들이 떠오르곤 했다. 그래서 1953년 당이 그에게 그 안가를 닫고 뉴욕으로 돌아와서 '현장으로 가라'고 했을 때, 당연히 즉각 거기에 응했다.

현장으로

"현장으로 간다"(당의 반어적인 용어로는 "식민지 개척"이라고도 하는)는 표현은 1930년대부터 1950년대 초까지 당 조직가들이 미국의 공장, 발전소, 실험실, 사무실 노동자로 취업하여 노동자들에게 계급의식과 사회주의에 대한 신념을 고취한 뒤 공산당원으로 조직하게 하는 공산당의 실천방식을 말한다. 수천의 미국공산당원은 사반세기가 넘도록 성인 활동기의 많은 날들을 '현장'에서 보냈다. 이런 공산당 '식민지 개척자들'의 삶과 노동에 관한 집단 역사에는 영광과 슬픔이 공존한다.

대부분의 경우 이들은 미국 노동자들에게 사회주의에 대한 신념을 고취하지 못했고, 당연히 의미 있는 수를 공산당원으로 조직하지도 못했다. 그러나 이 나라에서 노동자의식을 신장하는 데 지대한 영향을 미치고 미국 노동운동의 성장에 크게 기여한 것만은 분명하다. 1930년대와 1940년대에 미국 어디에서든 노동자와 자본가 사이에 큰 투쟁이 벌어지면 거기에 공산당 조직가들이 개입되어 있다는 것은 거의 기정사실이었다. 캘리포니아의 들판에, 플린트의 자동차 공장에, 피츠버그의 제철소에, 웨스트버지니아의 광산에, 스키넥터디의 전기제품 공장에 이들이 있었다. 이들은 하루 8시간 노동과 최저임금, 노동자의 급료, 건강보험과 복지보험을 위해 투쟁했다. 그리고 영광의 한 철 동안—CIO가 활동하던 짧은 시기에—미국 노동운동에 진정한 노동자 정치의 활기를 불어넣었다. 많은 조직가들이 미국의 노동자들을 사회주의로 개종시키지 못한 것은 사실이지만, 그들 자신이 탁월한 노조 활동가들이었다.

　물론 그렇지 않은 경우도 많았다. 루 굿스타인 같은 많은 이들은 "현장"에서 지독하게 불편해했고, 공장, 발전소, 제철소에서 지내던 시절 내내 큰 혼란에 빠졌던 탓에 당을 위해 조직 활동을 하기는 했어도 함께 지내며 노동하는 사람들과 진정한 의미의 접촉은 전혀 하지 못했다. 조 프리센은 이런 사람들을 경멸했고, 존 더스패서스는 이런 사람들을 신화적으로 해석했다. 자본주의의 죄악 때문에 고행이라도 하듯—노동계급과 직접 살을 맞대고—망명자의 삶을 살아내는 영적인 외톨이로서의 공산당 조직가로.

　루 굿스타인은 버팔로의 자동차 공장에서 7년을 보냈다. "버팔로," 루가 한숨을 쉰다. "내가 죽어서 심판을 받게 되면 태만과 과실의 죄가 이만큼 두껍게 적힌 책이 있을 거요. 그다음에는 내가 이미 받은 처벌이 이만큼 두껍게 적힌 책이 있을 거구요. 그런 다음 위에서 어떤 목소리가 이렇게 말하는 거지, '다 무효가 됐다. 그는 버팔로에서 7년을 살았다.'"

　루는 잠시 말이 없다가 갑자기 놀라울 정도로 방어적인 목소리로 내지른다. "**아직도** 난 우릴 보냈던 건 올바른 일이었다고 말해요." 그러더니 다시 말이 없다가 이렇게 말한다. "하지만 우린 그곳과 어울리지 않았어. 난 평생 공장에서 일을 할 수도 있었지만 그래도 절대 그들처럼 되지는 못했을 거야."

　50세인 칼 밀렌스는 협동조합에서 어린 시절을 보냈다. 그의 이름은 카를 마르크스에서 따온 것이다. 23년간 공산당원이었던 그는 20세부터 37세까지 당에서 배정해준 중서부 전역의 산업시설에서 일했다. 현재는 뉴욕 지역의 한 작은 커뮤니티 칼리지에서 정치학을 가르치는 강사다. 책 한 권을 썼지만 출간을 하지는 못했고 지금은 두 번째 책을 쓰는 중이다. 그는 출간은 사실 자신에게 그렇게 중요한 문제가 아니라고, 자신은 타자기 앞에 앉아 있을 때 가장 행복하다고 말한다.

칼이 잘생긴 큰 손을 내밀며 말한다. "타자기는 내 손에 딱 맞는 기계예요. 공장에 일할 때 썼던 기계들은 내 손에 전혀 안 맞았는데. 그 기계들에서는 타자기처럼 나한테 자연스럽다는 느낌을 한 번도 받아보지 못했어요."

칼 밀렌스는 공산당원 시절에 대해 억울함 같은 건 없지만 그렇다고 인생이 그렇게 잘 풀린 것도 아니다. 이혼을 했고, 많은 옛 친구들과 소원해졌고, 로어맨해튼에 있는 허름한 방 한 칸짜리 아파트에 살고 있으며, 벌이도 시원찮고 지적인 보상도 없는 직장에서 일하고, 매일같이 그를 집어삼킬 듯 위협하는 감정적인 당혹감의 너울을 꾸준히 억누르며 지내는 것 같다. 그는 과거에 대해 이야기하는 것을 눈에 띄게 어려워한다. 자신이 살아온 과거를 이해할 수 있으면 현재의 삶을 더 수월하게 살 수 있으리라는 걸 알 정도로 충분히 똑똑하지만, 자신이 과거를 이해**할 수 있다**는 자신감은 전혀 없어 보인다. 하지만 이 추운 12월 밤 그는 노력하고 또 노력한다.

"협동조합에서 어린 시절을 보냈는데⋯⋯" 그가 모호하게 말문을 연다. 그는 한 손으로 점점 벗어지는 머리칼 때문에 넓어져가는 이마를 힘없이 문지른다. "그건 온실에서 자라는 거

랑 비슷했어요. 우린 좌파 중에서 유일한 온실 속 아이들이었
죠. 그리고 온실 속의 모든 생명이 그렇듯 우린 더없이 강렬하
고 환하게 피어났어요. 인공적인 환경이었으니까요. 있잖아요,
아주 현실적인 의미에서 미국은 우리한테 외국이었어요. 우리
한테는 선거 정치가 아무런 의미가 없었죠. 하지만 메이데이를
앞둔 몇 주 동안은 동네의 모든 벽에, 모든 가게 앞에, 모든 가
로등 기둥에 '5월 1일에는 모두 밖으로'라는 글씨가 나붙었어
요. 당일이 되면 그 지역의 초등학교는 텅 비었구요. 그게 우리
한테는 선거일이자, 독립기념일이자, 하누카[유대교의 명절]이
자 크리스마스였어요."

"우린 미국 공산주의자들 중에서 이 나라에 가장 현실성
이 떨어지는 방식으로 개입했던 것 같아요. 우린 너무 밀도 높
고 너무 편협하고 결과적으로는 너무 추상적인 언어와 문화
속에서 자랐죠. 그 생각을 하면 믿기지 않을 정도예요. 우린 다
노동계급이었죠. 대부분의 노동계급 공산당원들은 노동을 낭
만화하지 않았어요. 하지만 마르크스-레닌주의 사상의 이론적
용어 안에서 성장기를 보낸 우리는 당의 중간계급 지식인 입장
을 취했고, 혁명가의 삶을 우리의 사명이라고 생각하고 최대한
빨리 프롤레타리아트와 하나가 되고 싶어 했죠. 실제로는 지식
인이라고 하기엔 뭔가 부족했고, 이론 이야기를 할 때**만** 편안함
을 느꼈으면서도 10대 때부터 다들 '현장에 들어가는 걸' 꿈꿨
어요."

"맙소사! 그 언어. 이건 해방의 운동이어야 했잖아요. 하지
만 주위를 돌아보면 늘 점점 위축되는 느낌이 들었어요. 내 언

어가 받아들여질지 안 받아들여질지 때문에 위축되고, 내 행동이 절대적으로 받아들여질지 안 받아들여질지 때문에 위축되는 거지. 책도 읽어야 하는 책 아니면 읽으면 안 되는 책이고, 생각도 해야 하는 생각이거나 하면 안 되는 생각이거나…… 지적 수준이 높다는 걸 증명하려면 마르크스-레닌주의 용어를 들먹여야 했어요. 하지만 난 그게 위협용으로 사용된다는 걸 알게 됐어요. 그리고 마지막에는 그게 지적 수준이 엄청 높다는 증거가 아니라 삶에 대한 두려움이 크다는 증거라고 느꼈고. 아내와 헤어지고 나서 심리치료를 받았을 때 머리 안에서 조명이 나가버린 기분이었거든요. 내 삶이 한 번도 상상해본 적 없는 형태가 되어 있더라고. 당에서 가장 오래된 친구한테 내 안에서 일어나고 있는 일을 조금 얘기해보려고 했더니 그 친구는 마치 내가 반혁명적인 기생충이라도 되는 것처럼 말하는 거야. 실험실에 가둬두거나—정의로운, **올바른** 체제였다면—잡혀가서 총살당해 마땅하다는 듯이 말이야. 하지만 그건 다 나중에 알게 된 거예요, 훨씬 나중에, 이런 깨달음들은 말이에요. 그전에 일단 난 코앞에 닥친 혁명을 위해 현장에서 17년을 보내야 했지.”

“내가 현장에서 보냈던 세월에 대해 뭐라고 말할 수 있을까요? 그건 나한테는 말이에요, 느리고 감지할 수 없고 무의미한 죽음이었어. 나는 전혀 친밀감을 느끼지도, 같은 경험을 공유하지도 못하는 남자들 옆에서 17년을 일했지. 내 마음을 메마르게 하고 내 육체적 능력에는 맞지도 않는 일을 하면서 말이야. 거기서 유일한 목표는 그 사람들하고 점점 가까워져서 급진적인 변혁의 잉태가 다가왔을 때 움직일 준비를 하는 거였지. 아, 근데 난 그 사람들하고 전혀 가까워지지 못했고 잉태의 상황도 오지 않았어. 최소한 내가 준비하고 있던 그런 형태로는 말이오. 난 나한테 재능이 없다는 걸—거듭 말하지만 전혀 없다는 걸—아주 빠르게 깨달았소. 조직화에도, 노조 일에도, 협상에도 말이오. 두뇌 회전도 느리고, 눈치도 별로 없고, 한 절반 정도는 대체 내 주위에서 무슨 일이 벌어지는지 이해를 못했지. 진짜 타고난 조직가가 사람들 사이에서 두각을 나타냈을 때 난 내가 그 일과 얼마나 동떨어져 있는지도 파악하지 못했지만 그렇다고 그 사람을 급진적인 방향으로 이끌지도 못했어요. 난 확실히 점수를 깎아먹는 소리만 했거든. 이제는 내가 뭐라고 했는지는 잘 기억이 안 나는데, 뭐 뻔한 마르크스-레닌주의 어쩌고저쩌고였겠지. 그 남자는 날 빤히 보다가 고개를 저으며 가버리곤 했어요. 그 사람이 날 좋아했던 건 알아. 하지만 내가 모자란다고 생각했던 것도 확실하지."

"현장에 들어간 많은 사람들이 훌륭한 조직가였고, 노조에서도 한껏 능력을 발휘했던 건 알고 있어요. 하지만 내가 보기에 그런 사람들 중에서 협동조합 출신은 별로 없을 거 같아."

협동조합 출신 중에는 현장에서 훌륭하게 임무를 수행한 경우가 없다는 칼 밀렌스의 확신을 반박할 수 있고 실제로 반박하는 사람이 미국에 최소한 한 명은 있다. 그 사람의 이름은 모리 새크먼이다. 그는 칼처럼 50세이고 협동조합 속에서 성장했고 10대에 공산당원이 되었다. 대학교육을 받았고 피츠버

그의 한 제철소에서 15년을 일했다. 칼의 이야기가 단순하다면 그의 이야기는 복잡하다.

모리 새크먼과 그의 아내 파울라는 캔자스의 한 작은 대학 도시에 살고 있다. 동부나 서부 출신에게는 황량하다는 말 외에는 표현할 길이 없는 곳이다. 눈길이 닿는 거리까지, 이 땅을 둘러싸고 수백 킬로미터에 걸쳐 지루한 평지가 숨 막히게 펼쳐져 있다. 그래서 이곳에는 화창한 날에도 대기가 회색빛으로 느껴진다. 이 소도시의 가장자리에서 보면 말 그대로 세상의 경계 너머에 서 있는 기분이 든다. 대학은 이 도시의 가운데 공간을 차지하고 있고—캠퍼스에는 차분한 유쾌함이 감돈다— "좋은" 동네와 "덜 좋은" 동네, 그리고 "나쁜" 동네가 대학을 감싸고 있다. 큰 당혹감이 엄습한다. 이게 다 무슨 짓이지? 이런 장소에 어째서 빈부 격차가 있는 거지? 도로에는 온통 지도에는 나와 있지 않은 무기력함이 똑같이 떠다니는데.

새크먼 부부는 허름하고 커다란 빅토리아풍 주택들이 나무와 함께 늘어선 거리에 있는 "덜 좋은" 동네에 살고 있다. 이곳에서 집을 팔면 손해를 보겠다는 생각이 본능적으로 든다. 나는 테두리가 흐린 갈색인 연노란색 집을 찾고 있다. 마당에는 풀이 무성하고 포치 난간은 기우뚱하다. 새크먼 부부는 이곳에서 네 자녀와 살고 있다. 모리는 대학에서 역사를 가르치지만 아직 승진을 하지 못했고 사실 지금은 정년을 보장받기 위해 팽팽한 전투를 치르고 있다. 모리가 소속된 학과에서 절반은 그를 사랑하지만 절반은 그를 증오한다. 이곳에서 그의 미래는 풍전등화다. 모리 자신은 이 전투를 즐기고 있는 듯하고 그런 일은 확실히 모리의 내면에서 해묵은 정치적 욕구를 자극한다. 하지만 파울라는 불확실한 미래 때문에 끔찍하게 침울하고 지친 것 같다.

모리는 키가 크고 피부가 검은 편이다. 잘생긴 얼굴에서는 패기가 느껴지고 체격은 섬세하기보다는 건장한 편이다. 몸가짐과 화법은 얼굴과 잘 어울린다. 개방적이고 훈훈하며, 섬세하기보다는 직설적인 지성으로 가득하다. 검고 우묵한 눈에 무용수의 몸을 가진 파울라는 날씬하고 아름답다. 파울라는 젊었을 때 검정 스타킹을 신고 은으로 된 장신구를 착용하고 긴 머리를 말 꼬랑지처럼 묶고 다녔고, 지금도 그런 스타일에는 변함이 없다. 유일한 차이라면 그 말 꼬랑지에 이제 회색 줄이 굵게 가 있다는 것뿐. 결혼한 지 30년이 된 이 두 사람의 얼굴에는 함께 전쟁을 겪은 부부의 표정이 뚜렷하게 새겨져 있다.

모리는 스무 살이던 1944년에 군대에 징집되었다. 신병훈련소로 떠나기 전 그는 파울라와 결혼했다. 기억조차 하기 힘든 오래전부터 알고 지내던 사이였고, 전쟁의 손길이 그들 바로 앞까지 닥친 상황이었으므로 이들은 서로를 꼭 붙들면서 미신을 믿는 사람들처럼 중얼거렸다. 결혼하면 모리가 살아 돌아오리라고. 모리가 해외에 있는 동안 파울라는 공산당에 가입했다. 어째서인지 이렇게 하면 내면에서 자신들의 연대감이, 자신들의 삶에 대한 자신감이 더 선명해지는 것 같았기 때문이다.

모리는 털끝 하나 다치지 않고 의기양양하게 귀국했고 시티칼리지에 들어갔다. 파울라는 이미 들어가 공산당 학생 모임에서 왕성하게 활동 중이었다. 모리는 순식간에 당 활동에 빠져들었고, 그 어느 때보다 열성적인 공산당원이 되었다. 사실 그는 대학으로 돌아갈 생각이 없었다. 바로 현장으로 가고 싶었다. 그는 참전을 경험하며 부르주아 교육에 대해 전보다 더 냉소하게 되었고 혁명의 "실세계"에 빨리 뛰어들고 싶었다. 하지만 부모님과 당 모두 그에게 학위를 따야 한다고 끈질기게 권했다.

아직 학교에 있을 때—그리고 이제 모리는 안전하게 귀국했기 때문에—파울라는 동료 공산당원들의 "강경한" 행동에 점점 짜증이 나기 시작했다. 다들 역사나 정치학을 공부하는 동안 파울라는 예술을 공부하며 그래픽 디자이너로서 맹아가 될 만한 재능을 키우고 있었다. 예술학과의 분위기는 파울라 내면의 상상력에 자양분을 제공했고 그 결과 그는 점점 흑과 백이 분명한 마르크스주의적인 대답에 대해 의문이 커져갔다. 모리와 그의 친구들이 숱한 불확실성 앞에 내놓은 그 이원론적인 대답들은 젊은 파울라의 마음속에서 소화되지 못하고 계속 맴돌았다. 어느 날 시티칼리지의 학생식당에서 여럿이 함께 점심을 먹던 파울라는 그 모임의 대표에게 말했다. "무슨 소리예요, 그게 객관적인 현실이라니? 이 사례에 객관적인 현실 같은 건 없어요. 그걸 이렇게 생각해봐요……" 그러다가 두 사람은 토론 중인 상황을 놓고 다소 험악하게 옥신각신했다.

그다음 주에 파울라는 공산당 당사로 출석하라는 연락을 받았다. 그는 12번길에 있는 당사로 오라는 이 명령에 전혀 감을 잡지 못하고 약간 겁을 먹었다. 모리는 아무 일도 아닐 거라고 파울라를 안심시키며 정해진 날 파울라와 함께 시내로 나갔다.

"오라고 한 방으로 올라갔어요," 파울라가 말한다. 그 일이 있고 26년이 흘러 우리는 캔자스의 주방 테이블에 앉아 있고, 긴장감이 팽팽한 얼굴의 그는 가늘고 긴 손가락으로 커피잔을 감싸고 있다. "모리는 회의실 밖에 있었어요. 내가 안에 들어갔더니 학교 친구들 전부하고 전에 한 번도 본 적 없는 어떤 남자가 있더라구요. 그 순간 의자 배치가 이상하다는 걸 알아차렸어요. 의자들이 모두 둥글게 놓여 있는데 그 중간에 의자 한 개가 있는 거야. 낯선 남자가 나한테 원 가운데 있는 그 의자에 앉으라고 했죠. 난 떨기 시작했어요. 자리에 앉았더니 시작되더라고."

"내가 불복종과 분열 야기 고발 때문에 불려온 거라고 그 남자가 그랬어요. '그게 무슨 말이에요?' 내가 물었지. '누가 이런 고발을 했다는 거예요?' 그 남자는 우리 모임의 대표 쪽으로 고갯짓을 했어요. 내가 그 사람을 보면서 말했지. '제리, 당신이 날 고발했다구요?' 제리는—난 그 사람하고 몇 년이나 알고 지냈는데—대답이 없었어요. 그 사람 눈빛이 차갑고 입술이 앙다물려 있어서 누군지도 못 알아볼 정도였다고. 그 사람이 고개를 끄덕였어요. '무슨 말이에요?' 내가 물었어요. '내가 무슨 말을 했다고, 무슨 짓을 했다고.'"

"그랬더니 우리 모임에 있던 여자애 하나가 공책을 꺼내서 읽기 시작하는 거야. 믿을 수가 없었지. 난 그때 거기서 정신이 나갈 거 같았어요. 그 애는 학교 식당에서 있었던 대화를 통째로 읽었어요. 나는 거의 기억도 할 수 없는 대화를, 내가 말했다고는 하지만 생각도 안 나는 말들, 다 너무 아득하고 멀게만 느껴졌지. 그 애는 2년 동안 내 말을 기록해놓고 있었어요. 2년 동안 말이에요. 나는 전혀 본 적 없는 사람처럼 걜 쳐다봤지. 걘 내 친구였는데. 우린 지하철을 타고 같이 브롱크스로 돌아가곤 했는데. 같이 옷 얘기, 숙제 얘기, 엄마 얘기도 했는데 근데 걘 그동안 쭉 나에 대해 기록해놓고 있었던 거야. 깨어나지 못할 악몽을 꾸는 기분이었어요." 파울라는 거기서 말을 멈추고 자신의 커피를 들여다본다. 나도 모리도 아무 말이 없다. 나는 계속 파울라의 얼굴을 들여다보고 모리는 시선을 떨군 채 테이블을 응시한다.

"그때 내가 순간적으로 중심을 잃었던 모양이에요." 파울라가 말을 이어간다. "난 비명을 지르기 시작했어요. '당신들 다 미쳤어, 미쳤다구! 이 더러운 세상에서 정의 같은 게 조금이라도 있다면 처벌은 내가 아니라 **당신들**이 받게 될 거야.' 그러고서 난 그 방을 뛰쳐나왔어. 모리 품에 안겨서 그랬지, '날 여기서 데리고 나가, 날 여기서 데리고 나가줘. 그리고 다시는 날 데리고 오지 마. 다시는.' 이틀 뒤에 난 당에서 제명됐어요."

파울라가 시선을 돌려 남편을 응시한다. 모리는 계속 나무로 된 주방 테이블만 쳐다보고 있다. 파울라의 시선에는 표정이 없다. 비난도, 빈정거림도, 이상할 정도로 건조한 눈이다. 마치 그 시선 뒤에 있는 모든 감정이 오래전에 그에게서 다 빠져나간 것처럼.

"그러니까," 파울라가 말을 이어간다. "난 나왔지만 남편은 당연히 남아 있었어요. 난 그 사람한테 속이 뒤집힐 정도로 악을 썼죠. 며칠 동안 끝도 없이 그 사람을 괴롭혔어요. 내가 그 방에서 봤던 걸 그 사람도 보게 하려고, 그게 지금 당장만이 아니라 미래에 무슨 의미를 갖는지 그 사람이 이해하게 하려고. **우리의** 미래에 말이에요. 그 사람 마음을 조금도 움직일 수가 없었어요. 혁명이 전부였으니."

"그 시기에 또 다른 친구가 재판을 당하고 쫓겨났어요. 그 친구는 거의 자살까지 갔단 말이야. 내 말은 진짜 자살할 뻔했다구요. 그 친구랑 그 친구 아내는 우리랑 절친이었어, 두 사람은 우리 결혼식에서 들러리를 섰고, 우린 그 두 사람 결혼식 들러리를 섰지. 어느 날 밤에 우리가 그 부부 집 주방에 둘러앉아 있었는데 갑자기 그 친구가 일어나서 아파트를 나가는 거야. 거의 순간적으로 우린 그 친구가 지붕으로 갔다는 걸 알아차렸어요. 모리가 쫓아가서 그 친구를 제지했구요. 그 친구한테 말도 걸고, 애원도 하고, 설득도 했지. 모리는 그 친구를 사랑했거든. 날 사랑하듯이 말이야⋯⋯"

"하지만 이미 모리하고 우리 사이에는 거리가 있었어요. 우린 밖에 있었고 모리는 안에 있었으니. 우린 그 사람의 마음에서 일종의 벽 반대편에 있었던 거야. 우린⋯⋯ 우린 그 사람한테 이미 어째선지 **비현실적인** 존재였던 거 같아요."

나는 마치 없는 사람처럼 이야기되고 있는 모리에게 의견을 묻는 듯한 시선을 보낸다. 그는 눈으로 내 표정을 떨쳐낸다. 그의 표정은 "이건 파울라의 이야기요, 파울라는 자기가 원하는 대로 이야기를 할 권리가 있소"라고 말하는 듯하다.

파울라가 이어서 말한다. "모리가 시티칼리지를 졸업했을 때 난 우리 큰애를 임신 중이었어요. 그 사람은 뉴욕을 떠나서 당을 위해 현장에 들어갈 생각뿐이었지. 난 그러지 말라고, 내가 뉴욕을 떠나게 만들지 말아달라고 애원했어요. 난 스물두 살이었고 임신 중이었고 고향을 떠나는 게 무서웠거든. 거기다가 그래픽 디자인 일을 막 시작한 참이었던 말이야. 내가 계속 뉴욕에 있으면 나만의 커리어를 쌓을 수 있지만 떠나면 남은 평생 그 사람만 따라다니게 될 거라는 걸 알았지. 내가 무슨 말을 해도, 무슨 짓을 해도 그 사람은 꿈쩍도 안 했어요."

"임신 기간이 순탄치가 않았어. 7개월째엔 침대에만 누워 있었지. 모리가 어느 날 집에 와서는 당에서 피츠버그로 가라고 했다는 거야. **지금.** 우린 무시무시하게 싸웠어요. 난 비명을 지르고 고함을 쳤지. 그 사람은 그냥 안면 몰수 하고 집을 나갔어. 브롱크스에 있는 그 침대에서 난 땀을 흘리며 누워 있었어요. 모리 아버지가 날 보러 왔더라고. 그분도 제정신이 아니었지. 당이 자기 아들의 인생을 말아먹고 있다고, 내가 어떻게 해야 한다고, 내가 그 사람을 막아야 한다고 그러는 거야. '너는 아내잖아. 걜 말려야 해.' 그분이 그랬어요. '말린다구요!' 내가 그 노인한테 소리를 질렀지. '모르시겠어요?' 내가 그랬어. '제가 그 사람한테 아무런 의미도 없다는 걸 모르시겠냐구요? 저도, 아버님도, 누구도 의미가 없어요. 공산당을 빼면 누구도 의미가 없다구요! 잊어버리세요.' 내가 그랬어. '아버님한테 이제 아들 같은 건 없어요.'"

"혼자 애를 낳았어요. 모리는 애가 일주일 됐을 때 집에 와서 나한테 그러더라고. '나 피츠버그에 있어. 오고 싶으면 오고 여기 있고 싶으면 있어.' 난 6주 뒤에 그 사람을 따라 피츠버그로 갔지."

파울라가 '자신의' 이야기를 한 그다음 날, 모리와 나는 차를 타고 그 도시 끝에 있는 한 공원으로 갔다. 그날은 잿빛인 데다 공기가 기분을 바꿔주는 깨끗한 습기를 가득 머금고 있어서 눅눅했다. 우리는 차 밖으로 나와서 감사한 마음으로 심호흡을 했다. 우리 두 사람 다 퀴퀴한 공기와 담배 연기가 가득한 방에 며칠 앉아 있었던 기분이었다고 나는 확신한다. 우린 이 공원의 인공 숲을 가로지르는 산책로를 따라 걷기 시작했다. 한동안 우린 아무 말 없이 기분 좋은 침묵 속에 길을 걸으며 회색과 검은색이 주를 이루는 날카로운 11월의 나무들을 구경했다. 얼마 뒤 우리는 아래로는 이 공원의 놀이터가 내려다보이고 밖으로는 저 멀리 반듯한 수평선에 놓인 무뚝뚝한 19세기 풍의 벽돌로 된 공장 건물이 눈에 들어오는 낮은 구릉 위 바위에 자리를 잡는다. 모리는 한동안 그 공장을 말없이 응시하다가 말문을 열었다.

"파울라 말이 맞아요, 그렇고말고. 파울라가 한 말은 다 사실이에요. 난 당과 혁명에 미친 열혈 공산당원이었지. 내 주변 사람들한테 내가 무슨 짓을 하고 있는지 보지 못했어요. 내가 사랑하는 사람, 나를 사랑하는 사람, 친구들, 가족, 동지들한테. 행동하는 방법은 단 한 가지, 일을 해내는 방법도 단 한 가지, 혁명에 복무하는 것뿐이었지. 그게 내 안에 얼마나 깊이 도사리고 있었던지 입에서 그 맛을 느낄 수 있었어. 사람들이 그걸

미국 공산주의라는 로맨스

다르게 생각할 수 있다는 걸 전혀 이해하지도 못했고. 공산당원으로 살아가는 것 말고는 아무것도 내게 현실적이지가 않았소. 그런데, 알겠지만 워낙 어릴 때 끝내주는 승리를 경험했고, 그 이후에 힘든 시기가 올 때면 그 기억이 나한테 피를 수혈해주는 것 같았지."

"시티칼리지에서 일어난 니커보커-데이비스 파업* 기억해요? 그때 그 두 사람, 시의 세금으로 월급을 받던 이 두 교수가 노동계급 유대인들을 가르치면서 반유대주의적인 발언을 했단 말이야. 그 일이 폭탄처럼 터져버린 거지. 시티칼리지에서 그 일은 믿을 수 없는 사건이었지. 감정이 격앙되고 격앙되다가, 마침내 학교 전체가 사흘 동안 파업에 들어간 거야. 그게 1947년에 무슨 의미였는지 아시오? 시티칼리지 같은 학교가 파업에 들어간다는 게 말이오. 그건 유례가 없는 일이었어. 다들 그 파업의 배후에 공산당원들이 있다고 말했지. 그리고," 모리는 나를 정면으로 응시하며 아주 활짝 웃는다. "그 말이 맞았소. **우리가** 했어. 우리가 그 파업을 준비하고, 조직하고, 이끌었어. 난 파업이 일어나는 동안 믿을 수가 없더군. 우리가 진짜로 해냈다는 걸 믿을 수가 없었어. 우린 몇 주 동안 하루에 서른 시간씩 미친 듯이 일을 했소, 밥을 먹거나 잠을 잘 시간도 없이. 그리고 우리가 해낸 거야. 우리가 사람들을 파업으로 끌어낸 거야. 파

---

* 유대인 학생과 교직원에게 차별적인 언행과 불이익을 일삼던 윌리엄 E. 니커보커 교수와 기숙사에 흑인 학생을 분리 배정한 윌리엄 C. 데이비스 교수 문제에 대한 대처에 반발한 학생들이 두 교수의 재판과 해임을 요구하며 벌인 일련의 집단행동을 말한다. 1948년 2천 명이 벌인 연좌시위와 1949년의 총파업에서 절정에 달했다.

업이 진행되는 내내 내 머릿속에서 난 노래를 불렀지. 할 수 있
다고, 가능하다고."

"니커보커-데이비스 파업이 아직 내 귓전에서 메아리치고
있는 상태로 현장에 들어갔소. 스물네 살이었지. 그때처럼 내
가 미국 철강 노동자들을 혁명으로 조직화할 거라고 생각했어.
아, 한 6개월이나, 1년 정도 걸리려나, 어쩌면 2년일 수도 있겠
지 하면서…… 10년 뒤에 내 세상은 안팎으로 폐허가 됐어. 그
리고 아마 내가 해낸 일은 사장의 끄나풀 노릇을 하는 노동자
를 몇 명 늘리는 게 다였을 거요."

"몇 년이 지나서야 내가 공장에서 아무도 급진화하지 못하
고 있다는 생각이 아주 슬그머니 어렴풋하게 들기 시작하더라
고. 사람들을 노조의 관점에서 생각하게 만드는 건 허구한 날,
어쩌면 평생토록 해야 할 일인 것 같다는 생각, 난 평생 더 큰
정치적인 관점에서는 털끝만큼의 변화도 일으키지 못했다는
생각도 들고."

"근데 그거 아시오? 이건 물론 파울라는 이해를 못하는 건
데, 이해할 수가 없지. 난 그걸 사랑했다오. 철강소에서 일하는
걸 사랑했어. 그 모든 면을 사랑했단 말이야. 그 난관, 위험, 남
자들, 기계들, 살인적인 일정, 철강을 만들어내는 그 모든 과정
을. 난 철강소를 속속들이 알게 됐소. 모든 게 어떻게 돌아가는
지를, 모든 게 어디에 보관되는지를, 각자의 일이 정확히 어떻
게 공정의 모든 부분을 작동시키는지, 한 사람이 이틀 내리 일
을 하다가 하루 농땡이 치는 게 어떤 의미인지, 그게 얼마나 위
험한지, 그게 그 아래쪽에 있는 다른 모든 라인에 어떤 의미인

지를 알았다고."

"실은 그랬어. 난 조직가가 젠장맞게 잘 맞았어, 그 철강소에 튼튼한 지부를 만드는 데 힘을 보탰고, 그 장소, 그 일, 그 사람들한테 진심이었어. 여러 면에서 난 거기서 잘 지냈어요. 하지만 그 자체의 관점으로 그걸 들여다본 적은 없었지. 어떤 상황이었든 내가 그걸 할 수 있었을지는 모르겠소. 그건 노동계급 속에서 지내기 위해 노동계급 속에서 지내는 걸 의미했을 테니까. 내가 그렇게 할 수 있었을지는 자신이 없소. 당을 위해서라면 영원히 노동계급 속에서 지낼 수 있었을 거야. 그런데 나 자신을 위해서라면…… 그건 다른 문제였지."

"그리고 어떤 면에서 그건 전체적으로 진짜 비극이었어. 나 자신에 대해서만이 아니라 우리 전부한테 말이오. 생각해봐요, 유럽 공산당원들은 늘 장기적인 관점을 가질 인내심이 있었잖소. 그 사람들은 두어 세대가 지나야 올 수도 있는 무언가를 위해 일평생 애쓰며 살 수 있었단 말이오. 하지만 우린 코앞에 혁명이 닥쳤다는 숨 막힐 듯한, 폭발할 것 같은 감각을 안고 살았단 말이야. 우리가 종종 아주 어리석고 폭력적인 방식으로 행동할 수 있었고 실제로 그랬던 건 우리가 늘 혁명적인 상황에 있다고 상상했기 때문이오. 전혀 그렇지 않았는데 말이야. 그 결과 우린 장기적인 안목도, 인내심도 없었고, 사회주의적 변화로 가는 길이 얼마나 지난하고 험난한지 실제로 이해하지도 못했어. 그리고 모든 상황이 끝났을 때 그 과정에서 우리가 상처를 줬던 사람들이 이제 우리에게 돌아와서 벽돌을 던지고 방망이를 휘둘렀지."

"제20차 당대회는 나한테는 청천벽력이었어. 그 시절에 난 계속 피츠버그에 있었단 말이야. 철강소에서 노예 새끼처럼 일하면서. 아내는 늘 억울함과 분노에 휩싸여 있고 애들은 혼란스러워하고 난 기진맥진 힘이 하나도 없었지. 당하고의 유일한 접촉은 뉴욕에서 한 달에 한 번 찾아오는 그 조직책이었는데, 그 사람은 무슨 시어머니처럼 한 번씩 들렀어요. 나는 레닌 소책자를 읊듯이 말하는 이 얼간이를 아내한테, 그리고 철강소에 있는 사람들한테 설명해야 했지…… 그러다가 흐루쇼프가 폭탄을 떨어뜨린 거야."

이 시점에 모리는 잠시 침묵했다. 늦은 오후의 냉기 속에서 잠시 몸을 떨더니 짙은 파란색 파카에 몸을 더 깊이 옹송그렸다. "좀 걷죠." 내가 말했다. 그는 고개를 끄덕였고 우리는 앉아 있던 바위에서 일어나 아래편 놀이터를 향해 내리막을 걷기 시작했다. 모리는 길을 걸으며 다른 데 마음을 빼앗긴 듯 나무에서 가지를 분질러 죽은 잎을 떼어내기 시작했다. 나는 잠자코 기다렸다. 그가 다시 말을 이어갔다.

"그때 나한테 일어난 일을, 우리 중에서 많은 사람들한테 일어난 일을 어떻게 설명해야 할지 진짜 모르겠어. 흐루쇼프 보고서에 대한 내 반응은 일단 '대체 이게 무슨 **소리**지? 우왕좌왕하지 말자. 침착하게 기다리면서 지켜보자'였어요. 그래서 진짜 그렇게 했죠. 아무런 대응도 하지 않고 계속 하던 일을 한 거지. 마치 총알이 몸을 관통한 순간부터 목숨이 끊기기 전까지의 시간처럼 공중에 붕 떠 있었던 거야. 그러다가 처음에는 서서히, 그러다가 조금 지나서는 전 지역의 현장에서 일하던 나

같은 사람들이 점점 빨리 나를 찾아오기 시작했어. 뉴저지에서, 뉴욕 북부에서, 매사추세츠에서. 다들 난데없이 피츠버그에 와서는 나한테 그러는 거야, '모리, 이제 우리 어떡해?' 마치 지금 우리가 어떻게 해야 할지 **내가** 알고 있다는 듯이 말이야. 하지만 그게 다가 아니었지. 다들 뭘 해야 하는지 아무도 모른다는 걸 알고 있었지만 어쨌든 뭐든 지푸라기라도 잡을 게 필요했던 거야. 다들 어깨를 맞대고 모여서 대체 우리 인생이 어떻게 된 건지, 앞으로 어떻게 살아야 할지 생각해보고 싶었던 거지."

"그러다가 우린 정기적으로, 비정기적으로, 한자리에 다 모이기 시작했어요. 피츠버그에서, 보스턴에서, 필라델피아에서. 그리고 이야기하는 거지. 전에는 한 번도 이야기해본 적이 없는 것처럼 이야기했어요. 몇 년 뒤에 난 지하에 있던 사람들도 제20차 당대회 보고서 이후에 완전히 똑같은 방식으로 만나기 시작했고, 이 사람들—개혁파들—이 당내 불만 세력이 돼서 나중에 당을 갈라놨다는 걸 알게 됐지. 그런데 말이야, 우리는, 현장에 있던 사람들은 그런 불만 세력이 되었다고 말하긴 힘들 것 같아요. 우린 사실 그 일로 너무 혼란에 빠지긴 했지만, 이렇게 말할 수 있겠군, 그런 모임에선 고통과 피가 범벅이었다고. 사람들은 자신에 대해서, 자기 인생에 대해서, 당에 대해서 너희는 전혀 꿈도 꾸지 못한 것들이 자기 안에서 튀어나오려고 한다고 말했어. 끔찍했지, 그냥 끔찍했어. 그런데 말이오, 그건 끝내주는 일이기도 했거든. 짜릿하기도 하고. 사람들이 자기 인생에 대해서 큰 소리로 되짚어보는 걸 듣고 있으면 엄청나게 짜릿하지."

"어떤 의미에서 그건 아무것도 이루지 못했어, 그 모임들 말이오. 그런데 다른 의미에서 당연히 그건 종말의 도입부였지. 난 당이나 철강소를 그만두지 않았소. 그 후로 몇 년 동안 계속 내 자리를 지켰어. 그 세상은 한 방에 끝나지 않고 지리멸렬하게 끝났지. 심장이 내 몸에서 서서히 빠져나가는 기분이었소. 파울라는 알았지. 그래서 날 한동안 그냥 내버려뒀어. 그렇게 줄기차게 내던 화가 가라앉은 것 같더라고. 파울라는 아주 조용해졌어요. 아내는 나한테, 당에, 자신이 어린 시절을 보냈던 세상에 일어나고 있는 일에 진짜 아주 겁을 먹었던 거 같아요."

"하지만" 모리가 건조하게 냉소적으로 웃었다. "아내는 다시 다 회복하더라고. 여성운동이 아내에게 도움이 된 거예요. 그래서 그 모든 분노가 돌아왔어." 모리는 다시 한동안 침묵하며 우리가 그의 차로 되돌아갈 때까지 입을 열지 않았다.

"1963년에 말이오," 그가 자동차 키를 점화장치에 꽂으며 말했다. "난 다시 학교로 돌아갔어요. 아, 진짜 미친놈처럼 책을 팠지. 사막에 있다가 갑자기 다시 물을 마시게 된 사람처럼 말이야. 3년 동안 밤낮으로 공부했어요. 그러고도 성에 안 차더라고. 다시 사고를 한다는 게 그렇게 기뻤어. 그래서 박사학위까지 받았고 지금 이렇게 지내요." 모리는 시동을 걸더니 나를 향해 환하게 웃었다. "**아직도** 제대로 된 자리를 못 잡고서 말이오." 그러더니 그는 차를 몰고 탁 트인 도로로 나섰다.

"하지만, 아니지," 그가 고개를 저었다. "지금은 아주 달라. 이 종신 재직권 싸움이 어떤 결과로 이어지든, 아니면 내 인생의 다른 어떤 싸움이든, 이 문제에 있어서는, 그건 지금의 나에게는 아무런 타격을 주지 못해요. 내 중심을 흔들어놓지 못하지. 판단력을 잃게 하지도, 내 머리 안에 있는 지도의 기준점에 혼란을 일으키지도 못해요. 더 이상 아무것도 그렇게는 못하지. 내 생존 감각이 너무 견고해졌으니까. 어쨌든 그 난리 통은 다 지났소. 내 인생에서 대체 뭐가 공산당에서 보낸 세월하고 맞먹겠어? 말도 안 되지. 그때 그 시절만큼 날, 내 존재를 흔들어놓을 수 있는건 아무것도 없소. 그리고 그때가 호시절이었어. 젠장맞게 호시절이었지. 그리고 전체적으로 생각해보면 난 거기에 맞는 공정한 대가를 치렀소. 후회는 없어, 전혀. 파울라한테는 물론 다른 얘기고. 그리고 파울라와 나를 묶어서 생각할 때도 그건 또 다른 얘기가 되지. 하지만 됐어요. 이제는 여기이렇게 있잖소. 다른 가능성에는 아무 미련 없어."

지하

1951년 2천 명쯤 되는 미국공산당원들이 지하로 들어갔다. 당 지도부는 체포되어 1949년에 재판을 받았고 20여 명이이미 투옥 중이었으며 매카시가 막 부상하고 있었다. 공산당은파시즘이 미국을 덮칠 거라고 판단했다. 미국공산당원들이 무더기로 체포, 투옥, 추방되고 어쩌면 처형을 당할 수도 있다고. 당을 구하려면 2급 당 지도부 전체가 몸을 숨겨야 한다는 판단이 내려졌다. 그렇게 하면 최상층 당 지도부가 궤멸되더라도

"망명정부" 형태로 기능하는 조직을 유지할 수 있을 거라는 판단이었다.

1951년부터 1955년까지 이 2천 명이 살았던 삶은 1960년대 이후에야 미국에 제대로 알려졌다. 자체적인 정부의 정치적 항로를 따라 움직이는 하위 인구집단의 삶, 몇 년에 걸쳐 원래의 생활에서 단절된 채 시간이 없는 세상을, 알맹이 없는 장소를 표류하며 쓸쓸한 망명길에 오른 사람들("자기 나라 안에서의 이방인"), 아무런 관계 맺음 없이 날 것 그대로의 외로움이라는 형벌을 짊어지고 단순히 연명하는 삶을 살았던 존재들.

수년간 공산당의 일반 조직책으로 일했던 네티 포신 역시 이 2천 명 중 한 명이었다. 1951년 네티는 당의 명령으로 "행방불명" 상태가 되었다. 그는 집, 가족, 친구들을 떠나 4년간 종적을 감추고 미국을 떠돌았다. 네티는 그때가 자기 인생 최악의 시기였다고 말한다. 그 시절의 지독한 외로움보다는 차라리 감옥이 훨씬 나았을 거라고. 모두가 자신을 찾는 상황에서 공산당원이 아닌 척하며 사람들 속에 녹아들고, 언제든 모든 걸 남겨놓고 버스에 올라 도시에서 사라질 준비를 하며 지내고, 그 누구에게도 속내를 털어놓지 못하고, 그 무엇도 필요로 해서는 안 되고, 허물어져내리는 광막한 삶의 끄트머리에서 홀로 지내는 것보다는 차라리. "감옥이 낫지," 네티가 부드러운 목소리로 말한다. "백배 천배 낫고말고. 그건 큰 실수였어요, 당에서 큰 오류를 범한 거죠. 그 와중에 정신줄을 놓은 사람이 생각했던 것보다 적어서 놀랐어요. 말 그대로 많은 공산당원들이 길을 잃었고, 많이들 **자기 자신을** 잃었지."

미국 공산주의라는 로맨스

1974년의 봄, 네티 포신은 로스앤젤레스 시내에 있는 서점 주인이다. 그는 운동 서적이 가득한 작고 아늑한 서점을 운영한다. 공산주의운동, 흑인인권운동, 여성운동, 무슨 운동이든 말만 하면 그가 책을 가져다준다. 그는 지금도 공산당원이지만, 직접적으로 인정하지는 않아도 요즘은 당을 통해서보다는 서점에 오는 사람들을 통해 정치적 활기를 유지하는 편이다.

65세인 네티는 군살 없는 운동선수 같은 외모에 중성적인 느낌이 강한 여성이다. 짧은 머리에 성큼성큼 걸어 다니는 그는 옷차림이 단정하면서도 수수하고, 세월의 풍파가 느껴지는 얼굴에서는 파란 눈이 진지하게 빛난다. 그는 복잡할 것 없이 홀로 만족하며 사는 사람 같다. 인간으로서든 다른 어떤 식으로든 존재의 외적 유지라는 측면에서는 거의 필요한 게 없다는 듯이. 하지만 그의 복잡한 역사를 따라가다 보면 이런 외적 안정감에 복잡한 의문이 고개를 든다.

우크라이나 태생인 네티 포신은 가난하고 정치적 성향이 강한 유대인 집안에서 자랐다. 자매가 둘, 형제가 둘이었는데 네티에게 언니 마샤는 어떻게 살아가면 될지를 알려주는 소중한 등불 같은 존재였다. 적군赤軍이 우크라이나로 진군해 들어왔을 때 마샤는 창문에 붉은 깃발을 내다 걸었고, 네티에게 그 일은 나침반이 되었다.

포신 가족이 미국에 왔을 때 네티는 열일곱이었다. 이들은 시카고에 정착했고 마샤는 곧장 공산당에 가입했다. ("다른 자매도 가입했나요?" 내가 묻는다. "아, 아니요," 네티가 정신분석학 같은 건 자기 알 바 아니라는 듯 완전히 천진난만하게 대답한다. "걘 예뻤거든!") 1년 뒤인 열여덟 살에 네티 역시 공산당에 가입했다. 이후 40년 동안 그에게는 공산당원으로서의 삶이 전부였다.

1930년대는 네티를 강렬하게 사로잡았다. ("이렇게 배를 곯고 일자리도 없었는데, 그건 **우리 잘못이 아니라잖아요.**") 그는 천 번의 시위를 진두지휘했고, 28번 체포당했으며, 미국에 사는 내내 지독하게 따라다니는 추방 재판에도 여러 차례 휘말렸다.

스물다섯 살이던 1934년, 당은 그를 소련에 파견해서 레닌연구소Lenin Institute에서 조직가 교육을 받도록 했다. 1936년 다시 미국으로 돌아온 그는 그 이후로 쭉 사람들을 조직했다. 인디애나주 게리시에서는 철강 노동자들을, 로스앤젤레스에서는 의류 노동자들을, 뉴욕에서는 전기 노동자들을.

1951년 당에서 행방불명 상태에 들어가라는 지시가 내려왔을 때 네티는 언니인 마샤와 가장 가까운 대부분의 사람들처럼 로스앤젤레스에서 살고 있었다. 그는 누구와도 작별 인사를 하지 못한 채 마치 그날 밤에 다시 돌아올 것처럼 아파트를 떠나 로스앤젤레스의 스모그 속으로 그냥 증발해버렸다. "사라지던 그날 자동차 바닥에 있는 러그 아래 몸을 숨겼어요. 사람들이 낯선 도시의 버스 정류장까지 태워다줬지. 버스를 타고 다른 도시로 간 다음에 다시 버스를 타고 또 다른 도시로, 그렇게 시작된 거야."

"그 시절에 대해서 어떻게 설명할 수 있을까?" 네티가 말한다. 우리는 해가 잘 드는 네티의 서점 한 구석, 테이블과 의자가 있는 작은 공간에서 커피를 마시며 앉아 있다. "처음에는, 그리고 그 이후로도 오랫동안 난 우리한테 몸을 숨기라고 한 당

미국 공산주의라는 로맨스

의 결정을 의심하지 않았어요. 그리고 파시즘이 들이닥칠 거고, 우린—당연히 당 차원에서, 그리고 대부분 개인적인 차원에서도—초토화될 거라고 생각했지. 살아남으려면 이런 노력을 해야만 한다고. 내 인생에서 가장 힘든 '과제'였지만 받아들였어요."

"그러다가 몇 달이 지나고 몇 년이 지나면서 대체 이게 다 뭐 하는 짓인가 싶은 생각이 들기 시작한 거야. 길을 잃기 시작한 거지—난 너무 오랫동안 혼자였으니까!—그리고 내 인생, 내가 하는 일의 목표가 컴컴하고 불가사의한 짐이 돼버렸어. 내가 어쩌다가 이렇게 미국을 떠돌고 있는 건지 생각이 안 나더라고."

"어떤 건지 상상이 돼요? 어떤 도시에 도착해서 하숙집에다 방을 얻고 일을 구하는 거죠, 하루 단위든 한 주 단위든. 그런 식으로 완전히 혼자서 몇 주씩 아니면 몇 달씩 살다가 다시 움직이는 거야. 뭔가 일이 일어나기도 해요, 내가 감시당하고 있다는 확신이 든다든지, 그러면 떠나는 거야. 그러면 처음부터 다 다시 시작해야 하는 거지. 다시 물건들을 구하고. 여행용 다리미, 등에 받칠 베개, 화분, 테이블보, 책이랑 책장, 주방이랑 욕실에 필요한 물건들. 내가 4년 동안 그런 물건들을 몇 번이나 샀는지 알아요? 그리고 그 물건들을 사러 갈 때마다 목록에서 어떻게 물건을 하나씩 줄여나갔는지. 가게에서 어떤 물건을 보잖아요, 내 방의 분위기를 조금 더 집처럼, 좀 더 인간적으로 만들어줄 만한 그런 거, 그런 건 포기하는 거야. 그리고 나한테 그러지. 뭐 하려고? 어차피 두고 떠나야 하는데."

"이동할 때 이런 것들을 어째서 가져가겠어요? 한 가지 예를 들어줄게요. 그럼 왜 그런지 알게 될 거예요. 어느 날 내가 중서부 어딘가에 살고 있었는데, 퇴근해서 집에 가는 일이었어. 길모퉁이를 돌아서 내 방이 있는 도로 쪽으로 접어드는데 그 도로 반대편 저쪽 모퉁이에 몇 년 전에 로체스터에서 알고 지냈던 어떤 남자가 서 있는 게 보였죠. 밀고자가 됐다는 걸 다들 아는 당원이었어. 난 말 그대로 바로 돌아서 원래 왔던 방향으로 되돌아갔어요. 다시는 그 방으로 돌아가지 않았지. 그날 주머니에 5달러밖에 없었는데, 그 도시를 떠난 거야."

"그런 일이 일어나면 참담해요, 참담하지. 주머니에 5달러만 든 채로 낯선 도시에 도착한다는 게 무슨 의미인지 상상할 수 있어요? 일단 방값을 선불로 요구하지 않는 방을 찾아야 해요. 그런 데를 찾기가 어디 쉽나? 그다음에는 굶지 않으려면 당장 일자리를 찾아야 해요. 난 사실 굶는 것보단 아픈 게 더 걱정이었어. 아픈 건 진짜 겁났지. 공공병원에 가기가 겁나서 아프면 비용을 감당할 수 없다는 걸 아니까. 공공병원에는 경찰이 있을 수도 있고 그 사람들이 의심할 수도 있으니까 못 가잖아요. 아, 이런 걱정들 때문에 우울증이 올 지경이었지!"

"그리고 내가 했던 그 노동. 맙소사, 그 노동. 있잖아요, 그건 그냥 노동계급의 삶이었어. 그냥 노동계급의 삶 말이에요. 난 평생을 노동자들 사이에서 보냈다구. 발전소와 철강소와 공장 같은 데를 들락거렸지. 하지만 그때는 사람들을 조직했던 거고, 내 사람들 사이에 있었지. 그 노동에는 목적과 의미가, 관계가 있었단 말이에요. 근데 지하에 있을 때는 내가 19세기 같

미국 공산주의라는 로맨스

은 곳에서 일하고 있는 거야. 그곳의 침묵이라니. 자기들이 노동자인 줄도 모르고, 그냥 기계의 일부인 사람들의 그 침묵. 그리고 난 그 침묵을 절대로 깰 수가 없었어. 누구한테 말을 걸지도 못하고, 누구하고도 친구가 되지 못하고, 그 아둔한 지성이 살아 움직이게 만들 무언가를 제안할 수도 없었단 말이야. 그러면 사람들이 나한테 관심을 가질 테니까."

"한번은 막 도착한 어떤 도시에서 길을 걷고 있는데 큰길에서 올려다보니까 어떤 공장 건물에 큰 간판이 걸려 있더라고. 거기에 '일자리 많음. 보수 좋음. 경력이나 추천서 필요 없음'이라고 적혀 있는 거야. 그래서 그 건물로 들어갔지. 무지막지한 공장이었어, 여자들 100명이 재봉틀 앞에 앉아 있더라고. 인형 옷을 만들면서. 돈은 인형 개수에 따라 지불되고 일은 바로 배울 수 있었어. 몇 주 일해서 10센트 버는데 대체 그 사람들이 뭘 신경 쓰겠어? 내가 재봉틀을 돌릴 줄 안다고 했더니 바로 일을 시키더라고. 인형 옷이라니! 15분 만에 눈이 멀겠더라고. 그리고 15분이 더 지나니까 그 기계에 손가락 두 개쯤 날아가는 건 아무것도 아니겠더라고. 일을 시작하면서 시계를 봤지. 몇 시간쯤 지났다고 생각하고 다시 시계를 봤어. 3분이 지났더라고. 그날 하루 꼬박 일을 하긴 했지만 그다음 날은 다시 갈 수가 없었어. 겨우 몇 달러밖에 못 벌었기 때문에 못 간 게 아니었어요."

"4년을 그런 식으로 보냈지. 당을 위해서. 국제 공산주의를 위해서. 내 안에서 점점 마비가 오는 것처럼 멍해지더라고. 1년에 서너 번 당하고 접촉을 하고, 이런저런 연락책하고 모처에서 힘들게 만나고 그랬지. 그 사람들은 나한테 '무슨 문제 있나, 네티? 괜찮지? 아픈 거 아니지?' 물어보곤 했지. 어느 정도 시간이 지나니까 그런 질문에 대답을 잘 못하겠더라고. 하지만 견뎌냈어, 난 견뎌냈지."

"결국 나와도 된다는 허락이 떨어졌을 때 로스앤젤레스에 있는 마샤 언니한테 전화를 했어요. 내가 그랬어, '누군지 알겠어?' '그럼,' 언니가 그랬지. '있잖아,' 내가 말했어요, '요즘 언니 집은 어때? 깨끗해?' '그럼,' 언니가 말했지. '먼지 하나 없어.' 그래서 로스앤젤레스로 돌아갔어. 마샤 언니 집으로 걸어가고 있는데 언니가 나오더라고. 우린 길거리 한복판에서 서로 얼싸안았지. 4년 만에야 겨우 얼굴을 본 거야."

휴 암스트롱은 공산당 지하에서 연락책 역할을 했다. 그것은 그가 공산당에서 받은 마지막 임무 중 하나였고, 결국 그가 당과 연을 끊는 계기가 되었다.

61세의 건장하고 잘생긴 흑인 남성인 암스트롱은 희끗하고 부스스한 헤어스타일 때문에 베이어드 러스틴*을 연상시킨다. 지금 그는 뉴잉글랜드의 한 전자제품 대기업에서 판매 관리인으로 일하고, 뉴욕에 있을 때는 좋은 호텔에 묵으며 보수적인 느낌을 주는 말쑥한 옷을 입는다. 대체로 차분하고 태평하며 철학적인 태도는 그렇게 잘 격앙되지 않는다. 정치적 과

---

* 1912~1987. 미국의 사회주의, 흑인민권운동, 비폭력운동, 동성애자 권리운동을 주도한 인권운동가.

거를 인생에 대한 적절한 균형감각 속에서 보려고 몹시 애쓰지만 그렇게 하기가 쉽지 않다는 게 눈에 보인다. 지금은 열정적인 흑인 민족주의자인 그는 공산당에서 보냈던 시절 흑인 민족주의를 부정할 수밖에 없었던 스스로의 모습이 종종 떠올라 진저리친다.

휴 암스트롱은 클리블랜드에서 태어났다. 아버지는 정규교육을 마친 벽돌 운반원이었고 어머니는 감정적으로 대단히 안정된 분이었다. 그는 여섯 자식 중 하나였다. 그의 가족은 처절하게 가난했고 수년간 매일 저녁 식탁에는 음식이 겨우겨우 올라왔다. 어머니는 몸은 가난해도 마음만은 그렇지 않도록 이들 모두를 아주 단단하게 품어 안았다.

그렇기는 해도 아버지는 매년 손쓸 수 없는 절망감 속으로 침잠했고, 가족 중에서 가장 총명한 아이였던 휴와 그의 남동생 랄프는 아버지의 복잡하면서도 날로 허무주의적 색채가 강해지는 생의 감각에 크게 감응했다. 그러면서도 한편으로는 그것을 상쇄해주는 어머니의 사랑을 열렬히 갈망했다.

1920년대 말 그의 아버지는 불법 위스키를 운반하다가 체포되었다. 경찰은 클리블랜드를 떠나는 조건으로 아버지를 방면시켜주었다. 아버지가 떠날 때 휴와 랄프도 함께 갔다. 아버지와 두 아들은 뉴욕에 가서 할렘에 자리를 잡았다. 두 소년은 이 시기 즈음에는 각자의 방식으로 상당히 거칠게 보내고 있었다. 그들 중 누구도 어째서 그 시절에 그런 짓을 했는지 오늘날까지도 **정확하게** 설명하지 못하지만 비행과 자잘한 범죄로 얼룩진 각자의 짧은 기간이 그때부터 시작되었다고 휴는 말한다.

마치 감옥에나 갔으면 좋겠다는 듯한, 어느 캄캄한 밤 골목 끝에서 산송장 신세가 될 때까지 얻어맞았으면 좋겠다는 듯한 충동—내면에서 길을 잃고 야생의 짐승처럼 사나워져서 벌어진 상처 같은 무언가를 짓이기고 싶은 그런 상태—에 각자 휘말렸다는 것이다.

1930년대의 할렘은 대공황과 정치적 활기로 들썩거렸다. 이쪽에는 흑인의 분리독립을 주장하는 가비주의자들 Garveyites* 이, 저쪽에는 아나키스트들이, 또 다른 쪽에는 공산주의자들이 있었다. 두 소년은 분노와 싸움에 휘둘리면서도 의식의 끄트머리로 이 모든 이야기를 희미하게 듣고 있었지만 한참 동안 그 어떤 것도 제대로 이해하지는 못했다. 그러던 어느 날 이들은 고함을 지르는 대신 자신들을 대화로 이끈 한 남자를 만났다. 그 남자는 이들에게 어째서 그런 행동을 하고 다니는지 물었고, 잠시 생각할 시간을 가진 뒤에 답해보라고 했다. 그래서 이들은 생각했고, 그런 다음에 대답했다. 남자는 한동안 이들의 말을 듣다가 이야기했다. "이봐, 너희들이 내가 아는 여자분을 만나보면 좋겠어. 그분은 자기 집으로 많은 사람을 초대하는데 내 생각에 그분은 너희 둘이 오는 것도 좋아하실 거야. 이게 그분 주소야. 이번 일요일에 한번 가봐."

그 여성은 그레이스 틸렛이었다. 정규교육을 받은 이 부유한 흑인 여성의 집은 재능 있고 지적이며 꽤 명망 있는 흑인

---

* 흑인 분리독립과 흑인 민족주의, 범아프리카주의를 주장했던 마커스 가비 (1887~1940)의 사상을 가비주의라고 한다.

들의 집합소였다. 대공황이 절정에 달한 시기 그레이스 틸렛의 집에서는 휴와 랄프가 존재하는 줄도 몰랐던 부류의 흑인들이 당대의 모든 사상을 놓고 토론을 벌이고 있었다. 두 소년이 그레이스의 집을 찾아간 그 일요일, 이들의 삶은 180도 바뀌었다. 진행되고 있는 토론은 두 소년을 마구 흥분시켰고, 이들이 그 안에 끼어들려고 했을 때 이들의 설익은 열정적인 반응은 존중받았다. 그리고 그보다 훨씬 중요한 사실은 타고난 원석 같은 이들의 지성이 인정을 받았다는 것이다.

그 후로 이들은 매주 일요일 그레이스 틸렛의 집을 찾았다. 불현듯 이들은 거친 삶에 더는 몰두할 수가 없어서 할렘의 거리에서 도둑질을 하며 난폭한 행동을 일삼던 생활을 중단했다. 그럴 시간이 없었다. 이들은 일요일에 그레이스의 집에서 사람들이 토론하던 것들을 주중 내내 둘이서 이야기하며 보냈다. 폐소공포 같은 고통을 야기하던 이들의 세상 너머에 있는 더 넓은 세상이 이들에게 열린 것이었다. 자신의 생각을 마음껏 펼칠 수 있는 그런 세상이.

그레이스 틸렛의 집에서는 모든 것이 토론의 대상이었다. 예술, 문학, 철학, 연극, 뉴딜, [흑인 분리독립주의 운동가] 가비, 유토피아주의, 아나키즘, 사회주의. 그중에서도 암스트롱 집안 소년들에게 가장 역동적으로 다가온 것은 마르크스주의였다. 마르크스주의와 공산당. 그레이스의 집에서 이들은 자신이 상황의 중심에 있는 기분이었는데, 그 중심의 정곡에는 공산당이 있었다.

1933년, 랄프와 휴는 각각 열아홉 살과 스무 살의 나이에 공산당에 가입했다. 이후 25년간 랄프는 당을 숱하게 들락날락했지만 휴는 그렇지 않았다. 휴는 당에, 공산당원으로서의 삶에 열정적으로 매달렸다. 시간이 지난 뒤 브롱크스 북부에 있는 메이슨 구드가 속했던 지국에서 조직 책임자가 된 그는 당 내부에서 상당한 권력과 영향력을 행사했다. 그리고 1956년 제20차 당대회에서 흐루쇼프 보고서가 공개된 뒤 개인적인 배신감에 치를 떨며 당을 떠났다.

"그 시절 내내," 지금의 휴가 말한다. "늘 백인 참모들한테 귀를 기울이듯 진지하게 내 말을 경청하는 사람이 없다는 느낌이었어. 아, 그건 실제로 정확하게 짚어낼 수 있는 그런 게 전혀 아니었지. 그냥 느낌, 절대 떨쳐낼 수 없는 느낌, 내 내장 뒤쪽에서 자꾸 날 괴롭히는 그런 느낌이었어. 동시에 난 그들한테 내가 필요하다는 걸 알았지―어쨌든 거기에 흑인이 얼마나 됐겠어?―그 사람들한테는 나를 달래고 어르고 추가적인 관심을 기울여주는 게 처절하게 중요하다는 걸 알았단 말이오. 그 세월이 다 끝나고 나서 가장 기억에 남는 게 그거였어. 그게 그들에 대한 내 적개심을 자극하고, 그래봤자 그 사람들도 그냥 백인이라고 생각하게 만들었던 것 같아."

"하지만 당 안에 있던 시절에는 그게 전부였지. 계급투쟁이며, 당의 규율이며, 마르크스주의 교리, 그런 거 다, 모두. 누가 뭘 물어보든 내가 대답하지 못할 질문은 없었다오."

그는 어떤 부류의 간부였을까? 내가 질문한다. 그는 자신을 어떻게 분류할까?

"아," 암스트롱이 말쑥한 바지 차림의 다리를 꼬고 아름다

미국 공산주의라는 로맨스

운 백발의 아프로헤어를 한 손으로 쓸면서 말한다. "나는 내가 일부 다른 사람들보다는 더 친절하고 공감을 잘했다고 생각하기를 좋아하지……"

나는 그의 말을 들으며 고개를 끄덕이고 다음 말을 기다린다. 나는 메이슨 구드가 지국 조직 책임자―휴 암스트롱―를 "매력적이고 지적이지만 인신공격과 모욕을 비판 수단으로 삼던 폭군 같은 인물"로 묘사했던 걸 기억하고 있다.

1952년 당은 암스트롱에게 지하 연락책이 되어달라고 요청했다. 지국 조직 책임자로서 하던 그의 임무는 다른 곳에 할당되었고 그는 지하로 들어갔다. 그가 말한다. "그 후 3년 동안 난 차에서 살았어요. 가재도구는 상자 하나에 담아서 들고 다녔지. 내 영역은 뉴잉글랜드였어. 안가를 확보하고 비당원 전달 요원 네트워크(이 중에서는 대체 자기가 뭘 하는 건지 전혀 모르는 경우가 많았소)와 간단한 전화 암호시스템을 만들고, 당연히 연락책 일정표를 짰지. 꽉 채운 3년 동안 난 집을 사고팔았고, 밤에 비밀리에 사람들을 이동시켰고, 코네티컷의 숲에 있는 집에서 몇 달 줄창 박혀 있는 사람들을 방문했지……"

"그 시절을 다시 떠올릴 때면 말이오, 내 머릿속을 가장 떠나지 않는 건 나 때문에 코가 낀 무구한 사람들, 내가 도와달라고 압박하고 괴롭히고 들볶았던 그 사람들이야. 그 사람들이 자기가 무슨 일을 하는 건지 알았더라면, 그 사람들이 잡혔더라면 그 사람들 삶은 완전히 폐허가 됐을 텐데…… 하지만 난 당을 위해서라면 어디서든, 누구든, 기꺼이 폐허로 만들 태세였지."

"내 기억을 제일 맴도는 건 그거 같아요. 난 내가 대다수보다는 더 친절했다고 **생각**하기를 좋아하지만 실은 그게 아니었거든. 난 그냥 나머지 모든 사람하고 다를 바가 없었어. 할머니를 고발해야 하는 상황이었으면 그거 말고는 방법이 없다는 듯이 굴었을 게 확실해."

"하지만 그거 아시오? 지하에서 했던 경험이 아니었으면 난 그마저도 알아차리지 못했을 거야. 지하생활은 너무 삭막하고 너무 적나라하고 너무 벼랑까지 내몰린 활동이었지. 우린 너무 미친 짓을 했던 거야. 그리고 그걸 두루 살필 수 있는 사람은 아무도 없었어, 10분도 못했지. 누구도 한 발 물러서서 '이건 미친 짓이야. 완전 미친 짓이라고. 여기 이 숲속에서 경찰과 강도 놀이 같은 짓이나 하면서 대체 뭘 하고 있는 거지?' 같은 말을 할 줄 몰랐어."

"그건 공산당에서 아주 전형적인 일이었소. 지하생활은 그 연극성의 절정이었고, 공산당이 '직업혁명가'의 '이중생활'에 착수하면서 보여준 자기기만이었지. 맙소사! 나중에 우리를 이런 거창한 음모 조직이라고 묘사했을 때 얼마나 어이없던지. 우리가 어떻게 종이가방을 들고 다니면서 음모를 꾸미겠어. 당에 있는 사람들이 가명을 썼다구? 이런, FBI 중에서 최소한 절반은 모든 당 간부의 실명과 가명을 알았어. 그리고 지하에서는…… 난 FBI가 아무 때나 마음만 먹으면 우리 중 거의 전부를 손바닥 위에 올려놓고 미로 속을 헤매는 쥐처럼 뺑뺑이를 돌릴 수 있었다는 걸 끝내주게 잘 알지."

"그 후로는 당시에 그게 유일하게 올바르고 현실적이며 합리적인 행동으로 보이게 만들었던 그 마음가짐을 기억해내기가 너무 힘들더라고. 내가 생각해낼 수 있는 건 내가 위험에 빠뜨렸던 사람들, 저 밖에 앉아서 천천히 미쳐가던 사람들, 이 절반은 상상의 산물인 전쟁을 수행하던 시절에 내가 얼마나 융통성이 없었던가, 그런 것뿐이었지. 그리고 25년 동안 사람들이 나를 이용해놓고 마치 선심 쓴다는 듯 굴었다는 기분이 불쑥 고개를 들었던 거야, 그리고 용서가 안 되더라고, 안 되지, 그건 용서할 수가 없었어."

공산당에서 보낸 25년의 세월 가운데 5년을 지하에서 지낸 빌 체이킨도 저 밖에 앉아서 천천히 미쳐가던 사람들 중 한 명이었다.

현재 뉴욕 웨스트사이드에 거주하며 잘나가는 라디오 수리업체를 운영하는 체이킨은 실제 나이인 61세보다 훨씬 젊어 보인다. 같은 가족끼리는 얼굴이 더 거칠거나 섬세하거나 정도의 차이가 있을 뿐 전체적으로 서로 닮아 보이는 것과 비슷한 맥락에서 그는 내게 모리 새크먼을 강하게 연상시킨다. 이 경우 차이는 모두 더 거친 쪽이다. 체이킨의 얼굴은 모리의 얼굴처럼 섬세함이 결여된 강인하고 출중한 생김새가 특징인데, 차이가 있다면 그런 특징이 더 강하게 느껴진다는 점뿐이다. 그의 지성은 모리만큼이나 직설적이고—차이가 있다면 더 냉철한 편이라는 것뿐이다—그의 언변과 관점 역시 모리를 생각나게 하는데 역시 차이가 있다면 그가 더 극단적인 쪽이라는 점이다. 하지만 모리와 달리 지금 그는 한때 공산당원이었을 때와 같은 열정으로 그 반대편에 서 있다.

빌 체이킨은 모리 새크먼과 비슷하게 아주 어릴 때부터 운동을 접했다. 그는 미국 좌익 진영 바깥의 삶은 전혀 알지 못했다. 열렬한 마르크스주의자였던 양친은 아들을 직업혁명가로 키워냈다. 빌은 열여덟 살에 공산당에 가입했고, 브루클린에 있는 가장 기세등등한 공산당 동네의 지구 책임자로 금세 직급이 올라갔다. 간부학교를 다녀왔고("거기서 훌륭한 광신도가 됐지," 그는 쓸쓸한 미소를 지으며 이렇게 말한다) 수년간 국제 공산주의 계획안에서 자신의 위치를 무겁게 의식하며 자기 영역을 관리했다.

내가—모두에게 하듯—만일 그 시절에 당에서 축출되었더라면 어떤 기분이었겠느냐고 묻자 그에게서는 그런 일은 생각할 수도 없었기 때문에 그 기분을 상상하는 건 불가능하다는 답이 돌아온다. "내가 축출될 수가 있었을까?" 그가 연극적인 자조를 담아 말한다. "절대! 무슨 이유로 어떻게 내가, 나처럼 아주 철저하게, 아주 올바르게 세뇌된 사람이 축출당할 수가 있었겠어? 다른 사람이 축출당했더라면 그 사람한테 뭔가 잘못이 있는 거요. 하지만 그 사람이 절대 나일 수는 없었지."

"그리고 물론," 그가 이어서 말한다. "당에는 축출당할 만한 행동을 야기할 수 있는 그런 상황을 처리하는 자체적인 노하우가 있었소. 그렇잖아, 어떤 사람이 뭐든, 무슨 결정 사항이든, 무슨 정책이든, 무슨 지시 사항이든 의문을 품는데 어째서 그 사람한테 그 정책을 이행하거나 그 지시 사항을 실행하라고 시키겠어. 그건 교회랑 똑같았지. 누군가가 믿음이 약해지면 그 사람은 남들보다 더 오래 기도했고, 스스로를 백번 **더 많이**

채찍질했단 말이오."

체이킨이 이렇게까지 냉소적인 것은 그 자신이 정통 공산당원이었던 과거에서 바로 그 유래를 찾을 수 있다. 내가 공산당원들을 인터뷰하던 그해 내내 확인한 것은 의식적으로든 무의식적으로든 "난 이만큼은 갔는데 그 이상은 안 나갔어"라고 말하는 사람들은 공산당원 시절의 과거와 그럭저럭 나쁘지 않은 관계를 유지하며 살아가는 반면, 가장 엄격했던 정통파들, 당을 위해서라면 사실상 살인도 저지를 각오가 되어 있었던 이들은 이제는 맥베스 부인과 비슷한 뜨거운 내적 혐오감에 시달리며 자신의 가슴을 쥐어뜯고 있다는 사실이었다. 이는 숱한 공산당원들에게서 확인되는 이상주의의 가장 신경증적인 요소를—아직도—여실히 보여준다. 환원 불가능한 자아, 이데올로기에 무시 혹은 배신당했을 때 공황에 빠져 잔인함으로 대처하는 그런 자아를 대체 어떻게 다스릴 수 있는지는 그때도, 지금도 풀지 못한 숙제다.

체이킨을 180도 돌려놓은 것은, 그러니까 그를 "개혁파"로 만든 것은 그 지하생활이었다. 개혁파란 지하에서 가장 반발이 심했던 사람들, 제20차 당대회 보고서가 발표된 이후 수년간 미국공산당에는 체질적으로 불가능한 당 정책과 당 권위의 구조 변화를 요구하다가 결국—1956년, 1957년, 1958년에—줄지어 당을 떠난 사람들을 일컫는 표현이다.

기대에 가득 차서 맹렬하게 활동하던 빌 체이킨 같은 사람들은 이제—그 무엇도 기대할 수 없는 지하생활의 맹렬한 무료함 속에서—무너져 내렸다. 많은 경우 평생 처음으로 고립된 생활을 하면서, 이따금 한두 연락책하고만 접촉하던 이 사람들은 아주 순식간에 자기 자신 속에 갇혔고, 그러다가 서로에게 갇혀버렸다. 이런 고립 속에서 자신은 누구이고 무엇을 하고 있는가에 관한 끔찍한 의심이 자라기 시작했다. 이들은 생각 말고는 할 일이 없었다. 독서 말고는 할 일이 없었다. 이들은 전에 해보지 못한 생각을 했고, 전에 읽어보지 못한 책을 읽었다. 이 가운데 일부는 모임을 가지며 그 생각과 책에 대해 토론하기 시작했다.

체이킨은 지하에서 벌어진 그 대화들을 자기 인생에서 가장 고통스럽고 가장 혹독하게 헤집어놓고 가장 샅샅이 후벼파는 대화라고 묘사한다. 그가 말한다. "그 사람들은 자기 자신과 서로를, 벌어진 상처를 잡아 뜯는 야생동물처럼 발기발기 찢어놓았어. '대체 무슨 소릴 하는 거야, 레닌이 이러니, 스탈린이 저러니?' 우린 서로한테 고함을 치곤 했지. '개소리! 그게 뭔 소리야? 대체 그게 무슨 말 같잖은 소리냐고, 이 개자식아!'"

그리고 그 안에서 비통함이, 순수한 비통함이 흘러 다니기 시작했다. 절로 달아오른 열정, 죽음, 상실의 비통함. 이 세상에는 그 비통함의 얼굴을 정면으로 들여다볼 용기, 그 비통함을 넘어서서 오롯하고 자유롭게 정반대의 길을 가듯이 그 결과를 감내할 용기를 가진 사람이 많지 않다. 분명 빌 체이킨은 그렇게 하지 못했다. 비통함은 그를 집어삼키고 비틀었고, 그는 자기 몸 한 덩이를 끊어내 불구가 됨으로써만 거기서 놓여날 수 있었다.

부질없는 생각이겠지만 이 사람들이 공개 활동을 이어갔

미국 공산주의라는 로맨스

더라면, 반복되는 일상 속에 평범한 당 생활을 했더라면 이런 일은 전혀 일어나지 않았을 것이고 그러면 당의 역사도 사뭇 달라졌을 것이다. 하지만 지하 활동은 이 사람들을 영혼의 칠흑 같은 밤으로 끌고 들어갔다. 루 굿스타인과 휴 암스트롱 같은 사람들이 집을 마련하면 빌 체이킨 같은 사람들은 낯선 도시에 있는 그런 집에서 밤새 뜬눈으로 누워 자신의 캄캄한 정치생활을 응시하다 결국은 영구적인 자기추방이라는 악몽 속으로 둥둥 실려갔다.

우리가 서로한테 했던 짓

지하생활은 당이 항상 위협적인 질병이라며 경계하던 자기의심을 전염병 수준으로 퍼뜨렸다. 자기의심은 전염성이 강했기에 당은 그것을 철저히 고립시키려 했다. 이름 있는 보균자들을 재판해서 추방하고, 인간 이하의 취급을 하며 기피하는 핵심적인 이유는 자기의심이었다. 자기의심은 많은 공산당원들의 내면에서 만일 당원이 아니었더라면 절대 평생 죄책감을 느끼지 않았을 그런 종류의 수치스러운 행동을 유발하는 두려운 이단이었다.

그런 점에서 나와 이야기를 나눈 공산당원들과 어떤 일에 대한 기억의 관계는 독일인과 유대인의 관계와 비슷한 점이 많았다. 가해자로서의 기억은 남아 있지 않다는 점에서. 다른 모든 면에서는 토씨 하나까지 완벽하게 기억하는 공산당원들은 다른 누군가의 추방에 연루되었던 일을 전혀 기억하지 못했고, 쫓겨난 공산당원과의 관계를 사납게 끊어버린 일을 전혀 기억하지 못했고, 누군가의 재판을 직접 주재하거나 그 자리에 있었다는 사실을 전혀 기억하지 못했다.

가령 아서 체슬러—상냥하고 지적이고 사려 깊던 그 체슬러—는 아니라고, 자신이 기억하는 한 그런 추잡한 일에 자신은 절대 관여할 일이 없었다고 내게 부드러우면서도 슬픈 어조로 말했다. 한 달 뒤 셀마 가딘스키는 내게 아서가 자신의 재판과 추방을 주재했다고 말했다. 메리언 모란 역시 나로 하여금 자신은 그런 재판이나 추방과는 거리를 유지했다고 믿게끔 유도했지만, 역시 6주 뒤 나는 메리언이 최소한 한 건의 재판—유달리 볼썽사납고 불공정한 건—을 주재했다는 말을 들었고, 그즈음에는 메리언이 그 외에도 숱한 재판에 연루된 게 틀림없다는 걸 알게 되었다. 에릭 란제티는 자신이 어떤 "트로츠키주의 용의자"를 추방하는 데 일조한 적이 있는데 그 이유는 얼 브라우더가 그 사람을 당에서 내쫓고 싶어 했기 때문이라고 내게 말하면서, 만일 란제티 자신이 당에 남아서 그런 일에 몇 차례 더 가담했더라면 지금 자신은 열렬한 반공주의자가 되었을 것이라고 덧붙였다.

1950년대에—당이 이 나라에서 가장 극심한 공격을 받고 있고, 공산당원들이 투옥당하고 있으며, 수천 명이 지하로 들어가고, 흐루쇼프가 스탈린은 상상할 수 없는 규모의 살인 행위를 자행했다고 선언하고, 미국의 기반이 하루하루 허물어져 가고 있던 그때—자기의심에 대한 당의 신경증적 공포는 파멸적인 절정에 도달했고, 미국공산당은 오웰이 그린 감시사회의 모습을 닮아가며 외압으로 인한 붕괴 못지않게 내부적인 붕괴 역시 자초하고 있었다.

"백인 쇼비니즘"(당시에는 "인종주의"라는 표현이 사용되지 않았다)은 이렇게 마음대로 떠다니는 불안이 표적으로 삼을 만한 손쉬운 낙인이 되었다. 숱한 공산당원들이 백인 쇼비니스트라는 이유로 고발과 재판을 거쳐 축출되었던 것이다. 이런 대부분의 고발이 의지했던 "증거"는 고통스러울 정도로 어이가 없어서, 당시의 집단광기가 이성을 얼마나 드넓게 마비시켰는가를 보여주었다. 일종의 [《걸리버 여행기》를 쓴 조너선] 스위프트식 전복이 당내 가장 훌륭한 사람들을 급습했다. 작은 것이 커졌고, 야후들*이 고발을 당했고, 횡설수설하는 관념주의자들이 조사위원회를 가득 메운 것이다. 플로리다에 사는 자매를 만나러 갔던 한 당원은 인종주의자로 고발당한 뒤 제명되었고, 어떤 당원은 가든파티에 수박을 내놓았다가 제명당했으며, 또 다른 어떤 당원은 식당에서 한 흑인 당원에게 자기 테이블에 같이 앉자는 말을 하지 않았다가 제명당했다. 이유를 알려달라고 하면 그 자리에서 의심을 샀다. 그리고 한 번 의심의 낙인이 찍히면 돌이킬 수 없었다. 의심은 카인의 표시였다.

하지만 이 모든 것이 1950년대에 시작된 것은 아니었다. 미국공산당에서 유래한 것도 아니었다. 이런 행동에는 장구한 역사가, 레닌으로 직접 거슬러 올라가는 국제 공산주의가 당의

★　《걸리버 여행기》에 나오는 인간의 모습을 한 짐승.

관습들로 안착된 역사가 있다. 1907년 런던에서 열린 한 러시아혁명가회의에서 트로츠키와 다른 이들은 애걸복걸했다. "유럽의 사회주의 당들은 공개적으로 활동한다. 러시아의 당도 그래야 한다." 레닌은 안 된다고, 러시아에는 유럽 같은 폭넓고 공개적이고 관용적인 토대가 존재하지 않는다고, 따라서 러시아의 당은 지하에 그대로 남아 있어야 한다고 말했다. 지하 활동을 하면서 당이 생존할 수 있는 유일한 방법은 엄격한 규율을 시행하고 거기에서 한 치라도 벗어날 경우 전체 혁명운동에 대한 위협으로 간주하는 것이었다.

레닌이 옳았다. 러시아의 경우에는. 하지만 미국인 공산당원들은 그것이 자신들에게도 당연히 옳다는 듯 레닌의 방식을 채택했다. 사실 당시 미국인들의 상황은 유럽과 러시아 사이 어디쯤이었는데도. 미국공산당의 슬픔과 측은함은 자기 나라가 어떻게 굴러가는지를 진짜로 이해하거나 확신하지 못했다는 데, 그래서 비유기적인 관행들로 만들어진 벽에 부딪혀 자꾸 튕겨져 나갔다는 데 있었다. 이런 관행에는 지하 활동을 하는 당으로 지낸다는 생각이 미국에서 별로 일관성 있게 유지되지 못했다는 점도 있었다. 그리고 이런 비일관성은 다시 당 자체의 사회적, 정치적 우려를 고조시켰고, 자기의심에 대한 두려움과 신경증적인 불안의 함수관계를 성립시켰다. 이 불안은 1950년대에 활활 타올랐지만 그 불씨는 이미 30년 전부터 내부를 야금야금 태우고 있었다.

68세인 샘 러셀은 키가 크고 체격이 좋은 남자로 검은 눈에는 물기가 많고 역시 검은 눈썹은 숱이 많으며, 풍성한 은빛 머리칼은 마치 후광처럼 얼굴을 감싸고 있다. 샘은 위스콘신주 매디슨에서 나무가 늘어선 길에 1930년대 좌파 보헤미안식 가구가 갖춰진 작고 편안한 집에 살고 있다. 샘은 자기 집 이외에도 매디슨에 세 채를 더 소유하고 있다. 어느 날 밤 긴 대화를 이어가던 중 비가 오기 시작하자 샘은 가서 자기 집들이 괜찮은지 살펴봐야겠다고, 아마 많은 지붕에서 물이 새고 있을 거라고 말하며 자리에서 일어섰다. 나는 깜짝 놀라서 말했다. "어머, 샘. 당신은 슬럼가의 임대주군요." 샘도 나만큼이나 놀란 표정을 짓더니 얼굴을 붉히며 웃음을 터뜨렸다. "사람들이 그럽디다," 그가 대답했다. "공산주의자들은 임대주가 되고 트로츠키주의자들은 교수가 되었다고."

하지만 그 아이러니는 불확실해 보이는 반면 불편함은 현실적이고 깊다. 그때 샘은—나와 시간을 보낼 때 자주 그랬던 것처럼—고통스러운 영혼의 머뭇거림에 지배당한 채, 오랫동안 불확실성과 부자연스러운 관계 속에서 살았던 사람처럼 보였다. 그 머뭇거림의 중심에는 그를 여러 차례 흔들어놓곤 하던 유약함이 있었다.

샘 러셀은 중서부에서 태어났다. 헝가리계 중간계급 유대인이었던 부모는 하나밖에 없는 아들을 애지중지했다. 키가 크고 아름다운 청년이 된 그에게는 거의 재능에 가까운 감수성이 있었다. 스물한 살이 되었을 때는 미래의 풍경으로 자신만만하게 다가가듯 세상을 향해 성큼성큼 나아갔다. 2년간 대학을 다녔지만 자신을 기다리고 있는 세상의 모험과 방랑의 정신적 고

귀함에 이끌려 학업을 중단했다. 1~2년간 유럽을 돌아다녔고, 혼인신고를 하지는 않았지만 이탈리아인 아내를 얻었고, 한 아이의 아버지가 되었고, 한 권의 소설을 썼다. 모험은 시들해졌고, 재능은 별다른 빛을 보지 못했고, 진지한 삶으로 이끌어줄 어떤 구원의 손길에 대한 부단한 갈망이 그를 채우기 시작했다.

1928년 대학 시절의 한 친구가 샘에게 자신이 있는 팔레스타인으로 오라는 편지를 보내왔다. 그곳의 삶은 속을 알 수 없고 위험했다. 샘은 아내와 아이를 데리고 팔레스타인으로 갔다. 친구는 열렬한 시오니스트가 되어 있었다. 그는 유대인으로서 뿌리를 느껴보라고, 자신과 함께 향후 몇 년 동안 팔레스타인에서 분명하게 펼쳐질 위대한 인간드라마에 투신하자고 샘을 설득하려 했다. 샘은 자신의 마음을 들여다보다가 자신은 결코 시오니스트가 될 수 없다는 걸 알게 되었다. 아기가 팔레스타인에서 세상을 떠났고, 결혼생활은 무너져내렸고, 길었던 방랑이 막을 내렸다.

1931년 샘이 고국으로 돌아왔을 때 가족들은 대공황 때문에 만신창이가 되어 있었다. 중서부는 과거 그 어느 때보다 암담해 보였고 미래에 대한 희망은 송두리째 사라진 채였다. 샘은 이사를 해야 한다고 부모를 설득했고 온 가족이 캘리포니아로 옮겨갔다.

1930년대의 캘리포니아는 거대한 급진적 흐름이 만들어낸 불안정한 흥분과 대공황으로 조용할 날이 없었다. 농장이 많은 계곡 지역에서는 연일 신문 헤드라인을 장식하는 파업이 일어나고 있었고, 부둣가에서는 노동자들의 머리통이 깨지고 있었고, 도시 길모퉁이에서는 모든 좌파 정치 스펙트럼을 망라하는 연설가들이 대기를 쩌렁쩌렁 흔들어놓았다. 샘은 주변의 광경과 소리에 순식간에 매혹되고 자극받았다. 팔레스타인에서는 한 번도 느껴보지 못한 자극이었다. 전에는 한 번도 들어보지 못한 화음이 자기 내부에서 울려 퍼지는 것 같았다.

어느 날 그는 국제노동법률센터International Labor Defense 사무실로 기웃대며 찾아갔다. 살리나스밸리로 가서 거기서 진행 중인 파업에 대한 사실들을 모으기 위한 시민위원회가 결성되던 중이었다. 샘은 가겠다고 자원했다. 그곳에서 일주일을 보냈고 돌아와서 그 파업에 대해 과거에 썼던 소설보다 더 나은 글을 써서 《민중세상》에 발표한 뒤 "하룻밤 새 유명인사"가 되었다. 《민중세상》은 정기적으로 글을 써달라고 요청해왔다. 그는 그 간행물팀에 합류했고 몇 달 만에 공산당에 발탁되었다. 그는 비로소 방황을 끝냈다. 마침내 찾아낸 자신의 능력이 가득 차올라 살아 있음을 느꼈다. 그는 자신은 오로지 조직을 갖춘 공산주의의 일부일 때만 진지한 실효성이 주는 즐거움을 느낄 수 있다는 확신을 (그때, 그리고 그 이후 쭉) 갖게 되었다. 이후 10년간 샘은 당의 언론인으로서 열심히, 헌신적으로 일했다.

독일이 러시아를 침공한 뒤 공산당이 통일전선United Front 전술을 펴면서 모든 공산당원은 미국의 모든 기관에 협력할 것을 요구받았다. 심지어 FBI에도. 어느 날 샘은 FBI 소속이라고 밝힌 한 남자의 전화를 받았다. 남자는 샘에게 그가 그 전주에 썼던 한 기사에 관해 어떤 정보를 요청했다. 샘이 그 사안에 대해 아는 내용은 모두 인쇄된 기사에 다 실려 있었지만 그래도 그러마 하고 대답했다. 남자는 샘의 최초 메모를 봐도 되겠느냐고 물었다. 샘은 보여주었다. 샘이 남자에게 말했던 대로 신문에 실린 기사 내용이 전부였다.

그 FBI 남자는 그 뒤로도 계속 샘에게 연락을 해왔다. 이들은 숱하게 만났고, 매번 샘은 그에게 자신이 쓰는 기사의 기초 자료들을 건넸다. 샘에게는 모든 게 무의미하지만 무해해 보였다. '대체 뭐야?' 샘은 생각했다. FBI는 공산당원이 다들 말하듯 멍청이였다. 그 뒤로 그 FBI 남자는 다른 공산당원들에 대한 정보를 달라며 샘을 압박하기 시작했다. 샘은 의심이 들었다. 당에 가서 상급자들에게 그 FBI 남자에 대해 이야기했다. 캘리포니아 중앙위원회는 크게 겁을 먹었다. 그들은 샘을 질책하면서 불안하게 만들었다. 의장은 샘에게 FBI에—당 대표와 함께—가서 다 털어놓고 진실을 확인하라고 종용했다. 그대로 실행했더니 아니나 다를까 FBI는 그 남자에 대해 전혀 아는 바가 없었다. 샘은 혼란과 굴욕감에 빠졌다.

1943년 샘은 군에 징집되었다. 그 가짜 FBI 남자 사건 이후 샘은 당에서 묘한 불편함을 느끼고 있었다. 뭐라고 콕 짚어낼 수는 없었지만 이제 사람들이 자신을 대하는 방식이 마치 그를 완전히 신뢰하지는 않는다는 듯 뭔가 잘못된 듯했다. 전쟁터로 떠날 때가 임박해오면서 그는 이 문제를 깔끔하게 정리해둬야겠다고 느꼈다. 그는 캘리포니아 당 대표를 찾아가서 지금 당내에서 자신의 지위가 어떤 상태인지 물었다. 당 대표가 말했다. "괜찮네. 자네 지위는 괜찮네. 아무 걱정 하지 말게. 무사히 돌아오게나."

미국 공산주의라는 로맨스

1946년 고국으로 돌아온 샘은 자신이 외톨이가 되어 있음을 알게 되었다. 오랜 친구들이 그를 피했고 신문사에 있던 그의 일자리는 사라졌고 당 회의는 다 끝난 뒤에야 소식을 들었다. 그는 자신이 없는 동안 당에서 제명되어 정부 끄나풀 의심자 명단에 올랐다는 사실을 알게 되었다.

샘은 재판을 요구했고 요구는 받아들여졌다. 그 재판위원회의 위원 중에는 메리언 모란도 있었다. 샘은 자신의 사건을 성공적으로 변호했고 모든 혐의는 지워졌다. 명목상으로는. 샘은 위원회가 재판의 최종 결과를 《민중세상》에 공표해주기를 바랐다. 위원회는 거절했다. 그리고 샘이 일정한 교정조치를 받아들이지 않을 경우 재입당도 받아주지 않겠다고 했다. 그 교정조치란 "대중 조직"에 가입하는 것이었다. 다시 말해서 그는 "다시 노동계급으로 돌아가기" 위해 공장에서 수년간 일해야 했다. 샘은 그렇게 할 수는 없다고 생각했다. 노동계급으로 **다시** 돌아가라고요? 샘은 말했다. 그가 대체 언제 노동계급 안에 있었던 적이 있나? 이 요구는 그에게 모욕을 안긴다는 목적밖에는 없었다. 어째서 그가 훌륭한 공산당원임을 증명하기 위해 이런 게 필요하단 말인가? 그는 이미 누명을 벗었다. 아무 죄가 없었다. [그러나] 재판위원회는 이 요구를 철회할 생각이 없었다. 그들에게는 샘의 불복종이 그가 어쨌든 의심을 살 만하다는 증거였다.

그렇게 모든 게 끝났다. 공산당원으로서의 삶은 그렇게 막을 내렸다. "나한테 이런 일이 일어나다니 믿을 수가 없었지," 샘이 부드러운 목소리로 말한다. 그의 표정에서는 다시 혼란스러운 불확실성이 배어나오고 그의 큰 몸은 갑자기 부서질 것처럼 약해 보인다. "15년이었는데, 그렇게 그냥 다 끝나버렸어. 날 너무 아프게 했던 건 15년 동안 알고 지내고 같이 일했던 사람들이 내가 정부 끄나풀이라고 너무 쉽게 믿었다는 거였소…… 이게 어떻게 **가능**했을까? 나한테 불리한 증거는 절대적으로 아무것도 없었는데 말이야. 당연히 나한테 불리한 증거가 **있을 수가** 없었단 말이야. 그런데도 내 모든 친구가, 전부 다, 눈 하나 깜빡하지 않고 날 외면했지. 그 뒤로 난 지옥을 겪었소. 매카시 시절에 얼마나 시달렸는지 모른다오. 주 위원회에 불려가서 증언을 하고 이름을 대라는 요구를 받고 법정에서 경멸을 뒤집어쓰며 고초를 겪었고, 결국 캘리포니아를 떠나 이 나라의 다른 곳에서 완전히 다시 시작해야 했지…… 하지만 그 재판만큼 끔찍한 일은 없었소, 그게 수년 동안 나한테 들러붙어 있었지. **아직도** 뇌리에서 지워지지 않아."

출처는 아무래도 확인되지 않은 것 같지만 일설에 따르면 레닌은 러시아문학에서 어떤 작품이 혁명을 꿈꾸는 데 가장 큰 영향을 미쳤냐는 질문에 "체호프의 〈6호 병동〉"이라고 말했다고 한다. 체호프의 이 강렬한 중편소설은 자신이 근무하는 병원이 위치한 지방 소도시에서 정신적 고립감을 느끼는 한 의사의 이야기를 담고 있다. 이 도시에서 의사가 발견한 유일한 대화 상대는 이 병원의 정신과 병동인 6호 병동의 입원환자다. 의사와 이 광인은 흡인력 있는 대화를 숱하게 나누지만 의사는 이 광인이 미치지 않았다고는—다시 말해서 자신과 다를 바 없

미국 공산주의라는 로맨스

는 인간이라고는—전혀 생각하지 않고 이 광인이 밤과 낮을 수 개월, 수년을 보내는 그 끔찍한 환경에 기본적으로 냉담함을 유지한다.

그러는 동안 의사 자신은 점차 침울해져가고 자신의 욕구를 행동으로 발산시키고자 하는 충동이 점점 강해진다. 결국 마을 사람들은 그가 미쳤다고 선언하기에 이르고, 여러 사건이 삽시간에 벌어지면서 어느 날 의사는 6호 병동으로 끌려가 던져지게 된다. 문이 자기 뒤에서 쾅 하고 닫히는 순간 그는 처음으로 쇠창살 안에 갇히는 인간으로 지내는 것이 얼마나 끔찍한지를 깨닫는다. 물론 체호프가 하려는 말은 주인은 자신이 직접 노예가 되어보기 전까지는 노예로 지낸다는 것이 어떤 것인지 이해할 수 없으리라는 것이었다.

소피 체슬러—모든 아이러니를 적절히 주목하면서—를 보면 〈6호 병동〉이 자꾸 떠오른다. 아서 체슬러의 아내 소피는 20년 넘게 헌신적인 공산당원으로 지내면서 다른 사람들이 축출될 때마다 **어느 정도** 불편한 감정을 느끼곤 했다. 하지만 그는 당과 결별하고 자신이 외톨이가 된 뒤에야 "우리가 서로에게 했던 짓"의 끔찍함을 몸소 경험했다.

60대인 소피는 줄담배를 피우는 검은 눈의 매력적인 여성으로 남편과 깜짝 놀랄 만큼 닮았다. 오래된 부부가 서로를 닮는 일은 흔한 편이지만 내가 아는 공산주의자 부부는 모든 면에서 닮아가는 이런 경향이 정말 사뭇 두드러진다. 찍어낸 듯한 같은 표정, 몸짓, 표현, 정치적 입장까지. 내가 생각하기에 이런 유사성의 핵심—이유이자 동시에 결과—은 이 중에서도 마지막, 정치적 입장이다.

소피는 아서처럼 가난한 유대인 가정에서 태어났고, 역시 아서처럼 어릴 때부터 영특해서 가족들의 촉망을 받았다. 1928년에 헌터대학을 졸업했고—소피가 속했던 시대와 장소에서는 드문 성취였다—학교 교사가 되었다. 대공황은 소피를 마르크스주의로 이끌었고 그는 당의 노동자학교 수업을 들었다. 아서는 소피의 담당 교사였다. 그들은 사랑에 빠졌고, 소피는 공산당에 가입했고, 이들은 1930년대 초에 결혼했다.

입당하던 순간부터 소피는 아서만큼이나 헌신적인 공산당원이었다. 그는 당의 정치, 당의 정책이 요구하면 아낌없이 자신을 내던졌다. 어쨌든 혁명가로 지내는 길은 단 하나뿐이었다. 소피는 아서처럼 목소리가 저음이고 감정을 잘 드러내지 않고 기품이 있는데, 이 다소 아련한 목소리로 만일 당이 아서를 축출했더라면 자신은 그를 떠났으리라고 태평하게 말한다. 또는 "1930년대나 1940년대에 날 내쫓았더라면? 아, 그럼 자살을 했겠지."

"이상했지," 담뱃갑을 톡톡 두드려 담배 한 개비를 꺼내며 소피가 생각에 잠긴 목소리로 말한다. "누군가가 축출당했을 때 우리가 상심하지 않은 게 아니었어. 상심**했지**. 아주 심하게. 하지만 당의 규율은 무슨 희생을 치러서라도 지켜야 했고 방어해야 했어요. 아무도 문제 삼을 수 없는 근간이었으니까. 그리고 누군가가 쫓겨났을 때 그건 당의 규율이 위협을 받았기 때문이었고 이건 우리가 늘 **분명하게** 확인할 수 있었어."

"지금 생각해보니 이런 것 같아요. 우린 상심했어. 이따금 얼마나 상심했는지 거의 몸이 아플 지경이었지. 하지만 극복했어. 그건 가족 중에서 누군가 세상을 떠나는 것과 비슷해요. 애도하고 그러고 난 뒤에 그 애도에서 빠져나오는 거지. 삶은 이어져야 하니까. 그리고 우린 삶에서 모든 것이, 모든 사람이 생명 그 자체에 종속되어 있다고 믿지. 아니면 어쩔 수 없는 거고."

"그게, 그런 식이었어. 애도했고, 삶이, 그러니까 당이, 혁명이 계속 이어져야 하니까 그 애도에서 빠져나왔던 거지. 그리고 누구도, 우리 가운데 누구도 '생명'보다 더 중요하진 않았어. 내 말은 우린 그걸 위해 우릴 내놓을 수 있었지만 **그걸** 내놓을 순 없었다는 거예요. 딱 그런 식이었지. 당은 생명력과 동격이었어. 그만큼 요구도 많고 의심하면 안 됐지."

"그래서 10년, 15년 동안 알고 지내던 어떤 사람이 갑자기 나한테 '죽은' 사람이 되면 상심하긴 하지만, 그보다 더 깊이 들어가지는 않았어요…… 아주 짧은 시간에 그 사람은 나한테 비현실적인 존재가 됐던 거지."

"아마 내가 내 감정을 깊이 살펴보려고 했더라면, 물론 난 절대 그런 적이 없었지만, 그 비현실적인 존재라는 말이 축출당한 그 사람의 감정을 내가 **상상**할 수 없다는 뜻이라는 걸 알았겠지. 난 그 사람 자리에 날 대입해볼 수 없었고, 그 사람이 어떤 기분일지 느낄 수 없었어. 그 사람은 내가 나 자신에게 인간인 것처럼 더 이상 나한테 그런 인간이 아니었던 것 같아."

"아서와 나는 1958년에 당을 그만뒀어요. 제20차 당대회 보고서 이후 2년 동안은 당 안에서 우리가 생각하는 합리적인 변화를 도모해보면서 버텼지. 불가능하더라구. 그래서 결국 그만둔 거지. 우리가 평생 해본 일 중에서 제일 힘든 일이었던 거 같아요. 우린 온갖 일을 다 거쳤는데. 아서는 감옥에도 갔고—총으로 위협받으면서 자기 집에서 체포되던 그날 아침은 진짜 난리도 아니었어, 애들은 비명을 지르고, 우리 엄마는 졸도하고—나는 직장을 잃었고, 아이들은 암담함과 두려움 속에 살았단 말이야…… 당은 우리한테 생명이나 마찬가지였어."

"당을 그만둔 다음 날 식료품점에 우유랑 빵을 좀 사러 갔는데 길거리에서 어떤 당원이랑 마주친 거예요. 그 사람은 내가 자기 쪽으로 다가오는 걸 보더니 방향을 틀어서 길을 건너버렸어. 처음에는 그 사람이 자기가 원래 있던 데다가 뭘 놔두고 왔는데 설명할 시간이 없나보다 생각했지."

"그런데 다시 그런 일이 벌어졌을 때는 뭔가 싸한 거야. '이게 가능하다고?'라고 생각했던 기억이 나요. 그랬다가 그 자리에서 그 생각을 밀어냈지."

"하지만 당연히 그건 가능하기만 한 게 아니고 사실은 계속 일어나고 있던 일이었어요. 난—말 그대로 하룻밤 새—존재하지 않는 인간이 돼버린 거야. 친구 관계를 계속 유지했던 이들은 우리랑 같이 당을 나온 사람들뿐이었어요. 같은 시기에, 같은 방식으로, 같은 사안 때문에. 그 외에는 전부 사라졌지. 연락도 끊고, 찾아오지도 않고, 우연히 길을 가다 마주치면 방향을 틀어버렸어. 이따금 방향을 틀 수가 없을 때는 그냥 지나치거나 보이지 않는 듯한 멍한 눈으로 내 얼굴을 들여다봤지."

"어느 날 슈퍼에서였어요. 진열대 통로에 들어서는데 반대편 끝에서도 한 여자가 들어서는 거야. 우린 바구니에서 시선을 들다가 눈이 마주쳤지. 그이는 내가 어릴 때부터 알고 지내던 사람이었어. 수년 동안 숱하게 당에서 일도 같이했고. 너무 돈독했던 사이였는데, 가끔은 친구였고, 아주 막역했단 말이야. 나는 그이가 밝아서 좋았고, 그이는 나를 진지해서 좋아했어. 근데 눈이 마주쳤을 때 그이 얼굴이 반사적으로 환해지면서 인사를 하려고 손을 내밀더라고. 그러다가 갑자기 그이가 내가 어떤 사람이 됐는지 기억해냈다는 게 눈에 보이더라고. 내가 그걸 그이 얼굴에서 바로 읽을 수 있을 정도로. 손을 내리더니 얼굴도 어두워졌지. 슈퍼마켓에서 방향을 틀기가 얼마나 어려운지 알죠? 근데 그이가 통로 중간에서 카트를 돌리더니 거의 달려가더라고. 그 사람 뒷모습을 멍하니 쳐다보면서 거기에 서 있던 기억이 나요. 온몸이 마비된 기분이었지. 그리고 처음으로 이렇게 혼잣말을 했어. '맙소사, 우리가 어떻게 서로한테 이런 짓을 했을까?'"

소피가 말없이 담배에 불을 붙이더니 깊이 빨아들인다. 그런 다음 이렇게 말한다. "내가 무슨 전염병에라도 걸린 사람 같더라고. 그보다 더 심했지. 만약에 내가 흑사병에 걸렸다면 그이는 그날 슈퍼에서보다 더 용기를 냈을 거라고 장담해요. 그 사람 얼굴에 번지던 그 **두려움**은 정말……"

"그날 집에 와서 나 자신에 대해서, 내 이력에 대해서, 내가 과거에 완전히 정확히는 아니어도 슈퍼마켓에서 만난 그 친구랑 비슷하게 행동하면서도 어째선지 전혀 그런 식으로 인식하지 못했던 모든 순간에 대해서 생각하기 시작했어요. 이제는 갑자기 중요한 문제가 되었지만 그때는 전혀 그렇게 생각하지 못했던 그런 일들. 물론 살면서 안 좋은 일은 이미 겪을 대로 겪었지, 누가 그만두거나, 쫓겨나거나. 하지만 **그렇게까지** 끔찍하진 않았어. 그런데 이제 갑자기 그게 너무 끔찍한 거야. 이 세상에서 가장 끔찍한 일 같더라고. 사람이 서로한테 이런 짓을 저질러야 했다는 게, 자본주의가 인간성을 말살시킨다는 이유로 투쟁하는 우리가 이런 식으로 스스로 인간성을 저버렸다는 게, 사람 사이에 중요한 유일한 걸, 상대방 속에서 자기 자신을 볼 수 있는 능력을 잃어버렸다는 게."

공산당의 재판과 축출은 실로 끔찍할 때가 많았다. 상실의 두려움과 형용할 수 없는 모멸감 때문에 대단히 막강했기 때문이다. 보통 그러면 그 두려움을 경험하는 쪽은 언제나 축출당하는 사람뿐이라고 생각한다. 하지만 그건 사실이 아니다. 소피 체슬러는 공산당원이 자신의 의식에서 축출당한 당원을 어떻게 잘라내는지에 관한 고전적인 증언을 하고 있기는 하지만, 사랑하던 사람의 축출로 인한 비통함 때문에 힘들어하고, 사실상 축출당한 당사자보다 더 큰 상처를 입은 사람들도 허다했다.

63세인 팀 켈리는 [배우 알선업체인] 센트럴캐스팅사에서 데려온 아주 단순하고 아주 소박한 소도시 기업인 배역 전문 배우 같은 느낌을 물씬 풍긴다. 아마 공산당원이 되지 않았더라면 의심의 여지 없이 소도시의 기업가가 되었으리라. 나는 시카고 중심가에서 20분 정도 떨어진 노동계급 교외 지역에 있는 켈리의 안락한 거실에 앉아 만일 공산당원이 되지 않았더라면 무엇이 되었을 것 같은지 그에게 묻는다. 켈리는 조금도 주저하지 않고 대답한다. "돈 많은 공화당 지지자가 됐겠지. 아마 그중에서도 최악인 놈이었을 거야. 난 닉슨을 지지하는 새끼였으니까, 확실히." 그러더니 그는 자조가 섞인 짓궂은 미소를 씩 지어 보인다. 켈리는 자신을 훌륭한 공산당원으로 만든 그 자질이 완고한 닉슨 지지자로 만들었을 그 자질과 동일하다는 걸 알고 있다.

팀 켈리는 캔자스에서 태어나 덴버에서 자랐다. 아버지는 철도 회사에서 일했고 어머니는 "바윗덩어리 같은 공화당 지지자", 그러니까 선량하고 원칙을 중시하는 보수주의자였다. 그의 유년기는 행복했고 순탄했으며, 순수한 미국적인 풍물이 빚어낸 소박한 농촌의 즐거움으로 가득했다. 그는 왕성한 에너지와 대단히 좋은 품성을 가진 남자로, 부당함을 본능적으로 알아차리는 고전적인 미국의 반항아로, 그리고 뼛속까지 타고난 조직가로 성장했다.

1928년 할리우드에서 한 탤런트 스카우트가 덴버로 흘러들어왔다. 당시 팀은 재능 있는 운동선수였고 지역 농구팀의 스타였다. 이 스카우트는 팀이 경기하는 모습을 보고 할리우드에 와서 [영화 제작사인] 메트로골드윈메이어의 대학 영화에서 농구하는 배역을 맡아보라고 권했다. 팀은 행운이 찾아왔다고 생각하고 기대에 차서 이 제안을 수락했다. 곧바로 고등학교 시절 여자친구와 결혼한 뒤 함께 서부로 갔다. 메트로골드윈메이어는 그다음 해에 그를 세 번 기용했고 켈리의 영화 경력은 그것으로 끝이었다.

팀은 대공황기 내내 일자리를 찾아 로스앤젤레스를 떠돌

았다. 할 줄 아는 게 많지 않았고, 얻을 수 있는 자리도 많지 않았다. 한번은 세차장에서 일을 얻었다. 그는 그 세차장에서 길게 늘어선 채 차를 닦고, 물을 틀고, 호스로 뿌리고, 차를 닦고, 물을 틀고, 호스로 뿌리는 남자들 속에서 10시간 동안 같이 일했다. 사장은 갑자기 퇴근할 때쯤 차를 몇 대 더 끼워 넣으며 "좋아, 제군들, 딱 한 대만 더, 딱 한 대만 더"를 외치는 습관이 있었고, 그래서 직원들은 걸핏하면 아무런 초과수당 없이 11시간이나 12시간씩 일하곤 했다. 하루는 팀이 다른 남자들에게 말했다. "우리 모두 퇴근시간이 되면 딱 잘라서 일을 그만두는 거예요. 차를 닦던 중이었으면 스펀지를 집어 던져요. 하지만 기억해요. **모두가 다 그렇게 하는 겁니다.**" 팀은 사람들에게 용기를 주었고 직원들은 모두 팀이 지시한 대로 했다. 팀은 몇 시간 만에 해고되었다.

그 후로 팀은 계산대 점원, 경비, 일용직으로 일했고, 어딜 가든 똑같은 상황이 벌어졌다. 그는 15분 만에 노동자들을 조직해서 그 자신의 표현을 빌리면 자신들의 "타고난 인권"을 옹호하게 만들었고 30분 만에 해고되었다. 1936년 새해 첫날 아내의 친구가 그에게 앞으로 뭘 할 생각인지 물었고 팀은 "부자가 돼야지"라고 대답했다. "운이 좋아야겠네요." 그 친구는 대답했고, 그날이 가기 전에 그를 공산당에 가입시켰다.

팀 켈리는 당을 위해 일하는 노련한 노조 조직가가 되었다. 페인트공, 건설 노동자, 기계 운전자, 그는 이런 사람들을 모두 조직했다. 그의 심장은 항상 그곳에 있었다. 이 세상에서 "타고난 인권"을 지키기 위해 투쟁하는 유일한 조직인 공산당으로 노동자를 조직하는 일에.

팀은 당을 열렬히 사랑했다. 그의 사랑은 단순했다. 당이나 국제정치는 절대 이해하지 못했다. 그에게 당은 자본주의하에서 "다치고" 있는 모든 사람들과 동격이었고, 그 동일시는 깊은 감정을 자아내기는 했지만 일반론의 수준이었다. 그는 노동자들 사이에서만, 조직화를 할 때만, 투쟁을 준비할 때만 행복했다. "이론"에 대한 이야기를 꺼내면 그는 멍해진다. 하지만 그가 참여했던 노조 투쟁에 대한 이야기를 꺼내면 그는 누구에게도 뒤지지 않는 놀라운 기억력으로 신나게 떠들어댄다. 즉각적이고 복잡하면서도 혀를 내두를 정도로 세세한 기억력이다.

팀 켈리는 당에서 이단아적인 부류였다. 정력과 활기가 넘치고, 여자를 좋아하는 술고래. "아," 팀이 자신의 진저에일 잔을 나를 향해 들어 보이며 씁쓸하게 말한다. "그놈의 술. 그 망할 놈의 술. 내가 술 때문에 수명이 단축될 때도, 집에서, 당에서, 오만 데서 된통 사달이 날 때도 술을 끊을 수가 없더라고."

"왜요?" 내가 심상하게 묻는다.

"사랑했으니까!" 켈리가 나를 보며 환하게 웃는다. "그냥 막 좋았어. 나한테 절반이 공산당 소속인 아일랜드 출신 노조원들 한 무더기랑 퍼질러 앉아서 밤늦도록 내내 술을 마시는 것보다 더 행복한 일은 이 세상에 없었을 거야. 그리고 특히 한 녀석이 있었지, 조니 맥윌리엄스라고, 아, 조니랑 술을 마시는 건 대단한 경험이었지."

"어땠길래요?" 내가 묻는다.

켈리가 의자에 등을 기댄다. 그의 무테안경이 빛을 반사하고, 그의 얼굴에는 즐거운 회상이 자아내는 미소가 떠오른다. 그는 잠시 내 존재를 잊고 시간을 거슬러 올라가버린 듯하다. 불현듯 대단히 깊은 어딘가로 빠져든 분위기다. 그러다가 살짝 몸을 흔들더니 이렇게 말한다. "조니는 내가 그전까지 알던 그 무엇과도 달랐어. 나랑 너무 똑같았는데, 대신 내가 도달할 수 있는 수준보다 천배쯤 더 나간 인간이었지. 아일랜드 출신이었고, 술꾼이었고, 지구상에서 가장 훌륭한 노조 조직가였고, 그리고 공산당원이었소. 아일랜드계 흑인이었고, 야성적이었고, 사람들을 무슨 자석처럼 끌어당기는 무모한 시심詩心 같은 게 그 사람 안에 있었어. 조니랑 같이 있으면 말이야, 뭐라고 해야 할지 모르겠네, 다른 누구하고 있을 때보다 더 생기가 돌았고 내가 **무엇이든** 할 수 있다는, **무엇이든** 될 수 있다는 그런 마음이 들고도 남았지. 그 친구한테는 상대가 내적으로 더 충만한 기분이 들게 만드는 재주가 있었어. 술에 취해서 인사불성일 때도 말이야. 조니랑 같이 있으면 내가 똥멍청이 같다는 느낌이 안 들고, 내가 인간 같다고, 일을 잘하고 있고 자유로워질 권리가 있다는 느낌이 들었어. 아, 그 친구를 사랑했지, 진짜 얼마나 좋아했다고."

"그리고 조니가 사랑했던 건, 이 세상에서 다른 무엇보다, 자기 목숨보다 더 사랑했던 건 노조운동이었소. 노조는 그 친구한테 집이었고, 가족이었고, 교회였고, 하나님이었지. 그 친구는 노조를 위해서라면 목숨도 내놓았을 거고, 뜨거운 석탄 위를 걸었을 거고, 자기 첫애도 희생시켰을 거야. 난 늘 그 친구가 나처럼 당원을 제일 중요하게 생각하지 않는다는 걸 알았

미국 공산주의라는 로맨스

어. 그래도 그런 건 전혀 신경도 안 썼어, 그런 건 아무래도 상관없다고, 그게 무슨 차이를 만들 수 있을 거라고는 전혀 생각하지 않았지."

"1946년에 조니는 당하고 충돌했어, 다른 노조원들도 많이 그랬듯이 말이오. 점점 못마땅해하면서 당이 노조를 이용해 먹고 있다고 느꼈지. 그걸 역겨워했소. 화가 나서 폭음도 하고, 입을 닫고 있어야 할 때 그렇게 못하기도 하고. 난 그 친구를 지켜보면서 진정시키려고도 했지만 그렇게까지 심각하게 생각은 안 했소. 그러다가 어느 날 밤에 로스앤젤레스 외곽에서 회의를 하고 늦은 시간에 차를 타고 돌아가는 중이었거든. 조니가 그때 막 제기된 사안을 놓고 다음 회의에서 당에 이의를 제기하겠다고 그러는 거야. 그 사안이 뭐였는지 이제는 잊어버렸는데, 그때 조니가 그 사안에 관해서 당에 이의를 제기하면 축출당할 거라는 걸 알았지. 난 그러지 말라고, 그러는 건 멍청한 짓이라고, 대체 당에서 쫓겨나면 무슨 소용이냐고 조니한테 그랬어. 하지만 조니는 고개를 저으며 그럴 수 없다고, 이 일에 있어서는 그 무엇도 자기를 막을 수 없다고 하더군. 나는 조니를 쳐다봤고, 아직도 눈앞에 선해. 빠르게 운전하면서 그 고물차 운전대 위로 구부정하게 숙이고 있던 모습이 말이오. 그 친구 얼굴이 칠흑처럼 어두웠지. 그 친구가 자기 내면에서 단단히 결심을 하고 있다는 걸 알겠더라고. 화난 걸 넘어서는 것 같았소. 그리고 그 친구가 나한테 한 말이 무슨 의미인지, 여기서 일어나고 있는 게 무슨 의미인지 깨달았소. 힘이 풀리더라고. 순식간에 모든 미래가 내 눈앞에 펼쳐지더란 말이오. 내가 울부짖었지. '하지만 안 된다고! 우리가 어떻게 친구로 지내겠어?' 조니는 날 보기만 했어. 나한테 미안하다는 듯이 말이오. 하지만 말은 전혀 없었지. 그냥 시내 쪽으로 차를 몰아서 날 집에 내려 줬소. 그리고 그때 거기서 우리 우정이 막을 내렸지."

켈리가 말을 멈춘다. 한동안 말이 없더니 불현듯, 자신의 고요하고 정갈한 거실 한가운데서 얼굴이 일그러지며 그의 거대하고 평온하던 몸이 주체할 수 없는 흐느낌으로 떨리기 시작한다. 눈에서 굵은 눈물이 후드득 떨어지자 이제는 강인함이 사라진 손에 자신의 얼굴을 파묻는다.

"어째서 그렇게 안 좋은 기분이 드시는 거예요?" 내가 묻는다. 부드럽게, 하지만 제대로 파고들어야 한다. "지금 이 순간 정확히 어떤 점이 후회되세요?"

켈리가 고개를 든다. 그는 몸을 살짝 앞으로 기울이고, 눈에는 이제까지는 보이지 않던 지성이 어리며 미간이 좁아진다. 흔들림 없이, 아주 고요하게 그가 말한다. "그건 아주 특별한 성격을 가진 특별한 우정이었어. 내 인생에서 그 우정과 비할 수 있는 건 아무것도 없었지. 그전에도, 그 후에도." 그가 말을 중단한다. 마치 다음에 무슨 말을 해야 할지 떠올리려고 무언가에 귀 기울이는 것처럼. 그러더니 이렇게 말한다. "난 당과 조니를 둘 다 가질 수는 없다고 생각했지······ 그런데 당을 포기할 수가 없었어."

켈리는 의자에 등을 기대고 눈물을 닦더니 표정을 가다듬는다. "아," 그가 한숨을 쉰다. "우린 몇 년 뒤에 우정을 복구했지. 하지만 절대 그전하고는 같지 않았어. 절대 같을 수가 없더

미국 공산주의라는 로맨스

라고. 후회해. 이제는 다 후회돼. 죽을 때까지 후회할 거야."

규율 잡힌 혁명당의 유혹

1974년 가을, 로스앤젤레스에서 나는 두 남자와 이야기를 나눴다. 두 남자 모두 34세로 1960년대 초에 공산당에 입당한 이들이었다. 소피 체슬러가 체호프 작품에 나오는 것 같은 그런 슬픔에 한창 젖어 있던 그 시기에. 두 남자 중 한 명은 캘리포니아에서 나고 자란 아일랜드계 천주교도 출신인 래리 도허티였고, 다른 한 명은 트루히요*의 독재정권에 저항하는 가정에서 태어나 가난한 섬나라 도미니카공화국에서 자란 도미니카인 리카르도 가르시아였다. 이 두 남자 모두 20대 초에, 신좌파의 영향력이 절정에 달했을 때, 규율 잡힌 혁명당이 여전히 자석처럼 뿜어내는 힘에 유혹당해서 공산당에 끌렸다.

1974년의 래리 도허티는 자신이 우리가 만날 장소라며 알려준 로스앤젤레스 드라이브인 레스토랑의 지저분함과 현저하게 대비되는 놀라운 외모를 소유하고 있다. 훤칠한 키와 금발, 그리고 운동선수 같은 탄탄한 몸은 그리스 조각상에서 볼 수 있는 완벽한 비율의 얼굴과 몸을 순식간에 연상시킨다. 도허티에게는 몽상적이고 다른 세상에 속한 듯한 분위기도 있다. 그

★　1891~1961. 본명은 라파엘 레오니다스 트루히요 몰리나로, 도미니카공화국의 군인 출신 독재자다. 육군사령관으로 있다가 1930년 쿠데타를 일으켜 32년간 독재정치를 했다.

의 우묵한 푸른 눈과 초연한 미소에는 성자, 천치, 아이 특유의 고요함과 우아함이 있다. 목소리는 이런 외모와 절묘하게 어울린다. 낮고 부드러우면서도 다소 긴장된 목소리는 그가 자신의 머릿속 이상주의에 귀 기울이고 있으면서도 다른 한편으로 자신의 입을 통해 발화되는 소리는 그 플라톤적 이상을 대단히 불완전하게만 담아내고 있다는 것을 스스로 의식하고 있다는 인상을 준다. 그럼에도 그는 아주 진지하게 플라톤의 이상을 모사하려고 애쓴다. 그는 자신의 삶에 대한, 자신의 정치 인생에 대한, 그 세상의 농도에 대한 감정을 진실하게 전달하려고 최대한 노력할 것이다.

래리 도허티는 해체된 노동계급 가정에서 태어났다. 할아버지와 아버지 모두 주택 페인트공이었고, 두 사람 모두 술을 마셨으며, 이탈리아 영화감독 페데리코 펠리니의 표현처럼 "말을 하고 싶어도 짖는 것 말고는 할 줄 몰랐던 개들" 같았다. 래리의 어머니는 결국 집을 나갔다. 래리와 그의 형은 계속 아버지, 그리고 할아버지와 함께 살았다. 네 남자는 한집에 살면서도 가난과 무지보다 삶을 더 황폐하게 만드는 정신적 사막에 각자 고립된 채 사납게 삐그덕댔다.

독서는 래리에게 기쁨과 위안을 주었다. 래리는 독서를 통해 다른 곳에서는 경험해본 적 없는, 위안보다 더 큰 존재감각을 얻었다. 그는 이 존재감각이 시나 소설이 아니라 역사와 종교 서적에서 비롯된다는 걸 발견했다. 그는 서서히 사상에 매료되기 시작했다. 상황을 "설명"해줄 수 있을 듯 보이기 시작한 첫 번째 사상을 그는 "급진적 무신론"이라고 불렀다. 그것은 기독교의 위선을 폭넓게 파악하여 그 의미를 짚어내는 인식이었다. 그는 10대 초반에 교회를 향한 체계적인 분노에 크게 사로잡혔다.

어느 밤, 래리는 로스앤젤레스의 퍼싱스퀘어에서 한 이탈리아 아나키스트가 하는 연설을 들었다. 모든 것을 망라하는 이 아나키스트의 사회비평은 열일곱이던 래리의 혼을 빼놓았다. 이 세상에 대한 체계적인 설명에 매료된 그는 그 자리에서 "급진적 무신론"을 버렸다. 연설을 마친 아나키스트에게 다가간 래리는 그와 함께 광장을 빠져나가며 그가 하는 말에 경건하게 귀 기울였다. 래리는 그의 비공식 학생이 되었고 3년간 그와 함께 지냈다.

2년제 대학을 다녔지만 성적은 형편없었다. 래리는 집중할 수가 없었다. 단어와 강의가 허공에서 떠돌기만 했고 내면에는 그것들이 뿌리내릴 만한 비옥한 토양이 전혀 없었다. 그러다가 피그만침공*이 터졌다. 하룻밤 새 피가 끓어올랐다. 그는 같은 학교에 다니던 다른 12명과 함께 급진적인 대학신문을 발행했다. 급진주의가 구체적인 형태를 갖추고 시급한 윤리적 문제들에 대한 인식으로 뻗어나갔다. 그는 날카로운 지성으로 무장하고 밤낮으로 신문 일에 매달렸다. 대학 캠퍼스는 그 신문에 열렬한 반응을 보였고, 그 반응에 래리는 짜릿함을 맛보았으며, 그 짜릿함이 그의 내면으로부터 불변의 혁명가를 탄생

---

* 1961년 4월 쿠바가 공산정권을 수립하자 미국 CIA가 쿠바 망명자들로 공격여단을 꾸려 쿠바의 피그만을 공격한 사건.

시켰다.

이 시기에 그는 메리언 모란을 만나 마르크스주의를 접했고 공산당에 가입하라는 권유를 받았다. 그는 마르크스주의에는 대단히 끌렸지만 공산당 가입은 망설였다. 그것이 자신의 "미래"를 위험에 빠뜨릴까 두려웠기 때문이다.

징집 영장이 날아오자 래리는 미국을 떠나 코스타리카로 내려갔다. 그곳에 폭동이 있었기 때문이다. 래리는 거기에 휘말리게 되었다. 라틴아메리카의 무언가가 래리 내부에 깊이 내재되어 있던 어떤 현을 건드린 듯 그에게 와닿았던 것이다. 그는 체포되어 추방당했다. 텍사스에 도착했더니 FBI가 기다리고 있었다. 다시 체포당한 그는 감옥에 갇혔고 재판을 받았다. 감옥은 깊은 외상을 남겼다. 독방 감금, 동성애 성폭력, 두려움과 어둠, 심한 체중 감소. 이 경험은 그로 하여금 미국에서 자신의 "미래"에 대한 결정을 내리게 했다. 그는 마르크스와 레닌의 저작을 들고 군사법정에 섰다. 군은 그가 "강경 공산주의자"라고 선언하고 입대 부적격 판정을 내렸다.

이제 미국은 자신에게 해줄 수 있는 걸 다 해줬다고 생각한 그는 공산당 본부로 씩씩하게 찾아가서 당에 가입했다. 그리고 6년간 당 활동을 했는데 그중 3년간은 전국위원회 일을 했다. 그는 케케묵은 이유들로 당을 떠났지만 자기 세대의 목소리와 언어로 그 이유를 설명한다.

"그 사람들하고는 대화가 불가능했어요. 그 사람들은 열린 토론이라는 걸 할 줄 몰랐죠. 우리 젊은 사람들은 그런 데 익숙하지가 않잖아요. 그 사람들이 우리를 살살 대하려고 애쓰긴 했죠. 요즘은 제명 같은 명령이 더는 먹히지 않으니까. 그래도 소용없었어요. 벽 보고 얘기하는 것 같았죠. 우린 그 사람들이 이 나라의 노동자 기반하고 얼마나 동떨어져 있는지 알려주려고 노력했어요. 그런데 우리가 대체 뭔 소리를 하는지 모르더라구요. 그다음은 체코슬로바키아 문제였죠. 민족자결에 대해서 그렇게 떠들더니 체코슬로바키아 문제가 터지니까 소련을 옹호하는 거예요! 낡디낡은 사람들이었죠. 그리고 난 그 사람들이 우리가 어리기 때문에 싫어했던 것 같아요. 그 사람들은 몇 년 동안 조직생활을 해왔잖아요. 대체 **우리가** 뭘 안다고 생각했겠어요?"

도허티는 더러운 포마이카 상판 테이블 위에 강인하면서도 부드러운 손을 우아하게 맞잡아 올려놓고, 열정이 어린 고요한 목소리로 이렇게 말한다. "하지만 규율 잡힌 혁명당 안에서 활동했던 즐거움과 보상은 진짜 근사했어요. 당이 나한테 준 건 내 주변 다른 어떤 것에서도 얻지 못했을 거예요. 당에 있으면서 진짜 멋지고 짜릿하게 지냈죠. 많이 배웠고, 다른 어디서도 절대 배우거나 볼 수 없었을 것들을 봤어요. 사람들은 오만 문제를·들고 지국 조직가를 찾아왔고, 삶은 비범한 **짜임새를** 갖췄었죠. 나는 그 모든 것 덕분에 성장했어요, 진짜 성장했죠."

래리는 이제 다시는 당 활동을 할 마음이 없다. 자신의 지난 12년 삶을 돌아보며 그는 슬픈 목소리로 말한다. "결국에는 뭐가 이루어졌죠? 나는 다음 12년을 돌아보면서 똑같은 말을 하고 싶지 않아요…… 그래서 글을 좀 써보려고 하고, 계속 제3세계에서 활동을 하려구요."

도허티는 계속 라틴아메리카를 방랑한다. 그는 오직 금발의 피억압 미국인만이 할 수 있는 방식으로 그 대륙을 사랑한다. 그는 에콰도르, 아르헨티나, 칠레, 멕시코에서 투옥된 적이 있다. 눈가리개를 하고, 수갑이 채워지고, 고문을 당하기도 했다. 래리는 자신이 머리에 총탄이 박힌 채 흙길에서 생을 마감할 수도 있다는 걸 안다. 그는 이 모든 얘기를 소름 끼칠 정도로 초연하게 털어놓는다. 래리의 내부에는 끊어진 관계에 대한 통렬한 감각이 생생하고, 이 외로운 미국 청년의 뻥 뚫린 영혼 한가운데를 사회주의가, 그리고 갈색 피부를 가진 아름다운 사람들이 메운다.

나는 그에게 어째서 라틴아메리카가 그렇게 각별한지 묻는다. 그의 대답에 나는 너무 놀란 나머지 앉아 있던 의자에서 떨어질 뻔한다. "미 제국주의는 제3세계가 일어날 때만 무너질 거예요. 미 제국주의는 제3세계 시장과 착취에 의지하잖아요. 그게 사라지는 날 미국 경제는 무너질 겁니다. 그러면 객관적인 현실은 혁명이 일어날 만반의 태세로 접어들게 될 거구요. 그래서 그런 쪽으로 일하는 거예요."

객관적인 현실. 혁명이 일어날 만반의 태세. 그 모든 걸 겪어놓고, 40년 묵은 순도 높은 공산당 용어라니. 그리고 나는 문득 이 모든 말의 발화자가 진짜 그리스 조각상의 얼굴과 **같다는 걸** 깨닫는다. 앞을 보지 못하는 눈, 강인하면서도 묵묵한 선들, 이 젊은 몸의 대책 없는 아름다움에 구속된 미지의 삶이 뿜어내는 억눌린 고요함.

도허티는—아직도, 그리고 또다시!—미국 바깥에 있다. 더

미국 공산주의라는 로맨스

스패서스가 세계산업노조원들, 떠돌이 노동자, 대공황의 이미지에서 비유적으로 나타낸, 연결고리가 끊긴 채 부유하는 밑바닥 미국인의 삶이 여전히 생생하게 살아 있다. 공산당이 호소력을 발휘했던, 그리고 지금도 이따금 호소력을 발휘하는 저 묵묵한 미국적 갈망이 여기, 래리 도허티 안에 살아 있다.

하지만 이제는 공산당이 미국인의 외로움을 달래주는 그런 시절이 아니다. 도허티는 누구의 애도도 받지 못한 채 아마 중앙아메리카 어딘가 먼지 날리고 뙤약볕이 쏟아지는 적막한 잡초밭에서 생을 마감할 것이다. 그가 애써 만들어낸 연결고리가 슬프게도 아귀가 제대로 맞지 않는 까닭에.

리카르도 가르시아가 네 살이었을 때 할머니는 그를 마을 카페에 있는 테이블 위에 세워놓고 그의 음경을 물컵에 담갔다. 그리고 그 테이블을 둘러싸고 있던 모든 사람이 그 컵에 담긴 물을 돌려 마셨다. 그는 궁극의 남아, 금빛 찬란한 중심, 사랑받는 미래의 남근이었다. 그를 통해 종족의 희망이 다시 살아날 것이고, 그의 종족이 짊어지고 있던 짐이 어쩌면 마침내 가벼워질지 몰랐다.

가르시아의 이 이야기 안에 담긴 무언가는 드디어 내 생각을 정리시켜준다. 공산당원들에 대한 정신분석은 공산당에 가입한 이들에게는 중심이나 발달된 자아가 전혀 없다고 공히 선언한다. 하지만 가르시아에게는 강력한 중심이 있고, 내가 아는 많은 공산당원들 역시 마찬가지다. 에릭 란제티처럼, 메리언 모란처럼, 아서 체슬러처럼, 그 외 숱한 여러 사람들처럼 가르시아는 금빛 찬란한 아이였고, 사랑받는 존재였다. 도덕적 분노를 뿜어낼 수 있는 그의 능력에 자양분을 제공한 것은 바로 그 강렬하게 사랑받던 중심이었다. 그 능력은 가르시아의 깊은 내면에서 흐르는 다정함의 샘과 묘하게 짝을 이룬다. 란제티, 모란, 체슬러, 그리고 그 외 여러 사람들처럼 가르시아는 대단히 다정한 사람이다. 그의 마르크스주의에서는 다정함이 핵심이다. 다정함은 그로 하여금 공산당에 가입하게 했고, 나중에는 당을 떠나게 했다. 다정함은 그가 잇속형 반공주의자가 되지 못하도록 막고 있기도 하다.

리카르도 가르시아는 도미니카공화국에서 태어나 가난과 천주교적 사랑과 엄격함 속에서 성장했다. 아버지와 삼촌들은 트루히요 독재정권에 맞서 지하 활동을 하는 공산주의자들이었다. 그의 부모는 리카르도가 어릴 때 수도로 떠났고 그는 할머니 손에서 자랐다. 할머니는 그의 유년기에서 핵심적이고 막강한 가모장적 인물이었다. 어린 리카르도는 제멋대로였고, 200킬로미터가 넘는 도보 순례를 하고 도미니카섬에서 가장 성스러운 천주교 신자라는 명칭을 부여받은 독실한 천주교 신자였던 할머니는 그를 말 그대로 매일 때렸다. 하지만 리카르도는 이해했다고 말한다. 그게 게임의 법칙이었다. 할머니는 물에 그의 음경을 담갔다가 그 물을 마셨고, 영생할 그의 영혼을 위해 그를 구타했다.

부모님은 리카르도가 열다섯 살 때 갈라섰다. 어머니는 재혼을 했고 리카르도는 수도로 가서 어머니와 같이 살았다. 여전히 제멋대로 굴었고 여전히 반항기가 온몸에 흘러넘쳤다. 그 집에서는 정치 모임이 자주 열렸는데 한번은 어떤 남자가 손에 술잔을 들고 일어서서 "미 제국주의를 타도하자"고 말했다. 리카르도는 씩씩대며 물고 늘어졌다. "왜 그런 말을 해요? 미국인들은 착해요." 그 남자는 설명했다. 하지만 리카르도는 그 설명을 들을 생각이 없었다. 그의 내면에는 확실히 알 수 없는 무언가에 대한 분노만 가득했다.

어머니와 새아버지는 뉴욕으로 옮겨갔고 리카르도도 함께 갔다. 여전히 제멋대로였고, 여전히 미친 듯이 날뛰었지만 이제는 고통, 흥분, 어떤 광기 같은 것이 추가되었다. 리카르도가 스무 살 때 뇌에서 종양이 발견되었다. 그는 수술을 받았고 그의 삶은 삽시간에 탈바꿈했다. 분노와 야성이 종적을 감췄고 차분하고 지적인 안정감이 그 자리를 대신했다. 그는 학교로 돌아가서 물리학과 수학에 열정적으로 빠져들었고 자연법칙의 발견 안에서 위대한 아름다움을 느꼈다.

하지만 동시에 그의 내면에서 더 오래된, 다른 동요가 깨어났다. 리카르도는 병원에서 러시아소설 《사람은 빵만으로 살지 않는다》* 스페인어 번역본을 읽었다. 그 후 이 세상을 사회적인 관점에서 보기 시작했고, 아픔을, 엄청난 흥분을 느꼈다. 그 후 자신이 관심을 두고 있던 한 도미니카계 여성이 모친과 함께 살고 있는 집을 방문했다. 이 집에서 나이 든 스페인내전 참전병을 만났다. 어느 날 리카르도와 이 노인은 이야기를 시작했다. 리카르도는 이 노인의 내면에서 발견한 순수한 영혼

★　소련 작가 블라디미르 두딘체프(1918~1998)가 1956년에 쓴 소설.

에 크게 감명받았고 어느 순간 이렇게 털어놓았다. "뭔가 의미 있는 일을 하고 싶어요. 인류에게 도움이 되고 싶어요." 이 스페인내전 참전병은 리카르도에게 말했다. "인류에게 도움이 되고 싶으면 자네가 할 수 있는 게 딱 한 가지 있지. 공산주의자가 되게나." 그리고 그 노인은 카를 마르크스의 저작을 리카르도의 손에 들려주었다.

마르크스는 폭죽과도 같았다. 불현듯, 리카르도는 마치 자연이 법칙에 지배를 받듯 사회 역시 법칙에 지배를 받는다고 여기게 되었고, 그날부터 그 법칙은 자본 대 프롤레타리아트였다.

이 시점에 그는 이런 기억을 떠올렸다고 회상한다. "할머니가 임종을 앞두시고 침상으로 온 가족을 불러 모으셨어요. 어머니, 아버지, 누이, 이모, 삼촌들, 전부 다요. 우리가 모두 할머니 곁에 둘러서니까 할머니가 우리한테 임종 과정을 설명하시는 거예요. 한 명 한 명한테 안아달라고 하셨어요. 그래서 다들 그렇게 했죠. 그러고 났더니 이제는 땅으로, 하느님한테로 돌아가시겠다고 하셨어요. 그래서 우리는 할머니를 땅에 눕혀드렸죠. 정말 그랬더니 할머니가 돌아가셨어요. 스물네 살 때 뉴욕에 있는데 할머니 임종이 생각나더라구요. 그래서 혼자 그랬어요, '할머니는 이걸 다 예수님을 위해 하셨지. 난 똑같은 걸 마르크스를 위해 하겠어.'"

뉴욕에서 공산당에 가입한 리카르도는 10년 가까이 당원으로 지내다가 나를 만나기 불과 6개월 전에 그만두었다. 그 시간 동안 대부분은 《워커》의 스페인어 면을 편집했는데 이 신문이 폐간되고 《데일리월드Daily World》가 다시 등장했을 때 스페인

미국 공산주의라는 로맨스

어 면이 한 면으로 축소되었고, 그는 화가 나서 그만두었다.

리카르도가 한숨을 쉬며 말한다. "하지만 물론 그게 진짜 이유는 아니었어요. 수년간의 정신 나간 지도부와 미국 쇼비니즘이 문제였죠. 그 사람들은 계속 내가 [도미니카공화국의 수도] 산토도밍고로 내려가서 사람들한테 공산주의자가 되는 법을 가르치기를 원했어요. 맙소사! 그랬더라면 고향 사람들은 내 엉덩이를 걷어차서 산토도밍고에서 뉴욕으로 돌려보냈을걸요. 그 사람들은 공산주의자로 지내는 게 어떤 건지 나보다 훨씬 많이 알았단 말이에요."

그렇다면 어째서 그렇게 오랫동안 당에 남았던 걸까?

그가 어두운 얼굴을 환하게 빛내며 말한다. "그건 그 사람들이 나한테 규율의 아름다움, 분석의 심오한 즐거움, 조직력의 설렘을 안겨줬기 때문이죠. 그 사람들은 나한테 나의 마르크스주의를 안겨줬어요. 공산당을 접했을 무렵의 나는 마르크스를 힐끗 접하기만 해놓고 혁명을 하겠답시고 제멋대로 날뛰는 꼬마였어요. 공산당을 통해 나는 마르크스를 **간파하는** 방법을 배웠죠. 당에서 어쩔 수 없이 수년간 인내심과 자기통제를 연마하면서 사회주의의 더 깊은 의미를 학습했어요. 그 과정에서 우리 삶에 사회주의적인 관점을 온갖 방식으로 적용해보기도 하면서요. 알아요, 잘 알죠, 그땐 1960년대였고 시대는 '네 일이나 하라'고 부르짖었다는 걸요. 하지만 그 슬로건은 나한테 와닿지가 않았어요, 그 속에서 내 길을 찾을 수가 없더라구요. 장발에 자의식으로 가득한 내 주변의 젊은 미국 급진주의자들, 걔네들은 덤불 숲 같았어요, 내가 전혀 감을 잡을 수 없는 단어와 태도로 범벅된 정글 말이에요. 나한테 그 친구들은 무정부적이었죠. 얘네들 활동이 뭔가 결실을 맺을 것 같지가 않더라구요. 나한테는 당이 현실적이었어요. 오랜 역사와 깊이 있는 구조, 국제 공산주의와 연결되어 있는 그 당이요. 그래서 생각했죠, 이 더럽고 썩은 세상에 변화를 가져올 수 있는 방법, 우리 민족의 삶을 좀먹는 이 자본주의를 끝장내는 유일한 방법은 **이거다**, 라구요."

"이제는 물론 미국공산당이 어디에도 존재하지 않는다는 걸 알아요. 그건 나한테 아무것도 줄 수가 없죠. 하지만 그렇다고 해서 내가 더 이상 공산주의자가 아니라는 의미는 아니에요. 오히려 미국공산당에서 했던 경험들은 내 일생의 과업이 가진 의미가 뭔지 선명하게 알려줬어요. 나는 내가 쿠바 혁명의 자식이라고 생각해요. 제3세계를 위해 죽을 때까지 일하는 마르크스주의자라고 말이에요. 당장 계획은 미국을 떠나서 푸에르토리코로 가는 거예요. 당분간은 인디펜덴티스타스 Independentistas*하고 같이 일하려구요······ 그러다 보면 알게 되겠죠. 인생은 길고 세상은 넓고 자본주의의 쇠사슬은 당연히 **내가** 살아 있는 동안에는 끊어지지 않을 거예요. 해야 할 일이 많고, 충만하면서도 자유로운 마음으로 지금은 그냥 가보는 거예요."

래리 도허티와 리카르도 가르시아는 미국공산당원들만큼이나 더할 나위 없이 시대착오적이다(도허티가 가르시아보다 훨씬

★ 푸에르토리코의 미국 종속을 비판하며 실질적인 독립을 쟁취하기 위해 투쟁하는 친사회주의 성향의 푸에르토리코독립당을 말한다. 1970년대에는 선거에서 의외의 성과를 올렸지만, 사회주의 성향이 희석되었다는 평가를 받기도 했다.

그렇다). 그럼에도 이들은 공산당의 유구한 매력을, 정치적 인간의 영혼 깊이 내재한 잠재력을 끌어올리는 공산당의 힘을 온몸으로 보여준다. 규율 잡힌 혁명당의 유혹―너무 설익었거나 너무 거창해서 독립적인 공터에서는 대부분 실천이라는 결실을 낳지 못하는 정치적인 갈망에 자연스럽게 형체를 잡아줄 수 있는 고도로 짜임새 있는 조직의 힘과 그 의미―그것은 공산당이 급진적인 열망의 역사에서 보여준 정체성이었다. 그것은 대부분의 공산당원들에게 "살아내는 것"이 가진 의미였다. 그것은 그만두기에도, 버리기에도, 외면하고 돌아서기에도 너무 어려운 것이었다.

이러니저러니 해도 결국 샘 러셀은 이렇게 말했다. "난 **아직도** 내가 이 세상에서 쓸모를 발휘할 수 있는 유일한 방법은 공산당처럼 크고 짜임새 있는 조직의 일원이 되는 것이라고 믿는다오." 그리고 그의 목소리에서 느껴지는 강렬한 후회는 심장이 철렁할 정도였다.

4장

그들은
사방으로 돌아갔다

갖가지 후일담

미국공산당원들은 온갖 종류의 생활과 조건에서 출발했듯 온갖 종류의 생활과 조건으로 돌아갔다. 공산당원이 되기 전 이들은 온갖 종류의 미국인이었고, 공산당원이기를 그만둔 뒤 온갖 종류의 미국인이 되었다. 다시 부유해졌고, 가난해졌고, 도시에 살았고, 교외에 살았고, 지식인이, 노동자가, 사사로운 여자와 남자가 되었다. 대부분의 경우 이들은 다시 정치와는 "합리적인" 거리를 두고 사는 미국인이 되었다. 많은 경우는 스스로를 여전히 사회주의자라고 여기지만 대부분 정치 활동은 자유주의자들과 비슷한 수준을 유지한다. 다시 말해서 엎치락뒤치락하는 세계 차원의 사건보다는 자신이 하는 일과 가족에 더 많은 관심을 기울인다. 이들은 전반적으로 업무 능력이 탁월한 훌륭한 일꾼이고, 미국 삶의 거의 모든 영역에서 너른 공간을 점하며 인정받는다. 이들은 모든 계통의 전문직이고, 예술가,

노조 조직가, 기업가, 학자, 서비스직 노동자, 공무원이다. 이들은 미국시민자유연맹American Civil Liberties Union, ACLU과 학부모회Parent Teacher Association, PTA에 속해 있고, 랄프 네이더*에게 기부금을 보낸다. 다시 말해서 그들은 모범적인 미국인들이다.

하지만 이 중 누구도 과거와 똑같은 미국인이 아니다. 이제 이들은 자기 삶에서 다른 어떤 존재로 지내고 있든 모두 과거시제상의 공산당원들이다. 이 정체성은 자신의 방향을 찾는 탐험가에게 북극을 가리키는 나침반의 바늘이 그렇듯 존재의 지도에서 안정된 기준점이다. 그리고 그것은 거의 모든 옛 공산당원들이 자신의 삶에서 이후 행보를, 성공과 실패를, 명료함과 침침함을, 형태감 또는 무형태감을 가늠하는 유일하게 중요한 경험이다. 자신이 이 세상에서 어디에 있는지, 어떤 사람인지, 또는 무엇인지 같은. 좋든 싫든, 사랑하든 증오하든, 그 기억을 이상화하든 욕하든 공산당원인 적이 있었다는 사실은 이들 각각이 도덕적 판단을 내릴 때 여전히 기대는 경험이다.

내가 아서 체슬러에게 지금의 삶에 대해 어떻게 느끼는지 물었을 때 그는 망설임 없이, 그리고 남다른 안도감이 느껴지는 목소리로 대답했다. "자유로움을 느끼지. 내가 뭘 좋아하는지 자유롭게 생각하고, 어떤 생각을 마음대로 받아들이거나 거부하고, 매듭지어지지 않는, 반드시 마르크스주의적인 어딘가로 향하지만은 않는 토론을 마음껏 하고, 내 생각을 내 마음대

★　1934～ . 미국의 사회운동가이자 정치인. 1996년과 2000년에 녹색당 후보로 대통령 선거에 출마한 적이 있다.

로 밀어붙일 자유를 느낀다오." 하지만 마지막에는 공산당과는 공존하지 못했던, 아니 어쩌면 공산당이 없이는 살아가지 못했던 사르트르를 인용하며 부드럽게 그리고 아픔을 담아 말한다. "어떤 건 오래가지, 오래 이어져."

내가 매기 매코널―점잖고 뚱한 아서와는 기질적으로 대척점에 있는, 대책 없이 활기 넘치는 매기―에게 지금의 삶에 대해 어떻게 느끼는지 물었을 때 그는 자기 삶에서 공산당이 빠져나가서 슬프다고, 죽을 때까지 그럴 것 같다고 즉답을 내놓았다. 그는 자신이 성장하지 못했다고, 자기 두 발로 설 줄 모른다고 비난하는 사람들에 대해 냉소적인 말을 늘어놓다가 이렇게 말했다. "공산당이 나를 이 위기에서 건져서 저 위기로 던져넣었다고? **인생** 자체가 위기야. 어쩌면 공산당이 인생이라고 하는 위기를 내가 뚫고 지나갈 수 있게 해줬다고 말할 수도 있겠네." 그리고 매기는 맞다고, 자신은 그것 때문에 당을 우러러보는 거라고, 향후에 또 다른 공산당이 다시 만들어지고 그래서 자신이 의미와 위엄을 가지고 인생이라고 하는 위기를 한 번 더 살아낼 수 있다면 자기 인생 가운데 10년을 쏟아부을 수 있노라고 말을 이었다.

반면 많은 이들은 쓸쓸하게 고개를 저으며 아니라고, 자신은 다시는 또 다른 당에 투신할 생각이 없다고, 그런 헌신을 못 하게 막아서는 무언가를 체득해버렸다고 말했다. 가령 짐 홀브룩은 지금의 삶에 대해 어떻게 느끼냐는 물음에 나지막이 말했다. "나는 사람들에게 더 친절하려고 노력하오. 고통은 최대한 적게 일으키고 나 자신과 평화롭게 지내려고 노력하지." 홀브룩의 이런 말은 많은 공산당원들, 과거에는 별로 중요하게 여기지 않았던 개인적 관계를 중요하게 여기게 된 이들, "우리가 서로에게 했던 짓"에 대해 통렬하고 뼈아픈 회한을 안고 살아가는 많은 이들의 입장을 대변했다. 하지만 결국 홀브룩은 이렇게 말했다. "당은 나한테 마르크스주의를 줬어요. 내 삶의 모든 것이 그 단순한 사실에서 출발하고, 모든 게 다시 그걸로 회귀하지. 내가 아무리 그 사실과 더는 식별 가능한 관계를 맺지 않는 것처럼 보인다 해도, 그건 내 안에 있어요. 그건 내 중력의 중심이고, 거기서 뻗어나갔던 선은 빠르든 늦든 다시 호를 그리면서 그 중심으로 돌아온단 말이야. 그런 점에서 당은 죽을 때까지 내 안에 살아 있을 거고, 난 거기에 책임감을 느낄 거요."

과거에 숱하게 다양한 공산당원들이 있었듯, 이제는 그만큼 다양한 옛 공산당원들이 존재한다. 한 공산당원이 내게 한 말처럼 "한때는 우리가 전부 **거기에** 있었고, 이제는 전부 **여기에** 있다는 식의 사고는 틀렸어. 완전히 틀렸고, 거기에는 고의성도 있지. 그렇게 말하는 게 정치적으로 편리하긴 하지만 대부분의 정치적 편리함이 그렇듯 그건 진실과는 대단히 거리가 있어요." 그가 말하는 정치적 편리함은 반-마르크스주의자들이 선택한 공산당원에 대한 일차원적인 관점에도 의지한다. 경험의 복잡다단함을 속 편하게 추상화하고 말끔히 지워버리는, 그 경험의 기원이 얽혀 있는 정치적 열정이라고 하는 강력한 뿌리를 간단히 무시하고 부정하는 그 관점에.

열정을 품었던 경험은 공산당원들을 불과 얼음처럼 타오르고 얼어붙게 만들면서 관통하고, 그 과정에서 이들을 유구한

미국 공산주의라는 로맨스

문화적 기억과 자아에 대한 역사적 감각을 지닌 미국인으로 영구적으로 탈바꿈시키고 조형한다. 그 맥락 속에서 개인들은 무척이나 다채롭게 반응하고 그 경험을 흡수해서 무수한 감정적, 심리적 결말을 향해 나아갔다. 1974년 나는 공산당원이 된 과정이 대단히 인상적이었던 다른 사람들만큼이나 대단히 인상적인 과정을 통해 더 이상 공산당원이 아니게 된 많은 사람들과 이야기를 나눴다. 그들은 사방에서 왔던 것처럼 사방으로 돌아갔다. 미국인으로서나 공산당원으로서나.

당이 없는 정치는 상상할 수 없어요

제롬 린저는 지적인 성향과 왕성한 일 욕심을 겸비한 애리조나주의 부유한 외과 의사다. 피닉스의 대형 시립병원 소속인 그는 레지던트들을 가르치고 복지수급 환자들을 책임지고, 의학 연구를 하고, 과도한 개인 의료비 부담 건을 챙긴다. 린저는 57세이다. 동작이 재바르고 몸이 다부지며 표정이 풍부하고 백발과 흑발이 섞인 머리가 헝클어져 있는 이 남자는 뉴욕의 좌파 노동계급 속에서 성장했고 어릴 때부터 공산당원이었다. 20대에 의대를 다녔지만 1956년에 당을 떠나기 전까지는 의학에 전력투구하지 않았다. 하지만 그는 자신의 엄청난 업무 능력이 모두 당에서 보낸 세월 덕분이라고 생각한다.

"당 활동 경험은, 나한테는 말이에요," 5월의 어느 화창한 오후에 린저가 말한다. "미래의 시간을 위한 생활이라든가, 어떤 의미에서든 보통 말하는 '나 자신을 넘어서는' 그런 게 아니었어요. 반대로 나나 내가 알던 사람들한테 도덕성이란 건 그 시간, 그 장소에서 절대적인 최선의 상태에 이르는 거였죠. 내가 의사면 당원으로서 내 의무는 최대한 최고의 의사가 되는 거였어요. 그게 내 의무였고, 그게 내 공산주의적 도덕성이었던 거지. 사실 우린 너무 가난해서 중간계급 공산당원들이 채택하던 반지성주의적 입장을 택할 수도 없었어요. 우린 전문직들을 경멸하지 않았어. 외려 혁명이 오면 분명 의사들이 필요하게 될 거라고, 우리 사람 안에 그런 이들이 있는 게 백번 낫다고 생각했어요."

"당은 나한테 생각하는 법, 책임을 지고 나누는 법, 나만의 기술을 닦는 법을 가르쳤죠. 그리고 당이 나한테 가르쳐준 걸 난 내 의학 활동에 적용했구요. 지금 나를 이루는 모든 건 말이에요, 공산당 덕분에 이룬 거예요." 린저는 활짝 웃으며 보이지 않는 깃발을 향해 경례를 한다.

지금의 린저는 일중독에 빠진 의사다. 그의 삶은 한때 공산주의 혁명 활동에 지배당했듯 지금은 의료 업무로 가득하다. 그는 다른 삶의 방식을 모르겠다고 말한다. "그리고 게다가 말이에요," 그가 덧붙이며 어깨를 으쓱한다. 몇 시간 이야기를 나누는 동안 처음으로 피로한 기색이 느껴지는 동작이다. "정치는 존재하지 않아요, 더 이상. 이데올로기는 죽었잖아요. 그리고 이데올로기가 없이는 정치도 없단 말이야."

'이데올로기가 죽었다'는 게 정확히 무슨 뜻인지, 내가 묻는다. 그는 한동안 말없이 아랫입술로 윗입술을 꽉 문 채 나를

미국 공산주의라는 로맨스

바라본다. 그의 눈에 점점 서글픔이 어리고, 연필 한 자루를 책상 위에 수직으로 세우려다 넘어뜨리기를 반복하면서 오른손으로 멍하니 그 표면을 어루만진다. 그러더니 이렇게 말한다.

"난 자신의 혁명이 아닌 모든 혁명을 증오하는 그런 구좌파가 아니에요. 그런 부류는 진짜 아니거든. 1960년대가 우리 앞에 불쑥 닥쳤을 때 난 젊은이들을 욕하지 않았어요. 열심히 귀 기울였지. 젠장, 난 듣고 싶었다구요, 그렇게 하면 내가 전부 다 다시 시작할 수도 있다고 생각했단 말이에요. 하지만 소용없었어요, 소용없더라고. 걔네들은 나한테 나로드니키*를 연상시켰거든. 아무런 뿌리도, 조직도, 역사 감각도, 프로그램도, 당도, 아무것도 없는 중간계급 아나키스트 꼬마들이었단 말이에요. 대체 뭘 하자는 건지 알 수가 있어야지. 아직도 모르겠어. 걔넨 그냥 제풀에 나자빠질 거라고. 그 온갖 소동에서 아무런 결실도 맺지 못할 거라고 생각했소. 그리고 슬프게도 내가 맞았지."

"그래, 알아요," 그가 책상 앞으로 몸을 내밀며 말한다. 눈에는 잘 모르겠다는 표정이 어린다. "걔네는 자기를 마르크스주의자라고 부르잖아요. 요즘에는 **다들** 마르크스주의자야. 근데 대체 그게 무슨 소릴까? 내가 자유주의자라고 부르는 사람들은 자기를 마르크스주의자라고 부른단 말이야. 그 사람들은 그 단어를 무슨 뜻으로 쓰는 걸까? 난 아직도 그걸 모르겠어요. 그 사람들이 혁명가라는 건가? 그 사람들이 자본주의적 생산수

---

* 러시아어로 인민주의자를 뜻한다.

단의 탈취에 주력하겠다는 건가? 그 사람들 계획이 뭐지? 규율은 어디 있지? 그 사람들이 길바닥에서 투덜대는 사람하고 다른 게 뭐지? 워싱턴에서 우릴 엿 먹이겠다고 말하는 보통 사람하고는 어떻게 다른 걸까? 나한테 얘기 좀 해주세요. 난 죽어도 모르겠어.”

“신좌파들한테는 이데올로기 같은 게 전혀 없는 것 같아. 그 사람들한테는 규율 잡힌 실천이 아니라 절망의 정치뿐인 것 같단 말이지. 내가 보기에 그 사람들은 세계 사회주의를 전혀 이해하지 못하는 것 같아, 그 투쟁도, 그 역사도 말이에요. 그 사람들은 사회주의와 전체주의의 차이도 모르고, 그게 그거라고 생각하지. 그래서 자본주의뿐만 아니라 소비에트 공산주의를 깡그리 거부하는 거고. 1960년대 내내 걔네는 우리 구좌파들한테서도 배울 게 있다는 걸 전혀 인정할 생각이 없었어요, 그저 우리한테 ‘더러운 스탈린주의자’라고 고함치는 게 다였지. 내가 인정하는데, 우리 대부분은 고함치고 매도하는 데는 상당히 일가견이 있었지. 우리도 그애들만큼이나 추하고 멍청하게 행동했어. 하지만 **아무리 그래도** 그렇지.”

“나한테는 다 너무 비조직적이에요. 요즘엔 좌파에 적을 두고 싶어도 어떻게, 어디서, 뭘 해야 가입이 가능한지 알 길이 없어. 이데올로기와 당과 정치적 실천의 관계가 핵심인데 말이에요. 구조가 있어야 해요. 그게 없으면 다 진공 상태에 빠져서 공기 속으로 흩어져버리고 아무것도 이루지 못하는 거야. 거기서 더 나빠지면 무정부 상태가 되고 무정부 상태는 파시즘으로 귀결되는 거지.”

린저는 침묵에 빠져 창밖을 내다본다. 자기 뒤편에 있는 베니션 블라인드를 만지작대고 책이 늘어선 자신의 사무실을 둘러본다. 그러더니 이렇게 말한다.

"그래서 나한테는 더 이상 정치가 없어요. 내가 공산당원이던 시절이 전부 내 인생의 황금기였지. 그땐 사적인 것과 역사적인 것의 관계가 치열했고, 깊이 느껴졌고, 완전히 체감됐어요. 근데 이제는 더 큰 세상과는 단절된 채 완전히 사적인 삶을 살아요. 내 일 외의 어떤 것에도 흥미가 안 생겨. 열심히 일하고, 내가 하는 일을 뿌듯해하고, 의업에서 최대한 많은 책임을 지는 게 의무라고 여기지만 그게 다예요. 세상은 단연 나한테는 내가 공산당원이었을 때보다 더 작고 더 춥고 더 어두워졌어요…… 여기서 하기에는 웃긴 얘기네요, 그렇죠?" 그가 화사한 애리조나의 오후를 손짓으로 가리키며 웃는다. "난 내 삶과 평화를 이뤄냈어요. 하지만 더욱 의미 있는 삶을 산다는 환상 같은 건 전혀 없답니다."

머리카락을 단정하게 잡아당겨 머리 뒤에서 틀어 모으고 있는 그레이스 랭은 퀼트와 세라믹 작품을 만드는 사람이다. 얼굴 뼈가 도드라지고 이목구비가 조각으로 깎아놓은 듯하며 팔과 손이 튼튼하다. 젊지도 늙지도 않은 회색 눈은 대단히 성숙해 보일 뿐이고, 그 안에 깃든 지성은 이 여성과 그 환경에 대한 열쇠를 쥐고 있다. 그것은 차분하고 주의 깊은 지성, 그것이 탐색하는 우주 안에서 질서를 부여할 수 있을 것만 같은, 통제되어 있고 통제할 줄 아는 지성이다.

9월의 어느 비 내리는 오후, 우리가 앉아 있는 커다란 스튜디오는 버클리에서 제일 가난한 동네 중 한 곳에 자리하고 있다. 세월이 쌓이며 회색-흰색으로 표백된 벽과 바닥 널은 깨끗하게 닦인 채 그늘이 지지 않는 커다란 건물의 높은 창에서 쏟아져 들어오는 쨍한 북광을 받아내고 있다. 시선을 잡아끄는 힘을 가진 여백과 빛으로 이루어진 방은 그 자체로 작품이다. 디자인 작품 같은 이 방 안에는 물건, 도구, 공예품들이 무리 지어 또 다른 디자인을 이룬다. 이 방의 한쪽 끝에는 물레가 있고 그 물레 뒤편 선반에는 도자기 10여 점이 있다. 그리고 물레 옆에 있는 거친 테이블 위에는 준비 상태가 다양한 점토가 놓여 있다. 축축하고 번질대는 점토, 건조하고 먼지가 날리는 점토, 흰색, 회갈색, 짙은 적갈색 점토들. 물레 위에는 자신을 쓸모 있는 아름다움으로 빚어줄 손길을 기다리는 완벽한 점토 한 덩이가 놓여 있다.

스튜디오의 반대편 끝에는 그레이스가 버클리에서 소박한 명성을 날리게 해준 퀼트 작품이 펼쳐진 커다란 네 개의 액자가 서 있다. 이 퀼트 작품에서 순간적으로 눈길을 잡아끄는 것은 고전적인 미국식 디자인을 토대로 활용해서 새로운 디자인을 창조했다는 점이다. 오래된 미국 멜로디에 재즈의 변주를 가미한 아름다움과 다소 유사하다. 자유롭게 서 있는 이 액자들 옆으로 다섯 번째 퀼트 작품에 쓰일 재료들이 놓인 테이블이 있다. 이 테이블 옆에는 커다란 투사지가 끼워진 화판이 놓여 있고 그 투사지 위에는 여러 가지 디자인이 그려져 있다.

창을 면하고 있는 벽 반대편, 길이가 50피트쯤 되는 이 방의 중심에는 그레이스의 "생활 구역"이 펼쳐져 있다. 소파 겸 침대, 두 개의 편안한 자루형 의자, 늘 싱싱한 꽃이 피어 있는 화분이 놓인 길고 낮은 테이블, 가림막을 쳐둔 주방까지. 그레이스는 매일 아침 6시에 이 침대에서 깨어나 흰색이 칠해진 벽에 등을 기대고 앉아 자신의 영역을 둘러보며 마음속으로 그날 할 일을 스케치해본 뒤 자리에서 일어나 규율 잡힌 디자인과 함께 하는 삶에서 자신의 위치를 잡는다.

올해로 60세인 그레이스 랭은 20년 넘게 이곳 캘리포니아에서 공산당 지국 조직책으로 일했다. 뉴잉글랜드에서 태어나 금욕적인 자기규율을 앞세우는 가혹하고 척박한 땅에서 자랐다. 그레이스에게 금욕주의는 인간 최고의 미덕이다. 그는 금욕주의를 인내가 아니라 창조와 연결짓는다. 그는 금욕주의가 빛을 발하면 규율에서 자유가, 인내에서 값진 작품이, 구조에서 문명이 탄생한다고 말한다. 그는 태어난 순간부터 자신을 에워싼 금욕주의를 마르크스주의와 공산당을 통해 다시 보게 되었다고 설명한다. 자신을 빚어낸 삶을 수년간 반항적으로 거부하던 끝에, 당을 통해 부모의 유산이었던 자기통제를 더 이상 증오하지 않고 유능하게 활용할 수 있게 되었다는 것이다.

"마르크스주의가 날 깊이 휘저어놓았지," 그레이스가 자기 의자 두 개 중 하나에 등을 기대고 청바지를 입은 긴 다리를 낮은 테이블 위에 꼬아서 올려놓은 자세로 말한다. "뉴잉글랜드에 대한 기억만큼이나 깊게 내 안에서 뭔가를 건드렸어. 그 소외된 인간의 노력들에 대한 기억을 탈바꿈하고 우리 부모의 삶을 아름답게 채색한 거지. 마르크스주의를 통해 두 분의 삶을 이해하는 것만으로도 내 눈에는 두 분이 아름답게 보인 거야. 선명함, 목적, 더 큰 디자인 속에서 두 분을 보는 것, 그게 나한테는 아름다웠어요. 이해는 창조 행위였어. 새로운 재료를 통해, 이를테면 말이야, 숨어 있던 맥락을 발견하는 거지."

"마르크스주의는 변화를 일으키는 재료, 새로운 색깔, 새로운 공간, 새로운 질감이었어요. 그때까지 모호하던 삶을 표면으로 끄집어냈지. 그게 무슨 의민지 알아요? 그건 예술가가 평생 기다리는 것, 그런 새로움, 내면의 통찰을 응집시키고, 전에 한 번도 해보지 못한 방식으로 '보게' 만드는 특별한 발견이에요……"

"하지만 마르크스주의라는 재료의 형태를 빚어내는 도구, 거기에 형상을 부여하는 그릇, 그것이 자기주장을 하려면 반드시 있어야 하는 틀, 그게 공산당이었지."

"마르크스주의는 저기 있는 점토 같았어요." 그레이스가 몸짓으로 가리킨다. "공산당은 물레 같았고. 그리고, 맞아, 난 지금처럼 그때도 재료와 형상 모두가 제대로일 때 생명을 얻는 예술가였어. 맞아, 난 항상 그렇게 느꼈지. 난 절대로 내가 공산당의 도구라고 생각해본 적 없어요. 외려 공산당이 내 도구였지, 난 형상과 내용을 결합시켜서 도달하려는 살아 있는 목표였고. 난 마르크스주의와 공산당을 이용해서 자아와 세상과 존재의 새로운 경이를 표현하는 막강한 인간이었어."

그는 얇고 오목조목한 입술로 커피잔을 가져간다. 커피를 마시고 다시 잔을 테이블에 올려놓은 뒤 말을 이어간다. "정치는 나한테 그런 거였어요. 그 결합이 만들어낸 권력. 하나가 다른 하나를 통해 생성되는 모습을, 이념이 구조를 통해, 구조가 실천을 통해 이루어지는 걸 바라보는 전율. 그리고 그 전체는 각각 그 자체적인 속성, 자체적인 기능에 의해 규율이 잡혔고, 합쳐졌을 때는 규율된 존재만이 이루어낼 수 있는 거대한 디자인으로 또 기강이 섰지."

"앙드레 말로가 이런 말을 한 적이 있어요. '살아 있는 인격의 위대함은 사고와 실천의 연결 바로 그 안에 있다.' 말로가 그런 말을 한 건 예술가이자 혁명가였기 때문이에요. 그리고 난 항상 말로가 무슨 말을 하는 건지 정확히 알 것 같다는 기분이었지. 나한테는 그게 아름답고, 비범하고, 흥분됐어. 마르크스주의와 공산당의 관계 말이에요. 그 둘이 힘을 모았을 때는 낡은 패턴에서 새 생명을 끌어올리는 디자인이었어요. 그래서 말하자면 '물레의 규율'에 기꺼이 헌신했던 거예요, 그 한계 안에서 작업하는 법을 배우지 못하면, 그 속성을 이해하지 못하면 절대 그 디자인이 온전히, 분명하게 세워지는 걸, 새로 창조된 생명력으로 살아 움직이는 걸 보는 혜택을 누리지 못하리라는 걸 알았으니까."

"그런데 말이에요," 그레이스가 어깨를 으쓱한다. "점토가 물레에서 사라져버리고, 빈 물레가 혼자서 회전하고 있었을 때, 그때는 내가 고개를 돌리고 다른 데서 살아 있는 디자인을 빚어내야 할 때였지."

나는 그레이스에게 질문한다. 공산당이 그에게 실망을 안겼을 때, 그리고 또 다른 '살아 있는 디자인'을 찾기 시작했을 때, 어째서 정치에서 퀼트로 시선을 옮겼는가? 자기 주변에서 온통, 버클리의 거리에서, 1960년대 내내 새로운 감각의 정치가, 새로운 사회혁명의 사상이 빚어지고 있는데 어째서 이 스튜디오 안에 틀어박혀 지내는가? 어째서 예컨대 학생운동이나 여성운동에서, 그들이 우리 삶에 들이미는 정치사상에서 새로운 활력을 느끼지 못했는가?

"그래요, 그래," 그레이스가 한숨을 쉰다. "무슨 말인지 알아요. 지난 10년 동안 사람들이 이 스튜디오로 몰려와서 똑같은 질문을 했을 거 같지 않아요? 사람들이 와서 그러죠, '그레이스, 당신이 필요해.' 페미니스트들이 말해요, '그레이스, 우리가 당신에게 새로운 정치를, 사물을 보는 새로운 방식을, 낡은 마르크스주의보다, 낡고 융통성 없는 공산당보다 더 낫고 신선하고 살아 있는 무언가를 제공해줄 것 같지 않아?'"

"아, 솔직히 말해서, 아니요, 난 모르겠어. 오, 물론 그 학생들, 흑인들, 여성들이 자기 삶의 정치적 의미를 파악했다는 건, 그 사람들이 우리가 구좌파 시절에 아주 미약하게만 이해했던 분노와 질문들을 우리 모두에게 들이대고 있다는 건 알겠어. 그리고 당연히 그건 전적으로 지지해요. 그런 일이 벌어지는 걸 목격한다는 건 멋지고 신나는 일이죠. 하지만…… 그건 내 몫이 아닌 거지. 내가 그걸 쥐락펴락하지는 못해. 그 속에 내 길이 보이진 않는 거야."

"의식! 그 사람들은 소리치죠. 자아실현! 그 사람들은 소리치잖아요. 난 그게 무슨 소린지를 모르겠어. 아, 그게 무슨 뜻인지 머리로는 알지, 하지만 그게 무슨 뜻인지 진짜 아는 건 아니야. 그게 정치야? 나 혼자서는 그렇게 말해요. 그리고 만일 그렇다면 이런 정치가 어디 있어? 요즘에는 사람들이 어디서, 어떻게 정치에 물들기 시작하는 거야?"

"그러면 그 사람들은 그러죠, '그건 공기 같은 거예요, 그건 사고방식이라구요. 요즘에는 자기이해가 정치 행위예요. 자기 자신을 내면에서부터 개조하는 게 정치 행위라구요. 이 나라의 전반적인 의식을 증진하는 게 정치 행위예요.' 그 사람들은 그러죠, '마르크스주의 그 자체는 많은 사람들이 요즘에 사고하고 이야기하고 글을 쓰는 방법일 뿐이에요. 그게 다라구요, 그레이스. 모르겠어요?'"

"그래, 모르겠어," 그레이스가 나지막이 말한다. "귀도 기울이고, 고개도 끄덕이고, 동의한다구요. 그러고 나면 지하 깊은 데서 어떤 목소리가 튀어나와서 이렇게 말해. '하지만 너희 계획은 어디 있어? 너희 규율은 어디에 있고? 너희 구조는 어디에 있니? 너희는 구조 없이 사고와 실천을 어떻게 결합시켜? 계획 없이, 규율 없이 어떻게 혁명을 해? 대체 너희는 뭘 얘기하고 싶은 거야?'"

오후 햇살이 시들해지고, 찬란했던 북광이 스튜디오에서 사위어간다. 그레이스와 나는 커피 대신 스카치를 채운다. 우리는 점차 짙어지는 어둠 속에서 잠시 침묵을 지킨다. 그러다가 그레이스가 담배에 불을 붙여 깊이 들이마신 뒤 이렇게 말한다.

"내가 구식 이데올로기 신봉자인가봐요. 나한테는 규율이 자유고, 이데올로기가 구체성을 갖고, 조직이 핵심이야. 이런 도구들이 없으면, 이런 구조적 수단들이 없으면 어떻게 수행하거나 생산하는지 모르겠어. 저 밖에 새로운 세상이 있다는 건, 새롭고 중요한 사상이 형성되고 있다는 건, 어쩌면 인류의 투쟁에서 새로운 한 걸음이 이 '의식'이라는 외침과 함께 내딛어지고 있다는 건 감을 잡겠어. 근데 그게 와닿지가 않아. 그게 나한테 그렇게 절박하게 호소력을 갖지는 못해요. 새로운 시각을 주지도 못하고…… 그래서 퀼트 작품과 도자기를 만드는 거예요. 여기 이 스튜디오 안에서 내가 이해하는, 내가 쓸모를 발휘할 수 있는 그런 종류의 구조를 빚어내는 거지. 그게 다예요. 이데올로기 없는 이데올로기 신봉자는 그런 식으로 연명하는 거지."

제롬 린저와 그레이스 랭처럼 데이비드 로스 역시 공산당을 떠난 뒤 몇 년 동안 자신이 영원한 이데올로기 신봉자라는 걸 발견했다. 이 깨달음은 지난 7~8년 동안 그에게 큰 충격이었다. 데이비드는 자신이 그런 사람이 아니라고 생각했기 때문이다. 워낙 성을 내며, 워낙 격한 심정으로 당 그리고 자신의 신념과 멀어진 나머지 이데올로기적 도그마가 그의 삶을 완전히 무너뜨릴 뻔했기 때문이다.

50세인 데이비드는 물리화학자로 보스턴에 집과 직장이 있다. 제롬 린저처럼 그 역시 뉴욕 노동계급 좌파 속에서 성장했다. 데이비드의 아내 매릴린 역시 그쪽 세계 출신이다. 매릴린은 4월의 어느 토요일 오후 자기 집 주방 테이블에서 함께 커피를 마시며 두 사람에 대해 많은 걸 설명해주는 이야기를 들려준다.

"시카고에 조지라고 하는 내 사촌이 사는데 작년에 걜 보

러 갔어요. 걔는 마흔여덟 살인데 한 유대 커뮤니티센터 대표
자고 아주 훌륭한 사회복지사란 말이에요, 오랫동안 그쪽 운동
에 관여했구요. 우리는 오랜 시간 온갖 얘길 다 했어요. 주로는
가족 얘기였죠. 그러다가 대화가 경제학과 정치학 쪽으로 흘러
갔어요. 맙소사! 그걸 보셨어야 돼. 순식간에 공기가 싹 바뀌었
다니까. 갑자기 모든 사람이 의자에서 고쳐 앉고 담배를 꺼내
서 불을 붙이더니 몸을 앞으로 내밀고 이야기하기 시작했죠."

"다시 어릴 때로 돌아간 기분이었어. 누가 질문을 하고 우
리 아버지가 '그건 내가 설명해줄게' 하던 그 순간으로 말이에
요. 그러면 아버지는 사람들한테 말씀이며, 진리며, 마르크스
주의적 설명을 늘어놓았죠."

"그리고 난 그게 너무 좋았어요. 아버지가 그럴 때 그게 너
무 좋았다구. 그러면 나도 돌아가는 상황을 이해할 수 있었어.
난 무엇보다도 상황을 이해하고 싶었거든. 이해만 할 수 있으
면 모든 게 왜 그런지는 몰라도 괜찮을 것 같았지."

"심리치료를 접하기 전까지는 어릴 때 느꼈던 걸 다시는
한 번도 느끼지 못했어요. 성인이 된 나한테 심리학의 통찰은
어릴 때 마르크스주의 같은 거였어요. 알아요, 알지, 다들 심리
치료에서 통찰이 전부가 아니라고 말하잖아요. 하지만 나한테
는 그랬어. 내 인생의 한 시절에는 말이에요. 심리학의 통찰 덕
분에 살 수 있었어. 그리고 그건 내가 어렸을 때 주방 테이블에
둘러앉은 사람들 틈에서 마르크스주의의 설명이 모든 혼란을
말끔히 정리해버리는 걸 보면서 느끼던 거랑 같았어요. 그건
내가 이해할 수 있게 해줬고, 난 이해하는 한 살 수 있었죠."

테 없는 안경을 쓰고 긴장이 어린 미소를 짓는 데이비드 로스는 1941년부터 1956년까지 공산당원이었다. 매릴린과 10대 시절부터 알고 지낸 그는 마르크스주의가 자신들의 삶에서 해온 역할에 대해 아내와 거의 같은 생각이다. 데이비드가 매릴린보다 훨씬 더 나가는 부분이 있다면 그것은 그의 입장이 매릴린보다는 매릴린의 아버지 쪽에 더 가깝기 때문이다. 그는 설명을 듣는 쪽이 아니라 설명을 하는 쪽이었으니까.

데이비드는 이렇게 말한다. "16년 동안 난 공산주의 도그마에 푹 빠져 지냈어요. 그건 내가 숨 쉬는 공기였고, 내가 먹는 음식이었고, 내가 마시는 와인이었죠. 내 연구, 내 결혼생활, 내 우정 모두가 내 뇌와 감정 안으로 들어오기 전에 마르크스주의 사상이라는 액체의 흐름을 통해서 걸러졌어요. 그 흐름에는 화학적 성분, 중요한 물질이 우글거리는 것 같았지."

"1956년, 흐루쇼프 보고서 이후에 그 흐름이 말라붙었지. 그리고 난 갑자기 무미건조하고 황량하고 쓰디쓰게 변한 세상에서 살게 된 거야. 완전히 인간 구실을 못하겠더라고. 너무 혼란스러워서 말 그대로 신호등에 녹색불이 들어왔는데도 길을 건너야 할지 말아야 할지를 모르겠는 거요. 내 일은 산산조각 났지. 그리고 매릴린과 저도 거의 산산조각 날 뻔했어요." 데이비드가 아내의 팔에 손을 올려놓는다. "지푸라기라도 잡고 싶어서 심리치료를 받았어요."

"음, 나한테는 심리치료가 매릴린이 느낀 거랑은 상당히 달랐어요. 아니 어쩌면 이렇게 얘기하는 게 나을지도 모르겠네. 나는 그게 다르다고 생각했어요. 내 인생을 이제까지 상상해보지 못한 방식으로 샅샅이 살펴보게 됐던 것 같네요. 잠재의식이라는 실체에 쇠망치로 때려 맞는 것 같았다고나 할까. 사랑의 의미, 우정의 의미, 시스템적 사고의 의미를 재고해야 했던 게…… 그게 파괴력이 대단하더라구요."

"많이 배웠어요, 그리고 당연히 정신분석은 내가 무너지지 않게 막아줬을 뿐만 아니라, 내 인생을 다시 쌓아 올리게, 사회적 통합보다 내적 통합 개념을 **철학적으로** 더 중시하게 해줬던 것 같아. 그리고 무엇보다 내적 통합은 모든 것을 떠나보내는 능력에 크게 의존한다는 모순된 사고를 어떻게든 감당해보려고 애쓰게 해줬고. 인간 경험의 특징은 시스템의 철저한 **부재**라는 생각을 받아들이느라 하늘이 무너질 것처럼 힘든 과정을 무릅쓰게도 해줬지. 나한테는 그게 최악이었어요. 이 생각은 처음에는 절망 그 자체였죠. 하지만 그러다가 시간이 지나면서 자유를, 커다란 자유를 안겨줬어요."

데이비드가 갑자기 말을 멈춘다. 불현듯 너무 당황스럽다는 듯. 지금 하려는 말을 어떻게 해야 할까? 그는 애써 말을 이어간다.

"1960년대가 닥치고 신좌파가 폭발력을 발휘했을 때 난 그 사람들이 말하는 많은 게, 그리고 그 뒤에는 여성들이 손가락으로 가리키는 많은 게 심리치료를 통해서 내가 얻은 새로운 종류의 지식하고 깊이 연관되어 있다는 걸 본능적으로 느꼈지. 그리고 그다음 순간 내 새로운 지식이 내 예전 지식하고는 상대가 안 된다는 걸 알았어요."

"신좌파가 진정 정치적인지 납득이 안 되더라고. 이건 나한테는 정치도 아니었지, 절대 그럴 수는 없어. 구조도, 조직도 없으면 그건 그냥 뜬소문인 거예요. 마르크스주의가 나한테 제시했던 것 같은 그런 이데올로기적 설명으로 이루어진 일관된 세계가 다시 그립더라고. 그립다기보다는 고팠다고 해야 할까. 이 새 운동에 대해서는 전에 그랬던 것 같은 열정을 결코 품지 못하겠다는 걸 알았어. 공산당은 내게 다시없는 동지애를 안겨 줬다는걸, 그 동지애가 없으면 난 결코 정치적인 사람이 될 수 없다는 걸 깨달았어요…… 내 안의 무언가가 이 정치성의 새로운 방식을 사납게 거부한 거요. 그 파편화, 외로움 모두를! 마르크스주의는 탁월했어요. 근데 이제 알았어, 그게 탁월했던 건 나한테는 그게 공산당 생활하고 긴밀하게 연결되어 있었기 때문이었더라고. 공산당이 없으면, 그걸 에워싸고 담아내는 그 구조가 없으면 정치적 삶을 만들어낸, 정치의 의미를 더 높은 힘으로 끌어올린 그 비범한 결합물은 존재할 수 없는 거예요. 정치가 오직 개인의 통합에만 연결된 분산된 의식일 뿐이라는 생각은 전에도, 지금도 절대 받아들일 수가 없어."

이 사람들—린저, 랭, 로스—은 공산당원들 사이에서 아주 특별한 유형의 영원한 이데올로기 신봉자이다. 공산당이 없는 정치를 생각하지 못하기 때문이다. 이제는 정치색이 없는 사람들로 통하지만 사실 이들은 대단히, 완고하게 정치적이다. 이 가운데 많은 이들은 자신이 생각하는 식의 정치적 삶이 가진 한계와 위험을 알고 있다. 이들은 구조와 지도부와 조직이 순식간에 도그마와 압제와 권위주의가 될 수 있음을 미국에 있는 누구보다 잘 안다. 이들은 "규율을 통한 자유"라는 생각이 외줄 타기와 같다는 걸 안다. 이 모든 걸 알지만 이들이 머리로 아는 것은 감정과 괴리가 있다. 이들의 감정은 어쩔 수 없이 아는 것과 반대로 뻗어나간다. 이들은 규율 잡힌 구조와 불가분으로 얽힌 오래되고 열정 넘쳤던 경험의 저장소에서 한 발짝도 벗어나지 못한 감정적 준거 틀에 지배당하고 있다.

이런 감정적 준거는 종종 괴물을 낳는다. 한때 그것은 가장 나쁜 공산당원의 핵심이었고, 이제는 가장 나쁜 옛 공산당원의 핵심이다.

반공주의자로 돌아선 공산당원

루이스 피셔*는 《실패한 신》에서 이렇게 말했다.

옛 공산당원들 가운데는 …… 내면의 충동 때문에 권위주의자가 되었다고 할 만한 그런 부류가 있다. 변화된 전망이나 쓰라린 경험은 그가 스탈린주의와 연을 끊게 만들지 모른다. 하지만 그에게는 아직도 애당초 그를 볼셰비키 진영으로 떠민 단점들이 있다. 그는 지적으로는 공산주의를 버리지만 그것을 대체할 감정적 대용물을 필요로 한다. 내면이 약해서 보호

---

*   1896~1970. 미국의 저널리스트이자 작가. 20세기 초 공산주의자로서 레닌 말기의 소련에 주재하며 취재했으나, 1937년 스페인내전에 참전한 뒤 반공주의로 전향했다.

막, 마음을 놓을 수 있는 도그마, 거대 부대가 필요한 그는 새로운 무오류, 절대주의, 교조적 확신의 축을 맴돈다. 그는 표면적으로 결속되고 강해 보이는 무언가에 매달린다. 이런 사람들이 공산주의를 버리는 이유는 공산주의가 충분히 마음이 놓이지 않아서, 공산주의가 갈팡질팡하고 이랬다저랬다 하고, 그래서 자신에게 너무나도 필요한 안정감을 박탈하기 때문일 때가 많다. 그는 새로운 전체주의를 발견하면, 공산주의자와 유사한 폭력과 무관용으로 공산주의와 싸운다. 그는 반공주의자로 돌아선 '공산당원'이다.

60세의 맥스 비터먼은 약 25년간 공산당 간부였다. 비터먼은 1956년에 당을 떠났고 미국 공산주의의 역사에 관한 학술서를 썼으며 그 후 정치학 교사가 되었다. 1974년 초에 비터먼의 책을 읽은 나는 그 사려 깊고 침착한 어조에 큰 인상을 받고 그에게 편지를 써서 내가 쓰려는 책에 대해 이야기하고 나와 함께 자신의 삶을 이야기하는 데 관심이 있는지 물었다. 그는 즉시 답장을 통해 "이번 여름 우리 농장으로 오시오. 길고 유익한 대화를 나눌 수 있을 거요"라고 말했다. 그래서 8월에 나는 맥스 비터먼과 그의 아내 로라를 만나기 위해 버몬트행 기차에 올랐고, 그 후 그렇지 않아도 변수가 대단히 많았던 그 한 해 중에서 가장 이상한 사흘을 보냈다.

대부분 대공황기의 시세로 30년에 걸쳐 야금야금 사들인 숱한 필지로 이루어져 있는 비터먼네 농장은 아주 컸다. 농장에는 모두 비터먼이 손수 지은 세 채의 집이 부지의 언덕배기와 숲속에 아름답게 흩어져 있었다. 집들 자체는 대단히 사랑스러워서 비터먼의 솜씨와 취향을 입증해주고 있었다. 첫 집은 비터먼 부부가 살고 있었고 다른 두 집은 임대를 준 상태였다. 그 여름 비터먼 부부의 집 주방 창문에서 보이는 언덕배기의 집에는 세 남자가 살고 있었고, 숲속의 집에는 로라 비터먼의 젊은 친척이 살고 있었다.

덥고 화창한 날 정오, 택시 기사는 "여기요" 하고 말하며 나를 그 땅 첫 집 뒷문에 내려놓았다. 문을 두드렸지만 아무 대답이 없었다. 문을 밀어보았더니 문이 열렸다. 나는 주방으로 들어갔다. 정적만 감돌 뿐 집 안에는 아무도 없었다. 나는 당황했다. 이분들이 내가 오는 걸 알고 있을 텐데. 뭐, 그냥 기다리기로 한다. 가방을 내려놓고 거실로 들어갔다. 이 집의 내부는 외부보다 훨씬 더 사랑스럽다. 들보가 가로지르는 높은 천장, 참나무 벽과 마루, 거실에 자리한 거대한 벽난로, 주방의 깊고 아름다운 여백, 식물들, 호두나무 테이블들, 초기 미국식 소파까지. 나는 여기 사는 사람들을 좋아할 만반의 준비를 끝냈다.

1시가 되자 문이 벌컥 열리더니 한 여자가 내가 기다리며 앉아 있는 주방으로 날아들 듯 들어온다. "어머나, 진짜 미안해요," 여자가 숨찬 목소리로 말했다. "차가 퍼졌어요, 이웃 애들인데, 맥스가 큰 녀석을 영 못마땅해서 말이에요, 제가 가야 했어요, 그러다가, 기다리고, 지켜봐야 해서……" 여자가 쉬지도 않고 횡설수설 늘어놓았다. "괜찮아요," 내가 재빨리 말했다. "진짜로, 정말 괜찮아요. 여기서 잘 있었어요, 아무 문제 없었어요." 여자는 그제야 진정하더니 자동차 키를 조리대에 던져놓고 불쑥 점심으로 뭘 먹고 싶은지 물었다.

이 여자는 35년간 맥스 비터먼과 결혼생활을 이어가고 있는 그의 아내 로라 비터먼이었다. 로라의 외모는 집에 들어온 순간이 그랬듯 놀라울 정도로 어수선했다. 어색한 금발로 염색한 머리칼은 머리 꼭대기에 얹힌 건초더미처럼 보였다. 반면 그의 몸은 사랑스럽고 날씬하고 튼튼했다. 로라는 [《아웃 오브 아프리카》를 쓴 덴마크 소설가] 이자크 디네센의 눈과 주변을 밝히는 어린 소녀의 미소를 가지고 있었고, 그 눈과 미소는 노화가 얼굴 전체에 이리저리 그어놓은 당혹스럽고도 애잔한 주름 안에 갇혀 있었다. 로라의 움직임은 덜컹거리고 단절적이면서도 마음을 움직이는 데가 있었다. 처음 만났을 때부터 나에게 로라 비터먼은 아름답지만 동시에 살짝 정상에서 벗어난 사람처럼 보였다.

로라가 말했다. "맥스는 언덕 위에 있는 집에서 일하는 중이에요. 점심 먹으러 올 거예요." 정확히 1시 반, 점심 식사가 식탁에 차려져 있을 때 맥스 비터먼이 문을 열고 들어왔다. 그의 외모는 로라의 외모만큼이나 충격적이었다. 나는 어둡고 단단하고 따스한 부피감이 있는 남자를 기대했다. 비터먼은 작고 마르다 못해 쪼글쪼글한 인상이었다. 피부, 머리카락, 눈은 모두 색채감이 없이 물 빠진 회색이었다. 안경이 반사하는 빛 때문에 그가 내 얼굴 쪽으로 똑바로 고개를 돌리면 그는 아무것도 보이지 않는 상태가 되었다. 마침내 그가 입을 열었을 때 태평한 빈정댐을 품은 그의 목소리는 날카롭게 내리꽂혔고, 그 어조에 끈질긴 적의가 차 있다는 단박의 깨달음은 영원 같은 긴 여운을 남겼다.

또한 나는 맥스 비터먼이 청력이 나빠지고 있다는 사실 역시 금세 깨달았다. 몇 시간 되지 않아 로라 비터먼 역시 청력이 나빠지고 있는 상태라는 걸 알게 되었고, 그 후 24시간이 되지 않아 이 상황이 이들의 삶을 드러내는 객관적 상관물 같다는 생각이 들었다.

"자, 자, 로라," 그 첫날 점심 맥스는 우리 두 사람 모두 쳐다보지 않고 말했다. "그러니까 이 젊은 세대께서 결국 나이 든 세대를 찾아와서 무릎에 앉는 게 좋겠다고 생각한 거잖아. 어쩌면 아직도 배울 만한 요령이 한두 개 있을지 모르니까." 그의 목소리에서 멸시가 뚝뚝 떨어진다. 나는 너무 놀란 나머지 한동안 말문을 열지 못했다.

"비터먼씨," 나는 조심스럽게 목소리를 키워서 말했다. "저는 그렇게 젊은 세대는 아니에요. 올해 서른아홉이랍니다. 구좌파들 사이에서 성장했구요. 저보다 열 살쯤 어린 친구들처럼 구좌파를 경멸해본 적은 단 한 번도 없습니다."

마치 내가 아무 말도 하지 않은 듯한 반응이었다. "그렇겠지, 그렇고말고," 비터먼이 냅킨을 펼치고 포크를 들어 올리며 말했다. "당신네는 거기 앉아서 이론이나 만들어내지만 대체 자기가 무슨 소릴 하는지도 몰라. 온갖 이론들, 당신네한테는 그저 말, 말일 뿐인 역사를 근거로 말이야. 나한테, 그리고 우리 세대한테 그건 피야, 우리 피라고. 우린 거기 있었다고. 우린 이 모든 걸 몸소 겪었다고, 당신네한테는……"

"맥스," 로라가 버럭 소리쳤다. "이분은 그런 얘길 하는 게 아니잖아요. 맥스, 당신은 이분 말을 안 듣고 있어."

마찬가지로 로라가 아무 말도 하지 않은 듯한 반응이었다. 비터먼은 점심 식사 시간 내내 계속 이런 식이었다. 로라와 나 모두 빠르게 침묵에 잠겼다. 나는 로라가 어깨를 아주 살짝 으쓱하고 다시 먹던 음식에 차분히 몸을 기울이는 모습을 보고 로라가 끼어들었던 건 반응이라는 영광을 기대해서가 아니라 반사적인 경련 같은 것이었음을 알아차렸다. (나중에 나는 두 사람 모두 청력이 나빠지고 있다는 점을 생각하다가 이 모든 게 우리가 만난 지 한 시간 안에 일어난 일임을 알게 되었다. 그는 30년간 자신의 목소리 이외에 어떤 목소리에도 귀 기울이지 않았는데, 그렇다면 청력이 좋아야 할 이유가 있을까? 로라는 30년 동안 맥스의 목소리 외에는 그 어떤 목소리도 들어본 적이 없는데 그렇다면 사실 청력이 좋아야 할 이유가 있을까?)

점심 식사가 끝나자 맥스가 벌떡 일어서더니 "작업"을 하러 돌아가야 한다고 말했다. 그는 문가에서 내게 내뱉듯 말했다. "오늘 저녁에 이야기하면 돼요, 젊은 숙녀께서는. 그동안 당신이 이곳에서 쓸모 있는 사람인지 어떤지 한번 확인해보시구려. 여기서 우린 다들 일을 해, 알겠나. 여긴 손님 같은 건 없다고."

로라는 커피잔을 자신의 입으로 들어 올리며 나를 향해 어린 소녀 같은 미소를 뿜어냈다. "그냥 말만 저러는 거예요." 로라가 말했다. "저 사람은 자기 목소리가 사람들한테 어떤 영향을 미치는지를 몰라요. 그래서 그러는 거예요." 나는 아무 말 하지 않고 로라를 빤히 쳐다본다. 나는 이렇게 말하고 싶다. '이해가 안 되는걸요. 저 책을 쓴 분은 어디 있는 거예요? 그 편지를 쓴 분은 어디 있는 거예요? 여기서 금방 나가버린 자기밖에 모르는 저 사람이 그 사람이라구요?' 하지만 난 로라 비터먼에게 이런 말을 할 준비가 되지 않았기 때문에 아무 말도 하지 않았다.

"기분 풀어요," 로라가 사람 좋게 말했다. "나랑 같이 차 타고 나가요. 마을하고 전원 지역을 구경시켜줄게요. 그런 다음 돌아와서 맛있게 저녁 먹고, 그러고 나면 여기 온 목적을 달성할 수 있을 거예요."

우리가 식탁에서 일어서는데 엄청난 굉음이 집을 뒤흔들었다. 나는 놀라서 펄쩍 뛰어올랐다. 로라가 웃으며 말했다. "걱정 말아요, 지진이 아니니까. 저게 바로 '그 작업'이에요." 그러더니 창밖을 가리켰다. 밖을 내다보니 거대한 기계가 우리 위편 언덕에 있는 집 옆의 땅을 파는 모습이 눈에 들어왔다. "저게 맥스의 올여름 프로젝트예요," 로라가 이어서 말했다. "남편은 저 집의 새로운 토대를 파서 그 위에다 창고와 테라스를 만들려고 하는 거예요. 내가 이것 좀 하지 말라고 그렇게 애원했는데. 저 작업, 저 소음, 저 세입자들, 여름이 깡그리 망가진다고. 근데 필요하다는 거예요, 맥스는 뭔가가 필요하다고 생각하면 그걸로 끝이에요. 온 세상이 자기 앞에서 뒤집어져도 그게 필요하면 하는 거예요. 어떤 면에서는 그게 좋은 점 같기도 해요…… 혁명에는 좋겠죠, 어쨌든……" 로라는 묘한 여운을 남기며 말을 마쳤다.

우리는 집을 나와 로라의 작은 파란 자동차를 타고 마을 쪽으로 달렸다. 그곳에서 로라는 우체국에 들러 편지를 챙겼고, 뜨개질 가게에서 털실을 조금 샀고, 철물점에 들러 맥스가 주문한 물건이 들어왔는지 확인했고, 슈퍼마켓에 들러 자신에게 필요한 장을 봤다. 마을에 있는 모든 사람이 로라를 알았고 친절하게 맞아주었다. 그러고 난 뒤 우리는 차를 타고 전원 지역에 갔다. 로라는 내게 호수와 성과, 나무가 울창한 하천과 길게 뻗은 소나무 숲을 보여주었다. 우리는 차를 타고 가면서 이야기를 나눴다. 나는 로라 자신에 대해, 그의 삶과 결혼에 대해, 공산당원 시절에 대해 많은 질문을 던졌다. 로라는 운전을 하면서 이야기했다. 자신의 외모와 움직임과 똑같은 화법으로. 덜컹거리면서도 부드럽고, 단절적이면서도 일관성이 있고, 따뜻하고 상상력이 넘치면서도 혼란스럽고, 다소 광인처럼.

그날 오후가 끝날 무렵 로라 비터먼은 내게 위대한 혁명가의 아내를 나타내는 원형적 인물이 되었다. 나는 그해 내내 아주 느린 속도로 알아차리고 있던 것을 로라를 통해 확실히 파악했다. 여성에 관한 한 공산당은 민주주의적 충동의 보상과 학대가 아니라 엘리트주의적 충동의 보상과 학대를 반영했다. "탁월한 예외"에 해당하는 여성들은 미국의 그 어떤 삶의 영역에서보다 당내에서 더 높은 자리에 오르는 일이 많았다. 하지만 그냥 평범한 여성들은 일반적인 미국의 삶에서보다 당내에서 더 종속적인 상태에 머무를 때가 많았다. 로라 비터먼 같은 여성들은 혁명의 이름으로 무언의 학대에 시달렸고 영혼이 회복 불가능할 정도로 손상되기도 했다.

로라는 정력적이고 까다롭고 자기중심적인 부모에게서 태어났다. 이 열정적인 사회주의자 부모는 자기 자신을, 서로를,

미국 공산주의라는 로맨스

주변 모든 사람을 함부로 대했다. 로라의 오빠 사울은 자신을 방어하면서도 동시에 부모의 관심을 사로잡는 법을 알았다. 로라는 그렇지 못했다. 상상력과 감수성이 풍부하고 전혀 지적이지 못했던 소녀는 재능 있는 춤꾼이었지만 그 재능을 알아차려주거나 높이 평가해주는 사람은 없었다.

로라에게 정치는 현대무용과 대자보와 열성적인 급우들과 "민중"에 대한 감상적인 감정의 분출이 모두 뒤섞인 채 퍼지는 공기 같았다. 로라는 춤을 추고 싶었지만 자기 주위에서 거대한 파도를 타고 출렁대던 모든 것이 부모의 사회주의적 열정을, 대공황을, 파시즘에 맞서는 투쟁을 부채질했다. 로라는 동요했고 갈피를 잡지 못했다. 공산당에 가입하지 않으려고 발버둥 쳤던 이유는 세상이 비열하고, 잔인하고, 정치적인 게 아니라 부드럽고, 예쁘고, 사랑으로 가득하기만을 바랐기 때문이었다. 1934년 어느 밤 컬럼비아대학교에서 기마경찰이 반파시즘 시위대를 향해 거칠게 말을 몰았다. 이들은 학생들을 한쪽 구석으로 몰아붙이고 무릎을 꿇게 한 뒤 넘어지면 머리를 가격했다. 로라의 친구가 사납게 소리쳤다. "이젠 어때? 이제는 가입하겠어?" 로라는 당에 가입했다.

로라에게 혁명과 공산당은 그 안에서 자신의 삶을 지배하던 남자들이었다. 아버지, 오빠, 남편 같은. 로라는 어릴 때부터 맥스 비터먼을 알았고, 결혼과 함께 두려움이라는 감정에 평생토록 붙들렸다. 맥스와 아버지는 엄청난 일에 몸담는 위대한 인물인 반면, 자신은 그들이 참여하고 있는 이 훌륭한 인간드라마의 끄트머리에 서 있는 것만으로도 감사해야 하는 보잘것

없는 존재라는 겁에 질린 (착취에 이용되는) 확신에서도 평생 놓여나지 못했다.

1954년 맥스가 당을 위해 러시아에 있는 동안 로라는 백인 쇼비니즘으로 고발당했고 당에서 추방될 위기에 놓였다. 그는 이 고발을 거칠게 부인했고 고발인들과 격하게 싸웠다. 그 일을 겪는 동안 로라는 추방이 몰고 올 외로움이 지독하게 두려웠다. 그는 자신이 거의 미치기 직전이었다고 말한다. 오래전에 당을 떠난 로라의 오빠는 이렇게 말했다. "그냥 나와. 당은 미쳤어, 다 미친 짓이라고. 그리고 어쨌든 그게 이제 와서 뭐가 중요해? 그냥 나와." 하지만 로라는 그럴 수 없었다. "난 오빠한테 그랬어요, 맞서서 싸워야 한다고. 이건 나의 당이라고. 남편이 러시아에 있고, FBI가 우릴 전부 쫓고 있는데, 그 사람들은 날 늑대한테 집어 던질 거라고!"

만일 1954년에 맥스가 미국에 있었더라면 아마 말 한마디 없이, 또는 손가락 하나 까딱하지 않고 로라의 재판을 지켜보며 방관했을 것이다. 그리고 아마 로라는 별로 놀라지 않았으리라. "있잖아요," 로라가 말한다. "우리한테 애가 하나 있었어요. 마이클이라고 하는 아들이었죠. 같이 사는 동안 늘 맥스는 나한테 그랬어, '정치가 첫 번째고, 마이클이 두 번째고, 당신은 마지막이야.' 그리고 1954년에도 아직, 당연히 정치가 첫 번째였지."

몇 년 전 로라는 정신분석을 받았다. 맥스는 헤어지겠다고 으름장을 놓았다. "그때 처음으로 남편이 하는 말이나 행동이 중요하지가 않았지," 로라가 말한다. "난 내 인생을 위해 싸우는 기분이었어요. 얼마나 힘들었던지 그 사람 말이 제대로 들리지도 않았던 거 같아. 맥스는 내가 자기는 안중에도 없다는 걸, 자기가 날 어떻게 할 수 없다는 걸 깨달았어요. 그래서 놀라고 겁을 먹은 거지. 그래서 나랑 헤어지겠다는 소리는 그렇게 끝났어요." 로라는 단조로운 어조로 이야기를 이어가다가 이제는 나를 보더니 악문 이 사이로 이렇게 말했다. "그리고 내가 그 정신분석에서 얻은 건 말이에요, 나중에 맥스한테 '나한테 그런 식으로 말하지 마!'라고 말할 수 있게 된 거지."

하지만 지난 5년 동안 그 모든 투쟁이 무의미해졌다. 그 기간에 로라의 오빠와 아들이 세상을 떠났다. 모두 자살이었다. 로라와 맥스는 이제 무장 상태로 휴전 중이다.

우리는 다 늦은 오후에 농장으로 돌아왔다. 해는 이미 넘어갔고 갑자기 굵은 비가 쏟아졌다. 집은 적막하고, 텅 비고, 비로 컴컴해졌다. 로라와 나는 거실에 앉아서 몸을 털며 말렸다. 로라가 벽난로 옆에 섰다. 묘한 어스름 속에서 나를 향해 돌아선 그가 말했다. "난 항상 버려지는 게 무서웠어요. 그리고 그걸 두려워한 게 옳았어. 아버지가 저세상 사람이 돼서 나를 떠났고, 오빠가 저세상 사람이 돼서 나를 떠났고, 아들이 저세상 사람이 돼서 나를 떠났으니." 나는 로라의 말을 들으며 추위에 떨었다.

저녁 6시가 되자 맥스가 주방으로 들어오며 말했다. "저녁은 어딨나? 저녁은 어딨어? 일하는 사람은 먹어야 해, 알잖아. 아, 젊은 숙녀께선 오늘 오후에 좀 쓸모 있는 일을 했소? 로라, 이분이 쓸모가 좀 있던가? 아니면 요즘 대부분 젊은 애들처럼 사회적 기생충처럼 굴던가?" 사실 대답은 전혀 필요 없었다. 맥스는 자기 침실로 가는 발걸음을 멈추지 않고 이 문장들을 나에게 그냥 집어 던졌고, 로라가 허둥지둥 식탁에 저녁 식사를 차리는 그다음 30분 동안 침실에 틀어박혀 나오지 않았다.

우리가 식사하는 동안 맥스가 말했다. "오늘 밤에는 지노와 그 아내를 만나러 가는 거야." 그는 나를 바라보며 환하게 웃었다. "젊은 내 일꾼 중 한 명이 막 애를 낳았는데 나한테 보여주고 싶어서 안달이 났지 뭐요. 그이가 오늘 밤에 오라고 얼마나 고집을 피우던지. 알겠소? 마을 사람들은 전부 날 위해 일하는 걸 엄청나게 좋아한단 말이야. 사람들은 내가 일을 시키면 그게 진짜배기 프로젝트라는 걸 알아보지. 그리고 자기들한테 진짜 일을 주니까 날 엄청 좋아한다오."

로라와 나는 맥스를 빤히 바라보았다. 그러다가 로라가 벌컥 소리를 질렀다. "맥스, 이런 짓은 안 되는 거야! 이분은 당신하고 얘기하려고 뉴욕에서 오셨다고. 이런 식으로 여기저기 끌고 다니면 안 되지."

맥스는 식사를 멈추지 않고 쌀쌀맞게 말했다. "허튼소리, 허튼소리야. 시간은 많아, 시간은 많다고. 그리고 있잖아, 마을 사람들을 만나보는 것도 중요한 일이야. 이 사람한테 진짜 삶의 맛을 알려주는 거라고. 이 세상의 작은 민중들이 어떻게 사는지를 보여주는 거란 말이야. 이런 뉴욕 지식인들은 진짜 삶이 어떤 건지 쥐뿔도 몰라. 교육을 좀 시켜주자고."

이 지경이 되자 나는 맥스의 행동에 혼을 빼앗긴 기분이 들었고 그가 이 믿을 수 없는 농간을 어디까지 밀어붙일지 궁

금해지기 시작했다. 나는 묵묵히 고개를 끄덕였고 우리는 맥스가 자신이 빌린 토목 장비의 아름다움에 대한 강의를 늘어놓는 동안 계속 식사를 이어갔다. 강의의 핵심은 자신이 선택했으니 끝내주는 기계라는 것이었다.

저녁 8시, 우리는 로라의 차를 타고 16킬로미터 정도를 달려 마을에 닿았다. 차는 나무가 늘어선 도로 한편의 작은 집 앞에 섰고 우리가 차에서 내리자 머리칼이 검은 청년이 아기를 안고서 문을 열었다. 맥스는 그에게 호들갑스러운 인사를 건넸고 우린 모두 그 집으로 들어갔다. 지노와 귀여운 인상의 아내는 우리를 포마이카와 노가하이드[인조가죽]가 주를 이루는 거실로 안내했다.

그러고 난 뒤 아무런 공통점도, 같이 있을 실질적인 이유도 없는 사람들이 두 시간 반 동안 완전히 따분하고 의미 없는 잡담을 주고받는 시간이 이어졌다. 지노와 그의 예의 바른 아내는 그 시간 내내 살짝 어리둥절한 듯했고, 나는 이 방문이 지노가 아니라 맥스의 아이디어였음을 깨달았다.

우리가 다시 집으로 돌아온 시간은 11시였다. 우리는 완전한 침묵에 파묻혔다. 모두가 거실에 앉아 있었다. 맥스는 소파에 몸을 던지더니 다리를 커피 테이블에 올리고 머리를 뒤로 기대고 안경을 벗었다. 그는 한숨을 쉬고 콧등을 문지르더니 이렇게 말했다. "공산주의는 악마의 짓거리였지. 악마를 믿으시오, 우리 젊은 숙녀께서는? 음, 틀림없이 더 잘 아시겠지. 공산주의는 악마의 짓거리였으니까. 다른 건 절대 될 수가 없었어. 우리가 했던 짓, 우리가 했던 거짓말, 우리가 짓밟은 삶, 우리 책임인 죽음들. 악마가 아닌 그 무엇도 우리가 그런 짓을 저지르게 하지 못했을 거요. 숙녀께서 이야기하려고 만나고 다니는 그 사람들 전부, 내 장담컨대 대부분은 숙녀님께 그게 얼마나 멋진 삶인지, 공산주의가 어째서 자기들한테 일어난 최고의 일인지 이야기할 거요. 그거 믿지 마시오. 거짓말쟁이들, 그 우라질 한 놈 한 놈 다 말이야. 거짓말쟁이, 겁쟁이, 기회주의자들이오. 대부분은 사실 공산당원들도 아니었어. 대부분은 망할 추종자들이었단 말이야, 굳이 따지면. 나처럼 공개적인 공산당원이 아니었던 놈들은 내 책에선 다 추종자들이야. 그리고 그러다가 이 우라질 겁쟁이들이 전부 1939년에 양 떼마냥 뛰어다녔지, 그다음에는 1946년, 1947년에도. 그리고 그 온갖 기회주의자들은 헝가리, 체코슬로바키아를 거치면서도 계속 남아 있었고. 이해가 되시오? 체코슬로바키아를 거치고도 눌러앉아 있는다고? 아, 내가 무슨 얘길 할 수 있겠어. 그건 악마 같은 짓이었어, 악마 같은 짓. 당신 책에 그렇게 쓰시오, 젊은 숙녀. 그건 악마 짓이었다고."

맥스는 그 말을 끝으로 자리에서 일어나 방을 나갔다. 로라와 나는 말없이 우두커니 자리를 지켰다. 결국 로라가 아무 말 없이 잠자리에 들었고, 그러고 난 뒤 나도 자러 갔다.

그날 침대에 누워서 두 가지 생각을 했던 기억이 난다. 하나는 비터먼과 너무너무 많은 공산당원들은 공통적으로—그는 대부분의 경우보다 더 광기 어린 독기를 뿜어낸다는 차이가 있을 뿐—자신보다 30초 더 빨리 또는 30초 더 늦게 당을 떠난 모든 사람에게 멸시와 증오를 품는다는 점. 더 먼저 나왔다면 겁쟁이였고, 나중에 나왔다면 기회주의자였다. 오로지 자신이 당을 떠난 그 시점을 견딜 수 없는 유일한 시점으로 생각하는 경우에만 의로운 사람들이었다. 비록 그들이 당에게 농락당하긴 했지만 말이다. 다른 하나는 비터먼이 격앙된 채 문장을 씹어 뱉듯 토해낼 때 그의 목을 조르고 있는 분노가 사실상 그의 지성을 붕괴시킨다는 점이었다. 사고 능력이 마비되고, 명료한 시각에 필요한 분석적 연관관계의 긴 사슬이 다 끊어져버리는 것이다.

다음 날은 믿을 수 없을 정도로 그 전날의 판박이였다. 아침이 되자 맥스는 "점심 먹고 나서"라고 말했다. 점심을 먹을 때는 "이따 오후에"라고 했다. 오후에는 "저녁 먹고 나서"라고 했다. 나는 그날 무슨 일이 벌어지든 다음 날 아침 일찍 떠나기로 마음먹었다.

오후에는 로라의 젊은 친척이 사는 집 쪽으로 거닐었다. 모트라는 이름의 그 친척은 20대 후반의 대학원생으로 로라의 오촌 조카였고 평생 맥스와 로라를 알고 지냈다. 그 여름 구술시험을 준비 중인 그에게 맥스가 집을 "싸게" 빌려준 상태였다. 모트는 내게 들어와서 커피 한잔하라고 권하더니 그 작은 집의 나무 패널로 마감된 주방에 자리를 잡자 내게 말했다. "잘돼가요? 아직도 맥스 꼴이 견딜 만한 거예요? 아니면 나가떨어지기 일보 직전인가요?" 나는 모트를 향해 고마운 마음을 담아 웃어 보이며 말했다. "얘기 좀 해주세요." 모트는 의자에 등을 기대고 긴 다리를 뻗으며 말했다.

"음, 아마 맥스는 내가 아는 제일 악질적인 사람일 거예요. 다른 사람에 대한 감각이나 존중 같은 게 전혀 없어요. 혁명이 전부고 사람들은 발톱의 때만도 못하죠. 제가 기억하는 한 계속 그런 식이었어요. 혁명을 위해서 로라의 인생을 망쳐놨고, 그러다가 혁명이 자기를 실망시키니까 공산당을 무슨 사악한 짐승마냥 물고 뜯었죠. 자기 분노에 자기가 산 채로 먹힌 거예요. 그리고 맥스는 바로 그 분노를 현실을 감지하는 출발점으로 삼는 사람이에요. 아무리 맹목적이라도 무언가가 현실적이다, 옳다, 필요하다는 생각에 한번 도달하면 절대 맥스를 말릴 수가 없어요. 아직도 워낙 훌륭한 스탈린주의자이시다 보니까," 모트가 씩 웃었다. "불도저처럼 밀고 나가는 거예요, 그리고 역사적 필연을 방해하는 사람은 누구든 화를 면치 못하죠."

"이번 여름에 언덕 위에 있는 저 집 기초를 다지는 작업을 예로 들어보자구요. 아, 그 일 전체가 말도 안 돼요. 그런 기초는 전혀 필요하지 않았어요. 저 집은 10년 동안 멀쩡하게 서 있었다구요. 이번 여름에 그 일을 하는 건 맥스가 달리 할 일이 없어서, 그냥 저 집에 기초가 있어야 한다는 결정을 내렸기 때문이에요. 마을 사람들은 전부 맥스를 비웃고 있어요. 맥스는 당신에게 자기가 하는 게 진짜배기 일이라면서 그래서 사람들이 자길 위해 와서 일하는 걸 좋아한다고 얘기할 거예요. 그렇죠? 그렇게 말하지 않던가요? 아, 근데 그게 아니에요. 사람들은 다른 일이 끝나야 맥스를 위해 일해주러 와요. 그래서 저 작업이 이렇게 더디게 진행되고 있는 거죠."

"그리고 저 집에 사는 남자들 있잖아요. 그러니까 맥스는 그 사람들한테 저 집을 **임대**해준 거라구요. 그 사람은 밤새 일하고 낮에 잠을 자요. 그런데 이달 매일같이 온종일 저 기계를 가지고 자기들 아래쪽에서 저 집 기초를 파고 있는데 이 여름에 얼마나 잠을 잘 수 있겠어요? 전 이번에는 로라가 이 미친 상황을 진짜로 바꿔놓을 줄 알았어요. 로라는 미친 사람처럼 울고 소리 지르고 팔을 막 흔들면서 세입자들한테 이러지 말라고 통사정을 했어요. 맥스는 굳은 표정으로 이 일을 계속해야 한다고 말했구요. 미쳤지, 미쳤어, 미치고말고. 맥스 비터먼 얘기는 다 그 모양이에요.”

그날 저녁 식사를 마치고 아직 내가 커피를 마시고 있는데 맥스가 식탁에서 일어나며 말했다. “알았다구, 젊은 숙녀분, 갑시다, 가요. 얘기하고 싶다고? 지금 가자고.” 그러더니 주방 밖으로 나갔다. 나는 허둥지둥 커피잔을 내려놓고 맥스를 뒤따랐다. 그는 그 집에서 가장 외진 곳을 향하더니 어떤 방문을 열었다. 그 방은 꼭 가게 뒷방 같은 모양새였다. 작고 먼지가 많았으며, 책과 서류와 종이상자와 허접한 가구가 높이 쌓인 그런 곳. 맥스는 쥐가 파먹은 것 같은 소파 한쪽 끝에 앉더니 자기 앞에 놓인 다 망가진 안락의자에 앉으라는 몸짓을 해 보였다. 손으로 시작을 알린 맥스는 대체 뭘 더 말할 게 있는지 진짜 모르겠다고, 자긴 어제 내게 다 얘기했다고 덧붙였다. 억장이 무너지는 기분이었다.

“맥스,” 나는 굴하지 않고 말했다. “어릴 때 얘길 해주시면 좋겠어요. 젊은 시절을 어떻게 기억하고 계시는지 얘기해주세요. 어떻게 공산당원이 되셨는지도요.”

“뭘 얘기하라고?” 맥스가 내뱉듯 말했다. “공황기였잖아,

파시즘이 닥치고 있었고, 아무리 장님이라도 무슨 일이 다가오는지 알 수 있었다고. 난 공산당원이 됐어. 다른 건 될 게 아무것도 없었단 말이야. 선생도 그게 됐잖아."

"어디서 태어나셨어요, 맥스? 가족들이 정치적이셨나요? 어릴 때 어떠셨어요?"

"브루클린에서 자랐지. 아버지는 종교적이셨고. 난 열여섯 살 때 혼자서 레닌을 발견했다구. 시티칼리지에 들어갔을 무렵에는 나보다 열 살 더 많은 사람들보다도 정치사를 많이 알았어. 사람들은 멍청이였지, 다 멍청했어. 하지만 **내가** 그 사람들한테 사상이라는 걸 때려넣었다고. 사람들은 나를 겪고 나면 세상 물정을 알게 됐어. 그렇게 된 거야. 대학, 청년공산주의자연맹, 당, 난 처음부터 직업혁명가였다고. 그게 다라니까. 무슨 얘길 더 해야 하는지 모르겠군. 당신이 알아야 하는 건 어젯밤에 다 얘기했다고." 맥스는 격분한 목소리로 갑자기 말을 끊더니 침묵에 빠졌다. 자기가 코찔찔이인 것도 모르고 냉소를 남발하는 얼치기 10대 좌파를 보는 것 같았다. 지금의 맥스 비터먼은 10대 이후로 전혀 성장하지 못한 것이다.

이게 끝이라니 믿을 수가 없었다. 금방 맥스가 한 말 외에 사실상 나는 맥스에게서 들은 게 없었다. 억누르고 있던 좌절감이 터져나왔다. "맥스," 내가 말했다. "절 여기로 초대하신 이유가 뭐예요? 제 편지는 더할 나위 없이 분명했잖아요. 제가 뭘 하고 있는지, 어떤 종류의 인터뷰를 기대하는지 정확하게 말씀드렸다구요. 그런데 그런 인터뷰를 한사코 거부하는 것도 모자라서 이틀 동안 저를 뻔뻔하게 갖고 노셨죠, 목줄 달린 강아지처럼 제가 당신을 따라다니게 만들고, 저를 젊은 숙녀분이라고 한 300번쯤 부르고, 마치 제 시간은 아무런 가치도 없다는 듯이 행동하셨어요. 대체 왜 이러신 거예요?"

맥스는 마치 난데없이 이성을 상실한 사람 보듯 나를 빤히 쳐다보았다. "무슨 소릴 하는지 모르겠군," 맥스는 이렇게 말하더니 일어나서 방을 나갔다.

다음 날 아침 우리는 같은 식탁에 앉아 말없이 아침 식사를 했다. 식사하는 내내 맥스가 불편해하는 모습이 역력했다. 무슨 일이 벌어지긴 했는데 그게 뭔지 정확히 이해하지는 못해도 내 불쾌함에 대한 무거운 책임을 느끼고 어떻게든 그걸 해결해야 한다고 생각하는 것 같았다. 나중에 깨달았지만 맥스에게 그걸 해결한다는 것은 그걸 이겨낸다는 의미였다. 식탁에서 일어선 맥스는 문을 향해 걸어가다가 그 앞에 멈춰 서더니 나를 돌아보며 손가락을 들어 올렸다. 자신의 지성에 취한 그의 눈이 반짝이고 있었다. 그는 이렇게 말했다. "공산주의는 우주의 쓸쓸함에 대한 대응이었지." 나는 문밖을 나서는 그를 눈으로 좇았다. 내 귀에서 맴도는 그의 말소리에 로라가 했던 말이 포개져 들려왔다. "난 버려지는 게 늘 무서웠어요."

정오가 되자 맥스와 로라가 나를 기차역까지 차로 태워주었다. 플랫폼에서 뉴욕행 기차를 기다리며 함께 서 있는데 맥스가 말했다. "자, 자, 젊은 숙녀분, 내 힘이 허락하는 한 젊은 세대에게 도움을 주는 건 언제나 기쁜 일이지. 당신들이 이런 걸 이해하는 게 제일 중요하니까, 제일 중요하고말고. 도움이 더 필요하거든 주저 말고 편지를 쓰거나 전화를 하거나 다시 찾아

오시오." 나는 그를 빤히 쳐다보았다. 그러다가 말했다. "고마워요, 맥스. 정말 친절하시네요." 기차에 오르려는 순간 로라가 내 팔을 잡더니 낮고 침착한 목소리로 속삭였다. "불쌍한 사람이려니 해요."

과거의 상처

뉴욕에서 100킬로미터 정도 떨어진 뉴저지의 작은 호숫가에는 목조주택 한 채가 자유분방하게 자리를 잡고 있다. 세월의 풍파를 맞은 지붕널은 회갈색이고, 테두리는 회청색이며, 전체적인 인상은 편안하면서도 허름하다. 마치 이 집을 소유한 사람들은 거주하기만 할 뿐 집을 돌보지는 않은 것 같다. 안에 있는 방들은 밖에서 본 인상이 틀리지 않았음을 확인시켜준다. 가구는 포근하게 낡아 있고, 러그는 깨끗하지만 올이 드러나 있으며, 거실에는 책이 빼곡한 책장만 줄지어 서 있을 뿐 장식용 물건이 거의 없다. 식물 몇 가지와 액자에 담긴 1930년대 목판화 여섯 점을 빼면.

아널드 리치먼과 베아 리치먼은 이 집에 거주한다. 이들은 이곳에서 30년 동안 살았다. 이 집에서 키운 세 아이는 장성해서 집을 떠났다. 한때 이 집을 살아 움직이게 했던 모임, 파티, 정치집회 역시 모두 사라지고 아널드와 베아만 남아 있다.

모두 50대 후반인 아널드와 베아는 25년간 공산당원이었다. 이 책의 지면에 삶이 기술된 다른 사람들처럼 이 두 사람도 뉴욕의 좌파 노동계급 속에서 성장기를 보냈다. 1930년대 중반부터 1950년대 말까지 이들은 전업 급진운동가의 삶을 살았고 1960년대에 40대 말의 나이로 새로운 생활을 시작했다. 역시나 여기서 삶의 족적을 추적하고 있는 다른 많은 공산당원 부부처럼 이런 정치적 삶을 살겠다는 결정은 주로 베아가 아니라 아널드가 내린 것이었고, 두 사람은 지난 15년간 그 사실을 의식하며 살아야 했다.

아널드는 현재 이 집에서 30킬로미터가량 떨어진 연구실에서 생물학자로 일하고, 베아는 반대 방향으로 약 25킬로미터 정도 떨어진 고등학교에서 학교 서무직원으로 일한다. 두 사람 모두 삶의 이력이 얼굴에 고스란히 보기 좋게 흔적을 남겨놓았다. 아널드는 키가 크고 군살 없는 운동선수 같은 몸에, 두상이 예쁘고 굵은 회갈색 머리카락이 헝클어져 있다. 아널드의 몸에는 편안한 우아함이 가득하고, 그가 방을 가로질러 걷고 있으면 한때 브루클린의 학교 운동장에서 그물망을 향해 공을 높이 쏘아 올리던 소년 시절의 흔적을 쉽게 떠올릴 수 있다. 하지만 그의 얼굴에는 그 소년의 흔적이 전혀 남아 있지 않다. 아널드의 얼굴에는 깜짝 놀랄 정도로 깊은 주름이 새겨져 있다. 이 선들은 코와 입 가장자리를 끌어내리고 있어서 마치 얼굴 전체가 오랫동안 억눌린 영혼의 중력을 따라 가차 없이 끌어내려지고 있는 듯하다. 그 선들 위에 자리한 눈은 우묵하게 들어가 있다. 갈색 눈은 크고 물기가 많다. 눈빛이 상냥할 때면 아널드는 똑똑한 불도그처럼 보이고, 눈빛이 슬퍼지면 똑똑한 비글 같다.

반면 베아는 뼈만 앙상해서 긴장도가 높아 보인다. 훌륭한 골격에는 살집이 거의 없고, 동작이 잽싸고, 눈빛이 맵다. 우아한 몸놀림은 평온한 운동선수보다는 아주 예민한 고양이에 더 가깝다. 두상의 형태는—얼굴을 부드럽게 감싸고 있는 굵은 회갈색 머리카락의 질감이 그렇듯—아널드와 경이로울 정도로 유사해서 오래된 부부의 얼굴에서 항상 느껴지는 근친상간 같은 느낌이 으스스하게 고조된다. 하지만 베아의 얼굴은 슬프지도 상냥하지도 않다. 단호하고 팽팽하고 빈틈을 찾아볼 수가 없다. 쓰라림도, 악의도, 연약함도 느낄 수 없다. 그저 팽팽하다. 매끈하고 팽팽하다. 만일 그것이 얼굴이 아니었더라면 천 조각 만 조각으로 산산이 부서졌을 것 같다.

이 두 사람은 친구가 아니다. 통상적으로 말하는 친밀한 사이처럼 보이지도 않는다. 반면 두 사람 사이에는 만져질 듯 뚜렷한 성적 유대감이 흐른다. 우정의 부재와 성적 흥분의 존재감 사이에는 분명 역학관계가 있다. 하지만 리치먼 부부는 묘한 고립감을 물씬 풍긴다. 마치 격렬한 뇌우의 고요한 눈 같은 불가사의한 환경 속에 서로에게 속박된 채, 대체 무엇이 자기들을 함께 있게 하는 건지 의아해하고 있는 것만 같다.

나는 뉴저지에서 리치먼 부부와 이틀을 함께 보냈다. 아널드는 기차역으로 마중 나와 나를 자기 차에 태웠고 우리는 검은색과 회색이 주를 이루는 11월의 농촌 풍경을 가로질러 그의 집으로 향했다. 아널드는 도로에 대한 매끄럽고 상세한 지식을 바탕으로 능숙하게 차를 몰았고 운전하면서 쉬지 않고 이야기했다. 그의 이야기는 따뜻하고 허심탄회했고 편안한 화법이 끊김 없이 이어졌다. 그는 자신이 사는 농촌에 대해 이야기했고 마을을 지날 때는 짧은 역사를 들려주었으며 자신이 일하고 있는 연구실과 베아가 일하는 학교에 대해서도 조금 말해주었다.

"베아는 그 학교 실세가 됐어요," 아널드가 자랑스럽게 말했다. "이제 아내는 전투적인 페미니스트예요. 그리고 맙소사! 학교에서 그걸 아나 몰라." 아널드가 나를 바라보며 씩 웃어 보였다. "있잖아요, 훌륭한 조직가는 어딜 가든 티가 나요. 베아는 학교 주사들이 동일임금 투쟁에 나서고, 상급자들이 커피를 직접 타고 호의를 핑계로 더 이상 엉덩이를 만지지 못하게 만들었어요. 그리고 내부에서 승진까지 했죠."

"여성운동은 베아한테 기적을 일으켰어요. 기적을요. 그리고 그건 너무 긍정적이에요. 베아는 이제 자기 자신이거든요. 진짜로 자기 자신이에요. 알잖아요, 당에서 우리가 남성 쇼비니즘에 대해서 번드르르하게 말은 많이 했어도," 이쯤에서 아널드는 어깨를 크게 으쓱했다. "사실 당에 있는 내내 난 잘나가는 조직가였지만 베아는…… 그 사람은 그냥 내 아내였어요. 근데 이제는 많이 달라요. 그리고 이 문제에서 나보다 더 만족스러운 사람은 없을 거예요. 아내는 이제 리치먼 가족에서 확실히 정치적인 절반을 차지하고 있어요."

차를 집 안에 주차하고 우리가 차에서 내리자 현관문이 열리더니 베아가 문 앞에 서 있는 모습이 눈에 들어왔다. 아널드가 내 가방을 들어주려고 손을 뻗자 베아가 무뚝뚝하게 말했다. "아널드, 그분은 장애인이 아니야. 자기 가방을 직접 옮길 수 있다고. 장담컨대 그렇게 하는 걸 더 좋아하실걸."

아널드는 손을 뻗은 채로 얼어붙었고 망설이는 표정으로

아내에게서 내 쪽으로 시선을 돌렸다. 나는 웃으며 말했다. "베아 말이 맞아요, 아널드. 하지만 우정에서 나온 행동이라고 생각할게요." 난 가방을 집어 들었고 우린 다 같이 집 안으로 들어갔다.

"아, 이놈의 남자들," 베아가 고개를 저으며 말했다. "남자들한테 얘기하고, 얘기하고, 또 얘기해봐요. 그래봤자 알아듣나? 못 알아듣지. 무슨 말인지 알아먹으려면 백 년은 걸릴 거야." 아널드는 침묵을 지켰다. 베아가 아널드에게 다가가 어깨를 토닥이며 뺨에 입을 맞췄다.

"글쎄," 아널드가 말했다. "내가 두 분에 대해서는 아는 게 없지만 술맛은 좀 알지." 베아와 나는 거실로 가서 자리를 잡았고 아널드는 주방에서 얼음과 술과 잔이 담긴 쟁반을 가지고 나왔다. 우리의 방문은 이렇게 시작되었다.

이후 이틀 동안 우리 셋은 쉴 새 없이 떠들었다. 먹으면서, 걸으면서, 불 가에 앉아서, 식료품을 사기 위해 시장에 차를 몰고 가면서 우리는 이야기했다. 공산당에 대해, 리치먼 부부의 현재 생활에 대해, 그들의 자녀들에 대해, 여성운동에 대해, 오늘날 미국의 정치 분위기에 대해. 아널드의 목소리는 시종일관 부드럽고 온화했고, 혼쭐이 나며 단련된 지혜를 가득 담아냈다. 베아의 목소리는 계속해서 잘못을 따박따박 짚어냈다.

아널드가 공산당에 몸담고 있던 시절에 대해, 혁명에 복무한다는 생각이 자신에게 어떤 의미였는지에 대해, 공산당이라는 세상이 자신에게 얼마나 막강하고 절대적이었는지 뭉클하게 이야기하던 중이었다. 그의 화법은 웅변에 가까웠고 그가

미국 공산주의라는 로맨스

만들어내는 문장은 풍부하고도 다채로웠다. 그러다가 가라앉은 목소리로 그가 이렇게 말했다. "물론 우린 많은 실수를 저질렀어요, 많은 실수를, 그리고 우리는⋯⋯"

"실수라니!" 베아의 목소리가 거칠게 말을 잘랐다. "**실수라니!** 아널드 어머니는 1953년에 백인 쇼비니즘이라는 이유로 당에서 쫓겨났어요. 백인 쇼비니즘이라니! 어머니는 1905년생이었다구. 어머니는 30년을 미국공산당에 몸담았단 말이지. 플로리다에 사는 동생을 보러 갔다가 백인 쇼비니즘이라면서 축출당했어요. 우린 그 방에 공청회를 한다며 앉아 있었는데 그 방에 한 100명은 모였을 거야, 리치먼 부인이 사람들한테 **사랑을** 받았단 소리지. 그런데 이 정신 나간 재판 절차를 들어야 했어. 내가 아널드 팔을 꼭 잡고 말했어요, '아널드, 여기서 무슨 일이 벌어지는지 알겠어? 사람들이 무슨 짓을 **하는지** 이해가 되냐고? 이건 **동물농장**이야, 아널드,' 내가 저 사람한테 그랬어요, '동물농장이라구!' 하지만 저 사람이 내 말을 들었게요? 그러고도 3년이 더 흘러야 했어요."

아널드는 마치 머리가 끔찍하게 아픈 사람처럼 눈썹을 찡그린 채 오랫동안 말이 없었다. 그러다가 이렇게 얘기했다. "베아 말이 맞아요, 베아 말이 맞아. 내가 무슨 말을 할 수 있겠어? 내가 제대로 '보기'까지 베아 말대로 흐루쇼프 보고서가 필요했어요. 그래서? 내가 무슨 말을 할 수 있겠어? 일평생 그렇게 살았는데 거기서 벗어나기가 어디 쉽나, 그냥 그렇게?"

"내가 이상한 건," 베아는 폭주를 멈추지 않았다. "어떻게 그 많은 사람이 백인 쇼비니즘 때문에 당에서 쫓겨났는데 망할 공산당원 중에 남성 쇼비니즘 때문에 쫓겨난 사람은 단 한 명도 없냐는 거야."

아널드는 계속 머리를 숙이고 있다. 그는 눈을 내 쪽으로 들어 지친 듯이 말했다. "베아 말이 맞아요, 베아 말이 맞아." 그는 성난 아내를 향해 온화하게 미소를 지으며 부드러운 목소리로 다시 이야기했다. "베아 말이 맞을 때는 그런 거예요." 나는 속으로 이렇게 덧붙였다. 이게 요즘 당신들 일상이군요.

하루하고도 반나절이 그런 식으로 흘렀다. 가면 갈수록 분명해졌다. 아널드는 20년 동안 베아의 머리에 혁명을 주입했고, 그다음 20년 동안 베아는 페미니즘을 반격의 무기로 삼아 아널드의 머리에 때려넣었다. 베아는 응징에 나섰고 아널드는 벌을 받고 있었다.

둘째 날 점심 무렵, 엄청나게 많은 이야기를 나누던 가운데 베아가 아내를 강간하는 남자들에 대해 지나가듯 비아냥댔다. 일순간 아널드가 벌떡 일어나더니 식탁에 놓여 있던 자기 점심 식사를 뒤집어엎었다. 하얗게 질린 얼굴로 화를 억누르지 못한 그는 이렇게 내뱉었다. "알았다고! 이미 **할 만큼 했잖아.**" 그는 성큼성큼 걸어서 방을 나가더니 문을 쾅 하고 닫았다. 베아와 나는 말없이 문을 응시했다. 침묵이 묵직하게 그 방을 채웠고, 그다음에는 온 집을 채운 듯했다. 내 주변 사방에서 그 집은 슬픔과 구질구질함과 강렬한 고요함에 빠져들었다. 기이한 고립감이 우리를 엄습하는 것 같았다. 마치 불현듯 우리가 이 방 너머의 세계로부터 차단당한 채 이 안에 갇힌 기분이었다. 나는 생각했다. '이 결혼은 과거의 상처로 연결되어 있다. 이곳의 상황에서는 껄끄러운 회한, 통제된 용서의 세상이 중심이다. 모든 것이 하나의 실에, 언제든 순식간에 끊어질 준비를 마친 하나의 실에 매달려 있지만, 내가 보기에 그 실은 절대 실제로 끊어지지는 않을 것이다.'

그날 늦은 오후 아널드가 나를 기차역까지 태워주었다. 기차 시간까지는 약간의 여유가 있었고 우리는 근처에 있는 갈색의 겨울 들판에서 산책을 했다. 아널드는 고개를 숙인 채 메마른 풀더미를 발로 차며 걸었다. 그러더니 이렇게 말했다.

"공산당에 대해서 어떻게 느끼는지 물었잖아요. 내가 사랑하는지, 아니면 미워하는지, 내가 반공주의자가 되었는지. 그건 나한테 어머니를 사랑하는지, 어머니를 미워하는지 물어보는 거랑 같아요. 어머니를 사랑하든 미워하든 무슨 차이죠? 어쨌든 어머니인걸. 난 사랑이나 미움보다 더 강력한 유대로 어머니한테 묶여 있단 말이에요. 음, 나랑 공산당도 그런 식인 거예요. 어쩌면 어머니와의 관계보다 더 할 수도 있어요. 그건 내 **역사**니까. 미워하거나, 부정하는 건, 반항하는 건 나 자신을 지워버리는 행동인 거죠. 그건 할 수가 없잖아요. 그래서 그냥 같이 사는 거예요, 그걸 안고 사는 거죠. 그 기억이 깨어나서 나를 문다? 그냥 안고 살아요. 나를 괴롭힌다? 그냥 안고 사는 거예요. 어떤 의미에서는 내면에 이런 큰 상처가 있는데 나 자신을 추스르면서 걸어 다니는 거랑 비슷하죠. 하지만 난 그렇게 해요. 걸어 다니고, 나 자신을 추스르죠." 아널드가 눈높이를 내 눈에 맞추면서 말했다. "그리고 내가 베아랑 헤어지지 못하는 건 그래서예요. 베아는 내 안에서 무슨 일이 벌어지고 있는지를 알거든요." 그의 목소리가 탁해졌다. "베아는 **알고 있죠.**"

아널드의 눈썹이 전날 그랬듯 찡그려졌다. 그 동작은 순수한 고통을 의미했다. "그리고," 그가 목청을 가다듬으며 말했다. "베아도 같은 이유에서 나랑 헤어지지 못하는 것 같아요. 우리 삶에서 다른 누가 각자 걸어온 역사를 이해하겠어요? 그리고 우리 중 한 명이 어떻게 그 역사를 인정해주는 다른 한 명 없이 살 수 있겠어요? 그러면 **진짜** 외로울 거예요…… 그리고 하나님이 도우사, 그게 우리 두 사람을 같이 살게 하는 거죠. 그러니까 그게 무슨 의미일까요? 그래서 우리는 어떤 부류의 옛 공산당원이 될까요? 나한테 좀 알려주세요."

"난 얻은 것보다 잃은 게 많아요"

맥스 비터먼이 공산당원 시절에 대한 한 치의 양보도 없는 심판 속에 자리한다면 아널드 리치먼은 심판을 전적으로 거부한다. 과거의 관계 속에서 한 사람은 공격적인 분노 속에 살아가고 다른 한 사람은 상처의 충격에서 헤어나지 못한 채로 살아간다. 이 양극단 사이에 있는 다양한 공산당원들은 비터먼의 과격한 반공주의와 거리를 두면서도 리치먼의 위축된 태도를 못마땅해하며 스스로에 대해 이런 결론을 내린다. "후회는 전혀 없지만 그래도 얻은 것보단 잃은 게 많아요." 이런 부류에 속하는 공산당원이 모리스 실버먼, 칼 피터스, 데이브 아베타 세 사람이다.

미국 공산주의라는 로맨스

60세인 모리스 실버먼은 콜로라도 덴버에 10년째 살면서 번듯하게 생명보험업에 종사하고 있다. 은발에 체격이 왜소한 그는 무테안경에 "말쑥한" 옷차림을 하고 단조로운 저음으로 이야기한다. 그의 움직임은 말이 그렇듯 경제적이고 매우 간결하다. 사람들은 이 남자가 관대하기보다는 공정하다고, 절제가 삶의 방식으로 자리 잡았다고, 그의 마음속에는 모든 행동과 감정과 확신이 가차 없이 기입되는 대차대조표가 있다고 단박에 느끼게 된다.

실버먼은 중서부에서 나고 자랐다. 성공한 독일계 유대인이었던 부모님은 아들이 미국적인 유산을 물려받을 수 있도록 대학에 진학시켰다. 모리스가 1935년 공산당에 가입하자 그의 부모님은 혼란과 충격에 빠졌다. "공산당이라고???" 아버지가 그에게 말했다. "그게 다 뭐야? 미국에서는 민주당이나 공화당에 가입하는 거지. 넌 여기서 그렇게 자랐잖아, 아니야? 공산당이 대체 여기서 왜 튀어나와?"

실버먼은 아서 체슬러처럼, 그리고 숱하게 많은 다른 사람들처럼 (그리고 체슬러가 했던 말과 토씨 하나까지 비슷하게) 이렇게 말한다. "굶주림이나 공황 때문에 공산당에 가입한 게 아니었어. 새 세상이 오고 있어서 가입한 거지, 그 일원이 되고 싶어서. 1935년에 그 세상의 일원이 되고 싶으면 공산당원이 됐단 말이야."

대학에서 졸업을 앞두고 화학을 공부하던 스물한 살 때였다. 학교를 마치기 전 당은 그에게 학업과 고향을 버리고 중서부의 다른 주로 가서 공산당 조직화를 담당하라고 요구했다. 모리스는 자신이 끝내주게 실력 좋은 조직가로 성장했다는 걸 알았고 당이 자신의 성취를 인정해줘서 우쭐한 기분이었다. 그는 전업 조직가가 되라는 이 요청을 보상으로 받아들였고 주저 없이 동의했다. 그는 그 주의 조직 책임자가 되어 12년간 일했다.

실버먼이 코에서 안경을 벗어 주의 깊게 닦은 다음 다시 주의 깊게 제자리에 돌려놓으며 차분하게 말한다. "내가 했던 일이 가치가 있었을까? 난 진짜 모르겠어. 그게, 난 그 일을 진짜 좋아했거든. 내가 잘하는 일이니까 너무 좋았지. 그런데 그 세월이 모두 지나고 나서 생각해보면 그게 그 자체가 가치 있는 일이어서 좋아했던 건지, 그냥 내가 잘해서 좋아했던 건지 진짜 모르겠단 말이야. 그 두 가지가 나한테는 똑같은 하나가 돼버린 거야." 실버먼은 잠시 말을 멈추고 정갈한 책상 위에서 부드럽고 흰 손을 모아쥐며 보일 듯 말 듯 긴장된 미소를 짓더니 다시 말을 이어간다.

"그리고 그게 알겠지만 나한테는 공산당의 문제였소. 내가 너무 훌륭한 조직가인 바람에, 내 일을 잘한다는 게 너무 기분이 좋은 바람에 대체 내가 뭘 위해서 조직화를 하고 있는 건지 별생각이 없게 된 지 한참이 됐는데도 계속 공산당원으로 지냈던 것 같소. 혁명을 향한 내 열정이 제2차 세계대전 동안 나한테 뭔가를 남겨놓긴 했던 것 같지만, 그 시기에 나는 진지하게 목적이란 걸 되새겨보지 못했단 말이야. 난 당에서 소위 말하는 '유력인사'였단 말이오. 그렇게 대우받았고, 그렇게 행동했지. 비극은, 뭐 그걸 비극이라고 부르고 싶다면 말이오, 내가 그 표현의 의미를 곱씹기 시작했을 땐…… 이미 너무 늦었다는 거, 한참 늦었다는 거였지."

"지금 와서 공산당을 미워하진 않소," 그가 다시 입술에 힘을 주며 말한다. "공산당에 가입한다는 결정을 후회하지도 않소. 하지만, 그래, 돌이킬 수 있다면 다시 공산당원이 될 것 같진 않아. 그리고 이런 말을 하는 데는 많은 이유가 있지."

"일단은 우리가 미국에서 했던 활동의 객관적인 의미라는 문제가 있소. 우리는 미국의 사회정치적 억압의 의미를 이해하는 세력이 우리뿐이라고 생각했지. 우린 줄곧 우리가 유일한 세력이라고 말했어. 하지만 우리가 틀렸소, 완전히 틀렸지. 저밖에는 거대한 민주운동이 있었단 말이야. 파시즘에서 미국을 구한 건 우리가 아니라 늘 그들이었소. 1960년대에 내가 이제야 비로소 미국을 제대로 보기 시작했을 때 마치 20년간 잠들었다가 깨어난 것 같은 기분이 들더라고. 성인이 되어서 내내 어떤 믿을 수 없는 안개 속에 갇혀 있다가 이제야 벗어난 기분이었어. 끔찍했지, 그저 끔찍했어⋯⋯"

"그리고 그다음에는 내 인생이라는 문제가 있어. 난 과학자나 학자가 될 수도 있었는데 말이야. 내가 사업가라는 게 알다시피 그렇게 자랑스럽지는 않아." 실버먼은 잠시 침묵한다. 그러다가 마침내 입을 열었을 때는 나와 함께 있는 동안 다시는 보지 못할 격앙된 어조였다. 그는 열변을 토한다. "하지만 우린 지식인을 **경멸**했단 말이오! 그리고 내가 그만뒀을 땐 너무 늦었어, 너무 늦었지."

억눌려 있던 야망의 표면을 뚫고 공격성이 튀어나왔다. 절제는 끔찍한 부담이다. 실버먼은 하늘을 찌를 정도로 노여워하고 있음이 분명했다. 그는 자신의 분노를 몹시 두려워하고 있음이 틀림없었다.

실버먼은 마음을 가라앉히고 다시 부드럽게 말한다. "내가 했던 선택을 후회하는 건 아니오, 하지만 내가 당에서 활동하면서 얻은 것보다 잃은 게 더 많은 건 분명하지."

키가 크고 빼빼 마른 칼 피터스는 흰머리가 드문드문 섞인 풍성한 흑발에 66세라고는 믿어지지 않는 반항적인 푸른 눈의 소유자이다. 그는 미니애폴리스에 살면서 작년까지 숙련된 전기 기사, 배관공, 목수로 생계를 유지했다. 지금은 은퇴해서 자기 할아버지의 생애와 시대에 관한 역사서를 쓰고 있다.

피터스의 언변과 움직임은 젊어 보이는 외모와 극명한 대비를 이룬다. 마치 갑작스런 동작에 뒤따르는 육체적 결과를 두려워하는 듯 지독하게 느리고 신중하게 움직여서 너무 나이든 사람처럼 느껴진다…… 나는 그와 한동안 이야기를 나눈 후에 이런 육체적 신중함의 원인이 정말 나이일까 의아해졌다. 거의 통제되지 않은 감정이 이 남자의 내부에서 출렁이고 있다는 느낌을 너무 크게 받았던 탓이다.

피터스는 참된 선주민의 아들이다. 할아버지는 1840년대에 걸어서 서부를 누빈 개척자였고, 아버지는 자기대로 서부를 떠돌았다. 아이들은 쉴 새 없이 이동하며 자랐다. 가난했고, 뿌리내리지 못했고, 문맹에 가까웠다. 5월의 어느 저녁 미니애폴리스에 있는 그의 자택에서 칼이 환하게 웃으며 말한다. "그렇지만 우린 모든 모범 미국 가정이 그렇듯 '일반적인' 편견의 힘을 빌려서 똘똘 뭉쳤지. 우린 유대인, 흑인, 외국인을 증오했어. 그래서 우리한테 변변한 요강 하나 없어도 우리가 나머지 모든 집단보다 더 낫다고 생각했지."

칼은 어릴 때 집을 나왔다. 세상에 대한 알 수 없는 분노로 가득해서 항상 찡그린 표정을 짓고 다니던 키 큰 소년이던 시절에. 그 시절 그는 온갖 종류의 막노동을 했다. 벌목꾼, 화약 운반원, 기계공, 접시닦이. 싸움질을 했고, 술을 마셨고, 늘 화가 나 있었다.

하지만 시대의 영향을 피해 가기는 힘들었다. 그의 할아버지와 아버지는 노동을 하고 욕지거리를 했지만 칼은 노동을 하고 욕을 하고 책을 읽었다. 대공황이 최고조에 달할 무렵 칼의 머리에는 공상적 이상주의, 협동조합운동, 워블리의 호전성에 관한 글이 잔뜩 들어 있었다. 1934년 한 공산주의자를 만나 이런 말을 들었다. "노동자가 이 나라를 운영하기 전까지는 아무것도 달라지지 않아." 이 말이 매우 타당하다고 느꼈던 칼은 당에 가입했다.

피터스는 34년간 당원이었다. 그는 러시아가 체코슬로바키아를 침략한 뒤에야 당을 떠났다. 그는 "객관적으로" 체코슬로바키아는 당에 남아 있던 누구에게든 [당을] 지지할 수 있는 마지막 순간이었다고 덤덤하게 말한다. 그보다 앞서 당을 떠난 모든 사람은 기회주의자였고, 그 이후에도 당에 남아 있던 모든 사람은 징징대는 겁쟁이들이었다. 그는 누구에게도, 자기 머릿속 어둠 가운데 환하게 빛나는 1968년이라는 경계선 이쪽과 저쪽 편 누구에게도 연민을 느끼지 않는다.

피터스는 자신이 평생 화가 나 있었음을 인정한다. 공산당원이 되기 전에도 화가 나 있었고, 공산당원이던 시절에도 화가 나 있었으며, 지금도 화가 나 있다. 공산당원이었을 때는 자신이 "믿는 것"을 뜨겁게 옹호했고, 누가 또는 무엇이 자신의 뜻을 거스르건 가차 없이 짓밟았다. 자신의 정치 활동에 반대해서 노여움을 자아낸 형제와 자매들하고는 아직도 말을 하지 않고 지낸다. 그리고 당에서도 적을 많이 만들었다고 마지못해 털어놓는다. 피터스는 어쩌면 그렇게까지 싸움닭처럼 굴지 않는 게 좋았을지 모르겠다고 말해놓고 바로 변명을 덧붙인다. 자신은 다른 방법은 전혀 알지 못했다고. "아무튼 뭔가를 믿거나, 믿지 않거나인 거잖소. 그걸 믿으면 그럼 거기다가 전부를 털어넣어야 되는 거야. **전부**를."

불편한 감정이 남몰래 그를 처음으로 엄습한 건 제2차 세계대전 시기였다. 파란 눈으로 빈정대는 기색을 뿜어내는 그는 의자에서 한시도 쉬지 않고 몸을 꼼지락대며 말한다. "나치 군대가 순식간에 러시아로 진군해 들어갔을 때였소. 총 한 발 쏘지 않았지. 우크라이나에서는 그들에게 저항하는 움직임도 하나 없었단 말이오. 어안이 벙벙하더군. 나는 생각했소, **대체** 저기서 무슨 일이 벌어지고 있담? 우크라이나 사람들이 사실상 독일의 러시아 침공을 환영한 거면 이거 진짜 큰일 아니야? 그런 생각이 오랫동안 머릿속을 떠나지 않았단 말이야. 말로는 하지 않았지, 우리 중 누구도 그 얘긴 안 했어, 하지만 계속 그 생각이 떠나지 않더군, 자꾸 날 괴롭히는 거야, 전쟁 내내 그 생각을 떨칠 수가 없었지……"

하지만 그는 의심을 억누르고 활동을 이어갔다. 당내 위기는 한 번씩 왔다가 사라지곤 했지만 피터스는 단호하게 "충성심"을 유지했다. 1956년 흐루쇼프 보고서마저도 넘길 수 있었다. 1956년에 대해 그는 "[그때] 당을 떠난 사람들은 이미 수년 전부터 늘 미심쩍다고 생각했다"고 말할 뿐이다.

1960년대 중반에 그는 러시아와 체코슬로바키아로 여행을 떠났다. 러시아의 첫인상에 그는 경악을 금치 못했다. 그는 그곳의 풍경을 도저히 이해할 수가 없었다. "믿을 수 없는, 견딜 수 없는 관료제였단 말이지! 우리가 이런 걸 위해서 투쟁하는 거라고? 이게 우리가 바라는 거라고? 맙소사, 여긴 그 어떤 서구 국가보다 천배는 더 안 좋은데, 하는 생각이 떠나질 않더라니까. 대체 이게 다 뭘 위한 거였지? 여우굴을 피해서 호랑이굴에 들어가는 거랑 다를 게 뭐지? 그냥 토할 것 같았소. 밤이고 낮이고 화가 가라앉지를 않더라고."

"그러다가 훨씬 안 좋은 일이 있었지. 이건 진짜 나한테는 악몽 같았다오…… 어느 날 집단농장에 갔다가 작업반장 한 놈이 노동자 두 명한테 호통치는 모습을 본 거야. 아, 미국에서 나한테 그런 식으로 호통을 쳤으면 난 그 작업반장 놈을 때려눕혔을 거요. 하지만 그 러시아 사람들, 그 사람들은 그냥 고개를 조아리고서 받아들이더라니까. 그 모습을 잊을 수가 없더라고. 계속 마음에 남았어. 밤에 자다가 깨면 그 러시아 사람들이 내 앞에 다시 보이고 그랬지. 고개를 푹 숙인 이 사람들한테 작업반장 새끼가 고함을 치던 그 모습이 말이야."

"그런 다음에 체코슬로바키아에 갔는데, 거기가 그렇게 아름다울 수가 없었소. 사람들, 분위기, 그 장소 전체를 휘감던 느낌, 그야말로 끝내줬지. 러시아 이후에 신선한 공기를 쐬는 것 같았다고 해야 할까. 거긴 정말로 인간의 얼굴을 한 사회주의 같았소." 피터스가 말을 끊더니 고개를 젓는다. "내가 이런 표현을 다 쓰고. '인간의 얼굴을 한 사회주의'라니. 웃기지 않소? 그러니까 그 말의 **의미**를 제대로 곱씹어보면 말이요."

"그런데 그 뒤에 러시아인들이 체코슬로바키아가 반혁명 분자들의 수중에 들어갔다면서 진군해 들어오지. 그게, 나한테는 결정적이었던 거야. 내 말은, 아마 내가 거기서 내 눈으로 체코슬로바키아가 어떤 곳인지 직접 보지 못했더라면 어쩌면 그때도 그걸 받아들일 수 있었을지 모르지. 하지만 당시 상황에서는 내 안에서 분노가 끓어넘쳤다오. 그때 당을 떠났고 그 후로 오랫동안 아주 원통했소. 내 평생을 낭비했다고 느꼈으니까."

나는 피터스에게 아직도 그렇게 느끼는지, 지금도 공산당 시절을 후회하는지 묻는다. 그는 단박에 고개를 맹렬하게 저으며 말한다. "조금도 그렇지 않소. 풍요롭고 모험이 가득한 삶이었지. 많이 배웠어, 활기 있게 살았고, 어디에서도 할 수 없는 경험을 했고 말이오. 당은 진짜로 1930년대와 1940년대에는 시대의 중심에 있었지. 사람들이 그때만 해도 제대로 활약했단 말이오. 탐색하고, 뚝심을 지키면서, 모든 걸 보고 듣는 데 굶주려 있었지. 그리고 거기서 내가, 일개 일꾼이 그 모든 일에 동참할 수 있었던 건 내가 공산당원이었기 때문이지. 아니오, 그때는 좋은 시절이었어, 호시절이었지. 난 그 무엇과도 그 세월을 바꾸지 않을 거요. 요즘의 급진적인 청년들한테는 안쓰러운 마

미국 공산주의라는 로맨스

음이 들 정도라오. 요즘 청년들은 우리가 누린 걸 절대 누리지 못할 테니."

"하지만 문제는 이거야. 내가 아직 화가 나 있다는 거. 난 여든여섯인데 아직도 화가 나 있다오. 그리고 그게 속상해. 무슨 말인지 알겠소? 내가 무슨 소리를 하는지 알겠냐고."

"못 믿을 수도 있겠지만 이 화가 내 곁을 떠나 있던 시절이 있었지. 당에서 진짜 좋았던 그 시절에 말이오. 눈에 띌 정도였소. 그땐 인생이 경이로웠지. 난 화가 완전히 사라진 줄 알았어. 내가 공산당원이어서 그렇게 된 거라고 생각했지. 그러다가 러시아하고 체코슬로바키아 여행을 하고 난 다음에 그 모든 게 다시 되풀이됐지. 그리고 그 후로는 전혀 사라지지 않았고."

"내 안에 왜 그런 화가 있나 아주 조금 알게 된 게 있소. 내 또래의 다른 사람들을 살펴본단 말이야. 그 사람들은 화가 안 나 있어. 그 사람들은 자기 자신하고 아주 잘 지낸다고. 그게 어떻게 가능한지 아시오? 그 사람들은 자기가 어떤 사람인지 알기 때문이지. 내가 공산당원으로 지내던 그 시기에 이 사람들은 자기가 어떤 사람인지 알아냈던 거야. 나는 공산당원으로 지내면서 내가 어떤 사람인지 알게 됐다고 생각했소. 근데 내가 틀렸어. 내가 얼간이 같았던 거지. 이제 다들 60대잖소. 내가 아는 많은 이들이 내적으로 자유롭단 말이야. 근데 난 아직도 미친놈처럼 싸우고 있다고. 젊었을 땐 그 화가 쓸모가 있었어. 그게 날 움직이게 하는 힘이었단 말이지. 근데 이제는 내 숨통을 짓누르는 맷돌 같아. 그래서 그런 의미에서 난 손해를 본 기분이라오. 그 좋았던 시절에 대한 대가를 지금 왕창 치르고 있는 것 같단 말이지. 그건 감정적으로 보면, 생명보험에 잘못 드는 바람에 사기꾼한테 내 돈을 갖다 바치고 지금은 빈털터리로 나이만 든 것 같은, 그런 기분이라오."

데이브 아베타—역시 감정의 대차대조표가 손실 쪽으로 기울어 있는—는 시애틀에서 개인 사무실을 잘 꾸려가고 있는 64세의 변호사이다. 그는 지난 15년간 변호사로서 성실하게 이력을 쌓아 올렸다. 그전에는 1936년부터 1956년까지 20년 동안 공산당의 변호사로 일했다. 고되고 긴 세월 동안 법정에서 스미스폭동선동금지법 피고들, 할리우드 텐Hollywood Ten,[*] 그 외 미국 법정에 끌려나온 숱한 사람들을 변호하며 어째서 공산당원인 이들이 국가의 적으로 기소되어서는 안 되는지 그 정당한 이유를 제시했던 사람 중 한 명이었던 것이다.

거무스름한 피부에 민머리인 그는 내가 만났을 때 구겨진 회색 정장을 입고 먼지 쌓인 작은 사무실에서 책과 서류와 변론 취지서들이 흘러넘치는 책상에 앉아 있었다. 아베타의 외모에서 가장 인상적인 부분은 많은 이야기를 담은 채 애수가 느껴지는 갈색 눈을 가득 채우고 있는 인내심이다. 한번 힐끗 보기만 해도 그 인내심 이면에 자리한, 살아낸 삶과 청산된 삶으로 이루어진 한 세계가 드러난다.

---

[*] 이른바 '할리우드 블랙리스트'로 1940~1950년대 미국에 불었던 반공주의와 매카시즘 열풍을 엿볼 수 있는 사건. 1947년 미국 반미활동조사위원회가 할리우드 인사 10명을 소환해 자신이 공산당원인지, 아는 공산당원이 있는지를 물었는데, 그들은 끝내 답변을 거부했고, 이 때문에 의회모독죄로 기소되어 1년 안팎의 징역형을 받았다. 당시 공산당 가입은 불법이 아니었다.

나는 데이브 아베타를 통해 오랫동안 마음 가장자리를 껄끄럽게 하던 문제를 한순간에 말끔하게 정리한다. 그 문제란 바로 구좌파 변호사와 신좌파 변호사의 차이점이다. 내가 보기에 구좌파 변호사들은 늘 혁명을 코앞에 둔 흥분보다는 기나긴 대장정을 겸허하게 받아들인 사람처럼 인내심과 근면함이 특장점인 듯했다. 반면 신좌파 변호사들은 거의 모든 경우에 오만하고 자기중심적이고, 마치 혁명이 자기 개인의 책임이라는 듯 행동하는 '인싸' 유형이라는 인상을 받았다.

나는 데이브 아베타를 보고 그의 말을 들으면서 구좌파 내에서 변호사들이 지식인, "보헤미안"과 함께 뭉뚱그려졌다는 걸 깨닫는다. 필요하고 그 가치를 인정받는 동지이지만 권력과 존경이라는 면에서는 "진짜배기 중요한" 일, 즉 정치 활동을 하는 이들보다 낮은 대우를 받는 그런 이들. 좌파 내에서 조직다운 조직이 부재한 지금, 이제 변호사들은 30년 전이었다면 간부였을 그런 부류들이다. 그래서 혁명을 향한 열정으로 용인되는 탓에 좌파 내에서 세대가 바뀌어도 사그라들지 않는, 타인을 향한 경멸을 깔고 있는 의로움은 이제 그들 몫이다.

데이브 아베타는 아직도 사회주의자를 자처하고, 개화된 나라에서는 결국 사회주의가 부르주아 자본주의를 대체해야 한다는 믿음을 아직도 갖고 있으며, 공산당 안에서, 그리고 그 주위에서 보냈던 시절이 자기가 일하던 시기 중에서 최고였다고 믿는다. "맥락 속에서 일하는 건 단연 가장 만족스럽고 효과가 있는 방식이거든. 나한테 공산당은 대체 불가능한 맥락이었죠. 내가 싸웠던 모든 사건, 내가 작성한 모든 변론 취지서, 내가 참여했던 모든 법적인 결정은 내가 활동했던 그 구조에 의해서 확장됐어요. 그 구조는 내가 더 잘 사고하고, 더 의식적으로 실천하고, 더 멀리 내다보게 만들었고요."

"물론 요즘에도 미국 민주주의라는 맥락 안에서 늘 똑같은 방식으로 일하는 변호사들도 있죠. 클래런스 대로*는 그런 변호사였어요. 그이한테는 믿음이 있었죠. 시스템에 대한 믿음이요. 그 사람의 정신은 그 믿음에서 힘을 얻었어요, 시스템이 스스로를 배신했을 때 터져나오는 분노에서 말이오. 그 분노가 대로에게 어디를 조준할지 알려줬고, 사고, 연구, 점화 지점의 방향을 좌우하는 관점을 제시한 거예요. 그런 이유로 늘 대로가 참 좋았어요, 법을 현실에 적용하는 그 진지함 때문에 말이오."

"하지만 내 경우에는," 아베타가 부드럽게 미소를 지으며 말한다. "그 맥락이 마르크스주의와 공산당이었지. 그 덕분에 내 일에 다시는 경험하지 못할 의미와 강도가 부여됐던 거고. 나는 지금 생각해보면 참 신기할 정도로 그 시절에 법률 업무를 너무 사랑했어. 그때의 나한테 법은 시처럼, 수학처럼, 이집트의 피라미드처럼, 아니면 인체의 생물학적 구조처럼 아름다웠단 말이지. 경이 그 자체였죠."

아베타는 머리 뒤로 깍지를 끼고 앉아 있던 회전의자에 등을 기댄 뒤 책과 서류가 높이 쌓인 책상에 다리를 올린다. "아니요," 그가 말한다. "후회는 없어요, 전혀 후회하지 않아요." 그는

---

* 1857~1938. 미국의 변호사. 자택을 방어하다 우발적으로 백인 폭도 1명을 살해하게 된 흑인을 변호한 사건, 진화론을 가르쳐 기소된 공립고 교사를 변호한 사건 등으로 유명하다.

잠시 말을 멈췄다가 한숨을 쉬며 다시 이어간다. "한편으로는 이제 더 이상의 열정도 없어요. 전혀 없죠."

오랫동안 우리 두 사람 모두 말이 없다. 그러다가 아베타가 부드럽게 이야기한다. "알잖아요, 일이 전부였어요. 인생에서 다른 거엔 눈을 돌릴 생각도 못했어. 일하고 공산당. 그뿐이었지. 친구들하고도 멀어지고, 가족들하고도 멀어지고, 음악, 책, 즐거움을 주는 온갖 것들, 정치가 아닌 인간적인 교류들, 다 멀어졌다오."

"사적인 관계를 발전시키는 능력을 잃어버린 거예요. 이제는 어떻게 해야 하는지를 모르겠어. 가족들은 날 절대 용서하지 않아요. 아이들은 나한테 이방인 같아. **정중한** 이방인들이지. 하지만 어쨌든 이방인이란 말이오. 아내하고는 절대 녹지 않는 냉랭함이 있는 것 같아. 어쩌다가 그랬냐고? 그 세월 동안 내가 아내를 밀어내거나, 머리나 쓰다듬거나, 며칠씩 줄창 서재에 틀어박혀 있었던 거지……"

"요즘은 아내하고 대화하려고 노력해요. 정말 애쓴다고. 하지만 아무 소용이 없군. 어떻게 해야 하는지를 모르겠어. 내가 잘하고 있는 것만 같단 말이야, 우리가 서로에게 닿아가고 있다고 생각한다고. 그러다가 갑자기 아내가 나한테서 획 하고 돌아서. 그럼 너무 멀어져서 내가 꼭 허공에 대고 이야기하는 것 같아. 그 거리가 너무 멀게 느껴져요. 더는 다리를 놓을 방법을 못 찾겠어."

아베타는 혼자만의 사색에 빠져버린다. 마음이 딴 데 가 있는 상태에서 그는 책상에서 다리를 내리고, 깍지를 풀고, 회전 의자에 다시 반듯하게 앉는다. 눈썹이 한데 모아지면서 찡그린 표정이 되더니, 그의 얼굴은 생각을 다잡으려고 애쓰고 있음을 역력하게 드러낸다. 그러고는 말을 이어간다.

"그런 점에서 공산당 활동에서 얻은 것보다 잃은 게 더 많다고 말해야 할 것 같소. 사람들하고 어울리지 못하는 내 무능함, 사람들하고 자연스럽게 섞이지 못하는 무능력이 지금 나한테는 힘든 현실이니까. 과거는 추상적일 뿐이고. 난 그 경험에서 과거 그 시절과 현재의 삶을 연결할 만한 걸 건져내지 못했어요. 나한테는 과거와 현재가 통합되고 연결된다는 느낌이 전혀 들지 않아. 그 시절의 내가 있고 지금의 내가 있는데 그 둘이 아무런 관련이 없는 것처럼 말이야."

"어쨌든," 아베타가 서글픈 미소를 짓는다. "그건 썩 좋은 것 같지 않소. 인간의 이상을 위해서 살았으면 지금보다는 더 인간미가 있는 사람이어야 할 것 같은데 말이야. 그런데 그렇지가 않으니까, 전혀 그렇지가 않아."

"공산주의는 여정의 일부였어요"

다이앤 빈슨은 62세인 실제 나이보다 15년은 어려 보일 정도로 눈에 띄게 아름다운 여성이다. 몸은 가늘고 유연하고, 머리칼은 윤기 있고 풍성하며, 파란 눈은 맑고 고요하고, 머리는 차분하게 경청하는 각도로 기울어져 있다. 40년 넘게 배우 생활을 하고 그중 15년은 블랙리스트에 올라 영혼을 좀먹는 암

혹에 시달렸던 다이앤은 현재 연기회사를 직접 운영하는 대표이자 컬럼비아대학교 심리학과 대학원생이다. 자아에 대한 이해를 드라마틱하게 탐색해온 다이앤에게 삶은 충만하다. 공산당에서 지낸 12년의 세월은 가늠할 수 없을 정도로 이런 탐색을 비옥하게 해주었다. 심리적인 면에서 그는 옛 공산당원 가운데 맥스 비터먼, 칼 피터스, 데이브 아베타 같은 사람들과 완전히 대척점에 위치한다.

6월의 어느 서늘한 저녁 다이앤은 뉴욕 어퍼웨스트사이드에 있는 자기 아파트의 벨벳 소파에 앉아 자주색과 금색이 섞인 카프탄의 주름을 매만지며 나를 향해 천천히 시선을 옮긴다. 숙련된 배우의 황홀한 목소리는 이렇게 이야기한다. "연극을 사랑하는 것도, 공산당에 끌렸던 것도 다 같은 충동에서 시작된 거예요. 내 행동을 통해 살아내고 싶은 충동. 나 자신을 다시 창조하고 싶은 충동. 인간 공통의 마음, 구속력 있는 공통성, 원형적인 경험의 구현 안에서 나 자신을 찾고 싶은 충동."

내가 믿지 못하겠다는 듯 그를 뚫어지게 응시한다. 대체 이게 무슨 뜻이지? 진짜 이런 표현을 **자연스럽게** 쓴다고? 내 시선의 의미를 알아차린 다이앤의 태도가 돌변한다. 고요한 파란 눈에 금세 장난기가 어리더니 꾸밈없는 웃음이 터져나온다. 그는 말한다. "뻥치는 게 아니라니까요. 진짜 그렇게 느껴요."

이런 소통은 분위기를 한결 돋운다. 나는 웃음을 터뜨리고 고개를 끄덕인 뒤 모순으로 가득 찬 한 여자의 정치 활동 이야기를 듣기 위해 자세를 고쳐 앉는다. 한편으로는 자아를 극화해야 하는 배우로서의 요청에 사로잡혀 있고, 다른 한편으로는 꾸밈없는 솔직함을 무기로 자신의 번드르르한 말재간에 스스로가 잡아먹힐 일이 없도록 단속할 뿐만 아니라, 자신의 경험에 어떤 의미가 있는지 날카로운 통찰까지 제시하는 이 여성의 이야기를.

다이앤 빈슨은 켄터키주에서 나고 자랐다. 시골 학교 교사와 농부가 낳은 일곱 자식 중 맏이였다. 빈슨가는 더럽게 가난했다. ("**더럽게** 가난했죠," 다이앤은 덤덤하게 말한다.) 자식들은 성장기 동안 매일같이 밭일을 했다. 삶은 팍팍했지만 가족들은 유쾌하고 끈끈했고, 시골 사람들의 형용하기 힘든 변덕스러운 다감함을 서로 민감하게 알아차렸다. 모두가 해 뜰 때부터 해 질 때까지 일했지만 일요일이면 아버지는 바이올린을 연주했고 아이들은 주일학교에서 했던 촌극을 연기하며 즐거운 한때를 보냈다.

다이앤은 어찌어찌 1년 치 학비를 마련해서 대학으로 떠났다. 아버지는 그가 교사가 되어 작고 빨간 학교 관사로 돌아와 어머니를 도와 아이들을 가르치기를 기대하셨지만 켄터키주립대학으로 떠날 때 그는 자신이 절대 농장으로 돌아오지 않으리라는 걸 알고 있었다. 고향에서 행복한 시간을 보냈지만 세상을 향한 문이 열렸을 때 그는 주저 없이 그 문 저편으로 넘어갔다.

대학에 들어간 다이앤은 자신이 배우라는 걸 발견했다. 그 발견은 매혹적이었고, 연극은 평생 시들지 않는 열정의 대상이 되었다. 이동형 텐트공연, 순회서커스, 보드빌,* 고등학교 공연과 대학가 풍자극, 지역 극장, 복고풍 코미디, 통속적인 익살극, 뉴욕 무대, 이 모두가 연극이었다. 다이앤은 온 세상에서 펼

미국 공산주의라는 로맨스

쳐지는 이 모든 연극을 경험하면서 현기증이 날 정도로 내면이 확장되고 있다고 느꼈다. 다이앤은 자기 내면에서 빛과 어둠을, 그림자와 이미지를, 과거에는 전혀 알지 못했던 미지의 대륙 같은 자아를 알아차리기 시작했다. 다이앤에게 연극은 기묘한 성분이어서 그것을 경험하는 자아는 촉매적인 힘을 통해 불시에 생명을 얻었다.

대학을 졸업한 뒤 다이앤은 유랑 서커스 쇼에 합류했고, 1년도 되지 않아 미국을 횡단하며 뉴욕에 닿았다. 뉴욕에서는 금세 인연이 만들어져서 거의 뉴욕에 도착한 직후부터 안정적으로 연극계에서 일했다.

1940년 다이앤은 한 러시아 드라마 코치의 영향권 안에 들게 되었다. 그 코치는 러시아에서는 "숨"을 쉴 수가 없어서 소련을 떠났다고 말했다. 그렇지만 그는 내면에 감출 수 없는 송곳처럼 마르크스주의를 품고 있어서 다이앤에게 배역을 계급의식적인 입장에서 해석하는 법을 가르치기 시작했다. 다이앤은 이 러시아인의 가르침을 스펀지처럼 흡수했다. 마르크스주의는 다이앤 내부에서 해소되지도 승인받지도 못한 채 전투를 벌이고 있던 갈등들을 새롭고 풍부하게 바라볼 수 있게 해주는 것만 같았다.

다이앤이 말한다. "그러니까 뉴욕의 연극계는 사실 내가 원했던 게 아니었어요. 난 연극을 통해 명성이나 재산을 얻고

★ 춤, 노래, 희극 등 다양한 장르가 어우러지던 20세기 초 미국의 공연 방식 중 하나로, 큰 인기를 누렸다.

싫었던 적은 없었거든. 내가 바라는 건 내 영혼이 성장하는 거였지. 내면의 명료함을 원했어요. **이해할 수 있는 힘**을 원했어. 나한테 연극은 자아의 구성물을 배양하는 경이로운 실험실이었단 말이에요."

"난 사샤, 그 러시아 선생을 통해서 마르크스주의를 굉장히 재미난 사건으로, 실험실의 새로운 장비 같은 걸로 경험했어요. 그 사람은 내가 세상을 연극처럼, 사회 투쟁을 시대의 드라마로 바라보게 해줬죠. 정치는 드라마의 수단, 해석 방식이 됐고. 내 안에서 새로운 불이 점화됐지. 그래서 내가 연극에 몸담으면서 시작된 자기교육의 논리적인 다음 단계로 미래의 혁명에 가담하게 된 거고."

여기까지 다이앤의 화법과 몸짓은 정교했고, 그의 손과 눈은 그의 언어와 함께 신비한 느낌을 자아냈다. 그런데 여기서 문득 말을 멈추더니 번개처럼 날랜 변화가 다이앤을 압도한다. 눈빛이 단호하고 강경해지더니 다시 입을 열자 허스키한 목소리에 강철 같은 느낌이 추가된다. 세련된 뉴욕 배우가 있던 자리를 억세고 세상 물정에 밝은 시골 소녀가 차지하더니 말을 이어간다.

"그래도 거기엔 뭔가 다른 게 있었어. 사샤가 말하는 걸 듣고 있을 때면 내 안에서 뜨겁고 성난 다른 뭔가가 막 솟구쳤지. 내 눈앞에 고향 집 농장이 다시 보였어. 아버지의 손, 밭에서 내내 일하느라 뒤틀린 검은 손이 보였어. 이루 말할 수 없이 지친 어머니의 얼굴이 보였고. 그 모든 애들. 그 모든 노동. 서른 살인 여자를 쉰 살처럼 보이게 만들었던 그 썩어 문드러진 끝없

미국 공산주의라는 로맨스

는 가난이 보였지. 그러다가 뉴욕에 있는 내 중간계급 친구들을 돌아보며 생각했어, '얘네가 뭘 알아? 대체 얘네가 뭘 알지?' 난 사샤를 만날 때까지 내가 그렇게 화가 나 있다는 것도 몰랐어. 화나 있는 정도가 아니었지. 살인도 할 수 있을 것 같더라고!"

1941년 다이앤은 공산당에 가입했고 그로부터 얼마 되지 않아 자신이 속한 배우노조 조직 담당인 공산당 간부와 결혼했다. 공산당원이 된 다이앤은 당 모임에 나가고, 조직 책임자인 남편으로부터 지침을 받아 자신의 노조로 돌아갔다. 지금의 그는 즐겁고 의기양양하게 "내가 일을 끝내주게 잘했지!" 하고 말한다.

이후 12년간 다이앤 빈슨은 공산당원이자 배우였다. 그는 공산당을 통해 생명을 갖게 된 마르크스주의라는 드라마에 흠뻑 빠져 지냈다. 연극, 배우노조, 당의 활동이 하나가 되었다. 통합된 존재 상태는 그에게 활기를 불어넣었고, 내적으로는 단단하게 힘이 생긴다는 짜릿한 감각을 자아냈다.

"좋은 시절이었어," 다이앤이 생각에 잠겨 이야기한다. "아주 좋은 시절이었지. 모든 게 하나로 힘을 모은다는 느낌으로 풍성하고 생기가 넘쳤어요. 세상과 존재가 융합하면서 생명력에 도취된 기분이 들 정도였으니. 그리고 그 유대감은 동지애 속에서 수행된 활동을 통해 형성됐어요. 그 유대감이 얼마나 강력했는지 몰라요! 공산당을 경험하기 전까지는 그걸 제대로 이해하지 못했죠."

"그러다가 몇 년 지나니까 내 안에서 무슨 일인가가 일어났어요. 학습 과정이 다 끝난 것 같았지. 그게 정확히 언제, 어디서, 또는 어떤 상황에서 벌어진 건지 도무지 알 수가 없었어. 하지만 어쨌든 그 일은 벌어졌고, 어느샌가 나도 모르게 당 활동이 윤기를 잃기 시작한 거예요. 동지들하고 같이 있는데도 너무 불행하고 불편해졌어요, 매사에, 임무, 토론, 지침, 모든 일에 자신이 없어지고."

"동지들에게 나한테 무슨 일이 일어나고 있는지를 알리려고 절박하게 애를 썼죠. 날 좀 도와달라고 무의식적으로 사람들한테 애원한 거지. 근데 내가 무슨 말을 하는지 모르더라고. 그리고 사람들은 가혹했어요, 나한테 진짜 가혹했지. 나한테 이게 다 **개인적인** 거라고, 그러니까 하찮다고 하면서 말이에요. 내 **감정** 같은 시시한 거에 목매달지 말고, 그보다 더 진지하고 헌신적이고 더 나은 공산주의자가 되어야 한다면서요."

"이런 반응이 날 절망으로 몰아넣었어요. **번드르르한 말로 포장한** 경험이 아니라, 내 하루하루 진짜 경험이 대체 뭔지 더 이상 자신이 없더라고. 소외감이 들기 시작했어요. 그러다가 당내 활동을 새로운 눈으로 보게 됐죠. 이 사람들, 내 동지들이 자신의 **진짜** 생각과 느낌이 뭔지 모르고 있다는 게, 수년 동안 그걸 모르고 지냈다는 게 점점 눈에 들어오더라구. 어찌나 철두철미하게 자기를 당하고 동일시해왔는지, 유한한 자아와 요즘 내가 당의 도그마라고 부르는 것 사이의 차이를 더는 분간하지 못하는 거야. 이런 게 느껴지기 시작하니까 더 절망에 빠졌어요. 완전히 길을 잃은 기분이었지. 난 누구지? 난 뭐지? 이게 다 무슨 의미지?"

"물론 아이러니 중에서도 아이러니는 이런 질문에 대한 답을 찾아야겠다는 생각이 다른 것도 아닌 바로 당을 통해서 더 시급하고 절박하게 들게 됐다는 거죠. 당 안에서는 개인적인 모든 게 억눌리고 멸시당한다는 바로 그 사실 때문에 개인적인 걸 무시할 수가 없게 된 거지. 사람들이 개인적인 거에 신경 쓰지 말라고 말을 하면 할수록 내 불행에 대해서 더 생각하고 있더라니까. 그 사람들이 날 조금이라도 이해할 정도로 영리했더라면 난 언제까지고 공산당원으로 남았을 텐데, 하는 생각이 들면 기분이 이상해져.”

“1953년에 이렇게 한창 방황하고 있는데 갑자기 반미활동조사위원회에 불려가게 됐어요. 모든 사람이, 모든 게, 한꺼번에 미쳐 돌아갔지. 남편, 당, 내 일, 미국, 모든 게 섬뜩한 한순간에 연기처럼 사라져버린 거야. 나는 위원회에 출석해서 묵비권을 행사했고, 집요한 공격을 견뎌냈어요. 내 ‘해외’ 연줄, ‘해외’ 유력인사들, ‘이질적인’ 사상과 활동에 대해 질문을 퍼붓더라고.”

“나한테는 멋진 순간이었지. 아주 극적으로, 심판대에 선 [너새니얼 호손의 소설 《주홍글씨》에 나오는 주인공] 헤스터 프린처럼 고개를 빳빳이 들고 서서, 신사 양반들, 저도 당신 같은 미국인이에요, 라고 선언했단 말이야. 지금의 나를 이루는 모든 걸 만들어낸 건 바로 **미국**이라고.” 다이앤은 이 지점에서 신나게 웃고 나서 다시 웃음기를 거둬들인다.

“하지만 내가 그 방에서 걸어 나간 그 순간부터 인생이 180도 달라졌어. 내가 당을 향한 충성심의 발로에서가 아니라 나 자신의 진정성을 지키겠다는 마음에서 그런 대답을 했다는 걸 깨달은 거지. 난 이제 공산당원으로 지낼 수 없다는 걸 알았어요."

"근데 더 이상 미국인도 아닌 모양이더라고. 최소한 나한테 일을 주는 그 사람들한테는 말이에요. 블랙리스트가 가진 카프카적인 면을 설명하기가 거의 불가능한데. 일단은 아무도 블랙리스트의 존재를 인정하지 않았어요. 아무도 정치적인 이유 때문에 일자리를 얻지 못할 거라는 말은 안 했지. 절대로. 그래서 오디션을 보러 다니는 거예요. 아침이면 그 배역은 당신 거라고 장담하는 소리를 듣고, 오후나 그다음 날 전화가 와서 실수였다 그러는 거야. 제작자가 급사했다는 둥, 그 배역을 없애기로 했다는 둥, 공연이 연기됐다는 둥. 그러고는 2주 뒤에 당연하다는 듯 다른 배우가 그 배역을 받았다는 소식을 접하는 거지. 이런 일이 몇 달씩, 몇 년씩 이어진 거예요. 어떻게 돌아가는 건지 알기는 알겠는데, 어쨌든 마음이 너무 힘든 거야. 그게 참 그래요. 특히 배우가 더 그래. 마음속 어딘가에서 어떤 목소리가 '네가 쓸모가 없어서 그런 거야, 네가 충분히 훌륭한 배우면 너한테 그 일을 줄 수밖에 없잖아' 하고 자꾸 속삭이거든. 그러다가 신경이 쇠약해지기 시작했어요. 굴욕감이 말도 못했지."

"끔찍한 시기였어요. 오랫동안 침울하게 지냈죠. 그러다가 이 나라를 떠났어요. 유럽에 가서 3년을 지냈죠. 유럽에는 블랙리스트에 오른 미국 배우에게 선뜻 일을 주고 싶어 하는 누군가가 항상 있더라구. 그래서 일을 하긴 했는데 유럽은 나한테 현실적이지가 않아, 거기서 보낸 시간은 붕 뜬 시간이었지."

"돌아와서 새로운 삶을 시작해야겠다고 마음먹었어요. 정

미국 공산주의라는 로맨스

신분석에 발을 들였고, 아주 진지하게 전과는 완전히 다른 방식으로 책을 읽고 공부하기 시작했지. 내 인생이 보이기 시작하더라구요. 켄터키를 떠났던 시기를 돌아봤어요. 거기서 완전히 막힌 장소에 갇혀 있던 내 인생이 그곳을 떠나면서 얼마나 넓어졌는지가 보였어요. 계속 넓어지고 넓어지다가 자유와 가능성을 의미하던 그 탁 트인 공간이 어느 순간 입을 쩍 벌린 공동이 되었고 내가 거기서 결국 자유낙하하게 되었다는 걸 깨닫게 된 거지. 발 디딜 곳도, 움켜쥘 돌출부도 없이 말이에요. 그때 알았어요. 내가 나 자신 말고는 아무것도 없이 탁 트인 광야에서 사는 법을 배워야겠다는걸요. 내가 나 자신의 발판이 되고, 나 자신이 움켜쥘 수 있는 돌출부가 되어야 한다고 말이에요."

"당에서 보낸 세월을 후회하냐구요? 전혀. 아, 이런, 내 인생은 나 자신을 찾아가는 긴 여정이었어요. 공산당원으로서 보냈던 시간은 그 여정에서 가치를 헤아릴 수 없는 귀한 부분이었구요. 그 시절은 나한테 다른 데서는 절대 배우지 못했을, 인간의 정체성에 대한 진실을 가르쳐줬어요. 진짜로 가르쳐줬죠. 자아를 통째로 자기 밖의 무언가와 동일시하는 데서 빚어지는 비극이 어떤 건지를 당에서 배운 거지."

"그리고 당에서 인간이 얼마나 깊고 높은 열망을 품을 수 있는지, 그리고 그 열망은 어째서 자기 밖에 있는 무언가와 자기 자신을 동일시하도록 강제하는 형태를 취하게 되는지도 배웠지. 그건 고통스러운 모순이에요. 공산당원들에게 일어났던 많은 일이 사악한 게 아니라 비극적인 건 그래서인 거고."

"당 안에는 나처럼 어떤 본질적인 경험을 추구했던 사람들이 많았어요. 좋은 사람들, 가장 깊이 있는 인간의 갈망을 품고 있던 사람들이었지. 어찌나 여린지 이 세상에서 힘들고 빼앗긴 사람들에게 너무 강렬하게 공감했어요. 남편도 그런 사람이었는데."

"그 사람은 감정 기복이 컸어. 자기가 '비극적인 인물'이라고 그랬지. 정치적으로는 영악한데 감정적으로는 무지한 당 간부의 전형이었거든. 그 사람 내면에는 많은 사람이 그랬지만 믿을 수 없는 에고가 있었어요. 본인은 인정하지 않지만 주제넘는 정치적 야심이 있었지. 혁명의 이름으로 가혹한 행동도 저지르고. 하지만 그렇긴 해도 그 사람은 간절하게 염원했어. 자본주의가 자행하는 불의의 스펙터클에 감정이 크게 동요했고, 인간의 의지와 지성을 동원해서 어둠의 세력들을 무찌르는 거대한 드라마에 자기가 함께하고 있다고 느꼈지."

"아, 그건 강렬한 감정이에요. 그런 게 인간의 영혼에 얼마나 큰 영향을 미치는지는 아무리 강조해도 지나치지 않지. 이 감정이 망상으로 전환되는 순간을 알아차리는 건 아주 **어려운** 일이에요. 그 감정은 당사자를 꿰뚫고 솟구쳐 올라 그 사람에게 너는 전에 해보지 못한 경험을 하고 있다는 확신을 심어준단 말이야. 자아가 실은 발전하는 게 아니라 질식당하는 중이라는 걸 알아차린다? 기분은 완전히 정반대인데? 그게 가능하려면 많이 살아봐야 해요, 많이 살아봐야 하지."

"내 공산당 시절은 자아를 경험해야 하는 내 필요에서 탄생했고 같은 필요에서 끝났어. 덕분에 난 새로운 힘, 새로운 지식, 새로운 독립심을 가지고 연극으로 돌아가서 그 속에서 그 어느 때보다 더 잘 활동할 수 있었지. 나 자신일 수 있으면 그때는 연기를 하는 거고 나 자신이 될 수 없으면 그때는 공산당원일 수 있었지."

"하지만, 아, 그 모든 게 나한테는 얼마나 뭉클한지 몰라요! 자아를 발견하는 데 마르크스주의적인 열정이 얼마나 중요했는지. 그리고, 그래요, 내가 알고 지냈던 많은 다른 사람들한테도 그랬지. 사샤가 맞았어요. 사회 투쟁은 이 시대의 드라마였지. 그래요, 맞아요. 사샤는 러시아에서는 '숨'을 쉴 수가 없었어."

"인간이 경험해볼 수 있는 최고의 인생이었어요"

영국 공산주의자 클로드 콕번*은 자서전에 이렇게 적었다.

공산당원이 되었을 때 나는 공산주의가 인류의 모든 문제를 해결해줄 거라고는 전혀 생각하지 않았다. 심지어 이곳저곳에서 약간의 도움 그 이상을 줄 수 있으리라고도 생각하지 않았다. 다만 공산주의가 없다면 흔히들 말하는 문명의 붕괴가 더 빨리 일어나리라고 생각했다. 나는 공산주의를, 말하자면 본질적으로 보수적인 힘이라고 보았다. 개화된 인간의 가치

---

*   1904~1981. 영국의 저널리스트이자 소설가. 1933년부터 1941년까지 급진적인 언론 《위크The Week》를 만들어 운영했다. 영국공산당 당원이었고, 스페인 내전에도 참전했다. 자서전 《나, 클로드》 등을 남겼다.

를 보존하는 수단으로 말이다. 지금도 그 가설 또는 도박이 터무니없었다고는 생각하지 않는다. 지금도 나한테 자못 진지하게 자기는 내가 어째서 또는 어쩌다가 공산당원이 되어야 했는지 "이해가 안 된다"고 말하는 사람들을 자주 만나는 편이다. 이들의 몰이해는 어쩌면 이들이 우리 시대의 거울을 통해 자신의 정치적 얼굴을 자세히 들여다본 적이 한 번도 없을지 모른다는 점을 시사하는 것일 수 있다.

앤서니 에렌프리스와 처음으로 이야기를 나누기 시작한 바로 그 순간부터 내 마음속에서는 위 글귀에 대한 기억이 뭉게뭉게 피어오른다. 말하자면 그것은 **감각**기억이다. 콕번의 목소리에 실린 어조, 그 말 이면에 있는 그 사람의 독특한 음색, 유머와 초연함, 지적이면서도 세상 물정에 밝은 노련함. 이 모든 것이 에렌프리스와 함께 있는 동안 생생하게 되살아난 것이다.

64세인 앤서니 에렌프리스는 키가 크고 몸집이 있는 편이다. 풍성한 은발이 머리 중앙의 텁수룩한 부분에서 얼굴 옆면으로 흘러내리고 선이 굵은 이목구비는 영국 배우 피터 핀치와 묘하게 닮은 데가 있다. 긴 회색 눈은 놀라울 정도로 늑대 같은 인상을 준다. 강인함, 위엄, 지성이 드러나는 얼굴은 기품이 있다. 살가우면서도 거리감을 유지하는 태도 역시 그렇다. 군중 속에 선 [로마 시대 정치인이자 장군] 마르쿠스 안토니우스 같다. 호락호락하지 않다, 이 사람.

수년 동안 저명한 출판 편집자로 일하던 그는 1950년 반미활동조사위원회에서 질문에 답변을 거부했다는 이유로 징역을 살았다. 18개월을 복역하고 나서 출소했을 때는 문화계 블랙리스트에 올라 있었다. 이후 10년간은 먹고살기가 너무 빠듯했다. 집에서 프리랜서 편집일을 했고, 가명으로 두 권의 책을 썼고, 잘 알려지지 않은 대학출판부나 좌파 주간지를 위해 간헐적으로 일을 하기도 했다. 1963년에 대형 출판사에서 일자리를 얻은 뒤 이제는 직업적인 품위를 되찾았다. 작년[1973년]에 은퇴해서 지금은 아버지가 물려주신 펜실베이니아 북부의 한 농장에서 지내며 **재미** 삼아 독서를 하고 자신이 살아낸 시대의 역사를 글로 남기는 중이다.

부유하고 교양 있었던 그의 부모—어머니는 이탈리아인, 아버지는 독일인이었다—는 제1차 세계대전 이후 유럽의 무질서와 우울감에서 벗어나기 위해 1920년에 이 나라로 건너왔다. 이들에게 민주주의는 상냥했다. 이들은 재정적으로, 그리고 정신적으로 성공적인 삶을 살았고, [알렉시] 드 토크빌처럼 문명의 손길이 미치지는 않았지만 경이로운 생기로 살아 움직이는 신세계를 발견했다.

그런데 잘생기고 똑똑한 어린 아들 앤서니에게는 그렇지가 않았다. 설명하기 어렵지만 앤서니는 생각이 많은 아이였다. 소년 앤서니는 인간의 조건에 대해 생각하고 또 생각했다. 부모는 앤서니의 정신적 몰두를 건강하지 않다고 여기고 앤서니가 자신들이 경험한 삶의 즐거움—꽉 짜인 가족생활, 책과 음악을 향한 깊은 사랑, 노동과 질서에 대한 독일식의 존중, 개인의 성취를 의무이자 만족으로 여기는 빅토리아시대적 감각, 그리고 자연의 종교적인 아름다움 등 같은—에 관심을 갖도록 여러 차례 노력을 기울였다. 소년 앤서니는 부모의 노력에 반응을 보이긴 했지만—그는 관대한 성격이었고 부모를 사랑했다—무언가가 앤서니로 하여금 그런 즐거움에 빠져들지 못하게 가로막았고, 그의 영혼은 이유를 알 수 없이 부모와 공유하지 못하는 존재감각에 흠뻑 빠져 있었다.

12월의 어느 늦은 오후, 겨울빛이 바깥 하늘에서 희미해질 무렵 에렌프리스가 우리가 앉아 있는 농가의 크고 편안한 응접실 서가에서 책 한 권을 꺼낸다. 바로《실패한 신》이다. 그의 책에 내 책만큼이나 많은 손때가 묻어 있어서 나는 깜짝 놀란다. 그는 책장을 홀홀 넘기면서 생각해둔 곳을 찾아내더니, 여기 이 단락이 1930년대 초 어린 시절 그의 기분을 완벽하게 표현하고 있다고 말한다. 책은 스티븐 스펜더*의 부분에 펼쳐져 있고, 에렌프리스가 읽는 단락은 스펜더가 어떻게 처음으로 공산주의를 접하게 되었는지를 설명하는 부분이다.

인간의 평등에 대한 내 감각은 대중을 의식해서라기보다는 외로움이 근간이었다. 모든 인간은 자신의 의사와 무관하게 이 세상에 태어나서 달든 쓰든 주어진 조건을 감내해야 한다는 사실에 대해 생각하며 뜬눈으로 밤을 지새웠던 기억이 지금도 생생하다. 여기서 인간은 자기 내부에 갇혀 있고 나머지 인류에게는 낯선 존재인 상태로, 사랑을 갈구하고 자신의 죽

★ 1909~1995. 영국의 시인, 소설가. 초창기에는 사회적 불평등과 계급투쟁에 관한 주제에 집중했다. 1936년 영국공산당의 일원이었으며, 1937년 스페인내전에 참전했고, 그 후 공산당을 탈당했다.

음을 마주 본다. 실존의 차원에서 모든 인간은 광포한 힘에 의해 섬에 던져진 로빈슨 크루소와 다를 바 없다. 그리하여 모든 인간이 자연의 혜택을 자유로이 나누지 못한다는 것은, 태어남과 동시에 모두가 똑같이 던져진 이 세상을 누군가는 마음껏 탐험하지도, 일평생 생지옥 같은 잿빛 슬럼에서 헤어나지도 못한다는 것은 너무나도 부당해 보인다.

내게는 삶에 존재하는 개별 인간의 독자적인 조건이 계급과 특권을 정당화하는 사항들보다 더 무겁게 느껴졌고 그건 지금도 마찬가지다.

에렌프리스는 서가에 책을 다시 가져다 놓고 미소 짓는다. "스펜더는 아시다시피 바로 이 통찰 때문에 공산당에서 등을 돌렸지. 그 사람은 스페인내전 이후에 당이 계급과 특권만큼이나 적이라는 생각을 하게 된 거죠…… 하지만 난," 그가 부드럽게 덧붙인다. "그렇게 생각하지 않았어요." 에렌프리스는 짧은 몽상에 빠졌다가 거기서 빠져나오려는 듯 고개를 저으며 말한다.

"이런 우주적인 외로움이 어릴 때부터 너무 강렬했어. 대체 그게 어디서 왔는지, 어째서 내가 우리 가족의 상냥하고 단란한 삶 속에서 그런 느낌에 시달려야 하는지 생각해내려고 애썼지. 근데 안 되더라고, 알 수가 없었어. 커다란 곰처럼 푸근한 분이셨던 아버지는 어머니보다도 더 부드럽게 나를 당신 팔로 안아서—내가 서너 살쯤이었을 텐데—"토니, 예쁜 아가, 예쁜 아가"라고 노래를 불러주곤 했지. 내 발이나 심장에 흙이 묻지 않도록 영원히 땅 위에서 나를 안고 계실 것처럼 말이야. 그

점에서는 이 소중한 당신의 아들을 영원히 보호해줄 것 같기도 했지만, 지금 생각해보니까 영원히 다른 인류로부터 분리해놓은 것 같기도 하군."

"어머니는, 못하는 일이 없을 정도로 너무 똑똑하고 아름다웠던 그분은 웃으면서 부드럽게, 약간 비웃듯이 말씀하시곤 했지, '한스, 당신이 그 앨 망치는 거예요.' 그러면 아버지는 당황해서 날 냉큼 내려놓으시곤 했다오. 두 분 사이의 의례적인 범절은 두 가지 방식으로 작동했어요. 한편으로 난 그게 나와 두 분 사이의 감정적 거리를 만들어낸다고 느낄 때가 많았고, 다른 한편으로 그건 막대한 안정감의 근원이었지. 이 세상의 모든 것이 제자리를 지키게 만드는 교화력이 있었다고나 할까."

"이 풍요의 한가운데서 생의 외로움을 처음으로 자각한 날이 어제 일처럼 생생해요. 아버지한테는 매디라고 하는 누이가 있었는데 결혼을 잘못해서 '인생을 망치셨지'. 고모 이야기는 전형적이었어요. 전쟁 전에 어떤 미국 탐험가와 사랑에 빠졌고 가족들의 반대를 무릅쓰고 이 남자와 결혼을 했다가 할아버지한테서 아무것도 상속받지 못하셨어요. 고모는 사랑을 좇아 남편과 함께 바다를 건너가셨는데 미국에서 그 남자가 고모를 금방 떠나버린 거지. 우리 부모님이 미국에 도착하셨을 때 이미 고모는 거의 빈털터리가 되기 일보 직전에다 아프고 팍삭 늙어버린 절망적인 상태셨어. 아버지는 당연히 고모한테 바로 생활비를 드리고 우리 집으로 모셔와서 같이 살았어요. 하지만 빅토리아시대의 윤리의식이 이미 고모 내부에서 매서운 단죄를 내린 뒤였고, 고모한테는 모든 게 정말 다 끝이었던 거예요. 그

미국 공산주의라는 로맨스

시절에 여자가 그렇게 수치스러운 일을 겪고 아무것도 상속받지 못하게 됐다는 게 무슨 의미인지 알아요? 그 사람한테는 카인의 낙인이 찍혔어요. 남은 일생 동안 점잖은 사회의 끄트머리에 매달려서 간신히 견디면서 살아야 한다는 의미였지."

"우리가 미국에 도착하고 나서 1년 있다가, 나는 열한 살이었을 텐데, 내 사촌이 우리 집에서 결혼식을 하게 된 거요. 그때 우리는 뉴욕 어퍼웨스트사이드에 있는 근사한 브라운스톤에서 살았거든. 결혼식 때문에 대청소를 하고 집 전체를 장식했지. 모든 게 눈부시게 반짝거렸다오. 지하실 주방부터 3층 침실들까지. 2층에 있는 작은방 하나에 여자들이 신부를 에워싸고 모여 있었어요. 몸단장을 하고, 드레스를 매만지고, 꽃다발을 나눠주면서. 나는 유일한 어린이여서 그 자리에 있을 수 있었지. 침대에는 줄기가 기다란 장미가 한 다발 있었는데, 피처럼 붉고 얼마나 아름답던지 하나하나가 참 완벽했다오. 고모가 장미 쪽으로 걸어갔어요. 다른 여자들은 자수와 보석으로 장식된 화려한 드레스를 입고 있었던 게 기억나. 근데 매디 고모만 단순한 흰 새틴 블라우스에 아무런 장식도 없는 긴 검정 치마를 입고 있었지. 고모는 장미 하나를 집어 들고는 깊이 냄새를 들이마시더니 자기 얼굴에 그걸 대보는 거예요. 그다음에는 거울 쪽으로 가서 자기 흰 블라우스에 그 장미를 갖다 대보는 거야. 순식간에 고모가 입고 있던 평범한 옷이 전체적으로 완전히 달라 보였어요. 장미색이 고모 얼굴까지 번지면서 눈이 반짝거리지 뭐요. 갑자기 고모가 사랑스럽고 다시 **젊어** 보였어. 고모는 긴 바늘처럼 생긴 핀을 찾아서 그 장미를 자기 블라우스에

꽂기 시작했어요. 어머니는 고모가 무슨 행동을 하는지 알아차리고는 고모 쪽으로 다가갔지. 그리고 고압적인 태도로 고모 손에서 장미를 빼앗으면서 말씀하셨어요, '안 돼요, 매디, 이 꽃들은 신부 거예요.' 고모가 황급히 대답했다오, '아, 당연하죠, 미안해요, 그것도 깜빡하다니 내가 이렇게 멍청해,' 그리고 고모 얼굴에는 금세 평소처럼 은혜를 입고 인내하며 사는 사람의 가면이 다시 씌워졌지."

"그 순간 나는 그 이후 모든 삶의 고통을 가늠하는 척도가 된 강렬한 고통을 겪었다오. 매디 고모 때문에 마음이 어찌나 아프던지 꼭 그 자리에서 죽을 것만 같았지. 외로움이 파도처럼 내 어린 머리를 향해 밀려왔고 내 안에서는 딱 한 단어가 활활 불타올랐소. 나는 눈물을 흘리면서 계속 중얼거렸지, '부당해! 부당해!' 난 고모가 그 집의 여느 '숙녀' 중 한 명이었더라면 어머니가 그런 식으로 고모 손에서 장미를 빼앗지는 않았을 거라는 걸 알았소."

"그 침실에서 벌어졌던 일은 그 길었던 하루 동안 내 뇌리에서 자꾸만 되살아났고, 그 일이 생각날 때마다 난 속이 울렁대고 마음이 너무 아팠지. 고모의 외로움이 내 것이 된 거요. 눈에 보이지 않는 실로 그 집에 있는 모든 사람들 중에서 고모하고만 연결된 기분이었지. 그런데 이상한 건 말야, 그날 온종일 사실 난 한 번도 고모 근처에 가지 않았어요. 고모를 위로해드리고, 고모한테 최소한 나는 고모를 사랑한다고, 고모한테 안타까움을 느낀다고 알려드리고 싶었지만 그럴 수가 없었어. 실제로는 고모를 피했어. 그 모든 감정에도 불구하고 고모가 내쳐진 사람이라는 걸, 내가 고모한테 애착을 드러내면 나 역시 내쳐진다는 걸 알았던 거지. 마치 내쳐진 사람인 우리 둘이 이 집 안에서, 그 모든 관계들 속에서, 누구에게도 연결되지 못한 채, 심지어 서로에게도 연결되지 못한 채 둥둥 떠다니는 것 같았지. 이상한 경험이었어요, 아직도 그 느낌이 생생하게 기억나요."

"공산당에 가입하기 전까지는 한 번도 고모의 외로움을 다시 기억에서 끄집어내보지 못했어요. 당에 가입하고 나니까 그 이상했던 결혼식 날의 억눌려 있던 기억이 되살아나더라고……"

에렌프리스는 의자에서 무겁게 몸을 일으켜 방을 가로질러 육중한 구식 식기장으로 향한다. 그곳에는 작은 바가 마련되어 있다. 스카치를 한 병 집어 든 그는 나를 향해 더 마시겠냐는 듯 병을 들어 보인다. 나는 고개를 끄덕이고 그는 몸을 돌려 우리 두 사람이 마실 술을 따른다. 나는 그를 지켜본다. 그의 몸짓에는 경제적이고 우아하고 타고난 권위가 배어 있다. 에렌프리스는 검은색과 빨간색 체크무늬 플란넬 셔츠와 농장용 청바지를 입고 있지만, 나는 회색 고급 정장이나 아이비리그풍의 트위드 재킷이나 검은 넥타이 차림의 그를 쉽게 상상할 수 있다. 감정의 역사가 얼마나 굴곡졌든 그는 일가를 이룬 사람, 귀족적인 유년기에 힘들게 얻은 지혜가 접목되어 빚어진 균형감으로 자신의 불편함을 통제할 수 있는 그런 발군의 인물이다.

에렌프리스는 다시 방을 가로질러 내게 술을 건네고 의자에 앉아 술잔을 홀짝이며 한동안 허공을 응시한다. 회색 늑대 같은 그의 눈에서는 그 어떤 감정도 읽을 수가 없다. 그가 말을 이어간다. "나한테는 공산당이 보통 말하는 그런 의미에서의 전부가 전혀 아니었어요. 난 거의 25년 동안 당에서 입지가 확실한 당원이었지. 그리고 다른 모든 공산당원이 그랬던 것처럼 당 바깥의 세상과 나 사이의 감정적 거리가 점점 벌어진 것도 물론 사실이었고. 그건 쾨슬러가 '닫힌 시스템' 안에서 사는 사람들한테 무슨 일이 벌어지는지를 논하면서 했던 설명 그대로였어요. 쾨슬러가 어딘가에서 그러잖아요. 자기는 당에 있는 많은 사람을 싫어했지만 그 사람들은 자기 동족이었고, 당 밖에 있는 많은 사람을 좋아했지만 그들과는 더 이상 공통언어가 없었다고."

"다 맞는 말이지. 당에 있던 다른 모든 사람이 그랬듯 나도 그랬소. 하지만 나한테는 늘 어떤 게 분명하게 보였던 것 같다는 것도 사실이야. 나한테는 그 모든 괴롭힘이, 그 모든 비열한 폭압이, 소련 라인에 연결된다는 그 모든 현실적인 공포가 보였단 말이오. 욕 먹는 게 너무나도 당연한 당내 권력남용도 다 보였고, 미국공산당이 집권이라도 하게 되면 그 안에서 숙청과 살인, 투옥과 추방을 면치 못할 사람이 많다는 것도 알았지."

"그 많은 게 얼마나 야만적인지 알았어. 내가 그걸 알았던 건 내 안에 항상 부모님에 대한 기억이 생생했기 때문이오. 우리 부모님은 내가 아는 중에서 가장 품위 있는 분들이셨지. 친절하고, 지적이고, 질서와 절제를, 우아하고 아름다운 모든 것을 숭배하고, '온화한' 일상 행위의 아름다움과 선함을 통해서 삶의 잔혹성을 피하는 데 골몰하셨단 말이야."

"'어떻게 돈을 벌었지? 그 비용은 누가 치렀지? 그 지불의 사회적 의미는 뭘까?' 같은 건 사람들이 잘 하지 않는 괴롭고 모양 빠지는 질문들이오. 결국 그런 질문들을 했다가는 이 세상에 혼란과 잔인함을 불러들이는 결과가 초래될 거고, 그러니 어떤 대가가 따르든 피하려고 하지."

"우리 부모님은 토마스 만의 소설에 나오는 그런 부류에 속하는 분들이셨소. 전지적인 수준의 어마어마한 지성의 소유자였던 만은 그들의 세계를 완벽하게 이해했고, 막대한 역사적 무게감을 더하는 그런 세세한 방식으로 그걸 묘사했지. 만의 묘사에는 슬픔이나 분노 같은 건 없었소. 만은 그저 분명하게 그리고 깊이 있게 꿰뚫어 봤단 말이야. 그리고 만이 꿰뚫어 봤던 건 그 세상에 가치 있는 게 많긴 하지만 이미 때가 왔다는 사실이었다오. 매디 고모의 굴욕이 숨겨진 어두운 중심부에서 스멀스멀 올라와 우리가 알고 있는 세상을 박살 낼 속력과 탄력을 가지고 나아가면서 우리 부모님의 선한 세상과 대비를 이뤘던 것처럼 말이야."

"그러니까, 이런 거요. 만의 성숙기와 **나**의 성숙기 사이에서 바뀐 건 통찰의 질이 아니라 그 통찰이 진지한 사람들에게 다가간 갈급함의 정도였다는 거. 만은 부르주아 세상의 중심에 있는 인간의 외로움이 어떤 의미인지 우리만큼이나 분명하게 알았어요. 하지만 만은 철학적 거리를 두고 관조했던 걸 우린 시대의 요청이라고 느끼며 겪어냈던 거죠. 내가 생각하기에 그게 만과 마르크스의 차이, 19세기와 20세기의 차이라오. 그 갈급함이 우리 시대의 특징적인 감정이 되었고, 공산당은 좋든 나쁘든 그걸 몸으로 겪어냈던 거지."

"그래서 난 젊은 시절에 이 두 세계 사이에 놓여 있었소. 각각의 세계에는 야만과 아름다움이 뒤섞여 있었고. 그러다가 결국 좌파 쪽으로 기울었지. 좌파 쪽에는 미래가, 우파 쪽에는 과거가 있었으니까."

"그리고 내가 가장 가깝다고, 가장 공감한다고 느끼던 이들이 무더기로 나가떨어졌을 때 나를 당에 붙들어 매두던 그 미래를 **실감**하기가 힘들어졌어. 난 늘 스펜더, 지드, 실로네 같은 사람들에게 가장 동질감을 느꼈단 말이오. 스탈린주의의 잔혹함이 고조되고, 그 사람들 같은 많은 다른 사람들이 병적인 우울함이나 깊은 분노에 빠져들고 당을 떠났을 때 난 극심한 고립감을 느끼기 시작했소."

"그런데 [《우신예찬》 등을 집필한 인문학자이자 천주교 사제] 에라스뮈스와 [종교개혁가] 마르틴 루터의 사례가 내 머리에서 계속 맴도는 거야. 루터가 급부상했을 때 에라스뮈스는 두 팔 벌려서 환영했어요. 인류의 희망이 이 독일인 사제 안에서 다시 생명을 얻었다고 생각한 거지. 하지만 루터는 호랑이였소. 흉포하고 야망이 가득하고 짐승 같을 때도 있었던 거요. 에라스뮈스는 배신감이라고 할 수밖에 없는 씁쓸함을 안고 루터에게서 돌아섰고, 결국에는 '루터가 어떤 길을 가든 문학은 죽는다'고 말했지. 그런데 문학은 죽지 않았고, 루터는 이 세상의 얼굴을 바꿔놨어요. 그게 분명해지기까지 몇백 년이 걸리긴 했지만 말이오. 일이 벌어지는 동안에는 무슨 재앙 같기만 했지⋯⋯ 하지만 이제 와서 우리 중에 루터가 없는 게 더 나았다고 생각하는 사람이 있나?"

"그러니까 나와 공산당도 그런 관계였다고 할 수 있소. 그건 지금도 그렇고. 당이 최악이던 시절 내내 나는 생각했지—그건 지금도 그렇소만—'이 사회주의라고 하는 사상은 우리가 잡고 있는 힘센 맹수 같은 거야. 그게 가늠할 수 없는 고통과 욕구를 표면으로 끌어올린 거야. 지금은 그게 우릴 끌고 다니고 있지만 이 맹수를 꽉 잡아서 올라타면 통제할 수 있을 거야. 그러면 새날이 열리는 거야.' 최악의 공산당, 스탈린주의, 국가사회주의, 그 모든 게 몸부림치는 맹수였던 거요. 체호프가 말했지, 우린 우리 내면에서 노예근성을 한 방울 한 방울 쥐어짜내야 한다고 말이오. 이 생각은 문명화된 인내의 과정, 지성을 고도로 통제할 수 있는 질서에는 잘 들어맞아요. 하지만 현실 세계에서 50년간 존재했던 공산주의의 역사는 우리한테 인간 개조는 이런 식으로 일어나는 게 아니라는 걸 가르쳐줬다오. 힘없는 자들이 힘을 갖게 된 순간에 솟구치는 최초의 충동은 관대하기는커녕 살인을 불사하지. 흥분한 노예는 처음에는 맹수예요. 플라톤이 말한 동굴에서 막 나와서 아무것도 보이지 않고, 공포와 분노로 들끓는 사람처럼. 하지만 시간이 지나면, 시간이 지나면……"

에렌프리스가 다시 일어나 불안한 듯 방을 서성대자 잔에 담긴 얼음이 부딪히며 소리를 낸다. 그는 잔을 힐끗 보더니 다시 식기장으로 걸어가 스카치를 한 잔 더 따른다. 자기 자리로 돌아온 그는 다시 의자에 자리를 잡고 말을 이어간다.

"알겠지만 요즘에는 파시즘과 공산주의를 동일시하는 게

아주 유행이지. 전체주의적 수단도 똑같고, 경찰국가도 똑같고, 중앙권력도 똑같고 등등등. 이 문제에 있어서는 체코 대통령 에드바르트 베네시*가 했던 말로 대응할 수 있어. '공산주의와 파시즘은 똑같아 보일 수 있지만 절대 똑같지 않다. 파시즘은 성난 불길 같아서 모든 걸 파멸시키고 그 뒤에는 아무것도 다시 자라지 않는다. 공산주의는 성난 홍수 같아서 역시 모든 걸 파멸시키지만 그 뒤에는 생명이 다시 시작되어 번성한다.'"

"나한테는 이탈리아공산당의 등장이 새롭게 시작된 대지예요.** 이탈리아공산당 자체에도 큰 희망을 걸지만 오랜 투쟁 속에서 그것이 갖는 의미에서도 희망을 찾는다오. 그건 견뎌냈다는 걸, 견뎌냈다는 걸 상징하니까. 이탈리아 사람들이 앞으로 20년이나 30년 안에 어떤 성과를 내든, 내지 못하든 그들은 스탈린주의의 과거와 미지의 사회주의 미래를 연결하게 될 거요. 그리고 그건 대단히 중요하지. 측량 불가능할 정도로 중요해."

에렌프리스의 회색 눈에 돌연 온기와 애정이 가득해진다. 그는 환하게 미소 지으며 말한다. "나한테 그건 인간이 누릴 수 있는 최고의 삶이었지. 난 공산당원으로서 우리 시대의 심장부를 겪었던 것 같아. 인류의 가장 문제적인 감각이 20세기 공산

---

* 1884~1948. 1935년 체코슬로바키아의 대통령에 취임했다. 1938년 체코의 주데텐 지역을 독일에 양도하는 뮌헨협정이 성립되자 영국에 망명정부를 수립하고 반나치 저항을 이어갔다. 1945년을 전후로 다시 대통령에 취임했고, 1948년 공산당 쿠데타 이후 사임했다.

** 이탈리아공산당은 한때 당원이 수백만 명에 이를 정도로 서유럽 최강 정당의 위세를 누렸다. 반소 노선, 토지개혁 등 대중을 포용하는 정책을 펼친 이탈리아 공산당은 1976년 정권 교체를 노릴 정도로 성장세를 보였으나 간발의 차이로 패하고 말았다.

주의의 역사 안에 체현되어 있다오. 우리 시대에는 인간이란 무엇인가라는 문제와 가장 치열하게 씨름할 수 있는 방법은 공산주의자가 되는거 였소. 4백 년 전에는 기독교 교리와 교회 정치를 통하는 거였지만 우리 시대에는 단연 마르크스주의와 공산당이었지. 내 생각에는 지금도 그렇고."

체현된 정치적 감정

푸른빛과 금빛으로 채색된 10월의 어느 눈부신 날 나는 키 크고 살집이 없는 한 남자와 함께 중서부의 큰 주립대학 캠퍼스를 걷고 있다. 남자의 소년 같은 얼굴은 사방에서 마주치는 사람들이 따뜻한 인사를 건넬 때마다 마치 준비하고 있었다는 듯 환하게 밝아진다. 우리는 가로수가 늘어선 보행로를 따라 고딕양식의 한 석조 건물에서 다른 석조 건물로 이동하는 중이다. 한 학생이 큰 소리로, "안녕하세요, 에델 교수님" 하고 외친다. 한 동료가 멈춰 서서 "보리스, 자네한테 전화하려던 중이었는데" 하고 말한다. 어떤 비서는 남자의 팔에 손을 얹으며 "교수님, 서명이 필요한데요⋯⋯"라고 말한다. 나와 함께 걷고 있는 남자는 자신을 향한 모든 요구에 애정과 예의와 관심을 담아 응대한다. "잘 지내나, 밥?"이라고 대꾸하거나, "그래? 중요한 일인가? 오늘 저녁에는 집에 있을걸세"라고 하거나, 아니면 "그래, 그래, 알았소. 오늘 오후에 하지, 약속해요"라는 말로. 우리는 마침내 목적지인 건물에 닿아서 아치형 출입구로 들어가 학생 게시판이 늘어선 복도를 따라 걷는다. 남자가 문을 열자 맨 끝에 있는 두 개의 아름다운 납틀 창에서 흘러들어 오는 빛으로 환한 넓은 연구실이 펼쳐진다. 남자는 책상에 놓인 회전의자에 주저앉으며 나를 향해 책상 옆에 놓인 의자에 앉으라는 몸짓을 하고 온종일 자신의 회신을 기다리고 있는 사람들에게 전화 두 통만 걸겠다며 양해를 구한다.

53세인 보리스 에델은 자신의 연구로 큰 존경을, 자신의 인품으로 큰 사랑을 받는 이 대학의 이론물리학 정년교수이다. 사실 그는 학생들 사이에서는 착한 보리스로 알려져 있다. 때로 에델은 자신에게 삶이 이렇게 잘 풀린 걸 믿을 수가 없다.

보리스의 아버지 아이작 에델은 북동부에 있는 큰 주에서 공산당 주의장으로 30년간 일했다. 아이작은 솔로몬의 지혜와 아름다운 품성을 가진 것으로 워낙 명성이 자자해서 "공산당 최고의 성인군자"라고 불릴 정도였다. 그리고 실제로 그를 알았던 많은 이들이 지금까지도 아이작의 훌륭한 인품에 존경을 표한다. 아이작의 아들인 요제프와 보리스는 아버지를 우상으로 여겼다. 다른 시공간이었더라면 아이작과 그의 아들들은 아마 걸출한 탈무드 학자가 되었을지 모른다. 이번 시공간에서 이들은 독실한 공산당원이 되었다.

기억할 수 있는 가장 어린 시절부터 보리스는 하루빨리 당의 조직구조에서 아버지 옆자리를 맡고 싶어 했다. 보리스는 아직 많이 어렸을 때부터 이미 과학에 소질을 보였고 학자로서의 엄청난 역량도 인정받았지만, 그에게 정치와 정치이론 바깥에 있는 학문은 그 자체로는 아무런 의미가 없는 게임일 뿐이었다. 물론 그때는 마르크스주의에 학문적 논리를 적용하는 것이 추상 과학에 적용하는 것만큼이나 게임처럼 보이는 날이 오리라고는 상상도 하지 못했지만.

보리스는 결국 대학에 들어가서 곧바로 자신의 학교에 있는 청년공산주의자연맹 지부 대표가 되었고, 얼마 지나지 않아 학교를 그만두고 전업 청년공산주의자연맹 조직가가 되고 싶어 했다. 그러자 아버지가 말했다. "안 된다. **무언가**가 되어야지. 그래야 당에든 너 자신에게든 네가 부담이 되지 않을 수 있단다." 다른 한편으로 보리스가 운동에서 성취하고 싶은 걸 들떠서 떠들어댈 때면 아버지는 그에게 "그건 네가 결정할 일이 아니지. 네가 뭘 할지는 당이 정할 거야"라고 충고하곤 했다고 지금의 보리스는 웃으며 회상한다.

보리스는 물리학 학사학위를 받고 졸업한 직후 당에 들어가서 청년공산주의자연맹 전업 조직가가 되었다. 하지만 이즈음 미국은 제2차 세계대전에 돌입했고 얼마 뒤 보리스는 육군에 징집되었다. 그는 전쟁 기간 해외에서 복무했고 귀국해서는 공산당의 마지막 청년운동 창설자이자 대표가 되었다.

1956년 제20차 당대회 보고서는 그의 세계를 무너뜨렸다. 많은 공산당원에게 흐루쇼프의 폭로는 낙타의 등을 부러뜨린 지푸라기 같은 것이었다. 다시 말해서 갈등과 의혹과 신념의 내부적인 침식이 이미 서서히 누적되고 있던 중에 마지막 붕괴가 일어난 것뿐이었다. 하지만 다른 많은 이들에게 그 보고서는 청천벽력이었고 따라서 트라우마를 남겼다. 보리스 에델도 그중 하나였다. 그의 신념은 완벽하기만 한 게 아니라 모든 것을 배제하는 세상의 감각이 표출된 것이기도 했다. 보리스에게 국제 공산주의는 여러 세상 중 하나가 아니라 유일한 세상이었다. 스탈린이 편집증적인 살인자라는 말은 다윈이 옥스퍼드 출신 지식인들에게 너희는 유인원의 후손이라고 말하는 것과 같았다. 그것은 우주를 박살 내는 차원의 한 방에 해당했다.

"우린 소련에서 이런 게 사실이라는 걸 믿을 수가 없었죠," 에델이 온화하게 말한다. "그리고 그게 사실이라는 걸 알게 됐을 때는 우리 세상이 사상누각이라는 걸, 우리의 삶을 받쳐줄 토대가 하나도 없다는 걸 깨달았어요."

그는 안으로는 자신과, 밖으로는 당과 끔찍하게 투쟁해야 했고 결국 자신의 삶을 다시 빚어내야 한다는 걸 깨달았다. 에델은 빌 체이킨이나 아서 체슬러처럼 1956년에 미국공산당을 바로잡으려고, 소련으로부터 독립해야 한다는 걸 지금, 진심으로 배우지 못하면 망한다는 걸 납득하게 하려고 치열하게 공들인 시도를 했던 당내 사분오열된 이견 집단 중 하나였다. 이견 집단은 실패했다. 그 이유 중 하나는 분열이었다. 가망 없을 정도로 분열되고 자신들을 갈라놓는 상처를 봉합할 능력이 없었던 그들은 유력한 세력이 되지 못했다.

에델이 안경을 벗고 회전의자에 등을 기대더니 왼쪽 발목을 오른쪽 무릎 위에 올리고 손으로 검은색과 회색이 뒤섞인 곱슬머리를 빠르게 쓸어넘긴다. 그는 생각에 잠긴 듯 안경을 닦기 시작하더니 이렇게 말한다. "나한테 문제는 자기 가슴을 내리치고 고행을 감내하면서 '그 세월 내내 내가 거짓말이나 늘어놓다니'라고 말하는 맥스 비터먼 같은 사람들처럼 개인적인

미국 공산주의라는 로맨스

배신감 뭐 그런 건 아니었어요. 나한테 문제는 '어떻게 이런 일이 벌어질 수 있지?'였죠. 그리고 이 질문은 아직 대답을 찾지 못했고 계속 날 따라다녀. 풀리지 않은 큰 문제는 예나 지금이나 '지도부와 조직과 규율(나는 아직도 이런 게 필요하다고 생각합니다)을 유지하면서도 민주주의를 억압하지 않고 인류에 대한 경멸과 잔학 행위를 피할 수 있을까?'랍니다."

"하지만 내가 이 질문에 집중했을 때도 다 너무 믿을 수가 없었어요, 다 너무 압도적이었죠…… 흐루쇼프의 폭로가 얼마나 위력적이던지…… 그리고 1956년 이후에 사회주의 세계에서 일어난 모든 일들도 그렇고. 내가 있는 세상에서 어떤 일들은 상상도 할 수가 없었죠. 가령 사회주의 국가들은 들고일어나서 서로 갈등해야 했어요! 그런데 그런 건 상상도 못했죠. 그리고 나도 그건 전혀 예상하지 못했구요. 우린 논리 위에 세상을 지었던 거예요. 그리고 이건 지극히 비논리적이었죠. 충격이 이만저만한 게 아니었답니다."

"그래도 당을 나올 때는 내가 영원히 떠나는 거라고 생각하지 않았어요. 당이 미국에서 완전히 와해될 거라고 생각하지도 않았구요. 그냥 이행기라고 생각했고 잠시 나가서 이런 질문들에 대해 생각해보고 난 다음에 다시 내 운동으로 돌아와서 활동할 생각이었죠. 물론 그렇게 되지 않았지만."

아버지는 당을 떠나지 않았지만 보리스의 탈당 결정을 전폭적으로 지지했다. 반면 그의 형 요제프는 그렇지 않았다. 형제는 뉴욕의 길을 걷다가 언쟁을 했다. 그리고 마지막에 보리스는 형에게 말했다. "내 말 잘 들어, 10년이 지나면 난 내 과거에 충실하면서도 여전히 유력한 자리에 있게 될 거야."

지금의 보리스는 당시 그 말을 할 때 자신이 무슨 소리를 하는 건지 잘 몰랐다고, 그냥 절반은 직관적으로, 절반은 염원을 담아, 그리고 주로는 자신을 엄습하기 시작한 깊은 절망을 숨기기 위한 치기의 발로에서 한 소리였다고 말한다.

그는 구경꾼 없이 자신의 상처를 핥는 동면의 방법을 찾다가 과학으로 돌아갔다. 서른다섯의 나이에 대학에 다시 들어간 그는 진 빠지는 대학원 생활에서 맹목적인 위안을 얻었다. 4년 뒤 최우등생으로 졸업했고 마흔 살에 이번에는 과학자로 두 번째 남다른 경력에 발을 들였다.

1960년대 중반 자신마저 너무나 놀라운 방식으로 그는 다시 한번 미국 정치에 깊이 연루되었다. 미국의 대학들이 하나하나 폭력적인 불만으로 들끓기 시작하고 있었다. 보리스가 일하는 대학의 차례가 왔을 때 어느 날 그는 학생집회에서 홀연히 일어나 양측에 이성을 호소했다. 그 순간 사람들은 이 타고난 지도자를 알아보고 환호성을 질렀다.

"난리도 아니었지, 진짜 난리도 아니었어요," 아이작 아델의 아들이 당황해하면서 말하는데 그 어느 때보다 더 소년 같아 보인다. "난 캠퍼스에서 벌어지는 일에 개입할 의도는 전혀 없었어요. 하지만 다들 한꺼번에 너무 흥분한 것 같아 보였는데, 뭐 어쨌든 나는 정치투쟁에 문외한은 아니었으니까. 나한테는 양측에, 그러니까 학교 당국과 학생들에게 어떤 일이 일어나고 있는 게 보였는데 다른 사람들한테는 그게 전혀 보이지 않는 것 같았어요. 그래서 전체 상황에 이성을 조금만 주입하

미국 공산주의라는 로맨스

면 되겠다는 생각을 했던 거지. 아, 그런데 다들 한쪽을 너무 몰아세우지만 않아도 너무 고마워하다 보니까 내가 하룻밤 사이에 캠퍼스 영웅이 됐던 거예요."

이 캠퍼스에 있는 다른 사람들은 보리스의 담담한 설명보다는 좀 더 많은 게 있었다고 주장한다. 사람들은 다른 모두가 분노 아니면 좌절감 때문에 완전히 손 놓고 있었을 때 보리스가 학생과 학교 당국의 다툼을 지혜와 공감 능력으로 중재했다고 말한다. 그리고 보리스는 전적으로 학생들 편이었지만 동시에 학교 당국을 쥐 잡듯 몰아세우지도 않았고, 대학 전체가 어떤 진퇴양난에 빠져 있는지를 인식하고 치유 효과가 대단히 큰 넉넉하고 앞서나간 감각을 새롭게 흘려넣었다고도 이야기한다.

보리스는 차분하게 말한다. "여러 가지 면에서 그 몇 년은 참 끔찍했어요. 사람들은 서로에게 잔인하고 터무니없는 말과 행동을 했죠. 우정이 짓뭉개지고 화해할 수 없는 골이 파이고 오직 정치에 의해서만 유발되는 비통함이 난무했답니다."

"하지만 어떤 면에서 그 몇 년은 경이롭기도 했어요. 자신이 정치적인 동물이라는 걸 깨달은 사람들의 의기양양함을 어디서든 마주칠 수 있었죠, 우리가 호흡하는 공기 속에서도 말이에요. 그리고 내 경우엔…… 그게, 내 경우엔 아주 좋았어요, 사실. 다시 활기를 얻었으니까요. 간단했어요. 많은 세월 동안 이도 저도 아닌 상태였다가 활기를 얻었던 거예요. 내가 늘 알고 있던 게 맞다는 걸 확인한 거죠. 난 뼛속까지 정치적인 인간이라는 걸 말이에요."

"과학도 상당히 놀라워요. 매력적이고 아름답죠. 하지만 정치만큼 내 삶의 터전에서 나한테 전율을 일으키지는 않아요. 정치 활동 속에서 사람들하고 어울리는 것, 그 특별한 동지애를 느끼는 것, 사람들이 그런 환경 속에서 **생성**을 겪는 걸 지켜보는 것, 그건 새로운 세상이 만들어지는 기분이에요. 어떤 행동이나 물건을 통틀어도 정치 활동만큼이나 인류의 아름다움, 삶 자체의 아름다움을 느끼게 해주는 건 없답니다. 나한테는 공산당이 늘 그런 존재였어요. 아버지에게도 그랬죠."

"그리고 맞아요," 에델이 나를 향해 활짝 웃는다. "내가 아주 오래전에 형한테 했던 약속이 결국 지켜졌다는 만족감도 있었죠. 난 그 어느 때보다도 급진적이었고, 그 어느 때보다도 내 과거에 충실했고, 아직도 실력을 행사할 수 있는 자리에 있었잖아요. 그게 끝내주게 기분이 좋았어요. 마치 내가 내 인생만이 아니라 아버지의 인생, 당의 인생까지 다 정당성을 입증한 기분이었다니까요."

이 모든 것 속의 무언가, 어떤 독특한 경고음 같은 것이 에델에게 지난 세월 동안 그의 개인적 관계는 어땠는지 물어보라고 등을 떠민다. 대학교수로 일하는 동안 쌓인 우정은 본질적으로 어떤 성격일까?

에델은 한동안 날카로운 눈빛으로 나를 쳐다본다. 그러더니 마치 내 마음을 다 읽었다는 듯 나를 향해 고개를 끄덕이며 씩 웃는다. "그런 건 하나도 없어요," 그가 말한다. "진짜 없어요. 그래요, 나한테는 개인적인 관계 같은 건 없었던 것 같아." 그런 다음 에델은 공산당원들 사이에서는 보기 드문 진정한 자기이해 한 조각으로 나를 깜짝 놀라게 한다.

"묘하죠," 에델이 모은 두 손 위로 머리를 살짝 얹으며 말한다. "1960년대 이후에는 사람들이 개인적인 문제를 들고 나를 종종 만나러 와요. 힘든 결혼생활, 동성애자라는 자각, 뭐 그런 문제들을 가지고. 날 찾아오는 건 다른 모든 사람이 길길이 날뛸 때 내가 따뜻하게 공감할 줄 아는 사람이었다는 기억 때문이거든요. 그래서 내가 이번에도 공감을 해줄 거라는 확신을 하고 오는 거란 말이에요……"

"그 사람들이 달리 갈 데가 없어서 **미안해하면서** 온다는 걸 알아요. 하지만 그 사람들이 다시 오지 않을 거라는 것도 알죠. 이유는 모르겠지만 난 그 사람들에게 원하는 걸 줄 수가 없거든요. 나 역시 거기 함께 있다는 기분을 느끼게 해주지 못하는 거예요."

에델은 마음속으로 무언가를, 자기가 보기에는 너무나도 재미있고, 초자연적이기까지 하지만 약간 충격적이기도 한 어떤 걸 골똘히 생각하는 듯한 표정으로 나를 바라본다. "난 깨달았어요," 그가 천천히 이야기한다. "내 가장 깊은 감정들은 정치적 맥락에서만 작동한다는 걸요. 나한테는 정치에 참여하는 사람들만이 현실적인 존재 같다고나 할까요. 어떨 땐 아내마저 그런 것 같아요. 정말 모르겠어요. 우리의 정치적 삶은 개인적인 삶과 워낙 깊숙이 뒤엉켜 있고, 항상 그랬어요. 그게 우리의 개인적인 삶인 거죠. 그러니까 다른 게 존재하는지 잘 모르겠어요. 정치와 **동떨어진** 다른 게 존재하는지 잘 모르겠어요……"

나는 아주 오랫동안 에델을 말없이 바라본다. 보리스 에델은 공산주의자들 속에서 가장 탁월한 것을 완벽하게 체현한 사람이다. 정치적 감정 쪽의 재능은 대단히 발달했지만 개인적인 공감 쪽의 재능은 워낙 방치해서 퇴화해버린. 대부분의 공산주의자들이 그렇듯 보리스의 내면에서 인간적인 모든 경험은 주로 정치 행위를 통해 생명을 얻는다.

에델에게 급진 정치는 인간이라는 개념을 영웅 수준의 규모에서 인식하는 구성물이다. 그는 이 개념에 대해서는 열정적인 애착을 보인다. 이 개념—인간성이라고 하는 개념—을 통해 그는 인간으로 존재하기라는 행위를 경험한다. 이 개념이 있을 때 그의 내면에 있는 선함이 자극을 받아 존재 상태로 활성화되고, 그러면 그는 관계를 맺고, 그리고 사랑을 한다.

이런 역학의 한계는 자명하다. 그 힘과 아름다움 역시 똑같이 자명한 것처럼. 인간이라는 개념—개별 존재의 사실성과는 구분되는—은 삶을 사랑하는 두 가지 위대한 방식 중 하나다. 공산당원들 내에서 이 개념—아무리 자주 왜곡되고, 아무리 자주 타락해도—은 열정적으로 작동했다. 협소하고 강렬하고 막강한 이 개념은 그들 안에서 신화적인 수준의 업적을 이뤄냈다.

"공산당원이 어떤 존재인지 내 알려드리지"

에릭 란제티에게—앤서니 에렌프리스에게도 그렇지만— "장기적인 관점을 취한다"는 표현은 공산당에서 흔히 쓰는 그런 상투적인 말이 아니다. 그것은 세계 사회주의가 요동치고 들썩거리고 때로는 인간의 의식이라는 정글을 헤치고 나아가는 비전에 뿌리를 둔 지적인 삶의 중대한 자양분이다. 란제티에게 러시아에서 50년간 펼쳐진 국가사회주의(그는 여기에는 동유럽과 중국의 사회주의 30년과 쿠바의 사회주의 20년이 포함되었다고 재빨리 덧붙인다)는 마르크스의 철학적 가르침을 진정한 현실로 만드는 데 필요한 수 세기에 걸친 투쟁에서 한순간일 뿐이다. 그 온갖 살인적인 투박함, 그 온갖 악습과 휘몰아치는 혼란에도 불구하고 거치지 않을 수 없는 한순간. 이런 맥락에서 란제티는 유명한 독일 사회주의자 게르하르트 아이슬러*에 대한 이야기를 펼쳐놓기를 좋아한다. "아이슬러가 임종을 앞두고 있을 때 내가 독일에 있었거든, 그래서 그 사람을 보러 갔지. 그 사람 쪽을 몸을 기울이고서 내가 그랬어요, '얘기해보세요, 게르하르트, 당신은 뭘 배웠습니까?' 그 늙은이가 기진맥진해서 등을 기댄 상태로 거의 속삭이듯이 그러는 거야, '사회주의를 구축하는 게 얼마나 어려운지를 배웠지.'"

란제티는 공산주의자 좌파 사이에서 대단히 유명하다. 일단 그는 1950년대에 유명 사건의 주인공이었다. 1947년 기소를 당한 뒤 대대적인 동정이 일었고 그는 하룻밤 새 유명인사가 되었다. 또 하나, 공산주의에 대한 그의 애착은 30년 전과 마찬가지로 지금도 맹렬히 타오른다. 하지만 란제티와 공산당과

---

* 1897~1968. 독일의 정치인, 언론인. 1929~1931년에는 공산주의인터내셔널과 중국 공산당 사이의 연락책으로 활동했고 1933년부터는 미국에서 활동하다 반미활동조사위원회에서 증언을 거부했다는 등의 이유로 징역형을 받았다. 동독 수립 이후 사회주의통일당과 동독정부에서 일했다.

의 관계에는 두 개의 물음표가 있다. 첫째, 그가 당원이었던 시간은 고작 3년이었다는 것이고 둘째, 좌파와 우파 양쪽에 있는 많은 사람들이 지난 30년간 란제티가 공산당 지하 전략가였다고 생각한다는 점이다. 이 차이는—전체적으로 봤을 때—공산주의 또는 공산당에 대한 란제티의 헌신이 가진 이중성을 설명하는 중요한 단서이다. 란제티의 일대기에서 가져온 아래의 "발췌문"은 이런 이중성을 완벽하게 설명한다.

란제티는 미출간 자서전에 이렇게 적었다.

한때 천주교 신자였던 나는 정통파적 신념에 익숙하면서도 진저리쳤지만 당이 정치적으로 효과적이라고 생각했기 때문에 활동을 이어갔다. 나는 말 그대로 울며 겨자 먹기로 선명하고 의식적인 이런 결심을 내렸다(독소조약의 시기에). …… 나는 그 조약이 제시되는 방식을 보고 안절부절못하면서 회의실 뒤편에 앉아 있었다. …… 평화를 강조했지만 나는 그게 헛소리라는 걸 알았다. 그건 전쟁을 알리는 신호가 분명했다. …… 아무도 이런 주장을 하지 않자 나는 자리에서 일어났다. …… 채 두 문장을 말하기도 전에 지사 조직책이 끼어들어 내 생각만이 아니라 내 인격에까지 독설을 퍼부었다. 나는 당을 어지럽히고 약하게 만든다는 비난을 샀다. 나는 트로츠키주의자였고, 부르주아 아첨꾼이었고, FBI 스파이일 수도 있었다. …… 나는 예기치 못한 공격에 넋이 나가 그 자리에 우뚝 서 있었다. 특히 놀랐던 건 관련 내용과는 전혀 어울리지 않는 그 적의였다. 그때 나는 그 유독한 날카로움이 그 조직책

미국 공산주의라는 로맨스

의 불안 때문임을 깨닫지 못했다. …… 나는 영국에서 내가 겪은 이런 종류의 적의에 찬 공격이 트로츠키를 향해 사용되는 걸 본 적 있었다. 그것은 적을 완전히 소멸시키거나 복종시키기 위해 사용하는 방법, 레닌이 직접 의도적인 전술로 사용하면서 상찬했던 방법이다. "나는 듣는 사람 내면에서 증오, 역겨움, 경멸을 촉발하도록 계산된 그런 어조를 의도적으로 선택한다. …… 그 어조, 그런 표현은 사람들에게 확신을 심어주기 위함이 아니라 흔들어놓기 위함이고, 적수의 실수를 바로잡기 위함이 아니라 완전히 절멸시키기 위함이며, 지구상에서 그를 쓸어내버리기 위함이다."

나에게는 세 가지 선택이 있었다. 그 모임 장소와 당을 떠나는 것, 맞받아 싸우다가 내쳐지는 것, 입 다물고 앉는 것. 나는 입 다물고 앉았다. ……

뒤이어 란제티는 이렇게 적는다.

독소조약은 내 학업과 내 공산당원 경력에 상당한 역할을 했다. 스탈린의 노련함에 대한 믿음을 강화하는 동시에 그의 이데올로기에 의지해서는 안 되겠다는 내 심증을 굳혀주었기 때문이다. 그리고 그 덕분에 나는 나의 지적 사후경직이 얼마나 많이 진전되었는지를 문득 생생히 깨달았다. 나는 이미 내 이데올로기의 포로가 되어 있었고 그런 일은 다시 일어나서는 안 된다고 생각했다. ……

그러니까 란제티는 처음에는 당을 **위해** 인민전선 기구를 운영하려고 1941년에 당을 떠나긴 했어도 다시 공산당의 권위주의적인 통제하에 놓일 생각이 전혀 없었다. 하지만 그러면서도 자신이 당을 떠났다는 사실을 절대 공개적으로 알리지 않았고—기소와 투옥과 정신을 차릴 수 없는 재정적 어려움 등으로 힘들었던 시기에조차—그래서 오늘날까지도 란제티의 당적에 대한 의문은 많은 이들에게 수수께끼로 남았다. 지금도 란제티 앞에서 당이나 스탈린이나 소련을 공격하면 란제티는 버럭 화를 내면서 이렇게 외치기 때문이다. "내 앞에서 스탈린의 잔혹 행위에 대해 이야기하지 마시오! 스탈린은 러시아인들만 죽였잖소! 그런데 우리는 **가리지 않고** 죽이지. 내 앞에서 베트남에 대해, 에너지 위기에 대해, 워터게이트에 대해 이야기하지 마시오. 그리고 감히 내가 대변하고 있고 살아 있는 한 영광스럽게 몸담을 운동과 당과 민중이 어떤 면에서 잘못됐는지 이야기하지 마시오."

란제티가 운동의 정신에 대해 심오하고 유동적인 감각을 소유하고 있으면서도 교조적인 정치의 편협한 비루함에 대해서는 깊은 인간적 반감을 품고 있는 공산당원이라는 것은 시간이 지나면서 몹시 분명해진다. 이 이중성은 여러 가지 면에서 란제티를 고립시켰다. 많은 사람들에게 그는 스탈린 옹호자이고, 다른 사람들에게는 가망 없는 수정주의자이며, 또 다른 사람들에게는 이상주의적인 괴짜이다. 미국 공산당의 많은 이들에게 지금의 란제티는—독보적인 독립성 때문에—"노동계급의 적"일 위험이 높다. 장기적인 관점이 란제티를 가장 용기

미국 공산주의라는 로맨스

있는 자만이 올라 설 수 있는 백척간두의 위치에 올려놓은 것이다.

에릭 란제티에게는 눈에 띄는 존재의 오롯함이 있다. 그는 내가 아는 공산주의자 가운데 가장 완벽하게 통합된 인물이다. 다사다난한 긴 인생에서 그가—자신과 타인에 대해, 인간 경험의 본성과 변화의 다양한 원인에 대해—배운 모든 것은 그의 정치로 녹아들어간다. 그는 자신의 감을 뒷받침할 증거에 세심한 관심을 기울인다. 그리고 그 증거는 주변 세상에 대한—마르크스주의자로서—그의 관찰과 반응을 꾸준히 빚어내고 다시 빚어낸다. 반대로 란제티에게 정치의 생명체와 같은 본성은 일상적인 판단을 담금질하고 관계의 폭을 넓히고 인간적인 모든 것에 강렬한 흥미를 느끼게 만드는 등 그의 개인적인 삶의 성격에 영향을 미친다. 요컨대 란제티의 마르크스주의는 사실 정치적 교의라기보다는 철학적 관점, 그의 내면에서 워낙 확실한 지식과 함께 살아 있어서 이론을 위해 현실을 희생시킬 필요가 없는 그런 한 조각 진실이다.

란제티는 한시도 쉬지 않고 움직이는 사람이다. 62세인 그는 내가 만났던 그 어떤 사람보다도 길고 빠르고 열정적으로 이야기한다. 그는 말하면서 담배를 피우고 술을 마시고 손으로 허공을 가르고 의자에서 벌떡 일어나고 방 안을 서성대고 대화 상대의 팔을 꽉 잡는다(그러면 그다음에 이어질 아주 중요한 순간에 꼼짝없이 그 자리에 있어야 한다). 그의 검은 눈이 더 짙어지고 눈썹이 (짐짓) 흉포하게 한데 모이고 늘어진 흰 턱수염은 가부장 같은 풍모를 더하다가 지적인 풍모를 더하다가 사탄 같은 느낌을 준다. 이런 변화무쌍한 특징은 란제티가 존재라는 행위와 능동적인 관계를 맺고 있음을 보여주는 객관적 상관물이다. 또한 공산주의를 비유적인 면에서 자연의 힘과 유사한, 생동감과 변화 가능성과 대응력을 갖춘 힘으로 여기는 그의 감각이 인격적으로 표현된 것이기도 하다.

한번은 긴 대화 중에 내가 "진짜" 공산주의자와 동조자 또는 회전문 공산주의자들을 구분하기 시작했다. 란제티는 발끈하더니 이렇게 말했다. "**진짜** 공산주의자라고? 대체 그게 무슨 말이지, 진짜 공산주의자라니?" 그러더니 공산주의자가 무엇인지에 관해 궁극의 신화적인 연설을 늘어놓았다.

"공산주의자가 어떤 존재인지 내 알려드리지." 란제티가 말했다. "한 조직가가 공장에 들어가요. 그 사람이 노동자들하고 같이 일하면서 유인물을 돌리고 일터에서 벌어지는 문제를 지적하고 노동자들이 전에는 생각해보지 못한 관계를 거론하지. 한 노동자가 이 조직가가 하는 말에 관심을 갖고 모임에도 몇 차례 나오기 시작하는 거야. 책을 읽기 시작하고 상황감각이 조금 더 확장돼요. 자본주의에 대해 사고하기 시작하고 노예제와 봉건제에 대해 공부하고 여기에 패턴이 있다는 걸 알게 되지. 역사를 느끼기 시작하는 거야. 이제는 자기가 계속 진창에서 구르기만 하는 건 회사나 자기 위에 있는 개자식 때문이라는 관점을 넘어서게 되지. 이제는 하나님보다 더 오래된 억압의 시스템도 보이고 자기가 이 세상에 존재하는 그 어떤 것보다 더 큰 무언가의 일원이라고 느끼게 되는 거야. 그 덕분에 마음이 편해지고 용기와 정력이 생겨요, 정치화되는 거지."

미국 공산주의라는 로맨스

"이 시간 내내 이 사람은 공산당에 속해 있어. 자, 그런데 이 사람이 변했다고 해봅시다. 모임에도 빠지고 새로운 동네로 이사를 가는 거지. 당을 찾는 일도 뜸해지고, 당도 이 사람을 찾으러 오지 않는 거요. 회비를 안 내서 명부에서도 빠지지, 더는 당원이 아닌 거야. 시간이 흘러요. 이제는 모임에 가야겠다는 생각도 안 들어. 또 시간이 흘러요. 이 사람은 완전히 멀어지지. 자, 얘기해봐요, 이 사람은 누굽니까? 내가 알려드리지. 이 사람은 **공산주의자**요! 그리고 남은 일생 동안도 여전히 이 사람은 공산주의자요. 어디에서 망할 일이 벌어지든, 이 사람이 거기서 얼마나 떨어져 있든 일정한 방식으로 반응할 거고 일정한 이해를 근거로 행동할 거요. 그리고 이런 사람은 어디에나 있소. 이 사람들이 다 공산주의자요, 이 사람들이 내 민중이고, 내 자식이고, 내⋯⋯"

"그리고 우리는 사방에 있어요, 사방에. 우리는 이 망할 나라를 **구했소**. 우리는 스페인에 갔고, 그렇게 했기 때문에 미국이 파시즘을 이해했던 거요. 우리가 베트남전이 더는 이어지지 못하게 만들었고 우리가 워터게이트 그 안에 있소. 우리가 CIO를 만들었고, 우리가 루스벨트를 당선시켰고, 우리가 흑인민권운동의 싹을 틔웠고, 우리가 이 개떡 같은 나라를 몰아세워서 모든 좋은 조치와 입법을 하게 만든 거요. 우리가 그 더러운 일을 했고 노동과 자본 기득권이 그 덕을 봤지. 공산당은 민주주의가 굴러가도록 도운 거요."

"우리는 고개를 들고 또 드는 변화무쌍한 세력이요. 공산주의자는 그런 거지. 우리가 어떤 실천이나 팸플릿으로 100명이나 500명을 만나면 궁극적인 효과는 그 인원의 천배야. 그건 느끼는 방식이고, 반응하는 방식이고, 이 개 같은 이윤 시스템의 더 깊은 의미를 들여다보는 방식이고, 궁극적으로는 다 같은 거란 말이오."

그것은 전부 일맥상통한다. 란제티의 비전에서 핵심을 이루는 말이다. 여기에는 정통 공산주의자들이 말하는 올바른 혁명 행동에는 받아들여지지 않는 숱한 행동, 입장, 태도가 포함된다. (또한 숱한 비행동들도 포함된다. 자유주의자나 보수주의자가 "어떤 개똥 같은 자본주의적인 일"에 관여하지 않겠다고 일축할 때마다 란제티는 거기에도 사회주의적인 측면이 있다고 여긴다.)

"우린 그 개자식들을 조금씩 조금씩 좀먹는 거야," 란제티가 말한다. "어떤 사람이 가령 나나 다른 어떤 공산주의자가 이야기해주기 전에 전과는 아주 조금 다르게 상황을 볼 때마다 난 그걸 성과라고 생각해요. 난 말이오, 항상 모든 사람한테 말을 걸지. 의사, 수위, 택시 기사. 그리고 내가 무슨 행동이나 말을 했는데 어떤 사람이 나한테 '와, 당신이 한 행동, 당신이 한 그 말 멋있었어요. 어떻게 그럴 수가 있는 거예요?'라고 말하면 그때마다 난 그러지, '그건 내가 공산주의자라서 그렇소.'"

란제티는 내가 아는 미국 공산주의자 가운데 마음가짐이 유럽 공산주의자들과 유사한 유일한 인물이다. 그는 이런저런 방식으로 늘 조직한다. 좋은 시절에는 뉴욕의 로어이스트사이드를 조직했고, 나쁜 시절에는 자기 자신을 조직했다. 그는 걸신들린 사람처럼 읽어댄다. 책, 잡지, 신문, 좌파, 우파, 중도 가리지 않고. 지역사회 활동에 참여하고 신생 운동을 지원하고 편집자에게 편지를 쓰고 생태주의부터 페미니즘, 에너지 위기까지 만사에 자기 의견이 있다. 그에게는 마르크스주의자로서 내면의 생명력을 유지하고, 긴 여정을 염두에 두고 더 너른 세상과의 관계를 열어두는 것이 중요하다.

"이탈리아 공산주의자들을 봐요," 란제티가 말한다. "그 사람들은 30년 동안 아무런 존재감 없이 살았잖소. 이 세상 누구도 그들이 존재하는 걸 모르던 그 시간 내내 그 사람들이 대체 뭘 했을 거 같소? 조직했지. 30년 동안 이탈리아의 모든 도시와 마을에서 연결망을 유지한 거요. 절대 민중들과 떨어져 지내지 않았어. 워싱턴에서, 로마에서 거물들이 자기들을 비웃는 동안 그 공산주의자들은 노력했고 기다렸소. 절대 화석화되지 않았고 절대 시대착오적으로 퇴행하지 않았고 절대 그 나라의 삶과 멀어지지 않았어. 어디에서든 가르쳤고 참여했고 자리를 지켰소. 회유하고 타협하고 양보하면서 살아남은 거야. 그리고 이제 그 사람들을 보시오……"

"이탈리아 공산주의자들을 보고 많은 미국 마르크스주의자들이, 내가 30년 동안 알고 지낸 많은 사람들이 패닉에 빠졌지. '수정주의야, 수정주의라고,' 외치면서 말이오. 그러면 나는 개소리라고 해. 이 세상에서 서구권 공산주의에 희망이 있다면 그건 이탈리아인들이라고."

지난 25년간―감옥에서 출소한 이후―란제티는 여러 면에서 왕성하게 활기를 유지했다. 노동조합을 위해 일했고, 좌익 출판사를 운영했고 로어맨해튼에 있는 주택 세 채를 재건축했다(이 중 하나는 지금 그의 집이다). 이 기간 내내 그는 꾸준히 글을 썼다. 책, 팸플릿, 기사 등등. 그가 쓴 것 중에서 출간된 것은 일부에 불과하다. 란제티는 자신의 글이 우파에게는 너무 좌파적이고 좌파에게는 너무 우파적이라고 말한다.

어째서 그는 계속 쓰는가? 그가 말한다. "왜냐면 내가 하는 말이 중요하니까, 누군가는 해야 하는 말이고 결국 사람들이 그걸 들어야 하거든. 내 말을 실천에 옮기는 내가 아는 유일한 방법이 글이니까. 난 급진주의자요. 조직하기엔 너무 늙었지. 그래서 글을 쓰는 거야."

그럼 그는 정확히 무슨 이야기가 그렇게 중요하다고 생각할까? 란제티가 술을 한 잔 더 따르고 새 담배에 불을 붙인 뒤 의자에 몸을 기대며 말한다. "조지 오웰은 절망의 유산을 남겼소. 스페인에서 돌아와서 공산주의와 파시즘이 똑같다고 외쳤지. '모든 혁명은 전체주의로 끝난다. 미래의 모습을 보고 싶거든 인간의 얼굴을 쉴 새 없이 짓이기는 군홧발을 상상하라.'"

"내 경우는 말이야, 그런 절망이 전후 세계에 일어날 수 있는 최악의 일이었다고 생각해. 그게 냉전의 그 어떤 정부 정책보다도 좌파를 무너뜨렸다고 말이야. 그리고 좌파가 무너지면 무슨 일이 일어날까? 우파가 그 공백을 메우려고 즉시 달려들지. 절망은 무정부 상태로 이어지고 무정부 상태는 압제와 파시즘으로 이어지는 거야. 이 나라에서 좌파의 절망이 바로 베트남, 닉슨, 워터게이트로 이어진 거라고."

"자, 이런 식으로 설명해보겠소. 우리 작가 선생은 페미니스트겠지? 프로이트가 여자에 대해 한 말을 증오할 거야. 그 늙은이가 여자에 대해서 틀렸다고, 틀렸다고, 틀렸다고 생각하겠지. 하지만 그게 선생이 프로이트 책으로 뭐나 닦으면 된다는 소리일까? 물론 그렇지 않소. 그건 욕조의 물이랑 같이 애를 버리는 거랑 같단 말이지. 프로이트는 이런 점이 틀렸고, 저런 점이 틀렸고, 어쩌면 모든 시시콜콜한 데서 틀렸는지도 모르오. 하지만 그는 **옳았소!**"

"그러니까 그건 마르크스하고도 많이 똑같아요. 마르크스도 이런 점이 틀렸고, 저런 점이 틀렸고, 많은 데서 틀렸지. 하지만 맙소사, 마르크스가 옳았단 말이야. 전체주의랑 같이 마르크스를 내다 버리는 건 미래에 침을 뱉고 자기 무덤을 파서 그 안에 들어가 눕는 짓이야."

"아, 난 혁명을 이야기하는 게 아니오. 최소한 서구권에서 폭력혁명은 과거지사지. 이탈리아 사람들이 거기에 쐐기를 박길 기대해보자구요. 하지만 젠장맞을, 우린 왼쪽으로 움직여왔소. 이 나라를 보시오—영국까지 갈 것도 없어—미국은 결딴나고 있잖소. 마르크스의 지적인 적용 말고 이 나라를 뭘로 구할 수 있겠소?"

"게다가 사회주의가 전 세계 4분의 3에 찾아왔는데 미국에는 오지 않을 것 같아? 말도 안 되지. 이 나라는 이 세상에서 제일 위대한 나라요. 봉건제의 역사도, 국가에 대한 사랑도 없고, 근대 세계 다른 어디서도 찾아볼 수 없는 사회의 유동성이 가득하단 말씀이야. 난 미국을 사랑하오. 날 감옥에 처넣은 놈들이 이 나라를 사랑하는 것보다 내가 더 사랑해. 유럽은 개나 주라지. 유럽은 죽었어, 볼 장 다 본 과거지. 하지만 여기 미국에는 희망이 있소, 아직 가능성과 미래가 있단 말이오."

"그러니까 그날이 올 거요, 오고 말 거요." 란제티가 냉소 어린 미소를 지으며 매듭을 짓는다. "어쨌든 동지, 당신과 내가 오늘 여기에 앉아서 이런 이야기를 하는 건 우연이 아니란 말이지."

5장

나가며

1962년 7월 뉴욕시에서 매캐런법*에 항의하는 한 집회에서 머레이 켐프턴이 연설을 했다. 강당에는 공산당원들이 가득했다. 공산당원들과는 오랜 세월 앙숙지간이었던 냉전시대 자유주의자 켐프턴은 이렇게 말했다.

"나는 살면서 많은 공산당원들을 알게 되었습니다. 나는 그들이 범죄자가 아니라는 걸 압니다. 그들이 운동가라는 걸 압니다. 우린 싸우기도 했죠. 언젠가 여러분들이 다시 일어선다면 우리가 다시 싸울지도 모릅니다. 하지만 그전까지는 이렇게 말하고 싶군요. 이 나라는 여러분에게 친절하지 않았지만,

---

★ 1950년에 제정되었다가 1971년에 폐지된 미국판 국가보안법. 공산주의 단체들이 정부에 의무적으로 등록하도록 하고, 공산주의자들은 방위산업체 근무를 할 수 없도록 했다. 이뿐만 아니라 공산주의 조직 가입 경력이 있는 외국인의 입국을 금지했다.

이 나라는 여러분들이 있어서 운이 좋았다고 말입니다. 여러분들은 체포당했고, 미행당했고, 전화를 도청당했고, 자녀들이 해고당했고, 삶을 가장 어렵게 만드는 모든 짓을 당했습니다. 내가 아는 많은 여러분들이 그 모든 일을 겪으면서도 굴하지 않고, 유쾌함과 불굴의 의지를 빛냈습니다. …… 우리 아이들의 아이들은 언젠가 광명 속에 함께 걸을 겁니다. 많고 많은 여러분들이 용기와 인내를 지키기 위해 할 수 있는 일을 했기 때문에 말입니다. …… 여러분에게 경의를 표합니다. 그리고 더 나은 시대가 오기를 기원합니다."

이 책의 서두를 어린 시절 나에게 공산당원들이 어떤 의미였던가 장황하게 설명하며 시작했으니 이 책을 마무리할 때는 지금의 나에게 그들이 어떤 의미인지를 설명하는 게 좋을 것 같다. 그리고 어째서 내가 1970년대 중반에 그들을 "기억에서 끄집어"내야 할 것만 같은 기분을 느꼈는지를.

스무 살부터 서른세 살까지 나에게 정치 그리고 삶의 정치성은 멀게만 느껴졌다. 나는 그 10여 년 동안 내 삶의 일관성을 찾기 위해 고군분투하면서도 내 세대가 대부분 그렇듯 나에게 모호하고 거리감이 느껴지는 문화적 발언들은 차단한 채 정처 없이 "침묵"하며 떠다녔다. 흑인민권운동도 내 안에서 불씨를 당기지 못했고 베트남전도 마찬가지였다. 당연히 두 운동이 미국의 부당한 삶에서 발생한 위대하고 뭉클한 사건이라는 걸 알았고 해마다 뉴욕에서, 워싱턴에서, 버클리에서 수천 명의 인파와 어울려 행진도 했다. 하지만 나는 절박함을, 순수한 분노를 느낄 수 없었다. 그것이 없는 정치적 당파성은 사기일 뿐이었다. 차라리 나는 팔짱 끼고 선 자유주의자의 권태로운 거리감을 느꼈다. ("그게 다 무슨 소용이야? 소용없어. 바뀌는 건 아무것도 없어. 달걀로 바위 치기지.") 뼛속까지 비정치화된 나는 내 시대의 역사에 투영된 내 모습을 보지 못했다.

1968년 나는 미국 페미니즘의 두 번째 물결에 속수무책으로 휩쓸렸다. 하룻밤 새 내 내면이 환하게 밝혀졌다. 성인이 된 이후 다른 정치적 목소리에서 아무런 감흥을 느끼지 못했는데 급진 페미니스트들의 주장은 귀에 쏙쏙 박혔다. 그들의 통찰력이 가진 힘과 의미가 그 유명한 깨달음의 충격으로 온몸을 흔들어놓았다. 나는 그들이 무슨 말을 하는지를 단박에 완전히 이해했다. "아, 그렇지. 저거야. 우리 삶에서 핵심은 저거지." 불현듯 마르크스주의에 감응하는 것이 어떤 것인지에 대해 묘사한 아서 쾨슬러의 말이 온몸으로 이해되었다. "'빛을 보았다'고 말하는 것은 오직 개종자만이 아는 지적인 황홀경에 대한 빈약한 묘사다. …… 새로운 빛은 모든 방향에서 두개골을 가르며 쏟아져 들어오는 것 같다." 쾨슬러가 처음으로 마르크스주의를 경험하듯 나는 페미니즘을 경험했다.

내게 페미니즘은 항상 그 자리에 있던 것을 새롭게 바라보는 막강한 방식이었다. 그것은 마치 경험의 만화경을 흔들었다가 그 안에 있는 색색의 조각들이 가라앉았을 때 완전히 새로운 형상이 만들어지는 것과 같았다. 새로운 형상 주위에는 새로운 공간이 있었고, 그 공간은 우리 삶의 더 큰 의미를 "보는 데" 필요한 거리를 만들어냈다. 여성으로서의 삶, 여성과 남성이 함께하는 삶, 거창한 사회적, 정치적 목적을 위해 인간을 제물로 바치는, 인간이 만들어낸 최초의 억압 행위만큼이나 오래된 공통의 공포에 뿌리를 둔 체제 참여자로서의 삶.

당대의 페미니즘이 특히 의미가 컸던 것은 그 두 가지 성격 때문이었다. 한편으로 우리는 이 나라의 법과 제도가 여성을 공공연하게 차별하고, 의문의 여지 없이 이등 시민으로 전락시킨다는 걸 분명히 보았다. 다른 한편으로 우리는 우리 모두가 억압의 심리 상태를 내면화해버렸다는 걸, 그리고 그 심리와 제도는 역사 자체만큼이나 오래된 동학을 만들어냈다는 걸 똑같이 분명하게 알았다. 그리고 사태의 핵심은 이 부분이었다. 그리하여 우리는 그 심리 상태를 무너뜨리면 제도가 무너지리라고 생각했다. 요컨대 20세기 후반 미국에서 페미니즘의 힘은 사회 변화가 입법보다 의식 변화와 더 깊이 연관되어 있다는 깨달음에서 비롯되었다.

내가 보기에 자신의 내면에서 노예근성을 한 방울 한 방울 쥐어짜내야 한다는 당위는 가장 중요한 통찰이었다. 자기통제가 정치 행위라는 생각은 내 감정에 깊이 뿌리내려서 내 일, 내 사고, 내 행동에 영향을 미치기 시작했다. 이런 통찰 속에서 나는 전에는 한 번도 해보지 못했던 방식으로 정치적 억압, 문화적 불안, 존재론적 공포 사이의 연관관계를 찾았다. 가부장제 개념을 통해 세계사가 제 모습을 다시 드러내기 시작했다. 내 경험을 원자료로 꾸준히 살펴보면 여성 억압의 관점에서 문화를 다시 독해할 수 있었다.

이 초창기에 이런 '재독해'에서 가장 가슴 뛰는 점은 내가—그리고 나 같은 다른 많은 이들도—페미니즘적 의식을 세상과 존재의 감각을 가늠할 수 없을 정도로 풍요롭게 살찌우는 관점으로 경험했다는 데 있다. 페미니즘의 관점에서 사고하는 것은 지적 가능성과 감정적 발견이 빠르게 새 삶을 얻는 걸 느끼는 것이었다. 나에게는 개인적으로, 오랫동안 끼고 지냈던 정신분석과 예술의 매혹적인 통찰이 페미니즘 사상에 의해 더 깊어졌고, 삶의 정치성에 관한 새로워진 감각은 내 심장에 불을 밝히고, 내 영혼을 담금질하고, 내 고독을 가라앉혔다. 역사적인 관점에서 내 삶을 다시 이해하는 것만으로도 내 내면에서 인류에 대한 유대감이 샘솟았다.

그리고 그 이후 여성운동에 생각할 수 없는 일이 벌어졌다. 페미니즘 의식이 페미니즘 도그마에 잠식되기 시작한 것이다. 전투적인 비유들이 활개를 쳤고, 이데올로기가 만들어지기 시작했고, 강경한 혁명론이 득세했고, '옳은' 태도와 '올바르지 못한' 태도를 단정지었고, 주요 페미니즘 조직에서 분파들이 난립했다. '친여성' 노선은 당의 노선이 되었고 여기에 반대하는 페미니스트는 적으로 내몰렸다. 자극적인 정치적 수사들이 모든 사고를 밀어낼 듯 으르렁댔다. '자매애'라는 말이 지적인 독립성을 난타하는 곤봉이 되었다. 여성들의 다양한 경험은 정치적 편의주의와 양립하지 못했다. 한쪽에서는 레즈비언이 CIA 요원이라고 윽박질렀고, 다른 데서는 기혼여성이 CIA 요원이라고 소리쳤다.

나는 어째서 이런 일이 벌어지는지 이해했다. 나는 자기 삶의 정치적 의미를 파악하기 시작한 여성들의 두려움을, 분노를, 불만을 매일같이 보았다. 나는 피억압계층은 하루아침에 선명한 균형감각과 관대함을 갖추지 못한다는 걸 알았다. 이데 올로기의 강한 인력에는 저항할 수 없다는 걸 보았다. 그건 내가 몸소 경험하고 매일같이 싸워야 했던 힘이었다. 모든 걸 피해자와 가해자라는 단순한 하나의 이론으로 싸잡아서 설명하려는 유혹은 얼마나 강렬한가. 우리 앞에 놓인 경험의 복잡하고 모순적인 진실을 직시한다는 건 얼마나 입맛 떨어지는 일인가. 그리고 나는 정치적 수사가 '저 밖에' 있는 강력한 무기라는 것도 알았다…… 하지만 나는 처음부터 그 무기가 위험하다는 걸 알았다. 어떤 거실에 앉아 있다가 한 페미니스트가 자기 옆에 앉은 남자에게 그런 수사를 쓰는 걸 처음으로 들었을 때를 기억한다. 그때 나는 생각했다. '저 여자는 언젠가 저런 말을 다른 페미니스트에게 쓸 거야. 그리고 그건 우리 모두에게 사망 선고가 될 거야.'

한동안 페미니즘의 성장에 대해 열정적으로 글을 썼던 나는 이제는 도그마가 된 운동의 위험에 대해 같은 열정을 담아 글을 쓰기 시작했다. 페미니즘 의식과 페미니즘 수사는 태생적으로 화해 불가능하다고 썼다. 어떤 가상의 내일을 명목으로 정치적 편의를 밀어붙이지만 우리가 오늘 서로를 희생양으로 삼는다면 내일 같은 건 없다고 썼다. 독창적으로 의견을 밝히던 시절의 우리는 공통 인류를 대변하는 정직한 반란군들이었고, 그때는 모든 게 용납 가능했다고 썼다. 그런데 이렇게 곧 우리가 혁명 기관원이 되어버렸다면 그 어떤 것도 용납 가능하지 않다고, 처음의 무모함이 갖던 의미가 가망 없이 왜곡될 거라고 썼다. 도그마는 모든 사고의 생명을 말살시키는 죽음의 키스와 같다고, 그런데 페미니즘운동은 사고가 전부라고 썼다. 경험에 대해 정직하게, 분명하게, 자유롭게, 우리가 실제로 인식하는 대로 사고하는 것이 전부라고. 페미니스트는 세상을 향해 '수천 년 동안 당신들은 우리를 설명해왔다. 이제 나는 당신에게 말한다. 실제 나와 당신이 설명한 나 사이에는 엄청난 간극이 있다'고 외쳐온 사람들이라고. 이제 우리는 우리 자신에 대한 그릇되고 제한적인 설명을 집어던지고 또 다른 설명에 자신을 끼워 맞추려 하는가? 나는 쓰고 쓰고 또 썼다.

바로 이 시기에 구좌파에 대한 기억이 내 안에서 고개를 들기 시작했다. 처음에는—그리고 꽤 오랫동안—나는 무슨 일이 벌어지는 건지 깨닫지 못했지만, 내 안에서 반쯤 무의식적으로 떠오르기 시작한 공산당원들에 대한 기억은 나에게 도그마의 공포를 아주 상세하게 들이밀었다. 마침내 이런 깨달음이 퍼뜩 나를 일깨웠을 때 얼마나 이상할 정도로 차분해졌는지 마치 어제 일처럼 기억난다. 나는 1956년 이후 처음으로 공산당원들에게 분노가 치밀지 않았다. 이렇게 생각했던 걸로 기억한다. 그들이 그 이후 줄곧 아득한 기억의 담에 사슬로 연결된 상태로, 내 내면 깊은 곳에서 적당한 심리적 순간이 찾아들기를, 나를 이해시킬 수 있기를 기다리고 있었던 것만 같네. 그 생각은 깊고 길게 이어졌고, 놀라울 정도로 고요했다. 그들은 인간으로서 이 엄청난 경험을 상징하는 집단이었고, 나는 그걸 상세하게 관찰할 수 있을 정도로 [그들과] 충분히 가까웠으며, 이제 내가 거기서 뭔가를 배워 마땅한 때가 온 것 같았다. 나는 공산당원들이 내가 배우기를 원한다고 느꼈다.

페미니즘 의식은 미국의 조직된 운동 너머에서도 꾸준히 폭발했음에도—그리고 물론 이는 페미니즘 두 번째 물결의 위대한 힘이었다—운동 그 내부에서는 페미니즘의 편 가르기식 수사들이 난무했다. 이 시기 어느 주말 나는 일군의 급진 페미니스트들이 모인 보스턴의 어떤 이틀짜리 모임에 참석했다. 그 모임 내내 나는 지독하게 불편했다. 언어가 조야하고 협소했고, 제출된 문서에는 확인되지 않은 사실이 가득했으며, 분노로 팽팽한 공기에서는 두려움의 냄새가 지독했다.

모임이 끝나갈 무렵 이틀간 상대적으로 거의 말을 하지 않았던 나는 일어나 발언했다. 한 연사가 남자는 "태생적으로" 압제자라고 막 선언한 다음이었다. 나는 페미니스트가 남자들을 향해서 그런 표현을 쓰는 건 듣기 고통스럽다고 말했다. 바로 이런 말들이 우리를 향해 사용되었기 때문에 애당초 우리가 페미니스트가 된 거 아니냐면서. 우리가 여자는 태생적으로 여자가 아니라 문화의 요구로 여자가 된다는 발견을 했다면 남자라고 달라야 할 이유가 있냐면서. 그리고 이런 저차원적인 방식으로 남자들을 계속 적이라고 선언하는 게 우리에게 무슨 이득일 수 있냐고. 중요한 건 억압의 진짜 근원인 체제에 어떤 세세한 관계들이 누적되어 있는지 주시하는 거 아니냐고.

분노에 찬 숱한 목소리들이 즉각 웅성대기 시작했다. 적대감에 에워싸인 느낌이었다. 그 연사는 몸을 돌려 나를 정면으로 응시했다. 경멸 가득한 목소리로 그가 내게 말했다. "당신은 먹물 수정주의자로군요." 나는 할 말을 잃고 우뚝 서 있었다. 먹물 수정주의자라니. 어린 시절 이후로 그 표현을 이런 식으로 쓰는 건 들어본 적이 없었다. 저 사람은 자기가 무슨 말을 한 건지 알기나 할까? 이 표현이 무슨 뜻이라고 생각하는 거지? 나는 그의 얼굴을 빤히 바라봤다. 그 연사도 내 얼굴을 빤히 쳐다봤다. 그의 눈에 어린 분노의 뒷면에서 나는 고통스러운 혼란을 보았다.

그리고 1970년대 초 보스턴의 거기 그 방 안에서 구좌파에 대한 기억이 마치 딱딱한 지표의 틈에서 지하 샘물이 솟구치듯 솟아올랐고, 나를 압도했다. 나는 공산당원들에 대해 20년 동안 느껴보지 못한 감정을 느꼈다. '그래, 그 모든 게 이런 식으로 일어났던 거야,' 나는 생각했다. '그 모든 변절이 이렇게 발생했던 거지. 대체 이 모든 두려움과 분노를 누가 감당할 수 있겠어? 아무도 못하지. 절대로. 그때도, 지금도.'

나는 공산당원들에 대해 반발하면서 내렸던 판단들에 관해 생각했다. 마치 내가 그 긴 세월 동안 고요한 바다처럼 보이는 큰 물가에 앉아 있었던 것만 같았다. 저 멀리, 바다가 하늘과 만나는 수평선에 한 무리의 사람들이 수영을 하고 있었다. 그 사람들은 부드럽게 수영을 하는 대신 물속에서 요란하게 첨벙거리고 있다. 너무 꼴사납잖아, 나는 생각한다. 서투르고, 어설프고, 자신과 서로에게 위험한 짓이라고. 저 사람들이 수영을 한다고 말할 수나 있을까? 세 살짜리도 저것보단 더 잘하겠어. 그리고 나는 그 물가에서 일어나 물속으로 들어가고, 그곳이 그냥 바다가 아니라 거대한 대양임을, 사나운 해류와 마음 놓을 수 없는 저류로 가득하다는 걸 알게 된다. 수평선에서 첨벙

대던 사람들은 그저 물 위에 떠 있는 것만으로도 존경받을 만하다는 걸, 이제 나는 알게 된다.

페미니즘은 미국 공산주의사가 내게 어떤 살아 있는 의미를 갖는지 훨씬 뭉클한 두 번째 통찰을 하게 해주었다. 이 통찰은 하나로 엮어지기만 하면 공감 어린 이해의 직물로 변신할 수 있는 이질적인 경험의 가닥들을 내 내부에서 한데 모아냈다.

미국 페미니즘의 두 번째 물결은 여성운동의 속성에 닿지 못했다. 그보다는 훨씬 넓은 대중사회에서 사람들의 사고와 행동에 영향을 미치며 자체적인 생명력을 뿜냈다. 오늘날 미국에는 스스로를 페미니스트라고 자임하지도 않고 뉴욕, 보스턴, 버클리의 페미니즘 집단 내에서 무슨 일이 벌어지는지도 모르지만 그럼에도 페미니즘 의식 때문에 삶이 근원적으로 바뀐 숱한 사람들이 존재한다. 이들은 페미니즘이 등장하지 않았더라면 절대 던지지 못했을 질문을 던지고, 낡은 통념에 맞서고, 자신의 '권리'를 요구하고, 사회정치 기관들을 새로운 관점에서 관찰한다. 요컨대 페미니즘은 사회적 영향력이 있는 급진적인 관점이 되었고, 운동이라기보다는 현상을 바라보는 하나의 시각이 되었다. 20세기 후반의 페미니즘은 정치적 지도력을 갖춘 구조보다는 대중적으로 어느 정도 확산된 이해의 틀로 자리 잡았고, 그렇기에 고전적인 의미의 정치혁명보다는 지난한 사회 변화 과정에 더 깊게 호소했다.

2년 전 어느 날 밤 친구와 나는 페미니즘의 역사에 관해 이야기를 나누고 있었다. 친구는 마지막 투표권 투쟁을 이끈 훌륭한 참정권운동가 캐리 채프먼 캣* 이야기를 기억에서 끄집어냈다. 캐트는 다른 참정권운동가가 자신을 정치적 편의에 과도하게 굴복한다고 몰아세우며 엘리자베스 캐디 스탠튼의 대담한 웅변술을 대안으로 거론하자 이렇게 응수했다. "아, 맞아요. 엘리자베스는 하고 싶은 얘긴 뭐든 다 할 수 있었어요, 근데 우린 그렇게 배가 부른 상황이 아니에요."

친구와 나는 그 일화를 시작으로 오늘날 이 순간, 이 시간의 우리에게 그게 무슨 의미인지를 밤늦도록 이야기했다. 우리가 짜맞춘 논평을 정리하자면 이렇다.

엘리자베스 캐디 스탠튼은 19세기 중반에 제도에 내장된 여성 억압이라는 본성에 관한 독창적이고 분명한 통찰만으로 무장한 채 홀로 일어선 선구적인 페미니스트 1세대에 속했다. 이들은 한없이 급진적이고 선동적인 수사적 표현을 쓴다 해도 잃을 게 전혀 없었고 온통 얻을 것뿐이었다. 분별력 없는 비정한 세상에서 인간이 겪는 굴욕이라는 현실로부터 영감을 얻은 이들의 언어는 도덕적 순수함이라는 자신들의 지위에서 발원했다.

60년 뒤 여성의 권리라고 하는 대의는 거기서 별로 나아가지 못했다. 3세대 페미니스트들은 엘리자베스 캐디 스탠튼, 루크레티아 모트, 수전 B. 앤서니의 혁명적 열정을 잃었다. 이들은 미래를 내다보는 거시적인 감각이 협소한 정치 실천에 자리

---

*   1859~1947. 미국의 여성 참정권운동가. 노예제 폐지운동 같은 다른 사회변혁운동과의 전술적, 전략적 연대를 모색했던 엘리자베스 캐디 스탠튼 등 앞선 세대 페미니스트들과 달리 여성 참정권 쟁취 이외의 대의에는 관심을 두지 않았다.

를 양보해야 한다는 속 쓰린 결론에 도달했다. 그래서 이들의 모든 노력은 참정권으로 집중되었다.

캐리 채프먼 캐트는 이 3세대의 특징이 집약된 인물이었다. 정치적 감각이 무척이나 뛰어났던 그는 놀라울 정도로 유능한 조직을 만들었고 그 조직을 철권 통치했다. 독재적인 외골수였던지라 늘 반대를 억눌렀고, 미국 정치에서 가장 형편없는 부류나 가장 볼썽사나운 입장과 거래하고 타협하고 야합했다. 여성 참정권을 손에 넣을 수만 있다면 할머니도 경매장에 내다 팔 것 같은 사람이라는 게 전반적인 인상이었고, 실력 있는 정치세력을 구축하는 방법은 권위주의밖에 없다고 확신하는 것 같았다.

수많은 페미니스트들이 이 마지막 참정권투쟁에 가세했다. 그중 많은 이들이 캐리 채프먼 캐트를 숭배했고 그를 위해서라면 목숨이라도 기꺼이 내놓을 기세였다. 다른 많은 이들은 그를 지독하게 미워했고 그의 방법은 자신들이 맞서 싸우는 문화와 정부만큼이나 뿌리 뽑아야 할 악이라고 으르렁댔다. 이 적대감 가운데서 우리가 오래도록 곱씹을 만한 가치가 있는 주제와 질문들이 고개를 들었다. 캐트가 자신의 적이라고 선언했던 그 페미니스트들은 캐트를 비판하는 과정에서 19세기 페미니스트의 초기 통찰을 재발굴하고 더 풍부하게 덧붙이며 페미니즘 분석을 명확하고 깊이 있게 벼렸다.

나는 캐리 채프먼 캐트가 미국의 여성들이 [1920년에] 참정권을 쟁취했음을 받아들이며 두 팔에 꽃을 가득 안고 오픈카에 앉아 워싱턴 거리를 누빈 때로부터 15년 뒤인 1935년에 태어났다. 우리 세대 여자들은 머리가 굵어지고 난 뒤 캐리 채프먼 캐트를 "싸움닭 같았던 참정권운동가"로, 미래에 대한 안목이 워낙 협소해서 죽 한 그릇에 우리를 팔아먹는 바람에 40년 뒤에도 여전히 우리가 온전한 시민 자격과는 거리가 먼 곳에 낙오되게 만든 주류 정당 정치인으로 여기게 된다.

캐리 채프먼 캐트가 오픈카를 타고 워싱턴을 누빈 때로부터 55년이 흐른 그날, 친구와 나는 갈등과 모순이 뒤엉킨 목소리로 그에 대해 이야기했다. 우리에게 캐트는 정치에서 두려워하고 싫어하는 모든 것을 터질 듯 품고 있는 인물이었지만 우리는 그가 어쨌든 괄목할 만한 성취를 이루었음을, 그의 성취가 없었더라면 그다음 페미니스트 세대인 우리는 절대 앞으로 나아가지 못했으리라는 것을 마지못해 인정했다. 그리고 우리는 정치에서 가장 오래된 질문을 우리 자신에게 던졌다. 그게 다른 식으로는 불가능했을까? 캐리 채프먼 캐트의 삶과 활동이 다른 식이었다면 지금의 우리에게 투표권이 있을까?

친구는 부드럽게 덧붙였다. "그리고 잊으면 안 돼. 캐트 다음에 우리가 왔다는 걸 말야." 나는 친구가 무슨 말을 하는지 단박에 이해했다. 선구적인 엘리자베스 캐디 스탠튼에서 정치에 맹렬하게 투신한 캐리 채프먼 캐트로, 그리고 오늘날의 폭넓은 페미니즘 의식으로. 역사의 이 세 연결고리는 하나의 단계가 바로 그 전 단계에서 태동하는, 가장 넓은 의미에서는 각각의 페미니스트 세대가 그 직전 세대보다 더 많이 알게 해주는 전진운동의 일부로 그렇게 늘어서 있었다. 그리고 그게 가능한 유일한 이유는 바로 그 앞 단계가 있었기 때문이었다.

그날 밤 나는 다시 한번 공산당원들에 대해 생각했다. 나는 그들이 그와 유사한 역사적 사슬에서 한자리를 차지한다는 깨달음에 크게 마음이 흔들렸다. 첫 번째 고리는 19세기의 선구적인 사회주의자들이었고, 그다음으로 맹렬하게 정치적인 공산당원들이 나타났고, 이제는 속한 데 없이 마르크스주의 의식의 자장에 있는 급진주의자들이 등장했다. 미국 급진주의의 발전에서 각각의 단계가 필요하지 않았다고, 하나가 다른 하나에서 유기적으로 비롯된 게 아니라고 주장할 사람이 있을까? 만일 19세기 사회주의자들이 복장이 터질 정도로 무능했다는 인식이 없었더라면 그다음 세대 마르크스주의자들이 그렇게까지 사납게 정치적일 수 있었을까? 그리고 만일 공산당원들이 조직된 정치에서 가장 어둡고 가장 두려운 것을 몸소 보여주지 않았더라면 현세대의 마르크스주의자들은 비전과 도그마 모두에 대해 지금만큼 많은 것을 알 수 있었을까? 만일 공산당원들이 선구적 이상이 정치기구에 복속되었을 때 어떤 참화가 벌어지는지 씁쓸한 교훈을 직접 삶으로 겪어내지 않았더라면 그렇게 확실한 지식을 바탕으로 사회주의 이상을 발굴할 수 있었을까?

알베르 카뮈가 《반항인》을 쓴 지 30년이 지났다. 이 명민하고 참신한 에세이는 그것이 저술되었을 때보다 지금의 우리에게 훨씬 더 깊은 울림을 준다. 이 30년 동안 이 작품의 핵심에 놓인 통렬한 아픔에 대한 의식이 훨씬 깊어진 까닭에.

카뮈는 "반항 행위는 모든 인간에게 공통적으로 존재하는 가치와 위엄을 긍정한다"고 썼다. 그것은 사람과 사람을 한데 연결하여 인간 삶의 병적인 고립을 무너뜨리는 행위이다. "나는 반항한다. 고로 우리는 존재한다." 하지만 반항에는 어쩔 수 없이 지성을 마비시키는 분노가 따른다. "너무나도 많은 부당한 시련, 구제받을 길 없는 슬픔은 모든 과잉을 정당화한다." 반항인의 의식은 그에게 굴욕감을 안기던 힘을 정복하라고 강요한다. 정복은 무력을 사용해야만 가능하고, 무력은 반항인을 혁명가로 만들고, 혁명가는 살인을 저지르고, 살인은 원래의 반항 행위에서 구축된 연대를 무너뜨린다.

이것이 급진주의의 핵심에 놓인 쓰라린 아픔이다. 현대사에 끊임없이 등장하는 아픔. 그리고 카뮈는 한없는 슬픔 속에서 질문한다. 이렇게밖에는 안 되는 것인가? "우리가 이제 막 고독을 정복했을 때, 모든 것을 고립시키는 그 행위를 정당화함으로써 그것을 다시 제자리에 돌려놓아야만 하는 것인가?"

고립을 무너뜨리려는 욕망은 태생적이고, 그것이 불가능한 것도 어쩌면 똑같이 태생적이다. 그것은 인간성을 잃지 않으려는 인간의 투쟁에서 교전 중인 요소들이다. 이 전쟁에는 두 가지 불변의 명제가 있다. 하나는 이 요소들이 불가분의 관계여서 하나가 다른 하나에서 유기적으로 출현한다는 것이고 다른 하나는 투쟁 없는 삶은 삶이 아니라는 것이다. 인간은 세상에서 가장 끔찍한 두려움 속에서도 움직일 수밖에 없다. 아무리 아는 것이 많아도 모르는 게 존재하고, 삶에서 또 다른 새 삶이 떠오를지 모른다는 모든 희망은 오직 고군분투의 뒤엉킴 속에만 존재하는 까닭에.

급진주의 정치—슬픔과 영광으로 가득한—는 좋든 나쁘

든 자기창조의 아름다움과 미숙함을 생생하게 드러내며 뒹구는 인간이라는 희로애락의 스펙터클을 온몸으로 구현한다.

　미국공산당원들은 장엄한 슬픔에 휩쓸렸다. 이들은 거기에 열정적으로 존재를 오롯이 털어넣었다. 이 점 때문에 나는 이들에게 경의를 느낀다. 그들에게 고마움을 전한다.

감사의 말

연구 자료를 쓸 수 있게 해준
타미멘트 도서관Tamiment Library과 이 책을 집필하는 동안
재정적 도움을 준 빅터 라비노비츠 재단Victor Rabinowitz Foundation에
감사의 말을 전한다.

횃불 잇기

미국공산당이라는 끝나지 않은 역사

장석준 | 사회학자·출판&연구공동체 산현재 기획위원

한국에서 '공산당'은 여전히 금기어다. 반공주의의 기억이 옅어질 만하면 대통령이 느닷없이 '공산전체주의'와의 전쟁을 선포하는 나라다. 2020년대인데도 그렇다. 그러니 공산당을 긍정적으로, 아니 최소한 객관적으로 다루는 출판물을 접하기란 쉽지 않다. 한때 당원 수가 200만 명에 이르렀고 오랫동안 우방국의 제1야당이었던 이탈리아공산당도 이름이 '공산당'인 한 예외일 수 없었다. 그러니 대한민국의 오랜 정신적 지주 격인 나라에서 탄압 대상이 됐던 미국공산당Communist Party USA, CPUSA은 말해 뭐하겠는가. 아니, 이 대목에서 많은 대한민국 시민은 오히려 이렇게 반문할 것이다. "미국에 공산당이 있다고?!"

그렇다. 미국에 공산당이 있다. '있었다'도 아니고 지금도 '있다'. 현재도 버젓이 존재하는 이 정당의 출발점은 같은 이름을 가진 다른 나라의 정당들처럼 1917년 러시아 10월혁명이었다. 공산당이 등장하기 전 미국에도 서유럽 국가들처럼 좌파 대중정당이 이미 있었다. 1901년에 창당한 미국사회당Socialist Party of America, SPA이었다. 사회당은 매번 대통령 선거에 전설적인 노동운동가 유진 뎁스Eugene Debs를 출마시켜 한때는 100만 표에 근접하는 득표를 기록하기도 했다(1912년 대선, 1920년 대선). 그런데 10월혁명이 일어날 즈음, 사회당은 위기에 빠졌다. 전쟁에 참여하지 않겠다는 공약을 내걸고 당선돼놓고는 제1차 세계대전 참전을 단행한 우드로 윌슨 민주당 정부에 맞서 반전운동을 벌인 탓이었다. 뎁스는 투옥됐고, 사회당은 혹독한 탄압을 받았다.

바로 이때, 10월혁명의 영향을 받은 급진좌파가 사회당 안에서 결집했다. 의회 진출에 주력하던 개혁적 사회주의 성향의 당 노선을 혁명적 사회주의로 바꾸고 공산주의인터내셔널(코민테른, 제3인터내셔널)에 가입하자는 '사회당 좌파'가 결성된 것이다. 당내 대세는 이미 이들이었다. 코민테른 가입 여부를 묻는 당원 투표에서 '찬성'이 90퍼센트에 이르렀고, 총 15인으로 구성되는 당 집행기관인 전국집행위원회에 12명의 '좌파' 후보가 당선됐다. 가뜩이나 탄압으로 움츠러들어 있던 기존 당주류는 좌파 정당 역사상 전무후무한 반응을 보였다. '좌파'가 다수를 점한 모든 당 기관에 출당 처분을 내렸고, 결국 당원의 3분의 2가 당원 자격을 박탈당했다. 이 무렵 어느 나라에서든 기존 좌파 정당이 사회민주주의 정당과 공산주의 정당으로 나뉘면서 격렬한 논쟁과 충돌이 벌어졌지만, 미국의 경우는 그중에서도 유별났다.

불법적 출당 조치에 어떻게 대응할지를 놓고 '좌파'는 둘로 분열됐다. 10월혁명 현장을 기록한 《세계를 뒤흔든 열흘》로 널리 이름을 알린 저널리스트 존 리드John Reed가 이끈 그룹은 사회당 대의원대회에서 집행부와 대결하자는 입장이었던 반면, 주로 동유럽계 이민 1, 2세대가 많았던 C. E. 루텐버그C. E. Ruthenberg 등의 그룹은 곧장 신당을 창당하자고 주장했다. 이런 전술상의 견해차 탓에 우여곡절을 거쳐 1919년 두 개의 공산당이 결성됐다. 존 리드 등의 그룹은 공산주의노동당Communist Labor Party을, 루텐버그 등의 그룹은 미국공산당Communist Party of America을 창당했다. 이 분열은 초기 코민테른의 골칫거리 중 하나였고, 코민테른은 하나의 정당으로 통합할 것을 종용했다. 결국 1921년 5월이 되어서야 단일한 미국 내 코민테른 지부, 즉 하나의 공산당이 등장했으니, 그것이 바로 미국공산당CPUSA이다.

공산당은 신생 정당이었지만, 처음부터 사회당과 당세가 비등했다. 출범하자마자 당시 연방정부 법무부가 주도한 제1차 좌파 대탄압('빨갱이 공포Red Scare'라 불린다)에 시달리기는 했다. 그러나 당세가 내리막길이던 사회당이 탄압의 충격에서 좀처럼 헤어나오지 못한 데 반해 공산당은 이를 딛고 일어섰다. 무엇보다 노동운동의 역전의 노장들, 열혈 운동가들이 대거 결합한 덕분이었다.

우선 20세기 벽두에 낡은 직업별 노동조합 중심 질서를 거부하고 이상적인 새 노동조합을 건설하려 한 '세계산업노동자연맹Industrial Workers of the World, IWW'(그 참여자들은 '워블리Wobbly'라 불렸다) 운동가들이 합류했다. 그중에는 IWW의 전설적 지도자 '빅 빌'

헤이우드'Big Bill' Haywood, 나중에 공산당에서 탈당해 미국 트로츠키주의운동을 열게 되는 제임스 캐넌James Cannon, 여성 노동운동의 상징과도 같았던 엘리자베스 걸리 플린Elizabeth Gurley Flynn 등이 있었고, IWW 출신 당원을 모두 합치면 2천여 명에 달했다. 공산당 창당 이전부터 사회당의 개혁적 사회주의와 거리를 뒀던 워블리는 직업별 노동조합 중심 노총인 '미국노동연맹AFL'과 단절한 혁명적 노동운동을 제창한 공산당에서 새로운 거처를 발견했다.

워블리 외에도 노동운동의 또 다른 중요한 구심이 공산당에 합류했다. 윌리엄 Z. 포스터William Z. Foster가 이끄는 노동조합교육연맹Trade Union Educational League, TUEL이었다. 포스터는 프랑스의 혁명적 생디칼리슴의 영향을 받았고, 이 점에서 (정당이 아니라) 노동조합을 혁명의 주체로 바라본 IWW와 비슷한 입장을 견지했다. 그러나 포스터는 좀 더 현실적이고 유연한 운동 노선을 따랐다. AFL과 섣불리 단절하기보다는 그 내부에서 개혁 투쟁을 펼쳐야 한다는 입장이었고, 노선 차이를 불문하고 미국 사회운동의 모든 자원을 총결집해 공화당, 민주당에 맞설 대중정당 '농민-노동자 정당Farmer-Labor Party'을 건설해야 한다고 주장했다. 코민테른 집행부(블라디미르 레닌, 레온 트로츠키) 차원의 권유로 공산당에 입당한 뒤에도 포스터와 TUEL은 이런 미국 풍토를 고려한 방침을 통해 공산당의 일상 활동에 활력을 불어넣었다.

문제는 공산당이 커다란 전략 노선에 대한 결정이나 집행부 구성에서 코민테른의 지령을 너무나 철저히 따랐다는 데 있었다. 코민테른 결의에 따라 당 정책이 180도 뒤바뀌는 일이 자주 벌어졌고, 당내 민주적 선출 과정과는 무관하게 코민테른 집행부(스탈린 집권 이후에는 사실상 소련공산당에 종속된)의 의중에 따라 당 지도자가 교체됐다. 대표적으로, 루텐버그를 이어 1920년대 말까지 당을 이끌었던 제이 러브스톤 Jay Lovestone은 1929년 코민테른에 의해 돌연 서기장 직에서 해임됐다. 같은 해에 소련공산당 정치국에서 축출당한 니콜라이 부하린을 전부터 공공연히 지지했던 것이 이유였다. 이후 공산당 바깥에서 나름대로 좌파적 입장에서 노동운동을 펼치던 러브스톤은 냉전기에 열렬한 반공주의자가 되기에 이른다. 미국 공산당에서는 이렇게 누구보다 당 활동에 열성적이던 인물이 소련 스탈린주의 체제에 대한 맹목적 추종에 환멸을 느껴 비공산당 좌파가 됐다가 끝내는 냉전 투사가 되거나 심지어 극우파로 전향하는 일이 반복됐다.

미국공산당의 이런 고질적 한계와 모순은 이른바 코민테른 '제3기'부터 당의 운명 전체를 흔드는 요소로 발전했다. 소련공산당과 코민테른을 장악한 스탈린 일파는 1928년부터 자본주의의 최종 위기를 몰고 올 전후 '제3기'가 시작됐다고 주장하면서, 노동계급 내에서 혁명 노선의 확산을 가로막는 사회민주주의 세력이야말로 파시스트들보다 더 시급히 타도해야 할 적이라고 규정했다('사회 파시즘'론). 이 논리의 연장선에서, 코민테른은 기존 노동조합과 과감히 분리하고 혁명적 노동조합을 새롭게 건설해야 한다고 지시했다. 미국공산당은 이 방침에 따라 AFL이나 사회당을 비판하고 경쟁 상대로 삼는 수준을 넘어이들과 대립하고 충돌하기 시작했다.

그러나 냉정하게 돌아보면, 이런 코민테른 '제3기' 노선이 미국공산당에게 꼭 해악만 끼친 것은 아니었다. 미국 노동운동 안에서 새로운 노동조합 구조를 만드는 데 가장 앞장서는 세력이라는 강점이 코민테른의 새로운 노동조합운동 방침과 만나 뜻밖의 시너지를 일으켰다. 포스터가 고집한 원칙에 따라 AFL 소속 노동조합들 안에서 개혁파로 활동하던 공산당 노동운동가들은 이때부터 산업별 노동조합 건설운동에 박차를 가했다. 광산, 섬유, 전력, 자동차 등에서 산업별 노동조합이 등장해 1935년 마침내 또 다른 노총인 산업별조직회의Congress of Industrial Organizations. CIO를 출범시키는 과정에서 공산당원들은 가장 원칙적이고 헌신적으로 산업별 노동조합 운동을 펼쳤다. 이후 CIO가 루스벨트 정부의 뉴딜을 더 심도 깊은 사회 개혁으로 전환시키는 데 핵심적인 역할을 한 사실을 감안하면, 20세기 중반 미국에 들어선 수정자본주의 체제에는 분명 미국공산당의 피와 땀이 스며들어 있었다.

산업별 노동조합뿐만 아니라 아프리카계 미국인 문제에서도 공산당은 미국 민주주의와 사회운동의 발전에 커다란 기여를 했다. 창당할 때부터 공산당은 흑인을 동료 조합원으로 조직하던 IWW의 전통을 의식적으로 계승했고, 1928년에 결정된 코민테른 '제3기' 노선의 여러 내용 중 '흑인 문제'가 미국 자본주의의 핵심 모순이라는 규정에 따라 남부 흑인 소작농과 대도시 흑인 노동자의 조직화에 더욱 적극적으로 뛰어들었다. 공산당은 미국 역사상 백인과 흑인이 대등한 동지적 관계에 따라 함께 활동한 최초의 조직이었고(사회당에도 흑인 당원이 있었으나 숫자가 적었다), 이런 기풍을 CIO에 확산시켜 수많은 흑인 노동자들이 처음으로 노동조합에 가입하도록 만들었다.

1931년에 남부의 앨라배마주 스코츠버러에서 9명의 아프리카계 10대 소년이 백인 소녀를 강간한 혐의로 사형 등을 판결받은 사건('스코츠버러 사건')에서는 공산당이 소년들의 억울함을 호소하는 전국적 캠페인의 선봉에 섰다. 이 운동은 흑인 민권운동의 선구였으며, 사회당의 흑인 간부였던 A. 필립 랜돌프A. Philip Randolph 등이 이후 민권운동 지도자가 된 것처럼, 공산당의 '스코츠버러 소년들' 캠페인을 통해 배출된 베이어드 러스틴Bayard Rustin, 로자 파크스Rosa Parks 등이 20여 년 뒤에 민권운동을 이끌게 된다.

1920년대 말부터 1930년대 초까지 공산당은 시대의 요청에 부응하는 이런 활동을 통해 당세를 착실히 성장시켰다. 1929년에 7천 명이었던 당원 수는 1933년 2만 6천 명으로 늘었다. 이제 미국 좌파를 대표하는 세력은 확실히 (사회당이 아니라) 공산당이었다. 독일에 나치 정권이 들어서고 나서 1935년에 코민테른 노선이 다시 한번 극적으로 바뀌자 이 상승세는 더욱 확고해졌다. 코민테른은 파시즘이 노동계급, 더 나아가 민주주의를 지지하는 모든 인민의 주적이라 선포했고, 공산당이 사회민주주의 정당과 함께 '반파시즘 연합전선'을 결성해야 한다고 지시했다. 이후 프랑스에서 결성된 반파시즘 정당연합에 중도우파 정당인 급진사회당까지 가담한 뒤에 이 방침은 파시즘에 반대하는 부르주아 세력까지 포함하는 '반파시즘 인민전선'으로 확대됐다. 루스벨트 정부의 초기 뉴딜 정책을 혹독히 비판하던 당시 공산당 서기장 얼 브라우더Earl Browder는 코민테른의 이 결정 이후 당 정책을 급선회해 루스벨트 정부에 대한 미국식 '반파시즘 인민전선', 즉 민주당에 대한 비판적 지지 노선을 추진했다.

이때부터 냉전이 시작되기 전까지가 미국공산당의 전성기였다. 공산당은 처음에는 사회당을 반파시즘연합의 주된 파트너로 상정하는 듯 보였다. 1936년 대선을 앞두고 브라우더는 사회당 대통령 후보 노먼 토머스Norman Thomas에게 토머스가 대통령 후보를 맡고 브라우더가 부통령 후보를 맡는 선거연합을 제안했다. 코민테른 '제3기'에 공산당에 대한 반감이 더욱 깊어진 사회당 다수가 이 제안을 거부하자 브라우더는 곧바로 민주당 루스벨트 후보 지지를 천명했다. 공산당은 노골적으로 뉴딜의 왼쪽 축을 자임했고, 실제로 1930년대 중반부터 뉴딜은 공산당의 영향을 받은 수많은 노동운동가, 지식인, 예술가를 통해 연방정부의 위로부터의 정책에 그치지 않고 아래로부터의 대중운동 성격을 띠게 됐다. 그러나 후대 역사가들은 공산당의 이런 노선을 계기로 미국 노동운동과 좌파 전반이 독자성을 상실하고 민주당 지지 기반으로 흡수돼버렸다고 평가하기도 한다(대표적으로, 마이크 데이비스, 《미국의 꿈에 갇힌 사람들》, 김영희 외 옮김, 창비, 1994). 사회당이 정부 주도 공황 대책이라는 핵심 정책을 민주당 뉴딜 정부에게 '도둑질'당했다면(당시 세인의 실제 평), 공산당은 스스로 대중운동 기반을 민주당 주도 뉴딜연합에 '헌납'했다는 것이다.

하지만 이것은 어디까지나 후세대의 평가일 뿐, 뉴딜과 제

2차 세계대전이 전개되던 당시만 해도 미국공산당의 미래는 장밋빛으로 보였다. 미국과 소련이 한편이 되어 독일, 일본과 싸우던 시기에 공산당은 '혁명' 정당이면서도 동시에 '애국' 정당을 자처할 수 있었고, 지지 기반이 획기적으로 늘어났다. 실제로 전쟁이 끝난 직후에 당원 수는 7만 5천 명으로까지 증가했다. 그러나 전쟁이 끝나자마자 뜻밖의 상황이 펼쳐졌다. 마치 '8월 테제'를 발표하여 연합국들과 협력하겠다고 밝힌 조선공산당이 미군정의 반공 공세에 당황했던 것처럼, 미국공산당은 트루먼 정부가 대소련 대결 노선을 택하고 냉전에 돌입하자 실망과 좌절, 혼란과 위기에 빠져들었다. 제2차 '빨갱이 공포'가 시작돼 수많은 공산당 당원, 지지자들이 공직에서 쫓겨나고 시민사회의 변방으로 밀려났고, 이런 탄압은 1950년대 매카시즘 시기까지 지속됐다. 공산당은 제3기 루스벨트 정부에서 부통령을 역임한 뉴딜 좌파 헨리 A. 월리스Henry A. Wallace가 진보당Progressive Party을 급조해 1948년 대선에 비민주당 독자 후보로 출마하자 여기에 희망을 걸었다. 당내 비판에도 불구하고 공산당은 뉴딜연합의 좌파적 재건을 꿈꾸며 월리스 선거운동에 전면 결합했다. 그러나 월리스 후보는 2.37퍼센트 득표에 그치고 말았다. 이로써 민주당 뉴딜 세력에 기댔던 공산당의 '대중정치' 시대는 막을 내렸다.

그런데 문제가 냉전이나 국내 탄압 같은 외부 변수에 한정됐다면, 미국공산당이 그토록 급격하게 몰락하지는 않았을 것이다. 이와 관련해, 앞서 이미 지적한 소련공산당에 대한 맹종과 의존에 주목해야 한다. 공산당이 뉴딜연합의 재야 구성원으로 전성기를 구가할 무렵에도 이 문제점은 대중이 보기에 너무 기괴하다 싶을 정도로 심각하게 표출됐다. 코민테른 '반파시즘 인민전선' 방침에 따라 나치 정권을 규탄하던 공산당은 1939년 8월 독일과 소련이 돌연 불가침조약 체결을 발표하자 태도를 180도 뒤바꿨다. 나치즘 비판을 중단하고, 영국, 프랑스를 지원하려는 루스벨트 정부 정책을 공격하기 시작했다. 그러다 1941년 6월 독일군이 전격적으로 소련을 침략하자 공산당은 다시 한번 곡예를 부렸다. 파시즘 비판을 재개하고, 루스벨트 정부에 전쟁 개입을 촉구했다.

또 다른 황당한 사례도 있다. 미국과 소련의 군사협력이 절정에 이르렀던 1944년 브라우더는 당의 공식 해산을 발표하고, 이제부터는 '공산주의정치연합Communist Political Association' 명의로 활동하겠다고 천명했다. 그러나 미소 협력에 금이 가기 시작한 1945년 4월이 되자, 프랑스공산당 지도자 자크 뒤클로Jacques Duclos 명의로 브라우더의 결정을 신랄하게 비판하는 서한이 나돌았다. '뒤클로 서한'이라 불린 이 문서가 발표되자마자 브라우더는 서기장 직에서 해임됐고, 당 해산-전환은 없던 일이 됐다. 사실 브라우더의 당 해산 결정은 누가 보더라도 소련 정부의 대외 정책 기조에 따라 소련공산당의 지시 혹은 승인 아래 이뤄진 것이었다. 그런데 소련 당국은 정세 변화에 따른 노선 전환의 정치적 책임을 '형제당' 지도자인 브라우더 개인에게 전가해버렸다. 그리고 미국공산당은 이를 다 알면서도 묵묵히 따랐다. 미국 노동 대중의 민심보다는 '사회주의 조국'의 안위와 의중을 더 중시한 셈이었다. 이런 정신적 상태에 빠져 있었던 탓에 미국공산당이 냉전기의 시련을 버텨낼 수 없었던 것이다.

결국 공산당에 최후의 일격이 가해졌다. 1956년 소련공산당 제20차 대회에서 비공개로 발표된 니키타 흐루쇼프 서기장의 스탈린 비판, 그리고 이 비판 내용이 공개되면서 결국 폭발한 헝가리혁명이 바로 그것이다. 스탈린의 죄상이 드러나고 헝가리에서 소련군이 혁명 군중에게 발포하자, 이탈리아공산당을 비롯해 서방 진영 내의 모든 공산당이 큰 타격을 입었다. 수많은 당원이 탈당했고, 사회민주주의 정당에도, 공산당에도 속하지 않은 '신좌파'가 처음 모습을 드러냈다. 그러나 어떤 공산당도 미국공산당만큼 처참하게 붕괴하지는 않았다. 미국공산당은 당원 수가 1만 명 이하로 급감했다. 더 중요한 것은 이제 미국 사회 전체가 아니라 좌파 안에서도 의미 있는 세력으로 인정받지 못하게 됐다는 사실이다.

다만, 이것이 이야기의 끝은 아니다. 미국공산당은 거스 홀Gus Hall 서기장의 장기 집권 체제 아래에서 명맥을 이어갔다. 헤르베르트 마르쿠제의 제자이자 흑인 여성 당원이었던 앤절라 데이비스Angela Davis가 1960년대 사회운동의 젊은 지도자 중에서도 두각을 나타내자 다시 반짝 주목을 받기도 했다. 그러나 1968년 소련군 탱크가 '프라하의 봄'을 짓밟을 때 미국공산당은 여전히 소련에 대한 흔들림 없는 지지를 과시하는가 하면 1980년대 소련 내부에서 페레스트로이카-글라스노스트의 물결이 일 때에는 오히려 소련공산당을 비판하는 교조적 입장을 견지했다. 참다못한 앤절라 데이비스, 피트 시거Pete Seeger 같은 당원들은 1991년에 마지막 대거 탈당을 감행한 뒤에 '민주주의와 사회주의를 위한 통신위원회Committees of Correspondence for Democracy and Socialism. CCDS'를 결성해 활동하기 시작했다.

　그러고도 여전히 남아 있는 미국공산당은 마침내 거스 홀 세대가 다 물러난 뒤에 조금씩 과거와는 다른 모습을 보이려고 노력한다고 한다. 하지만 좌파 진영 안의 오래되고 고립된 한 정파라는 위상에는 변함이 없다. 2010년대에 참으로 오랜만에 사회주의운동에 다시 관심을 보이기 시작한 미국 젊은이들이 문을 두드린 조직은 미국공산당이 아니었다. '미국 민주사회주의자들Democratic Socialists of America. DSP'이었다. DSP는 1972년에 해산한 사회당의 잔류 세력과, 오래전 공산당에서 이탈한 트로츠키주의자들 일부가 1973년 결합해 만든 조직 '민주사회주의자 조직위원회Democratic Socialist Organizing Committee. DSOC'의 후신이다.

　여기까지가 압축적으로나마 서술해본 미국공산당의 역정이다. 비비언 고닉은 《미국 공산주의라는 로맨스》에서 위대한 도전의 이야기이자 동시에 거대한 실패의 이야기이도 한 이 역사를 참여자들의 육성을 통해 전달한다. 공산당을 지지한 노동계급 가정의 자녀이면서 1960년대 신좌파, 페미니즘운동의 개척자이기도 한 고닉은 과거 세대 좌파의 이야기가 신좌파 세대에게도 이어져야 한다는, 그래서 도전은 계승되고 실패는 성찰되어야 한다는 절박한 필요에서 이 책을 집필했다. 그리고 다시 한 세대가 지난 뒤에 저자는, 신자유주의의 실패 이후 그 대안을 찾아 나선 밀레니얼 세대 좌파를 위해 이 책의 새 판본을 세상에 내놓았다.

이런 점에서 이 책이 전하는 주제는 단지 미국공산당만이 아니다. 오히려 '횃불 이어가기'다. 종착지를 모른 채 앞으로만 질주하는 자본주의에 세대 전승은 고민거리도 아니겠지만, 자본주의를 극복하고자 하는 운동에는 세대 전승이야말로 '전부'다. 횃불을 이어간다는, 성공이 보장되지 않은 시도에 모든 것이 달려 있다. 앞선 세대의 실패가 곧바로 실패인 것이 아니고, 앞선 세대의 성공과 실패 모두의 망각이야말로 진정한 실패다. 달리 말하면, 앞선 세대의 실패조차 선연하게 기억되고 치열하게 반성된다면 그것은 여전히 성공과 실패가 결판나지 않은 긴 도전의 일부가 된다. 지금 여기에서 이어지는 그 도전 말이다. 그래서 이 책의 주제가 '횃불 잇기'라는 것이다.

그런데 한국은 다른 어느 나라보다 더 자유와 평등을 위한 도전이 빈번히 좌절되고 단절돼온 곳이다. 그러니 '횃불 잇기'를 감동적으로 구현하며 역설하는 고닉의 이 책이 어찌 반갑지 않겠는가. 어찌, 낯익으면서도 사무치게 다가오지 않겠는가.

미국 공산주의라는 로맨스

초판 1쇄 펴낸날 2024년 11월 11일
지은이 비비언 고닉
옮긴이 성원
펴낸이 박재영
편집 임세현·이다연
마케팅 신연경
디자인 조하늘
제작 제이오
펴낸곳 도서출판 오월의봄
주소 경기도 파주시 회동길 363-15 201호
등록 제406-2010-000111호
전화 070-7704-5018
팩스 0505-300-0518
이메일 maybook05@naver.com
X(트위터) @oohbom
블로그 blog.naver.com/maybook05
페이스북 facebook.com/maybook05
인스타그램 instagram.com/maybooks_05

ISBN ISBN 979-11-6873-131-8 03300

만든 사람들
책임편집 박재영·임세현
디자인 조하늘